Das *Websurfen* und der Datenschutz

Studien zum deutschen und europäischen Medienrecht

herausgegeben von Dieter Dörr und Udo Fink

mit Unterstützung der Dr. Feldbausch Stiftung

Bd. 19

PETER LANG

Frankfurt am Main · Berlin · Bern · Bruxelles · New York · Oxford · Wien

Sylke Wagner

Das *Websurfen* und der Datenschutz

Ein Rechtsvergleich unter besonderer Berücksichtigung der Zulässigkeit sogenannter *Cookies* und *Web Bugs* am Beispiel des deutschen und U.S.-amerikanischen Rechts

PETER LANG
Europäischer Verlag der Wissenschaften

Bibliografische Information Der Deutschen Bibliothek
Die Deutsche Bibliothek verzeichnet diese Publikation in der Deutschen Nationalbibliografie; detaillierte bibliografische Daten sind im Internet über <http://dnb.ddb.de> abrufbar.

Zugl.: Mainz, Univ., Diss., 2005

D 77
ISSN 1438-4981
ISBN 3-631-55236-X

www.peterlang.de

VORWORT

Die vorliegende Veröffentlichung wurde im Sommersemester 2005 von der juristischen Fakultät der Johannes Gutenberg-Universität Mainz als Dissertation angenommen. Sie berücksichtigt den Stand der Literatur, Rechtsprechung und Gesetzgebung bis Juni 2005.

Von Herzen danken möchte ich meinen Eltern Anne und Claus Wagner, die mich während der Erstellung der Arbeit liebevoll unterstützten, meinem Vater insbesondere für seine nicht abreißende Willigkeit zur Korrektur der verschiedenen Fassungen und die vielen wertvollen Anregungen und Hinweise. Danken möchte ich auch meinen wunderbaren Freunden, die mich auf jeder Ebene bei den vielen Hoch und Tiefs begleitet haben. Insbesondere ohne die Unterstützung Sandra Ziermanns und Simone Untieds wäre diese Arbeit nicht zu Ende geführt worden. Zu großem Dank verpflichtet bin ich auch meinem Doktorvater Prof. Dr. Dieter Dörr für die sehr hilfreichen Hinweise und die Unterstützung sowie Herrn Prof. Dr. Udo Fink für die zügige Erstellung des Zweitgutachtens. Und „last, but not least", danke ich von Herzen meinem Ehemann Norbert Kriebel, der mit seiner Liebe und seinem unerschütterlichen Glauben an mich den Weg für diese Arbeit geebnet hat.

Bad Homburg, im Januar 2006

Sylke Wagner

VORWORT DES HERAUSGEBERS

In der vorliegenden Abhandlung greift Sylke Wagner eine interessante und praktisch bedeutsame Frage auf. Mit dem Siegeszug des Internet, das den Nutzern Zugang zu Informationen aus allen Teilen der Welt verschafft, sind neue Probleme für den Datenschutz verbunden. Die Anbieter haben ein gesteigertes Interesse daran, ihre Leistungen auf die Bedürfnisse und Interessen des Websurfers auszurichten. Daher werden die Daten der Websurfer immer wertvoller. Dies ist der Hintergrund für den Einsatz von Cookies und Web Bugs. Diese „Abhörmittel" geben Aufschluss über das Besuchsverhalten der Websurfer im WWW. Sie stellen deswegen eine große Herausforderung für den Datenschutz dar. Darauf geben das US-amerikanische und das deutsche Recht ganz unterschiedliche Antworten. Dies liegt nicht zuletzt an der verschieden ausgeprägten Grundrechtsdogmatik. Zudem sind in das deutsche Recht auch die supranationalen Vorgaben des Europarechts einbezogen. Dies hat zur Folge, dass die Selbstregulierung in den USA und in Deutschland verschieden ausgerichtet ist und einen unterschiedlichen Stellenwert hat.
Zu Beginn beleuchtet die Verfasserin das WWW als Informationsmedium und erklärt den Einsatz von „Cookies" und „Web Bugs". Danach stellt sie das Common Law-System der Vereinigten Staaten vor und geht darauf ein, inwieweit das internationale Recht und das supranationale Recht Einfluss auf das nationale Recht der Vereinigten Staaten im Bereich des Datenschutzes im WWW besitzen. Beim deutschen Recht angekommen werden zunächst die Unterschiede zwischen dem Civil Law-System der Bundesrepublik Deutschland und dem Case Law-System des US-amerikanischen Rechts erläutert. Dann beschäftigt sich die Verfasserin mit den Vorgaben des Europarechts. Im Anschluss geht es um die Frage der „Selbstregulierung", die in Europa eine große Rolle spielt, sowie um die Datenschutzpraxis in beiden Ländern. Im nächsten Teil vergleicht sie die nationalen Regelungen und hebt hervor, dass das deutsche Recht in das supranationale Recht der Gemeinschaft und die völkerrechtlichen Vorgaben der EMRK eingebunden ist.
Das Verdienst der Abhandlung besteht darin, dass nicht lediglich Gemeinsamkeiten und Unterschiede beim Datenschutz im Bereich des Internets zwischen den USA und Deutschland aufgezeigt werden. Vielmehr verdeutlicht die Verfasserin, wie ein sachgerechter Datenschutz unter Auswertung der unterschiedlichen Rechtssysteme aussehen muss. Sie kommt zu dem überzeugenden Ergebnis, dass der europäische Ansatz, wie er in Deutschland verwirklicht wurde, dem amerikanischen Modell vorzuziehen ist.

Mainz, im Februar 2006 Dieter Dörr

INHALTSVERZEICHNIS

LITERATURVERZEICHNIS

Abel, Ralf B.
Umsetzung der Selbstregulierung im Datenschutz: Probleme und Lösungen, in: RDV 2003, S. 11ff.
Albrecht, Luke J.
Online Marketing: The Use of Cookies and Remedies for Internet Users, in: 36 Suffolk University Law Review, S. 421ff., 2003
Allen, Anita L.
Minor Distractions: Children, Privacy and E-Commerce, in: 38 Houston Law Review 751, Herbst 2001
Amelung, Knuth
Grundfragen der Verwertungsverbote bei beweissichernden Haussuchungen im Strafverfahren, in: NJW 1991, S. 2533ff.
Arbeitskreis „Datenschutzbeauftragte" im Verband der Metallindustrie Baden-Württemberg
Datenschutz- Audit, in: DuD 1999, S. 281ff.
Art. 29-Arbeitsgruppe (Gruppe für den Schutz natürlicher Personen bei der Verarbeitung personenbezogener Daten: Arbeitsgruppe gemäß Art. 29 der Richtlinie 95/46/EG)
Arbeitsdokument, Privatsphäre im Internet – Ein integrierter EU-Ansatz zum Online-Datenschutz, angenommen am 21.11.2000, in: WP 37, einsehbar unter http://europa.eu.int/comm/internal_market/privacy/docs/wpdocs/2000/wp37de.pdf
dies.
Arbeitspapier über die Frage der internationalen Anwendbarkeit des EU-Datenschutzrechts bei der Verarbeitung personenbezogener Daten im Internet durch Websites außerhalb der EU, angenommen am 30. Mai 2002, WP 56, einsehbar unter http://www.datenschutz-berlin.de/doc/eu/gruppe29/wp56/wp56_de.pdf
dies.
Stellungnahme 4/2000 über das Datenschutzniveau, das die Grundsätze des Sicheren Hafens bieten, angenommen am 16. Mai 2000, WP 32, einsehbar unter http://europa.eu.int/comm/internal_market/privacy/docs/wpdocs/2000/wp32de.pdf
Askin, Frank
Free Speech, Private Space and the Constitution, in: 29 Rutgers Law Journal, S. 947ff., 1998
Auernhammer, Herbert
Bundesdatenschutzgesetz,
Kommentar, 3., neubearbeitete und erweiterte Auflage, Köln 1993

Bäumler, Helmut (Hrsg.)
„Der neue Datenschutz“ – Datenschutz in der Informationsgesellschaft von morgen, Neuwied 1998
ders.
Gibt es ein Recht auf Anonymität?, Macht Anonymität noch Sinn?, in: DuD 2003, S. 160
ders.
Datenschutz im Internet, in: Bäumler, Helmut, E-Privacy, Datenschutz im Internet, 1. Auflage, Braunschweig, Wiesbaden August 2000
ders.
Das TDDSG aus der Sicht eines Datenschutzbeauftragten, in: DuD 1999, S. 258ff.
ders.
Datenschutzgesetze der dritten Generation, Neuwied 1999
ders.
Normenklarheit als Instrument der Transparenz, in: JR 1984, S. 361ff.
ders.
Das Recht auf Anonymität, in: Unabhängiges Landeszentrum für Datenschutz Schleswig- Holstein, Sicherheit im Internet durch Anonymität, August 2002, einsehbar unter http://www.realname-diskussion.info/anonheft.htm
ders. / von Mutius, Albert
Anonymität im Internet, Grundlagen, Methoden und Tools zur Realisierung eines Grundrechts, Braunschweig, Wiesbaden März 2003
Beaney, William M.
The Constitutional Right to Privacy in the Supreme Court, in: Supreme Court Review 1962, S. 212ff.
Beucher, Klaus / Leyendecker, Ludwig
Mediengesetze - Rundfunk, Mediendienste, Teledienste, Kommentar zum Rundfunkstaatsvertrag, Mediendienst- Staatsvertrag, Teledienstgesetz und Teledienstedatenschutzgesetz, München 1999
Bergmann, Lutz / Möhrle, Roland / Herb, Armin
Datenschutzrecht, Handkommentar Bundesdatenschutzgesetz, Datenschutzgesetz der Länder und Kirchen, bereichsspezifischer Datenschutz, Stand: Februar 2004
Berliner Beauftragter für Datenschutz und Akteneinsicht
Jahresbericht 2000, Teil 5, Telekommunikation und Medien,
Webseite des Berliner Beauftragten für Datenschutz und Akteneinsicht,
Datenschutz Berlin, Materialien zum Datenschutz,
einsehbar unter http://www.datenschutz-berlin.de/jahresbe/00/teil5.htm
BfD- Arbeitskreis
Die zukünftige Entwicklung des BDSG in Deutschland, in: DuD 2001, S.271ff.

Bizer, Johann
Forschungsfreiheit und Informationelle Selbstbestimmung: Gesetzliche Vorsehungsreglungen zwischen grundrechtlicher Förderungspflicht und grundrechtlichem Abwehrrecht, Baden-Baden 1992

ders.
Strukturplan modernes Datenschutzrecht, in: DuD 2004, S. 6ff.

ders.
Web-Cookies - datenschutzrechtlich, in: DuD 1998, S. 277ff.

ders.
Ziele und Elemente der Modernisierung des Datenschutzrechts, in: DuD 2001, S. 274ff.

ders.
Bundesverfassungsgericht versus Europäischer Gerichtshof für Menschenrechte, Innerstaatliche Rechtskraft, der urteile des EGMR und Gleichheit von Mann und Frau, Anmerkung zu den Feuerwehrsabgabe-Entscheidungen des EGMR von 18.07.1994 und des BVerfG vom 24.01.1995, in: EuGRZ 1995, S. 387ff.

ders.
Staatsrecht II: Die Grundrechte, 4., neubearbeitete Auflage, München 1994

Blümel, Markus / Soldo, Erwin
Internet- Praxis für Juristen: Online- Einstieg leicht gemacht, Köln, Berlin, Bonn, München 1998

Boehme - Neßler, Volker
Cyberlaw, Lehrbuch zum Internet – Recht, München 2001

Boese, Stefanie
Rechtliche Betrachtung des internationalen Datenschutz, Februar 2002, einsehbar unter http://www.nimonline.de/service/mindmaps/Datenschutz %20internationall.pdf

Bohlmann, Erick
Privacy in the Age of Information, August 2002, einsehbar unter http://elj.warwick.ac.uk/jilt/02-2/bohlman.html

Braml, Claudia
Das Teleshopping und die Rundfunkfreiheit: Eine verfassungs- und europarechtliche Untersuchung im Hinblick auf den Rundfunkstaatsvertrag, den Mediendienste- Staatsvertrag das Teledienstgesetz und die EG-Fernsehrichtlinie, München 1999

Branscomb, Anne Wells
Anonymity, Autonomy, and Accountability: Challenges to the First Amendment in Cyberspaces, in: 104 Yale Law Journal, S. 1639ff, 1995

Breitenmoser, Stephan
Der Schutz der Privatsphäre gemäß Art. 8 EMRK, das Recht auf Achtung des Privat- und Familienlebens, der Wohnung und des Briefverkehrs, Frankfurt am Main 1986
Breitfeld, Anja
Berufsfreiheit und Eigentumsgarantie als Schranke des Rechts auf Informationelle Selbstbestimmung- Verfassungsrechtliche Vorgaben für die zivilrechtliche Informationsordnung, Berlin 1992
Brökelmann, Sebastian
Steine statt Brot? Der Grundrechts der Europäischen Union zwischen Politischen Anspruch auf juristischer Wirklichkeit,
Ludwig-Maximilians-Universität München 30.09.2002
Brühann, Ulf
Die Veröffentlichung personenbezogener Daten im Internet als Datenschutzproblem, in: DuD 2004, S. 201ff.
ders. / Zerdick, Axel
Umsetzung der EG- Datenschutzrichtlinie, in: CR 1996, S. 429ff.
Brugger, Winfried
Grundrechte und Verfassungsgerichtsbarkeit in den Vereinigten Staaten von Amerika, Tübingen 1987
ders.
Einführung in das öffentliche Recht der USA,
2., aktualisierte und erweiterte Auflage, München 2001
ders.
„Verfassungen im Vergleich: USA & Deutschland", erschienen in: Ruperto Carola – Forschungsmagazin der Universität Heidelberg, Heft 3/1994, einsehbar unter http://www.uni-heidelberg.de/institute/fak2/brugger /brugger/verfassungen.htm
Buckham, Deborah F.
Validity, Construction, and Application of Computer Fraud and Abuse Act (18 U.S.C.A. §1030), in: 174 American Law Reports Federal (2001-2004) 101
Büchner, Wolfgang (Hrsg.)u.a.
Beck´scher TKG-Kommentar, München 1997
Büllesbach, Alfred / Höss-Löw, Petra
Vertragslösung, Safe Harbor oder Privacy Code of Conduct – Handlungsoptionen globaler Unternehmen, in: DuD 2001, S. 135ff.
Bullinger, Martin / Mestmäcker, Ernst- Joachim
Multimediadienste, Struktur und staatliche Aufgaben nach deutschem und europäischem Recht, 1.Auflage, Baden-Baden 1997
Bundesministerium für Wirtschaft und Arbeit
Elektronischer Mediendatenschutz, Strukturüberlegungen für ein Gesetz über den Datenschutz bei der Nutzung elektronischer Medien – EMDSG

(Stand 2.04.2003), einsehbar unter http://www.dud.de/documents/emediendatsch030402.pdf

Bundesregierung Deutschland,
Innovation und Arbeitsplätze in der Informationsgesellschaft des 21. Jahrhunderts, Aktionsprogramm der Bundesregierung, einsehbar unter http://www.dl-forum.de/dateien/Aktionsprogramm_Innovation.pdf

Burkert, Herbert
Die Konvention des Europarates zum Datenschutz; Rückblick und Ausblick, in: CR 1988, S. 751ff.

Burnham, William
Introduction to the Law and Legal System of the United States, St. Paul, Minn. 1995

Bußmann, Heike
Das Verfassungsrecht der elektronischen Medien in Deutschland und den USA, Technologische und rechtliche Entwicklungen vom Rundfunk bis zum Internet, Aachen 2000

Callies, Christian / Ruffert, Matthias
Kommentar des Vertrages über die Europäische Union und des Vertrages zur Gründung der Europäischen Gemeinschaft: EUV/EGV, Neuwied 1999

Canaris, Claus-Wilhelm
Grundrechtswirkungen und Verhältnismäßigkeitsprinzip in der richterlichen Anwendung und Fortbildung des Privatrechts, in: JuS 1989, S. 161ff.

Carey, Peter
E-Commerce: Does the Data Protection Act 1998 apply to Offshore E-business?, in: C&L, August 2000, S. 23ff.

Cate, Fred H.
Privacy in the Information Age, Washington 1997

Chemerinsky, Erwin
Constitutional Law, Principles and Policies, New York 1979

ders. / Kramer, Larry
Defining the Role of the Federal Courts, in: Brigham Young University Law Review, S. 67ff., 1990

Chlapowski, Francis S.
The Constitutional Protection of Informational Privacy, in: 71 Boston University Law Review S. 133ff., Januar 1991

Christiansen, Per
Selbstregulierung, regulatorischer Wettbewerb und staatliche Eingriffe im Internet, in: MMR 2000, S. 123ff.

Class Action Reporter
Vol. 3, No. 90, "Privacy Invasion: Notices are Called Too Common and Too Confusing", 6. Mai, 2001, einsehbar unter http://bankrupt.com/CAR_Public/010508.mbx

ders.
Vol. 3, Nr. 90, „Privacy Invasion: Not Yielding Much Payoff", einsehbar unter http://bankrupt.com/CAR_Public/010508.mbx
Cody, Jonathan P.
Protecting privacy over the internet: Has the time come to abandon self-regulation?, in: 48 Catholic University Law Review, S. 1183ff., Sommer 1999
Cohen, Julie E.
A right to read anonymously: A closer look at „copyright management" in cyberspace, in: 28 Connecticut Law Review, S. 981ff., Sommer 1996
Commission of the European Communities
Commission Staff Working Document, The Implementation of Commission Decision 520/2000/EC on the adequate protection of personal data provided by the Safe Harbor Privacy Principles and related Frequently Asked Questions issued by the US Department of Commerce, 20.10.2004, SEC (2004) 1323, einsehbar unter http://europa.eu.int/comm /internal_market/privacy/docs/adequacy/sec-2004-1323_en.pdf
Cope, Gerald B.
Toward a Right to Privacy as a Matter of State Constitutional Law, in: The Florida State University Law Review, Volume 5, S.631ff., 1977
Cordero, Richard
Construction and Application of Right of Financial Privacy Act of 1978, 112 American Law Reports Federal, S. 295ff.
Crump, Catherine
Data Retention: Privacy, Anonymity, and Accountability Online, in: 56 Stanford Law Review, S. 191 ff., Oktober 2003
Currie, David P.
Die Verfassung der Vereinigten Staaten von Amerika, Frankfurt a. M. 1988
ders.
Positive und negative Grundrechte, in: AöR 111 (1986), S. 230ff.
Dammann, Ulrich
Safe Harbor – neue Elemente im internationalen Datenschutz, in: *Simon, Dieter / Weiss, Manfred*, Zur Autonomie des Individuums, Liber Amicorum Spiros Simitis, Baden-Baden 2000, S.19-29
ders. / Simitis, Spiros
EG- Datenschutzrichtlinie, Kommentar, 1.Auflage, Baden-Baden 1997
dies. / Geiger, Hansjörg / Mallmann, Otto / Walz, Stefan
Kommentar zum Bundesdatenschutzgesetz, 4., völlig neu bearbeitete Auflage, Baden-Baden, 1992, Loseblattsammlung, Stand: 29. Lieferung, Dezember 1998
Dannemann, Gerhard
Schadensersatz bei Verletzung der EMRK, Köln 1994

Degenhart, Christoph
Das allgemeine Persönlichkeitsrecht, Art. 2 Abs. 1 i. V. m. Art. 1 Abs. 1 GG, in: JuS 1992, S. 362ff.
ders.
Staatsrecht 1, Staatszielbestimmung, Staatsorgane, Staatsfunktionen, 14., neubearbeitete Auflage, Heidelberg 1998
ders.
Programmauftrag Internet, Öffentlich-rechtliche Rundfunkanstalten und Online-Dienste, in: MMR 1998, S. 137ff.
Denninger, Erhard
Anonymität – Erscheinungsformen und verfassungsrechtliche Funierung, in: *Bäumler, Helmut / von Mutius, Albert*, Anonymität im Internet, Grundlagen, Methoden und Tools zur Realisierung eines Grundrechts, S. 41 ff., Braunschweig, Wiesbaden März 2003
ders.
Kommentar zum Grundgesetz, Reihe Alternativkommentare, Band 1, 3. Auflage, Loseblattsammlung, Neuwied, Kriftel 2001
Determann, Lothar
Kommunikationsfreiheit im Internet, Freiheitsrechte und gesetzliche, Beschränkungen, 1.Auflage, Baden-Baden 1999
DeVries, Thomas
Protecting Privay in the Digital Age, in:18 Berkeley Technology Law Journal, S. 283ff., 2003
Dhont, Jan u.a.
Safe Harbour Decision Implementation Study, April 2004, einsehbar unter http://europa.eu.int/comm/justice_home/fsj/privacy/docs/studies /safe-harbour-2004_en.pdf
Direct Marketing Association (DMA)
Artikel vom 6. April 2004, „High-Tech Companies deliver mixed results", einsehbar unter http://www.the-dma.org/cgi/ dispnewsstand?article=2115+++++.
Dirnberger, Franz
Grundrechtliche Schutzpflicht und Gestaltungsspielraum – Eine kurze Betrachtung zur Rechtsprechung des Bundesverfassungsgericht – in: DVBL. 1992, S. 879ff.
Dittmann, Armin / Fechner, Frank
Der Rundfunkbegriff im Wandel der Medien, Symposium zum 65. Geburtstag vom Professor Dr. iur. Dr. h. c. Thomas Oppermann, Berlin 1997
Dix, Alexander
Rechtliche Regelungen zum Selbst- bzw. Eigendatenschutz, Vortrag bei der Stiftungstagung der Alcatel SEL Stiftung „Technik für Nutzer", 15./16. Mai 2003, Stuttgart, einsehbar unter http://www.emr-sb.de/news/20031505Dix.pdf

Dörr, Dieter
Faires Verfahren: Gewährleistung im Grundgesetz der Bundesrepublik Deutschland, 1. Auflage, Strassburg 1984
ders.
Multimedia und der Rundfunkbegriff, in: *Dittmann, Armin / Fechner, Frank*, Der Rundfunkbegriff im Wandel der Medien, Symposium zum 65. Geburtstag vom Professor Dr. iur. Dr. h. c. Thomas Oppermann, Berlin 1997
ders.
Die deutsche Handelsflotte und das Grundgesetz, München 1988
ders. / Schiedermair, Stephanie
Rundfunk und Datenschutz: die Stellung des Datenschutzbeauftragten des Norddeutschen Rundfunks; Eine Untersuchung unter besonderer Berücksichtigung der verfassungsrechtlichen und europarechtlichen Vorgaben, Frankfurt a. M., 2002
ders. / Zorn, Nicole
Die Entwicklung des Medienrechts, in: NJW 2001, S. 2837ff.
Dörr, Erwin / Schmidt, Dietmar
Neues Bundesdatenschutzgesetz, Handkommentar,
2. überarbeitete und erweiterte Auflagen, Köln 1992
Donos, Pelopidas Konstantinos
Datenschutz – Prinzipien und Ziele, Unter besonderer Berücksichtigung der Entwicklung der Kommunikations- und Systemtheorie, Baden- Baden 1998
Dreier, Horst
Dimensionen der Grundrechte, Von der Wertordnungsjudikatur zu den objektiv-rechtlichen Grundrechtsgehalten, Hannover 1993
ders.
Grundgesetz: Kommentar, Band 1, 2. Auflage, Tübingen 2004
Echterhölter, Rudolf
Die Europäische Menschenrechtskonvention im Rahmen der verfassungsmäßigen Ordnung, in: JZ 1955, S. 689ff.
Electronic Privacy Information Center
Network Advertising Initiative: Principles not Privacy, einsehbar unter http://www.epic.org/privacy/internet/NAI_analysis.html
ders.
Public Opinion on Privacy, Juli 2004, einsehbar unter http://www.epic.org/privacy/survey/
Ellger, Reinhard
Der Datenschutz im grenzüberschreitenden Datenverkehr; Eine rechtvergleichende und kollisionsrechtliche Untersuchung, Baden-Baden 1990
ders.
Datenschutz und europäischer Binnenmarkt, in: RDV 1991, S. 412ff.

Engel-Flechsig, Stefan
Zusammenarbeit und Abgrenzung von TKG, IuKDG des Bundes und MDStV der Länder, in: *Büllesbach, Alfred*, Datenschutz im Telekommunikationsrecht, Deregu-lierung und Datensicherheit in Europa, Informationstechnik und Recht, Band 6, Köln 1997, S. 103ff.

ders.
Das IuKDG des Bundes und der MDStV der Bunderländer, in: ZUM 1997, S. 231ff.

ders. / Maennel, Frithjof A./ Tettenborn, Alexander
Neue gesetzliche Rahmenbedingungen für Multimedia: die Regelung des IuKDG und des MDStV, Heidelberg 1998

dies.
Das neue IuKDG, in: NJW 1997, S. 2981ff.

dies.
Beck'scher IuKDG- Kommentar, München 2001

Ermert, Monika
Artikel vom 15.05.2004, "Medienordnung auf dem Bierdeckel", heise online, einsehbar unter http://www.heise.de/newsticker/meldung/print/47386

Etling- Ernst, Martina
Telekommunikationsgesetz: TKG; ein erläuternder juristischer Kommentar mit praxisnahem Aufbau, Ratingen 1996

Farnsworth, Allan E.
An Introduction to the Legal System of the United States
Third Edition, New York 1996

Federal Trade Commission
Privacy Online: Fair Information Practices in the Electronic Marketplace, A Report to Congress, Mai 2000 einsehbar unter http://www.ftc.gov /reports/privacy2000/privacy2000.pdf

dies.
A Brief Overview of the Federal Trade Commission's Investigative And Law Enforcement Authority, April 1998, einsehbar unter http://www.ftc. gov/ogo/brfovrw.htm

dies.
Safe Harbor Enforcement Overview, Federal and State "Unfair and Deceptive Practices" Authority and Privacy, Juli 2000, einsehbar unter http://www.export.gov/safeharbor/ENFORCEMENTOVERVIEWFINAL .htm

dies.
Privacy Online: A Report to Congress", Juli 1998,
einsehbar unter http://www.ftc.gov/reports/priacy3/

dies.
Online Profiling: A Report to Congress, Part 2, Recommendations, einsehbar unter http://www.ftc.gov/os/2000/07/onlineprofiling.htm

dies.
Frequently Asked Questions about the Children's Online Privacy Protection Rule, Volume 1, einsehbar unter www.ftc.gov/privacy/coppyfaqs.htm

Fikentscher, Wolfgang
Methoden des Rechts in vergleichender Darstellung,
Band 2: Anglo-amerikanischer Rechtskreis, 1975

Fishman, Clifford S.
Technology and the Internet: The Impending Destruction of Privacy by Betrayers, Grudgers, Snoops, Spammers, Corporations, and the Media, in: 72 George Washington Law Review, S. 1503ff., August 2004

Fiss, Owen M.
The Irony of Free Speech, Cambridge, Mass. 1996

Flaherty, David H.
Symposium: The Right to Privacy one hundred years later: Article: on the Utility of Constitutional Rights to Privacy and Data Protection, in: Case Western Reserve Law Review, Volume 41, S. 831ff., 1991

Forrett, Nichoel
Cookie Monster: Balancing Inernet Privacy with Commerce, Technology, and Terrorism, in: 20 Touro Law Review, S. 507ff., 2004

Fröhle, Jens
Web Advertising, Nutzerprofile und Teledienstedatenschutz,
München 2003

Frowein, Jochen Abr. / Peukert, Wolfgang
Europäische Menschenrechtskonvention: EMRK-Kommentar, 2., Vollständig neubearbeitete Auflage unter Berücksichtigung des 11. Zusatzprotokolls zur Gründung eines ständigen Gerichtshofs, Kehl 1996

Garstka, Hansjürgen
Datenschutzkontrolle: Das Berliner Modell, in: DuD 2000, S. 289ff.

Geiger, Andreas
Die Einwilligung in die Verarbeitung von persönlichen Daten als Ausübung des Rechts auf informationelle Selbstbestimmung, in: NVwZ 1989, S 35ff.

Giegerich, Thomas
Privatwirkung der Grundrechte in den USA; Die State Action Doctrine des U.S. Supreme Court und die Bürgerrechtsgesetzgebung des Bundes, Berlin, Heidelberg, New York 1992

Gindin, Susan E.
Lost and Found in Cyberspace, Informational Privacy in the Age of the Internet, in: 34 San Diego Law Review 1153, S. 1191ff., 1997

Golembiewski, Claudia
Anonymität im Recht der Multimediadienste, S. 108ff., in: *Bäumler, Helmut / von Mutius, Albert,* Anonymität im Internet, Grundlagen, Metoden, und Tools zur Realisierung eines Grundrechts, Braunschweig, Wiesbaden März 2003, S. 107ff.

Goltzsch, Patrick
Wer hilft bei der Wahrung der Anonymität?, in: *Bäumler, Helmut / von Mutius, Albert,* Anonymität im Internet, Grundlagen, Metoden, und Tools zur Realisierung eines Grundrechts, Braunschweig, Wiesbaden März 2003, S. 146ff.

Gounalakis, Georgios / Mand, Elmar
Die neue EG-Datenschutzrichtlinie – Grundlagen einer Umsetzung in nationales Recht, Teil 1 in: CR 1997, S. 431ff.

Grabenwarter, Christoph
Europäische Menschenrechtskonvention, München 2003

Grabitz, Eberhard
Grundrechte in Europa und USA: Ergebnisse eines Forschungsprojektes der Instituts für Integrationsforschung der Stiftung Eropas-Kolleg Hamburg, Strassburg 1986

Graham, Jonathan P.
Privacy, Computers, and the Commercial Dissemination of Personal Information, in: Texas Law Review (Tex. L. Rev.), Volume 65, S. 1395ff., 1987

Guaradze, Heinz
Die europäische Menschenrechtskonvention, Berlin, Frankfurt a. M. 1968

Häberle, Peter
Grundrechte im Leistungsstaat, in: VVDStRL 30 (1972), S. 43ff.

Hance, Olivier
Internet- Business & Internet- Recht: rechtliche Regelungen auf die Datenbahn, Brüssel 1996

Hartstein, Reinhart / Ring, Wolf-Dieter / Kreile, Johannes / Dörr, Dieter / Stettner, Rupert
Rundfunkstaatsvertrag, Kommentar zur Staatsvertrag der Länder zur Neuordnung des Rundfunkwesens, 2. Auflage 1995

Haslach, Christian
Unmittelbare Anwendung der EG-Datenschutzrechtslinie, in: DuD 1998, S. 693ff.

Hay, Peter
US-Amerikanisches Rechts, 2. Auflage, München 2002

Hazelton, Pete
„New spyware laws raisin potential liability concerns“, Business First of Columbus, Artikel vom 10. Dezember 2004, einsehbar unter http://www.bizjournals.com/columbus/stories/2004/12/13/focus6.html?t=printable

Heil, Helmut
Datenschutz und Selbstregulierung - Der europäische Ansatz, in: DuD 2001, S. 129ff.
ders.
Safe Harbor: Ein Zwischenstandsbericht, in: DuD 2000, S. 444ff.
Heldrich, Andreas
Persönlichkeitsschutz und Pressefreiheit nach der Europäischen Menschenrechtskonvention, in: NJW 2004, S. 2634ff.
Hendrickx, Frank
Data protection and codes of conduct: self-regulation versus legislative intervention, in: *Blainpain, Roger,* Multinational Enterprises and the Social Challenges of the XXIst Century, The ILO Declaration on Fundamental Principles at Work, Public and Private Corporate Codes of Conduct, The Hague, London, Boston, 2000, S. 253-267
Herdegen, Matthias
Europarecht, 4. Auflage, München 2002
Heredia, Hannibal F.
Is there privacy in the workplace?: Guaranteeing a broader privacy right for workers under Calfornia Law, in: 22 Southwestern University Law Review, S. 307ff., 1992
Hermes, Georg
Das Grundrecht auf Schutz von Leben und Gesundheit – Schutzpflicht und Schutzanspruch aus Art. 2 Abs. 2 Satz 1 GG, Heidelberg 1987
Herrmann, Günter
Rundfunkrecht: Fernsehen und Hörfunk mit Neuen Medien, München 1994
Hesse, Albrecht
Rundfunkrecht, Die Organisation des Rundfunks in der Bundesrepublik Deutschland, 2., neubearbeitete Auflage, München 1999
Hesse, Konrad
Grundzüge des Verfassungsrechts der Bundesrepublik Deutschland, 20. neubearbeitete Auflage, Heidelberg 1995
Hillenbrand-Beck, Renate / Greß, Sebastian
Datengewinnung im Internet, Cookies und ihre Bewertung unter Berücksichtigung der Novellierung des TDDSG, in: DuD 2001, S. 389ff.
Hobert, Guido
Datenschutz und Datensicherheit im Internet: Interdependenz und Korrelation von rechtlichen Grundlagen und technischen Möglichkeiten, 2., durchgesehene Auflage, Frankfurt am Main 2000
Hodder-Williams, Richard
The Politics the Supreme Court, Boston 1980

Höfelmann, Elke
Das Grundrecht auf informationelle Selbstbestimmung anhand der Ausgestaltung des Datenschutzrechts und der Grundrechtsnormen der Landesverfassungen,
Frankfurt a.M. 1997
Hoeren, Thomas
Selbstregulierung im Banken – und Versicherungsrecht, Karlsruhe 1995
ders.
Grundzüge des Internetrechts, E-Commerce/Domains/Urheberrecht, 2. Auflage, München 2002
Hofer, Marcus
Datenschutz@internet, Die Privatsphäre im Informationszeitalter, Wien 2002
Hoffmann, Bernhard
Zweckbindung als Kernpunkt eines prozeduralen Datenschutzansatzes – Das Zweckproblem aus theoretischer und praktischer Sicht, Baden-Baden 1991
Hong, Haeji
Hacking through the Computer Fraud and Abuse Act, in: 31 U.C. Davis Law Review, S. 283ff., 1997
Hoofnagle, Chris
Panel on Consumer Privacy in the E-Commerce Marketplace,
Draft Paper Submitted Aril 5, 2002 for the Practicing Law Institute Third Annual Institute on Privacy Law
Hornung, Gerrit
Der Personenbezug biometrischer Daten, in: DuD 2004, S. 429ff.
Imhof, Ralf
One- to One- Marketing im Internet – Das TDDSG als Marketinghindernis, in: CR 2000, S. 110ff.
Internationaler Kommentar zur Europäischen Menschenrechtkonvention,
Loseblattsammlung, Stand: 4. Lieferung, August 2000
Ipsen, Jörn
Staatsrecht II. – Grundrechte, 6., überarbeitete Auflage, München 2003
Isensee, Josef
Das Grundrecht auf Sicherheit, Zu den Schutzpflichten des freiheitlichen Verfassungsstaates, Berlin, New York 1983
ders. / Kirchhof, Paul
Handbuch des Staatsrechts,
Band II, Demokratische Willensbildung – Die Staatsorgane des Bundes, Heidelberg 1987
Band V Allgemeine Grundrechtslehren, Heidelberg 1992
Band VI Freiheitsrechte, Heidelberg 1989

Jacob, Joachim
Perspektiven des neuen Datenschutzrechts, Zur Zukunft des Bundesdatenschutzgesetzes, in: DuD 2000 S. 5ff.
ders. / Heil, Helmut
Datenschutz im Spannungsfeld von staatlicher Kontrolle und Selbstregulierung, in: *Bizer, u.a.*, Umbruch von Regelungssystemen in der Informationsgesellschaft, Freundesgabe Büllesbach 2002, S. 213ff., einsehbar unter http://www.alfred-buellesbach.de/PDF/
20_Jacob_Heil.pdf
Jaeckel, Liv
Schutzpflichten im deutschen und europäischen Recht, Eine Untersuchung der deutschen Grundrechte, der menschenrechte und Grundfreiheiten der EMRK sowie der Grundrechte und Grundfreiheiten der Europäischen Gemeinschaft, Baden-Baden 2001
Jarass, Hans D.
Rundfunkbegriff im Zeitalter des Internets – zum Anwendungsbereich der Rundfunkfreiheit, des Rundfunkstaatsvertrags und des Mediendienste-Staatsvertrags, in: AfP 02 (1998), 133ff.
ders.
Bausteine einer umfassenden Grundrechtsdogmatik,
in. AöR 120 (1995), S. 345ff.
ders.
Das allgemein Persönlichkeitsrecht im Grundgesetz,
in: NJW 1989, S. 857ff.
ders.
Grundrechte als Wertentscheidung bzw. objektivrechtliche Prinzipien in der Rechtsprechung des Bundesverfassungsgerichts, in: AöR 110 (1985), S. 363ff.
Kamps, Michael
Die "Children`s Online Privacy Protection Rule", 22. Juni 1999, German American Law Journal, einsehbar unter http://www.amlaw.us/kamps1.
shtml
Kang, Jerry
Information Privacy in Cyberspace Transactions,
in: Stanford Law Review (Stan.L.Rev.), Volume 50, S. 1193ff.
Kau, Wolfgang
Vom Persönlichkeitsschutz zum Funktionsschutz: Persönlichkeitsschutz juristischer Personen des Privatrechts in verfassungsrechtlicher Sicht, Heidelberg 1989
Keck, Matthew C.
Cookies, The Constitution, and the Common Law: A Framework for the Right of Privacy on the Internet, in: 13 Albany Law Journal of Science & Technology, S. 83ff., 2002

Kim, Il-Hwan
Das Recht auf informationelle Selbstbestimmung im deutschen und koreanischen Verfassungsrecht, Mannheim 1995
Kirchhof, Paul
Verfassungsrechtlicher Schutz und internationaler Schutz der Menschenrechte: Konkurrenz oder Ergänzung?, in: EuGRZ 1994, S. 16ff.
Klein, Eckhart
Grundrechtliche Schutzpflicht des Staates, in: NJW 1989, S. 1633ff.
Klug, Christoph
Persönlichkeitsschutz beim Datentransfer in die USA – Die Safe- Harbor-Lösung, in: RDV 2000, S. 212ff.
Knopf, Allegra
Privacy and the Internet: Welcome to he Orwellian World,in: Florida Journal of Law and Public Policy (J. Law. & Pub. Pol`y), Volume 11, S. 79ff., 1999
Koch, Harald / Magnus, Ulrich / Winkler v. Mohrenfels, Peter
IPR und Rechtsvergleichung, 3. Auflage, München 2004
Köhler, Markus / Arndt, Hans-Wolfgang
Recht des Internet, 4., völlig neubearbeitete und erweiterte Auflage, Heidelberg 2003
Köhntopp, Marit / Köhntopp, Kristian
Datenspuren im Internet, in: CR 2000, S. 248ff.
Königshofen, Thomas
Die Telekommunikations- Datenschutzverordnung – TDSV, in: DuD 2001, S. 85ff.
ders
Die Umsetzung von TKG und TDSV durch Netzbetreiber, Service Provider und Telekommunikationsanbieter, in: ***Büllesbach, Alfred***, Datenschutz im Telekommunikationsrecht, Deregulierung und Datensicherheit in Europa, Köln 1997
ders.
Chancen und Risiken eines geregelten Datenschutzaudits- Der Versuch einer Versachlichung der Diskussion, in: DuD 2000, S. 357ff.
Kopytoff, Verne
„Legislation aims to block spyware State, federal bills seek to ease Net users'growing frustration“, Artikel vom 4. 10. 2004, San Francisco Chronicle, einsehbar unter www.sfgate.com/cgi-bin/article.cgi?file=/c/a/2004 /10/04/BUGL39260M1.DTL
Krause, Peter
Das Recht auf informationelle Selbstbestimmung – BVerfGE 65, 1, in: JuS 1984, S. 268ff.

Kresse, Hermann / Heinze, Matthias
Rundfunk- Dynamik am Morgen des digitalen Zeitalter – Ein Beitrag zur funktionalen Entwicklung des Rundfunkbegriffs, in: AfP 1995, S. 574ff.

Kreutzer, Christine
Die Feuerwehrabgabe, in: Jura 1996, S. 481ff.

Kröger, Detlef / Kuner, Christopher
Internet für Juristen: Zugang, Recherche Informationsquellen, 3. Auflage, München 2001

Kröger, Detlef
Internet für Rechtsanwälte und Notare. Kanzleien als Anbieter und Nutzer, Neuwied 1997

ders. / Gimmy, Marc André
Handbuch zum Internetrecht, Electronic Commerce – Informations-, Kommunikation und Mediendienste, 2., aktualisierte und erweiterte Auflage, Berlin 2002

Krüger, Frank
Hypertext für Juristen: Grundlagen und Probleme, in: Jur-PC 1992, S. 1497ff.

Kugelmann, Dieter
Grundrechte in Europa, Parallele Geltung aufgrund ihrer Rechtsquellen, Hamburg 1997

Kuner, Christopher
Internet für Juristen: Zugang, Recherche, Kommunikation, Sicherheit, Informationsquelle, 2., Auflage, München 1999

Kunig, Philip
Der Grundsatz informationeller Selbstbestimmung, Jura 1993, S. 595ff.

Kutscher, Hans / Rogge, Kersten / Matscher Franz
Der Grundrechtsschutz im Europäischen Gemeinschaftsrecht, Heidelberg 1982

Langhart, Albrecht
Rahmengesetz und Selbstregulierung, Kritische Betrachtung zur vorgeschlagenen Struktur eines Bundesgesetzes über die Börsen und den Effektenhandel unter Berücksichtigung des amerikanischen und englischen Börsenrechts, Zürich 1993

Langner, Thomas
Die Problematik der Geltung der Grundrechte zwischen Privaten, Frankfurt a. M. 1998

Lavranos, Nicolaos
Datenschutz in Europa, Am Beispiel der Datenschutzrichtlinien, des Schengen Information System (SIS) und Europol, in: DuD 1996, S. 400ff.

Lee, Laurie T.
Watch your E-Mail ! Employee E-Mail – monitoring and Privacy in the Age of the Electronic Sweatshop, in: The John Marshall Law Review (J. Marshall L. Rev.), Volume 28 (1994), S. 139ff.

Lenz, Carl Otto
EU- und EG-Vertrag: Kommentar zu dem Vertrag über die Europäische Union und zu dem Vertrag zur Gründung der Europäischen Gemeinschaft, jeweils in der durch den Vertrag von Nizza geänderten Fassung, 3. Auflage, 2003

Lerche, Peter
Rundfunkmonopol: zur Zulassung privater Fernsehveranstaltungen, Frankfurt a. M. 1970

Lewinski, Kai von
Privacy Policies: Unterrichtungen und Einwilligungen im Internet, in: DuD 2002, S. 395ff.

Löwenheim, Ulrich
Praxis des Online- Rechts, München 2001

Lu, Su-Ping
Corporate Codes of Conduct and the FTC: Advancing Human Rights through Deceptive Advertising Law, in: Columbia Journal of Transnational Law (Colum. J. Transnat`l L.), Volume 38, S.603, 2000

Lübbe-Wolff, Gertrude
Die Grundrechte als Eingriffsabwehrrechte,
Struktur und Reichweite der Eingriffsdogmatik im Bereich staatlicher Leistungen, Baden-Baden 1988

Lücke, Jörg
Die „allgemeinen“ Gesetze (Art. 5 As. 2 GG): Der Versuch einer Neuinterpretation, Heidelberg 1998

ders.
Die speziellen Schranken des allgemeinen Persönlichkeitsrechts und ihre Geltung für die vorbehaltlosen Grundrechte – Zu den Schranken der vorbehaltlosen Freiheitsrechte aus Art. 2 I i.V.m.Art.1 I GG –, in: DÖV 2002, S. 91ff.

Lundmark, Thomas
Umgang mit dem Präjudizienrecht, in: JuS 2000, S. 546ff.

Maclin, Tracey
Symposium: Katz, Kyllo and Technology: Virtual Fourth Amendment Protection in the Twenty-First Century, in: 72 Mississippi Law Journal, S. 51ff., 2002

Mallmann, Otto
Zweigeteilter Datenschutz? – Auswirkungen des Volkszählurteils auf die Privatwirtschaft, in: CR, 1988, S. 93ff.

Mark, Roy
„House cuts Cookies From SPY ACT“, Artikel vom 16. Februar 2005, einsehbar unter http://www.internetnews.com/xSP/print.
php/3483741

Matz, Rene Detlef
Europol – Datenschutz und Individualrechtsschutz im Hinblick auf die Anforderungen der EMRK, Aachen 2003
Maunz, Theodor / Dürig, Günter u.a.
Grundgesetz Kommentar,
Band I, Stand: 43. Ergänzungslieferung, Februar 2004
Band II, Stand: 43. Ergänzungslieferung, Februar 2004
Band III, Stand: 43. Ergänzungslieferung, Februar 2004
Maunz, Theodor
Vom Bonner Grundgesetz zur gesamtdeutschen Verfassung : Festschrift zum 75. Geburtstag von Hans Nawiasky, München 1956
Mayer, Franz C.
Recht auf Cyberspace, in: NJW 1996, S. 1782ff.
Mc Cullagh, Declan / Sager, Ryan
Privacy Laws: Not Gonna Happen, Artikel vom 2.03.2001, einsehbar unter http://www.wired.com/news/politics/0,1283,42123,00.html
Media Talent Network
How to comply with the Children's Online Privacy Protection Rule According to the Feder Trade Commission, Nov. 1999
Meister, Herbert
Orwell, Recht und Hysterie, Eine Bemerkung zum informationellen Selbstbestimmungsrecht, in: DuD 1984, S. 162ff.
Menzel, Eberhard
Die Einwirkung der Europäischen Menschenrechtskonvention auf das deutsche Recht, in: DÖV 1970, S. 509ff.
Meyer, Laurenz
Konkurrenz, Staat statt Privat versus Privat statt Staat, einsehbar unter http://www.trend-zeitschrift.de/trend79/7962.html
Merati-Kashani, Jasmin
Datenschutz im E-Commerce, Die rechtliche Bewertung der Erstellung von Nutzerprofilen durch Cookies, München 2005
Miedbrodt, Anja
Unterschiede im Regulierungsverständnis der deutschen und der amerikanischen Rechtskultur, in: *Bizer, u.a.*, Umbruch von Regelungssystemen in der Informationsgesellschaft, Freundesgabe Büllesbach 2002, S. 273ff., einsehbar unter http://www.alfred-buellesbach.de/PDF/26_Miedbrodt _Unterschiede.pdf
Miller, Phillip H.
Personal Privacy in the Computer Age: The Challenge of a New Technology in an Information – Oriented Society, in: Michigan Law Review (Mich.L.Rev.), Volume 67, S. 1089ff., 1969
Morrison, Allan B.
Fundamentals of American Law, Oxford University Press, New York 1996

Mosquera, Mary
Artikel vom 16.10.2000, „Bush, Gore Differ On Consumer Privacy Protection", einsehbar unter http://www.techweb.com/wire/story/TWB20001 016S0020
Müthlein, Thomas / Jaspers, Andreas
Tele-Gesetze: Datenschutz bei Multimedia, Telekommunikation und Post: Textsammlung mit Einführung zu datenschutzrechtlichen Regelungen bei Multimedia-, Telekommunikation- und Postdiensten, 1. Auflage, Frechen 1998
Muris, Timothy J.
Remarks of FTC Chairman Timothy J. Muris at The Privacy 2001 Conference, Cleveland, Ohio, 4. Oktober 2001, Protecting Consumers` Privacy: 2002 and Beyond, einsehbar unter http://www.ftc.gov/speeches/ muris/privisp1002.htm
Murray, Brian H./Cowart, James J. (Cyveillance),
Web Bugs, A Study of the Presence and Growth Rate of Web Bugs on the Internet, A Cyveillance White Paper, August 2001
Murswiek, Dietrich
Die staatliche Verantwortung für die Risiken der Technik: verfassungsrechtliche Grundlagen und immissionsschutzrechtliche Ausformung, Berlin 1985
Nowak, John E. / Rotunda, Ronald D
Constitutional Law, 6. Edition, St. Paul Minn. 2000
O'Harrow Jr., Robert
Artikel vom 23.03.2002, "Survey of Web Finds Gains on Privacy Issues", Washington Post, einsehbar unter http://www.washingtonpost.com /ac2/wp-dyn?pagename=article&contentId=A283272002Mar27 &notFound=true
Ockenfeld, Marlies / Wetzel, Emil
Grundlagen und Perspektiven der Multimedia- Techniken, in: CR 1993, S. 385ff.
OECD
Guidelines on the Protection of Privacy and Transborder Flows of Personal Data vom 23. September 1980, einsehbar unter http://www.oecd.org/document/18/0,2340,en_2649_201185_1815186_1_1_1_1,00.html
Olsen, Stefanie
„Web bug swarm grows 500 percent", Artikel vom 14. August 2001, einsehbar unter http://news.com.com/Web+bug+swarm+grows+500+percent/2100-1023_3-271605.html

dies.
„Privacy advocates shine light on „Web bugs", Artikel vom 21. Dezember 2000, einsehbar unter http://news.com.com/Privacy+advocates+shine +light+on+Web+bugs/2100-1023_3-250230.html
dies.
Patriot Act draws privacy concerns, Artikel vom 26.10.2001, einsehbar unter http://news.com.com/2100-1023-275026.html
Oppermann Thomas
Europarecht, München 1991
Peters, Anne
Einführung in die Europäische Menschenrechtskonvention, München 2003
Philippi, Nina
Die Charta der Grundrechteder Europäischen Union: Entstehung, Inhalt und Konsequenzen für den Grundrechtsschutz in Europa, 1. Auflage, Baden Baden 2002
Pieper, Hans-Gerd
Synopse der Grundrechte des Grundgesetzes und europäischer Grundrechte, in: Menschen Rechts Magazin Heft 1/98 Beitrag 4, S. 28- 40
ders. / Schlink, Bernhard
Grundrechte – Staatsrecht II, 18., neubearbeitete Auflage, Heidelberg 2002
Polakiewicz, Jörg
Die Verpflichtung der Staaten aus den Urteilen des EGMR, Berlin 1993
Polin, David
Proof of liability for violation of privacy of internet user, by cookies or other means, in: American Jurisprudence Proof of Facts 3d 249, August 2004
Posser, William L.
Privacy, in: California law Review (Cal.L.Rev.), Volume 48, S. 383ff., 1960
Prantl, Hubert
HTML Einführung, Juli 1995, einsehbar unter http://www.boku.ac.at/htmleinf/hein.html#vorwort
Rasmussen, Heike
Datenschutz im Internet, in: CR 2002, S. 36ff.
Reich, Norbert
Staatliche Regulierung zwischen Marktversagen und Politversagen – Erfahrungen mit der amerikanischen Federal Trade Commission und ihre Bedeutung für die Entwicklung des Verbraucherschutzes, Heidelberg 1984

Reidenberg, Joel R.
Privacy in the Information Economy: A Fortress or Frontier for Individual Rights? in: Federal Communications Law Journal (Fed.Comm.L.J.), Volume 44 S. 195, 1992
ders.
E-Commerce and Trans-Atlantic Privacy, in: 38 Houston Law Review, S. 717ff., 2001
Reimann, Thomas
Datenschutz im neuen TKG, in: DuD 2004, S. 421ff.
Richard, Jeff I.
Deceptive Advertising: A Behavioral Study of a Legal Concept, in: Columbia Journal of Transnational Law (Colum J. Transnatl l.L.), Volume 20, S. 31ff., 1990
Ricker, Reinhart
Rundfunkgebühren für Computer mit Internet- Zugang?, in: NJW 1997, S. 3199ff.
ders.
Die Freiheit des Fernseh-Direktempfangs und die rechtliche Zulässigkeit ihrer Beschränkung, in: NJW 1991 S. 602ff.
Robbers, Gerhard
Sicherheit als Menschenrecht – Aspekte der Geschichte, Begründung und Wirkung einer Grundrechtsfunktion, Baden-Baden 1987
Rosenbaum, Christian
Der grundrechtliche Schutz vor Informationseingriffen, in: Jura 1988, S. 178ff.
Roßnagel, Alexander
Regulierung und Selbstregulierung im Datenschutz,
Beitrag zum Forschungsobjekt „Datenschutz in Telediensten (DASIT)“, 1999
ders.
Weltweites Internet – globale Rechtsordnung?, in: MMR 2002, S. 67ff.
ders.
Recht der Multimediadienste, Loseblattsammlung, Stand: Dez. 2003, 5. Ergänzungslieferung
ders.
Marktwirtschaftlicher Datenschutz – eine Regulierungsperspektive, in: *Bizer, u.a.*, Umbruch von Regelungssystemen in der Informationsgesellschaft, Freundesgabe Büllesbach 2002, S. 131ff., einsehbar unter http://www.alfred-buellesbach.de/PDF/14_Rossnagel.pdf
ders. / Pfitzmann, Andreas / Garstka, Hansjürgen
Modernisierung des Datenschutzrechts, Gutachten im Auftrag des Bundesministerium des Innern, Berlin, September, 2001, Zusammenfassung in: DuD 2001, S. 253ff.

ders. / Scholz, Philip
Datenschutz durch Anonymität und Pseudonymität, in: MMR 2000, S. 721ff.

Rossum, Ralph A. / Tarr, G. Alan
American Constitutional Law, Volume II, The Bill of Rights and Subsequent Amendments, Fourth Edition, New York, 1995

Rost, Martin
Datenschutzaspekte von Identitätsmanagementsystemen, in: DuD 2003, S. 9ff.

Ruffert, Matthias
Die Mitgliedstaaten der Europäischen Gemeinschaft als Verpflichtete der Gemeinschaftsgrundrechte, in: EuGRZ 1995, S. 518ff.

Ruloff, Karl
Datenschutz: Voraussetzung und Zulässigkeit des Setzens von << Cookies>> und des << Data Mining>> - Auswertung von Transaktionsdaten für Werbezwecke, Datenschutzverträglichkeitsprüfung für E- Commerce Applikationen v.a. bei Grenzüberschreitenden Anwendungen, Seminararbeit, ETH/ Universität Zürich, 12.Mai 2000, Sommersemester 2000

Salus, Peter H.
Casting the net: from ARPANET to internet and beyond, Reading, Mass. 1995

Schaar, Peter
Neues Datenschutzrecht für das Internet, in: RDV 2002, S. 4ff.

ders.
Selbstregulierung und Selbstkontrolle – Auswege aus dem Kontolldilemma?, in: DuD 2003, S. 421ff

ders.
Persönlichkeitsprofile im Internet, in: DuD 2001, S. 383ff.

ders.
Die Möglichkeit der Datenschutzaufsichtsbehörden, in: *Bäumler, Helmut*, E- Privacy, Datenschutz im Internet, 1. Auflage, Braunschweig, Wiesbaden August 2000, S. 69ff.

ders
Datenschutz im Internet: Die Grundlagen, München 2002

ders.
Cookies: Unterrichtung und Einwilligung des Nutzers über die Verwendung, in: DuD 2000, S. 275ff.

Scheuer, Alexander / Strothmann, Peter
Europäisches Medienrecht, Entwicklungen des Jahres 2000, einsehbar unter http://www.emr-sb.de/EMR/EurMedR2000.pdf

Schmidt, Rolf
Grundrechte, 3. Auflage, Grasberg bei Bremen 2001

Schmidt, Walter
Die bedrohte Entscheidungsfreiheit, in: JZ 1974, S.241ff.
Schmidt-Bleibtreu, Bruno / Klein, Franz
Kommentar zum Grundgesetz, 9. Auflage, Neuwied 1999
Schmitz, Peter
Das TDDSG und das Recht auf informationelle Selbstbestimmung, München 2000
Schulte-Kellinghaus, Jan
Rundfunkbegriff und Gesetzgebungskompetenzen im digitalen Zeitalter, Bonn 1998
Schulzki-Haddouti, Christiane
Unsichtbarer und raffiniert – die verdeckten Ermittlungen der kleinen Schwestern, in: Bäumler, Helmut, E- Privacy, Datenschutz im Internet, 1 Auflage, Braunschweig, Wiesbaden August 2000
dies.
Technische Risiken und Lösungen
in: *Bäumler, Helmut / von Mutius, Albert*, Anonymität im Internet, Grundlage, Methoden und Tools zur Realisierung eine Grundrechts, S. 139 ff., Braunschweig, Wiesbaden März 2003
dies.
Klick ins Ungewisse, in: *Bäumler, Helmut / von Mutius, Albert*, Anonymität im Internet, Grundlagen, Metoden, und Tools zur Realisierung eines Grundrechts, Braunschweig, Wiesbaden März 2003, S. 139ff.
Schwabe, Jürgen
Probleme der Grundrechtsdogmatik,
Zweite, unveränderte Auflage, Hamburg 1997
ders.
Grundrechtlich begründete Pflichten des Staates zum Schutz gegen staatliche Bau- und Anlagengenehmigungen?, in: NVwZ 1983, S. 523ff.
Schmidt, Rolf
Staatliches Informationshandeln und Grundrechtseingriff – Eine verfassungsrechtliche Studie zu den grundrechtlichen Vorgaben und Grenzen staatlicher Informationstätigkeit in der modernen Informationsgesellschaft, Berlin 2004
Schwartz, Paul M.
Privacy and Democracy in Cyberspace, in: Vanderbilt Law Review (Vand. L.Rev.), Volume 52, S. 1607ff.
ders. / Reidenberg, Joel R.
Data Privacy Law, Virginia 1996
Schweitzer, Michael
Europarecht, Das Recht der Europäischen Union – Das recht der Europäischen Gemeinschaft (EGKS. EG, EAG) – mit Schwerpunkt EG,
5, neubearbeitete und erweiterte Auflage, Neuwied 1999

Scott, Michael D.
United States, Data Protection Regulatory System, in: Campbell, Dennis, Data Transmission and Privacy, Dordrecht 1994

Siebecker, Michael
Cookies and the Common Law: Are Internet Advertisers Trespassing on our Computers?, in: 76 Southern California Law Review, S. 893ff., Mai 2003

Siekmann, Helmut / Duttge, Gunnar
Staatsrecht 1: Grundrechte, 3., überarbeitete Auflage, Frankfurt 2000

Simitis, Spiros
Auf dem Weg zu einem neuen Datenschutzkonzept, Die zweite Novellierungsstufe des BDSG, in: DuD 2000, S. 714ff.

ders.
Die informationelle Selbstbestimmung – Grundbedingung einer verfassungskonformen Informationsordnung, in: NJW 1984, S. 398ff.

ders. / Dammann, Ulrich u.a.
Kommentar zum Bundesdatenschutzgesetz,
5. völlig neu bearbeitete Auflage, Baden-Baden 2003
4. völlig neu bearbeitete Auflage, Baden-Baden 1992, Loseblattsammlung, Stand: 29., Lieferung – Dezember 1998

Skok, Garvin
Establishing an Legitimate Expectation of Privacy in Clickstream Data, in: Michigan Telecommunication and Technology Law Review (Mich.Telecomm.Tech.L.Rev.), Volume 6, S. 61ff., 1999/2000

Smith, Bruce P.
Cybersmearing and the problem of anonymous online speech, in: 18 Communications Lawyer, S. 3ff., Herbst 2000

Smith Ekstrand, Victoria
Unmasking Jane and John Doe: Online Anonymity and the First Amendment, in: 8 Communication Law & Policy 45, Herbst 2003

Spiegel, Gerald
Spuren im Netz, Welche Spuren der Interent-Nutzer hinterläßt und wie man sie vermeiden kann, in: DuD 2003, S. 265ff.

Staebe, Erik
Die europäische Menschenrechtkonvention und ihre Bedeutung für die Rechtsform er Bundesrepublik Deutschland, in: JA 1996, S. 75ff.

Starek, Roscoe B. / Rozell, Lynda M.
The Federal Trade Commission`s Commitment o ON- Line Consumer Protection, in: Journal of Computer & Information Law, Volume 15, S. 679ff., 1997

Starck, Christian
Die Grundrechte des Grundgesetzes – zugleich ein Beitrag zu den Gesetzen der Verfassungsauslegung, in: JuS 181, S. 237ff.

Steinbeiß- Winkelmann, Christine
Grundrechtliche Freiheit und Staatliche Freiheitsordnung, Funktionen und Regelungsgehalt verfassungsrechtlicher Freiheitsgarantien im Licht euer Grundrechtstheorien, Frankfurt am Main, Bern, New York 1986
Steinmüller, Wilhelm
Die zweite Industrie- Revolution, in: DVR 1981, S. 57ff.
Stemmler, Jochen
Grundrechtswirkung und Privatrechtsentfaltung, Frankfurt a. M. 1998
Stern, Klaus
Das Staatsrecht der Bundesrepublik Deutschland,
Band I, Grundbegriffe und Grundlagen des Staatsrechts, Strukturprinzipien der Verfassung, 2., völlig neu bearbeitete Auflage, München 1984
Band III, 1. Halbband, Allgemeine Lehren der Grundrechte, München 1988,
Band III, 2. Halbband, Allgemeine Lehren der Grundrechte, München 1994
Streinz, Rudolf
Europarecht, 6., völlig neu bearbeitete Auflage, Heidelberg 2003
Strömer, Tobias H.
Online- Recht: Rechtsfragen im Internet, 3., aktualisierte und erweiterte Auflage, Heidelberg 2002
Sullivan, Julianne M.
Will the Privacy Act of 1974 still hold up in 2004? How advancing technology has created a need for change in the "System of Records" analysis, in: 39 California Western Law Review, 2003
Taeger, Jürgen
Grenzüberschreitender Datenverkehr und Datenschutz in Europa, Clausthal-Zellerfeld 1995
Tettenborn, Alexander
Die Evaluierung des IuKDG, Erfahrungen, Erkenntnisse und Schlussfolgerungen, in: MMR 1999, S. 516ff.
Theis, Horst
Die Multimediagesetze: Erläuterungen, Gesetzestexte, amtliche Begründungen, Neuwied, Kriftel, Berlin 1997
Tiedemann, Paul
Internet für Juristen: eine praxisorientierte Einführung, Darmstadt 1999
Tinnefeld, Marie- Therese / Ehmann, Eugen
Einführung in das Datenschutzrecht, 3., völlig neu bearbeitete und erweitere Auflage, München 1998
Tomuschat, Christian
Völkerrecht, 2. Auflage, Baden-Baden 2004

Tribe, Laurence H.
American Constitutional Law, Volume One, Third Edition, New York 2000

Tröndle, Rüdiger
„Privacy Policies" und das Internet, Noch immer Streitpunkt zwischen den Vereinigten Staaten von Amerika und der Europäischen Union, in: CR 1999, S. 717ff.

Trosch, Daniel
Unmittelbare Anwendbarkeit der EG-Datenschutzrichtlinie, in: DuD 1998, S. 724ff.

Trubow, George B.
Protecting Informational Privacy in the Information Society, in: Northern Illinois University Law Review, Volume 10, S. 521ff., 1990

Trute, Hans- Heinrich
Der Schutz personenbezogener Informationen in der Informationsgesellschaft, in: JZ 1998, S. 822ff.

Vogelsang, Klaus
Grundrecht auf informationelle Selbstbestimmung?, 1. Auflage, Baden-Baden 1987

v. Mangoldt, Hermann / Klein, Friedrich / Starck, Christian
Das Bonner Grundgesetz: Kommentar, Band 1, 4., völlig neubearbeitete Auflage, München 1999

v. Münch, Ingo / Kunig, Philip
Grundgesetz-Kommentar,
Band 1, 5. Auflage, München 2000
Band 2, 5. Auflage, München 2001
Band 3, 3., neubearbeitete Auflage, München 1996

v. Münch, Ingo / Coderch, Pablo Salvador / i Riba, Josep Ferrer
Zur Drittwirkung der Grundrechte, Frankfurt a. M. 1998

v. Mutius, Albert
Anonymität als Element des allgemeinen Persönlichkeitsrechts, in: *Bäumler, Helmut / von Mutius, Albert*, Anonymität im Internet, Grundlagen Methoden und Tools zur Realisierung eines Grundrechts, S. 12 ff., Braunschweig, Wiesbaden März 2003

Warren, Samuel / Brandeis, Louis
The Right of Privacy, in: Harvard Law Review (Harv.L.Rev.), Volume 4, S. 194ff., 1890

Wenning, Rigo
Das Internet: ein rechtsfreier Raum?, in: Jur-PC 1995, S. 3321ff.

Wente, Jürgen
Informationelles Selbstbestimmungsrecht und absolute Drittwirkung der Grundrechte, in: NJW 1984, S. 1446ff.

White, Albert B.
The Name Magna Carta, in: England History Review, Volume 30, S. 472, 1915

Wichert, Michael
Web-Cookies – Mythos und Wirklichkeit, in: DuD 1998, S. 273ff.

Wiese, Markus
Unfreiwillige Spuren im Netz, in: Bäumler, Helmut, E-Privacy, Datenschutz im Internet, 1. Auflage, Braunschweig, Wiesbaden August 2000

Wilske, Stephan
Datenschutz in den USA, in: CR 1993, S. 297ff.

Windthorst, Kay
Regulierungsansätze im deutschen und US-amerikanischen Telekommunikationsrecht (I), in: CR 1998, S. 281ff.

Wittinger, Michaela
Die Einlegung einer Individualbeschwerde vor dem EGMR, Ein Leitfaden für die Praxis, in: NJW, 2001, S. 1238-1239

Wuermeling, Ulrich
Handelshemmnis Datenschutz – Die Drittländerregelung der Europäischen Datenschutzrichtlinie, Köln 2000

Zimmer, Anja / Büchner, Wolfgang
Konvergenz der Netze – Konvergenz des Rechts?, Das Nebeneinander von rundfunkstaatsvertraglichen, telekommunikations- und kartellrechtlichen Regelungen beim Zugang zum Breitbandkabel, in: CR 2001, S. 164ff.

ABKÜRZUNGSVERZEICHNIS

A.	Atlantic Reporter
a.A.	anderer Ansicht
A.B.A	American Bar Association
Abs.	Absatz
Aff'd	affirmed
AfP	Zeitschrift für Medien- und Kommunikationsrecht
Alb. L.J. Sci. & Tech.	Albany Law Journal of Science & Technology (Zeitschrift)
A.L.I.	American Law Institute
A.L.R. Fed.	American Law Reports Federal (Zeitschrift)
Am. Jur.	American Jurisprudence (Zeitschrift)
AöR	Archiv des öffentlichen Rechts
App. Div.	Appellate Division
ARPA	Advanced Research Project Agency
ARPANet	Advanced Research Project Agency Network
Art.	Artikel
a.F.	alte Fassung
Bd.	Band
Bfd	Der Bundesbeauftragte für den Datenschutz
BDSG	Bundesdatenschutzgesetz
Berkeley Tech. L.J.	Berkeley Technology Law Journal (Zeitschrift)
BGB	Bürgerliches Gesetzbuch
BGBl.	Bundesgesetzblatt
BGH	Bundesgerichtshof
BMWA	Bundesministerium für Wirtschaft und Arbeit
BT	Bundestag
BT-Drs.	Bundestagsdrucksache
Bus. Law.	The Business Lawyer (Zeitschrift)
B.U.L. Rev.	Boston University Law Review (Zeitschrift)
BVerfG	Bundesverfassungsgericht
BVerGE	Amtliche Sammlung der Entscheidungen des Bundesverfassungsgerichts
BYU L. Rev.	Brigham Young University Law Review (Zeitschrift)
Cal.	California
Cal.	California Reports (Entscheidungssammlung)
Cal. App.	California Appelate Reports (Entscheidungssammlung)

Cal. Rptr.	West's California Reporter (Entscheidungssammlung)
Cal. W. L. Rev.	California Western Law Review (Zeitschrift)
C&L	Computer & Law (Zeitschrift)
Case W. Res.	Case Western Reserve Law Review (Zeitschrift)
cert. denied	certiorari denied
CFAA	Computer Fraud and Abuse Act
CGI	Common Gateway Interface
Cir.	Circuit
Colo.	Colorado
Comm. L. & Pol'y	Communication Law & Policy
Conn. L. Rev.	Connecticut Law Review (Zeitschrift)
Const.	Constitution
COPPA	Children Online Privacy Protection Act
Colum. J. Transnat`l L.	Columbia Journal of Transnational Law (Zeitschrift)
Const.	Constitution
CPACSA	Computer Protection Against Computer Spyware Act
CR	Computer und Recht (Zeitschrift)
c't	Magazin für Computertechnik (Zeitschrift)
DASIT	Datenschutz in Telediensten
Dep.	Department
ders.	derselbe
dies.	Dieselbe
dist.	district
DÖV	Die öffentliche Verwaltung
DuD	Datenschutz und Datensicherheit (Zeitschrift)
DVB1.	Deutsches Verwaltungsblatt
DVR	Datenverarbeitung im Recht (Zeitschrift)
ECPA	Electronic Communications Privacy Act
EG	Europäische Gemeinschaft
EGG	Elektronischer Geschäftsverkehr-Gesetz
EGMR	Europäischer Gerichtshof für Menschenrechte
EGV	Vertrag zur Gründung der Europäischen Gemeinschaft
Einf.	Einführung
Einl.	Einleitung
EPIC	Electronic Privacy Information Center
EKMR	Europäische Kommission für Menschenrechte
EMDSG	Gesetzes über den Datenschutz bei der Nutzung elektronischer Medien
EU	Europäische Union
EuGH	Gerichtshof der Europäischen Gemeinschaften

EuGHE	Sammlung der Rechtsprechung des Gerichtshofes der Europäischen Gemeinschaften
EuGRZ	Europäische Grundrechte-Zeitschrift
EMRK	Europäische Menschenrechtskonvention
ESRB	Entertainment Software Rating Board
EuZW	Europäische Zeitschrift für Wirtschaftsrecht (Zeitschrift)
EWR	Europäischer Wirtschaftsraum
F.	Federal Reporter (Entscheidungssammlung)
FAQ	Frequently Asked Questions
ff.	fortfolgende
Fed. Comm. L.J.	Federal Communications Law Journal (Zeitschrift)
Fla.	Florida
Fla. St. U. L. Rev.	The Florida State University Law Review (Zeitschrift)
Fn.	Fußnote
F.R.D.	Federal Rules Decisions (Entscheidungssammlung)
F. Supp.	Federal Supplement (Entscheidungssammlung)
FTC	Federal Trade Commission
FTP	File Transfer Protocol
Ga.	Georgia
gem.	gemäß
Geo. Wash. L. Rev.	George Washington Law Review (Zeitschrift)
GG	Grundgesetz
ggf.	gegebenenfalls
GGO	Gemeinsame Geschäftsordnung der Bundesministerien
GRUR	Gewerblicher Rechtsschutz und Urheberrecht (Zeitschrift)
Harv. J. Law. & Tec.	Harvard Journal of Law & Technology (Zeitschrift)
Hous. L. Rev.	Houston Law Review (Zeitschrift)
Hs.	Halbsatz
HTML	Hypertext Markup Language
HTTP	Hyper Text Transmission Protocol
ID	Identifikationsnummer
IDSA	Interactive Digital Software Association
Inc.	Incorporation
IP	Internet Protocol
i.S.d.	im Sinne des
i.S.v.	im Sinne von
ISP	Internet Service Provider

IuKDG	Informations- und Kommunikationsdienstegesetz
IuR	Informatik und Recht (Zeitschrift)
i.V.m.	in Verbindung mit
ITI	Infomation Technology Industry
J. Law. & Pub. Pol'y	Florida Journal of Law and Public Policy (Zeitschrift)
J. Marshall L. Rev.	John Marshall Law Review (Zeitschrift)
Jur-PC	Internet-Zeitschrift für Rechtsinformatik (Zeitschrift)
JuS	Juristische Schulung (Zeitschrift)
JZ	Juristenzeitung (Zeitschrift)
K&R	Kommunikation und Recht (Zeitschrift)
KG	Kammergericht
Komm.	Kommentar
La.	Louisiana
L. Rev.	Law Review
L. J.	Law Journal
LAN	Local Area Network
L. Ed.	Lawyer' Edition (Entscheidungssammlung)
LG	Landgericht
m.w.N.	mit weiteren Nachweisen
MDStV	Mediendienste-Staatsvertrag
Mich. App.	Michigan Appeals Reports (Entscheidungssammlung)
Mich. L. Rev.	Michigan Law Review (Zeitschrift)
Mich.Telecomm.Tech.L.Rev.	Michigan Telecommunication and Technology Law Review (Zeitschrift)
MILNET	Military Network
M.J.	Military Journal (Entscheidungssammlung)
MMR	Multimedia und Recht (Zeitschrift)
Miss. L.J.	Mississippi Law Journal (Zeitschrift)
n.F.	neue Fassung
NAI	Network Advertising Initiative
N.E.	North Eastern Reporter (Entscheidungssammlung)
N. Ill. U. L. Rev.	Northern Illinois University Law Review (Zeitschrift)
N.J.	New Jersey
NJW	Neue Juristische Wochenschrift (Zeitschrift)
Nr.	Nummer
NSFNet	National Science Foundation Network
NVwZ	Neue Zeitschrift für Verwaltungsrecht (Zeitschrift)

N.W.	North Western Reporter (Entscheidungssammlung)
N.Y.	New York Reports (Entscheidungssammlung)
N.Y.S.2d	West's New York Supplement (Entscheidungssammlung)
OECD	Organisation for Economic Co-operation and Development
Ohio App.	Ohio Appellate Reports (Entscheidungssammlung)
OPM	Online Preference Marketing
OPPA	Online Privacy Protection Act
P.	Pacific Reporter
Pa.	Pennsylvania
RDV	Recht der Datenverarbeitung (Zeitschrift)
Rndnr.	Randnummer
Rspr.	Rechtsprechung
RStV	Rundfunkstaatsvertrag
Rutgers L.J.	Rutgers Law Journal (Zeitschrift)
S.	Satz
S. Ct.	Supreme Court Reporter (Entscheidungssammlung)
S.E.	South Eastern Reporter (Entscheidungssammlung)
SIS	Schengen Information System
Slg.	Sammlung
So.	Southern Reporter (Entscheidungssammlung)
sog.	sogenannte
Stan. L. Rev.	Stanford Law Review (Zeitschrift)
Suffolk U. L. Rev.	Suffolk University Law Review (Zeitschrift)
S.W.	South Western Reporter (Entscheidungssammlung)
Sw. U. L. Rev.	Southwestern University Law Review (Zeitschrift)
TCP	Transfer Control Protocol
TDDSG	Teledienstedatenschutzgesetz
TDG	Teledienstegesetz
Tex. L. Rev.	Texas Law Review (Zeitschrift)
TKG	Telekommunikationsgesetz
u.a.	unter anderem
U.C. Davis L. Rev.	U.C. Davis Law Review (Zeitschrift)
UN	United Nations
URL	Uniform Ressorce Locator
U.S.	United States

U.S.	United States Reports (Entscheidungs-sammlung)
Va.	Virginia
Va. J.L. & Tech.	Virginia Journal of Law and Technology (Zeitschrift)
Vand. L. Rev.	Vanderbilt Law Review (Zeitschrift)
Verh.	Verhältnis
vgl.	vergleiche
Vol.	Volume
VVDStRL	Veröffentlichung der Vereinigung der Deutschen Staatsrechtslehrer
VZG	Volkszählungsgesetz
Vorb.	Vorbemerkung
Wash.	Washington
WL	Westlaw (Zeitschrift)
WRP	Wettbewerb in Recht und Praxis (Zeitschrift)
WWW	Word Wide Web
z. Bsp.	zum Beispiel
ZeuS	Zeitschrift für europarechtliche Studien
Ziff.	Ziffer
ZStW	Zeitschrift für die gesamte Strafrechtswissenschaft (Zeitschrift)
ZUM	Zeitschrift für Urheber- und Medienrecht (Zeitschrift)

Einleitung

Das Internet ist ein internationales Netzwerk von Computern, das den Nutzern Zugang zu umfangreichen Mengen an Informationen aus allen Teilen der Welt verschafft.[1] Es ist einzigartig in seiner dezentralen, selbsterhaltenden Natur und der Fähigkeit, einen unbegrenzten Informationsaustausch ohne direkte menschliche Einwirkung und Kontrolle zu ermöglichen.[2] Das Resultat ist ein grenzüberschreitender Austausch von Daten zwischen allen weltweit am wirtschaftlichen und sozialen Leben Beteiligten, weshalb auch die enthaltene Quantität an Informationen mit keinem anderen Medium zu vergleichen ist.[3] Das Internet hat die Entwicklung der Industriegesellschaft zur Informationsgesellschaft vollendet, in der Information neben Arbeit, Kapital und Rohstoffen eine vierte Produktivkraft darstellt und zur Ware als „industriell produzierte Entscheidungshilfe" wird.[4] Für das Jahr 2005 werden in Deutschland bereits 56,2% der Bevölkerung, in den Vereinigten Staaten sogar 68,8% und weltweit mehr als 800 Millionen Nutzer des Internets angenommen, was einem Wachstum von 126,4% seit dem Jahr 2000 entspricht.[5]

Auch die Anbieter verschiedenster Produkte und Dienste haben das Internet und den damit verbundenen E-Commerce als neue Geschäftsform entdeckt. Im Jahre 2004 wurde ein jährliches Umsatzvolumen von $2,34 Billionen in Europa und $3,5 Billionen in den Vereinigten Staaten für den E-Commerce geschätzt.[6] Aufgrund der unüberschaubaren Anzahl von Angeboten haben die Anbieter ein gesteigertes Interesse daran, ihre Leistungen auf die Bedürfnisse und Interessen des Websurfers anzupassen und sich somit gegenüber der Konkurrenz abzuheben. Eine solche individuelle Ansprache ist jedoch nur mit Kenntnis der Interessen des potentiellen Kunden möglich. Diese lassen sich aus dem Besuchsverhalten des Websurfers im World Wide Web (WWW) ableiten. So ist es z. Bsp. für ein Unternehmen, welches online Bücher verkauft, von größter Bedeutung, für welche Bücher der Besucher der Webseite sich bei seinem letzten Besuch interessiert hat. Kennt der Anbieter diese Daten, kann er dem Websurfer bei dem

---

[1] Siehe *Reno v. ACLU*, 521 U.S. 844 (U.S. Supreme Court, 1997), S. 849f. („The Internet is an international network of interconnected computers. ... it provided an example for the development of a number of civilian networks that, eventually linking with each other, now enable tens of millions of people ... to access vast amounts of information from around the world. The Internet is a unique and wholly new medium of worldwide human communication."); Zur Entwicklung des Mediums siehe Seite 55f. dieser Arbeit.

[2] *American Library Ass. v. Pataki*, 969 F. Supp. 160 (U.S. District Court, Southern District of N.Y., 1997), S. 164; *Hance*, Internet-Business & Internet-Recht, S. 129.

[3] *Ockenfeld/Wetzel*, CR 1993, S. 385f.

[4] *Steinmüller*, DVR 1981, S. 57.

[5] Vgl. Internet World Stats, Usage and Population Statistics, Stand 18. Februar 2005, einsehbar unter http://www.internetworldstats.com/index.html.

[6] Statistik des Unternehmens Forrester Research, einsehbar unter http://www.epaynews.com/statistics/transactions.html.

nächsten Besuch Bücher der gleichen Kategorie als Werbebanner anbieten oder die relevante Kategorie besonders hervorheben.[7] Da die meisten Angebote im WWW kostenlos angeboten werden, kommt hinzu, dass Anbieter auf andere Finanzierungsmöglichkeiten angewiesen sind. Da auch die Werbewirtschaft das Internet für sich entdeckt hat, ergibt sich ein Zusammenwirken des Internetanbieters mit Werbegesellschaften, die als Gegenleistung für personenbezogene Daten eine maßgeschneiderte Werbung anbieten können.[8] Auch staatliche Stellen haben verstärktes Interesse an Daten über den Besuch des Betroffenen im Internet. Zum Einen ist dies damit zu begründen, dass vermehrt Dienste im Konkurrenzverhältnis zu privaten Unternehmen angeboten werden, so dass auch für staatliche Stellen ein Wettbewerbsvorteil durch Kenntnis der Vorlieben des Betroffenen erstrebenswert ist.[9] Hinzu kommen Tendenzen zur staatlichen Überwachung des Besuchsverhaltens des WWW z. Bsp. zur Verbrechensbekämpfung. So vereinfacht der USA Patriot Act, der als Reaktion auf den Anschlag vom 11.09.2001 auf das World Trade Center in New York als sogenanntes „Anti-Terrorismus"-Gesetz erlassen wurde, die Speicherung und Auswertung des Besuchsverhaltens des Websurfers im WWW.[10]

Aus den genannten Gründen werden die Daten des Websurfers immer wertvoller. Vor diesem Hintergrund bekommt der Einsatz von „Abhörmitteln" wie Cookies und Web Bugs Relevanz, die Aufschluss über das Besuchsverhalten der Websurfer im WWW geben, und deswegen eine große Herausforderung für den Datenschutz mit sich bringen. Diese Herausforderung wird größer durch den rasanten Anstieg der Anzahl von Unternehmen, die sich dieser Mittel bedienen.[11] So hat eine Studie vom Dezember 2004 gezeigt, dass 18,2% der untersuchten Anbieter Cookies einsetzen, wenn der Websurfer die jeweilige Webseite besucht.[12] Bei einer Betrachtung ausgewählter sogenannter „High-Tech"-Unternehmen wurde im Frühling 2004 sogar ein Einsatz von Cookies von bis zu 90% der untersuchten Unternehmen festgestellt.[13] Nach einer Studie aus dem

---

[7] Vgl. *Spiegel*, DuD 2003, S. 265.
[8] *Hillenbrand-Beck/Greß*, DuD 2001, S. 389.
[9] Vgl. allgemein *Meyer*, Konkurrenz.
[10] Vgl. hierzu *Olsen*, Patriot Act draws privacy concerns, Artikel vom 26.10.2001; „Uniting and Strengthening America by Providing Appropriate Tools Required to Intercept and Obstruct Terroism Act of 2001" (USA Patriot Act), H.R. 3162, vom 26.10.2001 unter http://www.aclu.org/Files/OpenFile.cfm?id=12250.
[11] Vgl. zu den Anbietern, die Web Bugs einsetzen den „Web Bug Count Report" von Security Space unter http://www.securityspace.com/s_survey/data/man.200412/Web Bug_site.html.
[12] *Security space*, Internet Cookie Report, einsehbar unter http://www.securityspace.com/s_survey/data/man.200411/cookieReport.html.
[13] *DMA*, „High-Tech Companies deliver mixed results", Artikel vom 6. April 2004, einsehbar unter http://www.the-dma.org/cgi/dispnewsstand?article=2115+++++.

Jahre 2001 ist der Einsatz von Web Bugs um 80% pro Jahr seit dem Jahre 1998 gestiegen.[14] Bereits im Jahre 2000 enthielt eine von 10 Webseiten Web Bugs.[15]

Diese Arbeit beschäftigt sich mit der Frage, ob der Einsatz von Cookies und Web Bugs durch öffentliche und nicht-öffentliche Anbieter von Internetdiensten datenschutzrechtlich zulässig ist und wenn ja, von welchen Bedingungen diese Zulässigkeit abhängt. Diese Frage wird nach Erläuterung der Grundlagen des Einsatzes der Cookies und Web Bugs im WWW (1. Teil)[16] unter Berücksichtigung des U.S.-amerikanischen und deutschen Rechts im Vergleich erörtert. Hierbei wird zunächst das U.S.-amerikanische Recht (2. Teil)[17] und sodann das deutsche Recht (3. Teil)[18] unter Einbeziehung der supranationalen Vorgaben untersucht. Daraufhin wird die Bedeutung der Selbstregulierung dargestellt (4. Teil)[19] und anschließend der in den vorangehenden Teilen erarbeitete Datenschutzstandard in beiden Rechtssystemen im Hinblick auf as „ob" und „wie" der Cookies und Web Bugs verglichen (5. Teil)[20]. Nach einer Zusammenfassung in Thesen (6. Teil)[21] werden aus den erarbeiteten Unterschieden gebotene Änderungen herausgearbeitet (7. Teil).[22] Im letzten Teil der Arbeit erfolgt ein Ausblick auf die zukünftige Entwicklung (8. Teil)[23].

---

[14] *Murray/Cowart*, Web Bugs, S. 4.
[15] *Olsen*, „Privacy advocates shine light on 'Web bugs'", Artikel vom 21. Dezember 2000, einsehbar unter http://news.com.com/Privacy+advocates+shine+light+on+Web+bugs/2100-1023_3-250230.html.
[16] Siehe Seite 55ff. dieser Arbeit.
[17] Siehe Seite 63ff. dieser Arbeit.
[18] Siehe Seite 129ff. dieser Arbeit.
[19] Siehe Seite 225ff. dieser Arbeit.
[20] Siehe Seite 243ff. dieser Arbeit.
[21] Siehe Seite 251ff. dieser Arbeit.
[22] Siehe Seite 253ff. dieser Arbeit.
[23] Siehe Seite 259ff. dieser Arbeit.

1. Teil: Die Grundlagen des Einsatzes von Cookies und Web Bugs

A. Das WWW als Informationsmedium

I. Die Entwicklung des Internets

Das WWW in seiner heutigen Erscheinungsform entstammt dem Wunsch der U.S.-Regierung nach einem System, das einen Informationsaustausch auch in Kriegszeiten ermöglicht. Diesem Wunsch entsprechend gab die Regierung in den 60er Jahren eine Studie in Auftrag, die darlegen sollte, wie die Rechner des Militärs so miteinander verbunden werden könnten, dass auch nach einem Nuklearkrieg ein Informationsaustausch möglich ist.[24] Als Ergebnis wurde empfohlen, eine zentrale Aufsicht über die einzelnen Rechner zu vermeiden, da dem Gegner sonst ein geeigneter Angriffspunkt geboten würde. Es sollten gleichwertige Knotenpunkte geschaffen werden, die jeweils ohne Beeinträchtigung der Funktionsfähigkeit der Netzwerkprotokolle verzichtbar wären. Informationen sollten in Pakete zerlegt werden und jedes einzelne Paket unabhängig von den anderen gesendet werden, ohne dass der Weg der einzelnen Pakete vorherbestimmt werden könnte.[25] Diesen Empfehlungen folgend entwickelte die U.S.-Regierung im Jahre 1969 das militärische und dezentrale Computernetz „ARPANet“ unter der militärischen Gründungsorganisation „Advanced Research Project Agency“ (ARPA).[26] Dem dezentralen Charakter des Netzes entsprechend wurde das „Network Control Protocol“ (NCP) als Übertragungsprotokoll entwickelt.[27] Das ARPANet wurde aufgrund seines ständigen Wachstums in einen militärischen Teil (MILNET) und einen Forschungsteil (ARPANet) unterteilt. Gleichzeitig entstanden auch viele lokale Netzwerke (LAN's)[28] von amerikanischen Universitäten, die dem ARPANet hinzugefügt wurden. Im Jahre 1986 wurde das National Science Foundation Network (NSFNet) gegründet, das mit der Zeit das ARPANet ablöste. Das NSFNet stellt das Rückrad des Internets in der heutigen Form dar.

Im Jahre 1987 wurde das Protokoll TCP/IP[29] eingeführt, das Grundlage für das heutige WWW ist.[30] Das WWW wurde im Jahre 1989 in einem Schweizer La-

---

[24] *Hobert*, Datenschutz und Datensicherheit im Internet, S. 34; *Kuner*, Internet für Juristen, S. 2.

[25] *Salus*, Casting the Net, S. 11; *Hobert*, Datenschutz und Datensicherheit im Internet, S. 34.

[26] *Kuner*, Internet für Juristen, S. 2; *Mayer*, NJW 1996, S. 1782f.; *Strömer*, Online-Recht, S. 3.

[27] *Blümel/Soldo*, Internet Praxis für Juristen, S. 15.

[28] LAN's (Local Area Network) stellen Netzwerke dar, die auf ein bestimmtes Gebiet beschränkt sind; Siehe hierzu auch *Hobert*, Datenschutz und Datensicherheit im Internet, S. 28.

[29] Hierbei handelt es sich um zwei Protokolle, das „Transmission Control Protocol“ und das „Internet Protocol“, siehe Seite 56 dieser Arbeit.

[30] *Tiedemann*, Internet für Juristen, S. 4.

bor entwickelt und stellt heute den am schnellsten wachsenden Teil des Internets dar.[31]

II. Das WWW als Teil der Anwendungsschicht des Internets

Das Internet besteht aus einer Kommunikations- und einer Anwendungsschicht, die beide für sein Funktionieren unabdingbar sind.

1. Die Kommunikationsschicht

Die Kommunikationsschicht umfasst den Teil des Internets, der die Übertragung von Daten steuert und aus den sogenannten Übertragungsprotokollen besteht. Ein Übertragungsprotokoll wird definiert als Medium, welches den Datentransfer kontrolliert und die hierfür geltenden Regeln festsetzt.[32] Das Internet in seinem heutigen Erscheinungsbild bedient sich des Übertragungsprotokolls TCP/IP, bestehend aus dem Transmission Control Protocol (TCP) und dem Internet Protocol (IP). Das IP unterteilt die jeweils zu versendenden Daten in kleine Datenpakete und versorgt diese Datenpakete mit einer digitalen IP-Nummer- und Empfängeradresse. Es wählt für jedes Datenpaket unabhängig von den übrigen Datenpaketen die in diesem Zeitpunkt funktionalste Wegstrecke. Das TCP nummeriert die Datenpakete und setzt die Reihenfolge fest, in der diese beim Empfänger wieder zusammengesetzt werden müssen, um den Empfang der versendeten Nachricht ohne Veränderung zu gewährleisten.[33]

2. Die Anwendungsschicht und das WWW

Die Anwendungsschicht besteht aus Protokollen wie z. Bsp. des Hyper Text Transmission Protocol (HTTP), die eine Datenkonvertierung und Dateninterpretation ermöglichen, damit Anwendungen zwischen zwei Rechnern systemunabhängig ausgetauscht werden können. Diese Protokolle regeln auch den Ablauf der Anwendungen inklusive der Authentifizierung der Beteiligten.[34] Die Anwendungsprotokolle bedienen sich für den Transport der verschiedenen Daten der Übertragungsprotokolle, bauen also vereinfacht gesagt auf diesen auf.[35] Das WWW ist eine Internetanwendung, die sich des HTTP als Anwendungsprotokoll bedient. Als Format, in dem die Text- und Hypertext-Informationen im WWW gespeichert und übertragen werden, dient die sogenannte Hypertext Markup Language (HTML).[36] Das WWW kann vereinfacht als globaler Wissensspeicher bezeichnet werden und ist die Grundlage für die Entwicklung des

---

[31] *Merati-Kashani*, Datenschutz im E-Commerce, Glossar unter „WWW".
[32] *Loewenheim*, Praxis des Online-Rechts, S. 19; *Hobert*, Datenschutz und Datensicherheit im Internet, S. 35.
[33] *Schaar*, Datenschutz im Internet, S. 3.
[34] *Merati-Kashani*, Datenschutz im E-Commerce, S. 12f.
[35] *Hobert*, Datenschutz und Datensicherheit im Internet, S. 37.
[36] Vgl. hierzu *Prantl*, HTML-Einführung, unter http://www.boku.ac.at/htmleinf/hein.html#vorwort.

Internets zu einem Massenmedium.[37] Es gleicht einer riesigen Bibliothek, die Millionen von verfügbaren Veröffentlichungen enthält. Jede Webseite ist durch den sogenannten Uniform Ressource Locator (URL) gekennzeichnet, der aus der Bezeichnung des jeweiligen Protokolls, der Domain, d.h. der Internetadresse wie z. Bsp. „home.de"[38] des Anbieters, und der Bezeichnung des Standorts der Daten in der Domain besteht.[39]

III. Das „Websurfen" im WWW

Der Websurfer wählt sich zunächst mit Hilfe des Telekommunikationsanbieters auf Grundlage des Leitungsnetzes in das WWW ein.[40] Der Zugang zu den Webseiten des WWW wird durch ein Programm des Computer des Websurfers, das als „Browser" bezeichnet wird, ermöglicht, indem es die WWW-Informationen visualisiert.[41] Nach Einwahl des Nutzers beim Zugangsanbieter über die Ortsvermittlungsstellen der Netzwerkanbieter weist der Internetzugangsanbieter dem Websurfer eine IP-Nummer zu, die ihn während seines Besuchs des WWW begleitet. Bei der Einwahl wird die Adresse der als Startseite programmierten Webseite bei dem jeweiligen Anbieter angefragt. Die angefragte Seite wird dann von dem Web-Server des Anbieters auf Grundlage des HTTP-Protokolls an den Anfragenden geschickt.[42] Die Webseiten sind durch sogenannte Hyperlinks miteinander verbunden. Hierbei handelt es sich um einen Verweis auf eine andere Webseite, zu der der Nutzer gelangen kann[43], indem er durch Mausklick die neue Webseite anfragt. Diese wird dann über den Web-Server des jeweiligen Anbieters an den Computer des Websurfers gesendet. Dem Nutzer steht so die Gesamtheit der vorhandenen Webseiten im WWW zur Verfügung, er kann von einer Informationsquelle zur anderen gelangen, also „websurfen".[44] Aus diesem Grunde wird der Nutzer des Mediums auch als „Websurfer" bezeichnet.

---

[37] *Reno v. ACLU*, 521 U.S. 844 (U.S. Supreme Court, 1997), S. 852; *Schaar*, Datenschutz im Internet, S. 7.
[38] *Wichert*, DuD 1998, S. 273, Fn. 2.
[39] *Köhntopp/Köhntopp*, CR 2000, S. 251; *Schaar*, Datenschutz im Internet, S. 7; Bsp für ein URL: http://www.datenschutz.de.
[40] Siehe *Art. 29-Datenschutzgruppe*, Privatsphäre im Internet, WP 37, S. 40.
[41] *Hobert*, Datenschutz und Datensicherheit im Internet, S. 44; *Kuner*, Internet für Juristen, S. 58; *Merati-Kashani*, Datenschutz im E-Commerce, S. 17, Glossar unter „Internetbrowser".
[42] Möglich ist es auch, dass dem abrufenden Rechner ein Proxy-Server vorgeschaltet ist, der stellvertretend für den abrufenden Computer auftritt, *Köhntopp/Köhntopp*, CR 2000, S. 251.
[43] *Hance*, Internet-Business & Internet-Recht, S. 49.
[44] *Krüger*, Jur-PC 1992, S. 1497ff; *Mayer*, NJW 1996, S. 1784; *Kröger*, Internet für Rechtsanwälte und Notare, S. 8; *Tiedemann*, Internet für Juristen, S. 23; *Art. 29-Datenschutzgruppe*, Privatsphäre im Internet, WP 37, S. 9.

B. Der Einsatz von „Cookies“ und „Web Bugs“ im WWW

I. Die Cookies

Dem ursprünglichen Zweck des Internets als Informationsnetzwerk für Kriegszeiten entsprechend[45] wird für die Übertragung einer angefragten Seite keine permanente Verbindung zwischen dem Web-Server des Anbieters und dem Computer des Websurfers aufgebaut, sondern für jeden Datenaustausch eine neue Verbindung gestartet.[46] Aus diesem Grunde ist es für den Anbieter von Internetdiensten auch ohne weitere Hilfsmittel nicht nachvollziehbar, welcher Nutzer seine Webseite besucht. Cookies überbrücken genau diese Wissenslücke.

Nach der Einsatzdauer ist zu unterscheiden zwischen temporären Cookies, auch „session cookies“ genannt, die mit Beendigung des Besuchs einer Webseite gelöscht werden[47], und den dauerhaften Cookies, die für die programmierte Zeitdauer, häufig lange in der Zukunft, wirksam bleiben.[48] Für die Fragestellung dieser Arbeit sind lediglich die dauerhaften Cookies von Interesse.[49] Sie bauen auf der Anwendungsschicht auf, indem sie beim Aufruf einer Webseite von dem Web-Server des Anbieters mitsamt der angerufenen Webseite über das HTTP zu dem Websurfer gelangen[50], und werden auf der Festplatte des Websurfers installiert, was auch als das „Setzen“ der Cookies bezeichnet wird.[51] Dies erfolgt erst nach einer Anfrage des Anbieters an den Browser des Websurfers, ob er mit der Installation des Cookies einverstanden ist. Nach der Standardeinstellung der gängigen Browser wird dies erlaubt.[52]

Der Datensatz des Cookies enthält unter anderem den Namen des Cookies (Cookie-ID), ein Ablaufdatum, eine Domain und anwendungsbezogene Daten.[53] Die anwendungsbezogenen Daten beinhalten das Datum, Zugangspaßwörter, die zuletzt besuchte Webseite und die IP-Nummer des Computer des Websurfers und werden zusammen mit dem Namen des Cookies auch als „Name-Wert-

---

[45] Siehe Seite 55ff. dieser Arbeit.

[46] *Ruloff*, Datenschutz, S. 12.

[47] Vgl. http://www.webopedia.com/TERM/session_cookies.html.

[48] *Köhntopp/Köhntopp*, CR 2000, S. 252; Vgl. zu den unterschiedlichen Arten der Cookies auch *Merati-Kashani*, Datenschutz im E-Commerce, S. 141f.

[49] Im Folgenden bezieht sich der Begriff Cookie somit ausschließlich auf die dauerhaften Cookies, die auch als „permanent“ bezeichnet werden.

[50] *Bizer*, DuD 1998, S. 277.

[51] *Wichert*, DuD 1998, S. 273; *Spiegel*, DuD 2003, S. 266; Vgl. auch die Definition des AG Ulm, Urteil vom 29.10.1999, CR 2000, 471 („Cookies sind serverseitige Mechanismen, die beim Internet Client (d.h. auf dem eigenen PC) Informationen hinterlegen, die dann für den Web-Server abrufbar sind.“).

[52] Vgl. *Merati-Kashani*, Datenschutz im E-Commerce, S. 154, Fn. 584.

[53] *Wiese*, „Unfreiwillige Spuren im Netz“, S. 13; *Wichert*, DuD 1998, S. 273; Mehr Informationen über “cookies” sind verfügbar auf der Webseite des Unternehmens “Cookie Central“ unter http://www.cookiecentral.com/mim03.htm.

Paar" bezeichnet.[54] Die Domain bestimmt, an wen das Cookie zurückgesendet werden soll. Ruft der Websurfer eine Webseite auf, überprüft der Browser somit zunächst, ob ein Cookie dieses Web-Servers gesetzt wurde, d.h. ob die Domain eines auf dem Computer des Websurfers vorhandenen Cookies mit der Domain des Web-Servers des Anbieters übereinstimmt. Ist dies der Fall, sendet er die Name-Wert-Paare des Cookies an den Web-Server des Anbieters, was auch als das Versenden der „Cookie-Daten" bezeichnet wird.[55] Die Cookies simulieren somit eine permanente Verbindung zwischen dem Websurfer und dem jeweiligen Anbieter und Installateur der Cookies.[56]

Mit jedem Besuch des Websurfers einer Webseite mit einem entsprechenden Domain-Name werden die anwendungsbezogenen Werte mit neuen Informationen ergänzt, so dass das Name-Wert-Paar mit fortschreitendem Websurfen immer umfangreicher und damit für den Empfänger der Daten aufschlussreicher wird.[57] Da die Programmierung eines Cookies alleine dem Anbieter obliegt, kommt hinzu, dass diese nicht nur anbieterbezogen, sondern auch anbieterübergreifend eingesetzt werden.[58] Wenn mehrere in einem Verbund stehende Unternehmen über die gleiche Domain des Cookies verfügen, speichert der Cookie Daten über den Besuch sämtlicher in dem Verbund stehender Webseiten auf demselben Cookie. Sobald eine Webseite des Verbundes aufgesucht wird, erhalten diese Unternehmen die gesammelten Cookie-Daten, was somit die Sammlung noch umfassenderer Nutzungsdaten im Hinblick auf alle verbundenen Webseiten bewirkt.[59]

Die Cookies ermöglichen es, einen bestimmten Rechner wiederzuerkennen und sind in der Lage, den jeweiligen Anbieter anzuweisen, wie zu verfahren ist, wenn ein bestimmter Benutzer die Webseite erneut besucht.[60] Neben dieser durchaus positiven Funktion werden Cookies jedoch auch dafür genutzt, die Surfgewohnheiten eines Websurfers ohne dessen Kenntnis zu verfolgen und durch die gesammelten Daten sogenannte „Nutzungsprofile" zu erstellen.[61] Die Nutzung des WWW wird somit transparent, was ein nicht unerhebliches Datenschutzrisiko für den Websurfer darstellt.[62]

---

[54] *Bizer*, DuD 1998, S. 277.
[55] *Wichert*, DuD 1998, S. 274; *Hoeren*, Grundzüge des Internetrechts, S. 260; *Köhler/Arndt*, Recht des Internet, S. 279; *Strömer*, Online-Recht, S. 354; *Kröger/Gimmy*, Handbuch zum Internetrecht, S. 522; *Böhme-Neßler*, Cyberlaw, S. 285, 301.
[56] *Ruloff*, Datenschutz, S. 13.
[57] *Kröger/Gimmy*, Handbuch zum Internetrecht, S. 522.
[58] *Hillenbrand-Beck/Greß*, DuD 2001, S. 390; *Merati-Kashani*, Datenschutz im E-Commerce, S. 144f.
[59] *Wichert*, DuD 1998, S. 274f.
[60] *Köhler/Arndt*, Recht des Internet, S. 215.
[61] *Köhntopp/Köhntopp*, CR 2000, S. 252.
[62] *Hobert*, Datenschutz und Datensicherheit, S. 71; *Wiese*, „Unfreiwillige Spuren im Netz", S. 13; *Ruloff*, Datenschutz, S. 13; *Hoeren*, Grundzüge des Internetrechts, S. 261.

Obwohl die Browser standardmäßig so eingerichtet sind, dass Cookies automatisch angenommen werden, hat der technisch versierte Websurfer die Möglichkeit, installierte Cookies zu löschen oder den Einsatz der Cookies durch eine entsprechende Einstellung des Browsers zu unterbinden.[63] Dies führt allerdings dazu, dass einige Webseiten für den Besuch dieses Websurfers gesperrt sind.[64]

II. Die Web Bugs

Web Bugs sind Grafiken mit einer Größe von ca. 1x1 Pixel, die sich meist am Rand einer Webseite befinden und für den Websurfer nicht sichtbar sind.[65] Sie werden in eine HTML-Datei als Bild mit dem HTML-Tag eingebunden. Als Bildquelle wird ein sogenanntes CGI-Script geladen. Beim Aufruf der Webseite startet der Browser des Websurfers die Scriptdatei, die sich im CGI-Verzeichnis des Web-Servers des Anbieters befindet. Das CGI-Script bewirkt den Austausch von Informationen zwischen dem Web-Server des Anbieters, der den Web Bug installiert hat, und dem Computer des Websurfers. Das CGI-Programm ist dazu bestimmt, solche Daten zu empfangen und zu versenden, die der von dem Anbieter festgelegten CGI-Spezifikation entsprechen.[66] Mit Hilfe des geladenen Scripts bewirkt der Web Bug eine Versendung von Daten wie z. Bsp. der IP-Nummer, der URL der besuchten Webseite, der URL des Web Bugs, dem Zeitpunkt, an dem die Webseite besucht wurde, des Browsertyps, der zuletzt besuchten Webseite sowie der Daten der auf dem Browser befindlichen Cookies.[67] Web Bugs können auch selbst Cookies setzen.[68]

Wegen des Umfangs der durch Web Bugs erhobenen Daten werden sie auch als „moderne Cookies" bezeichnet.[69] Auch Web Bugs sind wie Cookies anwendungsspezifisch, da die durch sie erhobenen Daten die Bewegungen des Websurfers in dem WWW als Anwendungsdienst des Internets betreffen.[70]

Von Interesse sind Web Bugs für Internetanbieter, weil sie im Vergleich zu den Cookies noch umfassendere Nutzungsprofile über den Websurfer ermöglichen.[71] So kann ein durch Web Bugs mit Daten versorgter Web-Server die ID aus ei-

---

[63] Vgl. auch *Merati-Kashani*, Datenschutz im E-Commerce, S. 156ff.

[64] *Köhler/Arndt*, Recht des Internet, S. 279.

[65] *Spiegel*, DuD 2003, S. 266; *Hillenbrand-Beck/Greß*, DuD 2001, S. 390; Web Bugs werden auch als „Web beacons" oder „1x1 GIF" bezeichnet.

[66] Informationen einsehbar unter http://www.webopedia.com/TERM/C/CGI.html.

[67] *Fröhle*, Web Advertising, S. 254; *Köhntopp/Köhntopp*, CR 2000, S. 253; *Wiese*, „Unfreiwillige Spuren im Netz", S. 15; *Schulzki-Haddouti*, „Unsichtbar und raffiniert – die verdeckten Ermittlungen der kleinen Schwestern", S. 22; *Hobert*, Datenschutz und Datensicherheit, S. 55; Köhler/Arndt, Recht des Internet, S. 215f.

[68] *Köhntopp/Köhntopp*, CR 2000, S. 253; *Schaar*, Datenschutz im Internet, S. 66.

[69] So das Unternehmen KressTech.de unter http://www.kresstech.de/secure03.htm.

[70] *Bizer*, DuD 1998, S. 277.

[71] *Schulzki-Haddouti*, „Unsichtbar und raffiniert – die verdeckten Ermittlungen der kleinen Schwestern", S. 22.

nem Cookie extrahieren, das von einer zuvor besuchten Webseite gesetzt wurde, seine gesamte Datenbank nach derselben Cookie-ID durchsuchen und die gefundenen Datenbankeinträge mit den übrigen Informationen zu einem noch umfassenderen Nutzungsprofil verknüpfen. Darüber hinaus ist es für den Websurfer nicht nachvollziehbar, dass Web Bugs genutzt werden, da keine Datensätze auf seinem Browser installiert werden. Da es sich um ein CGI-Script handelt, das auf dem Web-Server des Anbieters und nicht auf dem Computer des Websurfers ausgeführt wird, sind auch die Sicherheitseinstellungen des Browsers des Websurfers irrelevant. Selbst wenn sämtliche Sicherheitseinstellungen auf der höchsten Stufe stünden, würde das Script uneingeschränkt ausgeführt. Der Websurfer kann die Installation der Web Bugs im Gegensatz zu den Cookies nicht verhindern.[72]

III. Die Internetanbieter als Verwender der Cookies und Web Bugs

Anbieter im Sinne dieser Arbeit sind sämtliche Anbieter von Produkten, Leistungen oder Informationen über Webseiten im WWW.[73] Es handelt sich um sogenannte Internet Service oder Content Provider[74], die aber für die Zwecke dieser Arbeit einheitlich unter den Begriff Anbieter gefasst werden, da beide Cookies und Web Bugs einsetzen. Sie finden sich sowohl im privaten als auch im öffentlich-rechtlichen Bereich. So bieten Gemeinden und Städte Informationen über eigene Webseiten im WWW an.[75] Sobald ein Nutzer diese Webseiten besucht, werden Daten verarbeitet.[76] Auch der Einsatz von Cookies und Web Bugs ist nicht auf private Anbieter beschränkt.[77] Bei der folgenden Prüfung werden private und öffentliche Anbieter nur getrennt behandelt, soweit die anwendbaren Vorschriften unterschiedliche Regelungen vorsehen. Von den Anbietern zu unterscheiden sind solche Unternehmen, die Cookies und Web Bugs unabhängig von dem Angebot von Diensten, Produkten oder Informationen im WWW einsetzen. Wie bereits ausgeführt handelt es sich hierbei häufig um Werbegesellschaften, die Cookies und Web Bugs im Zusammenspiel mit den Anbietern aus Werbegründen einsetzen. Eine Unterscheidung zwischen dem Einsatz durch die Anbieter im oben genannten Sinne oder dem „anbieterfremden" Einsatz von

---

[72] *Köhler/Arndt*, Recht des Internet, S. 279.
[73] Siehe *Schaar*, Datenschutz im Internet, S. 10.
[74] Vgl. *Merati-Kashani*, Datenschutz im E-Commerce, S. 14f.
[75] Siehe zum Beispiel die Webseite der Stadt Frankfurt unter http://www.frankfurt.de; Vgl. auch die Veröffentlichung des *BFD (Bundesbeauftragten für den Datenschutz)*, Internetnutzung durch öffentliche Stellen, einsehbar unter http://www.bfd.bund.de/technik/Ori_int2/servverw1.html, die unter 1.3 die Zulässigkeit der Nutzung von Cookies behandelt.
[76] Siehe zum Beispiel den 2. Abschnitt des Bundesdatenschutzgesetzes in der Fassung vom 14. Januar 2003 (BGBl. I, 66), „Datenverarbeitung der öffentlichen Stellen".
[77] Vgl. z. Bsp. die Datenschutzerklärung der Stadt Bremen unter http://www.bremen.de/sixcms/detail.php?template=01_datenschutz_d&id=1471213#cookies; Datenschutzerklärung der Stadt Karlsruhe unter http://www1.karlsruhe.de/Redaktion/sicher.htm.

Cookies und Web Bugs erfolgt nur, soweit die einschlägigen Vorschriften unterschiedliche Regelungen vorsehen.[78]

C. Die „Datenverarbeitung" beim Einsatz von Cookies und Web Bugs

Beim Einsatz von Cookies und Web Bugs werden die genannten Daten in vielfältiger Form verwendet, d.h. unter anderem erhoben, versendet, weitergeleitet und gespeichert. Zur Vereinfachung soll in der Folge trotz der unterschiedlichen Begrifflichkeiten sowohl im U.S.-amerikanischen als auch im deutschen Recht als Überbegriff der Begriff der „Datenverarbeitung" verwendet werden, der für die Zwecke dieser Arbeit jede Verwendung der Daten und jede Verarbeitungsphase umfassen soll. Nur wenn und soweit die relevanten Vorschriften unterschiedliche Regelungen für einzelne Phasen oder Verwendungsarten enthalten, wird eine Differenzierung erfolgen.

[78] Vgl. zu dem „anbieterfremden" Einsatz von Cookies und Web Bugs im Zusammenhang mit den Vorschriften für Tele- und Mediendienste nach deutschem Recht Seite 199ff. dieser Arbeit.

2. Teil: Das U.S.-amerikanische Recht

A. Das Common Law-System der Vereinigten Staaten

Das U.S.-amerikanische Recht gehört zur Rechtsfamilie des Common Law und hat seine Wurzeln im englischen Recht, das von einer richterrechtlichen Ausgestaltung geprägt ist.[79] Der Einfluss des englischen Rechts hält für das bundesstaatliche sowie gliedstaatliche Rechtssystem der Vereinigten Staaten mit Ausnahme von Virginia[80] bis zur Gegenwart an. Zwar hat die Gesetzgebung ab den Bürgerkriegsjahren verstärkt in das Case Law des Common Law eingegriffen, so dass eine Verselbständigung des U.S.-amerikanischen Systems festzustellen war.[81] Das gegenwärtige Rechtssystem der Vereinigten Staaten ist somit sowohl auf Bundes- wie auch auf Gliedstaatenebene geprägt von einer Mischform aus dem kodifizierten Recht und dem Case Law, das in seiner heutigen Erscheinung aus dem gesamten Richterrecht, also dem Common Law- und equity-Präjudizienrecht, besteht.[82]

Das Bundesrecht, das dem Recht der Gliedstaaten vorgeht, umfasst zunächst die U.S.-Verfassung als rangoberstes Gesetz.[83] Den sonstigen Bundesgesetzen folgt das gliedstaatliche Verfassungsrecht, dem wiederum die bestehenden Kodifikationen der Gliedstaaten im Rang nachfolgen. Unabhängig von den bestehenden Kodifikationen steht das gliedstaatliche Richterrecht wie z. Bsp. die Common Law Privacy Torts.[84] Das Bestehen eines einheitlichen „Federal Common Law", also eines einheitlichen Richterrechts auf Bundesebene, hat der U.S. Supreme Court bereits im Jahre 1938 abgelehnt, so dass die bestehenden richterrechtlichen Regelungen von Gliedstaat zu Gliedstaat variieren.[85]

---

[79] *Miedbrodt*, Unterschiede im Regulierungsverständnis, S. 275f.

[80] Der Gliedstaat Virginia hat in Anlehnung der französischen Rechtsordnung ein auf dem Civil Law basiertes Rechtssystem eingeführt, in dem die systematisierten Kodifikationen vorherrschen.

[81] *Hay*, US-Amerikanisches Recht, S. 5.

[82] Das Equity-Recht stammt ebenfalls aus dem englischen Recht und ergänzt das Common Law als sogenanntes Billigkeitsrechts. Es sollte ursprünglich die Schärfe der Common Law-Rechtssätze abmildern und ist heute Teil des gesamten anzuwendenen Rechts; Vgl. hierzu *Koch/Magnus/Winkler/v.Mohrenfels*, IPR und Rechtsvergleichung, S. 341; *Miedbrodt*, Unterschiede im Regulierungsverständnis, S. 276.

[83] Die Vorrangigkeit der Verfassung vor dem sonstigen geschriebenen Recht wurde durch den U.S. Supreme Court festgelegt in *Marbury v. Madison*, 5 U.S. 137 (U.S. Supreme Court, 1803), S. 177f. („...and the constitution is superior to any ordinary act of the legislature, the constitution, and not such ordinary act, must govern the case ...;); Vgl. hierzu auch *Brugger*, Verfassungen im Vergleich, S. 1.

[84] *Koch/Magnus/Winkler/v.Mohrenfels*, IPR und Rechtsvergleichung, S. 345.

[85] *Erie R. R. v. Tompkins*, 304 U.S. 64 (U.S. Supreme Court, 1938), S. 78 („Except in matters governed by the Federal Constitution or by acts of Congress, the law to be applied in any case is the law of the state. And whether the law of the state shall be declared by its Legislature in

Für das Common Law der Vereinigten Staaten charakteristisch ist der weiterhin bestehende Vorrang des Case Law auf jeder Ebene des Rechts. Der Rechtsprechung kommt eine Vorreiter-Rolle im gesellschaftlichen Wandel und im Bereich der Rechtsetzung zu. Auch das Bestehen einer Kodifikation lässt nicht den Schluss zu, dass hierdurch das Richterrecht für den durch die Vorschrift geregelten Bereich seine Bedeutung verliert.[86] Im Gegenteil unterliegt auch Gesetzesrecht der bindenden Auslegung durch die Judikative, so dass die genaue Tragweite und Anwendbarkeit des jeweiligen Gesetzes durch das Fallrecht bestimmt wird.[87] Der genaue Wortlaut der Vorschrift ist in der praktischen Anwendung somit sekundär. Dies gilt auch für die Verfassung, was Richter Hughes des U.S. Supreme Courts wie folgt zusammengefasst hat: „We are under a Constitution, but the constitution is what the judges say it is."[88]

Auf jeder Ebene des Rechts steht der Prozess der Rechtsgewinnung im Einzelfall und nicht der Rückgriff auf einheitlich anerkannte gemeinsame Überzeugungen im Vordergrund.[89] Entsprechend der im Common Law typischen Fallmethode geht also die spezifische Rechtsregel dem abstrakten Rechtsprinzip vor. Das aus einzelnen Entscheidungen herausgefilterte Fallrecht ist auch für folgende Entscheidungen bindend, was als „doctrine of precedence" oder als „doctrine of stare decisis" bezeichnet wird.[90] Es wird unterschieden zwischen der „ratio decidendi" (holding) und der „obiter dicta" einer Entscheidung. Nur die „ratio decidendi" gehört zu dem Fallrecht, das als Präjudiz bindend ist. Welchen Teil einer Entscheidung die „ratio decidendi" beschreibt, wird nicht einheitlich beurteilt. Teilweise wird lediglich das Ergebnis, teilweise auch die Begründung oder Begründungsteile als maßgebliches Prinzip der Entscheidung

---

a statute or by its highest court in a decision is not a matter of federal concern. There is no federal general common law. Congress has no power to declare substantive rules of common law applicable in a state whether they be local in their nature or 'general,' be they commercial law or a part of the law of torts."); Sekundäre Quellen wie z. Bsp. die Restatements of Law des American Law Institute (A.L.I.), die das Fallrecht systematisch erfassen, erreichen zwar eine gewisse Einheitlichkeit, haben jedoch keine Rechtsverbindlichkeit; Vgl. zu den Restatements of Torts auch S. 119f. dieser Arbeit.

[86] *Koch/Magnus/Winkler/v.Mohrenfels*, IPR und Rechtsvergleichung, S. 345

[87] *Hay*, US-Amerikanisches Recht, S. 8.

[88] *Hughes*, Charles E., Speech, Elmira, New York, 3. Mai 1907, worauf *Brugger* Bezug nimmt in: Einführung in das öffentliche Recht der USA, S. 7; Siehe auch *Rossum/Tarr*, American Constitutional Law, S. 1; Zu der ausnahmsweise wörtlichen Auslegung des 4. Zusatzartikels, die aber in der aktuellen Rechtsprechung überholt wurde, siehe aa. Die Entwicklung des Schutzbereichs ", Seite 69 dieser Arbeit.

[89] *Fikentscher*, Methoden, S. 469.

[90] „Precedence" bedeutet Präzedenzfall, also der vorangehende Fall; „Stare decisis" steht als Kurzform für „stare decisis et non quieta movere", was bedeutet: Bei Entscheidungen stehen bleiben; *Lundmark*, JuS 2000, S. 548; Vgl. zu dem Grundsatz allgemein auch *Brugger*, Einführung in das öffentliche Recht der USA, S. 92; *Johnson*, in: *Grabitz*, Grundrechte in Europa und USA, S. 893; *Miedbrodt*, Unterschiede im Regulierungsverständnis, S. 276f.

hierunter gefasst.[91] Daneben besteht die „obiter dicta", die allenfalls eine Deutung der zukünftigen Rechtsentwicklung zulässt, jedoch kein bindendes Präjudiz darstellt.[92]

Die Entscheidungen sind aufgrund ihres Ziels der Einzelfalllösung problemorientiert, weswegen Verallgemeinerungen nur mit Vorsicht angebracht sind. Trotz dieser gebotenen Zurückhaltung ist aber aus den Entscheidungen wegen der Präjudizwirkung der Vorentscheidungen und der Entscheidungen höherer Gerichte eine Einheitlichkeit gewährleistet, die das Herausarbeiten einer Rechtslage zulässt. Vor diesem Hintergrund werden im Folgenden die bestehenden Rechtsquellen unter Berücksichtigung gegebenenfalls bestehender supranationaler Vorgaben auf ihre Bedeutung für das „ob" und „wie" des Einsatzes von Cookies und Web Bugs untersucht.

B. Die Vorgaben des supranationalen Rechts

Das U.S.-amerikanische Recht ist nicht in ein Rechtssystem wie die Europäische Gemeinschaft eingebunden, welches ein eigenständiges, die Zulässigkeit des Einsatzes von Cookies und Web Bugs bestimmendes Datenschutzrecht begründet. Es bestehen aber die im Folgenden dargestellten supranationalen Richtlinien und Abkommen, die geeignet sind, Einfluss auf das nationale Recht der Vereinigten Staaten zu haben.

I. Die UN-Richtlinien und die OECD-Richtlinien

Die Generalversammlung der Vereinten Nationen (UN) hat am 12.11.1990 Richtlinien für den Schutz personenbezogener Daten in automatisierten Dateien beschlossen[93], die unter anderem Grundsätze zur Rechtmäßigkeit der Datenverarbeitungen, zur Beachtung von Treu und Glauben und zur Zweckbestimmung der Datenverarbeitungen enthalten. Die UN-Richtlinien haben gemäß Art. 10 der UN-Charta nur Empfehlungscharakter und sind somit auch für die Vereinigten Staaten als Mitgliedstaat der UN unverbindlich. Die Vereinigten Staaten sind der Empfehlung nicht gefolgt und haben den Richtlinieninhalt nicht in das nationale Recht übernommen. Entsprechendes gilt für die von der Organisation for Economic Co-operation and Development (OECD)[94] verabschiedeten Richtlinien zum Datenschutz vom 23.09.1980[95], die auch für die Vereinigten Staaten als Mitglied der OECD unverbindliche Leitlinien darstellen und nicht in natio-

---

[91] *Lundmark*, JuS 2000, S. 547ff. m.w.N.

[92] *Hay*, US-amerikanisches Recht, S. 10.

[93] *UN*, Richtlinien betreffend personenbezogene Daten in automatisierten Dateien, von der Generalversammlung der Vereinten Nationen am 14.12.1990 beschlossen.

[94] Siehe für eine aktuelle Liste der aktuellen Mitgliedsländer (Status 02/2005) http://www.oecd.org/document/58/0,2340,en_2649_201185_1889402_1_1_1_1,00.html.

[95] *OECD*, "Guidelines on the Protection of Privacy and Transborder Flows of Personal Data" vom 23.09.1980.

nales Recht umgesetzt wurden.[96] Sie haben allenfalls mittelbaren Einfluss auf die Ausgestaltung von Selbstregulierungsmaßnahmen gehabt.[97]

II. Die EG-Datenschutzrichtlinie 95/46/EG und das Safe Harbor-Abkommen

Die Richtlinie zum Schutz natürlicher Personen bei der Verarbeitung personenbezogener Daten und zum freien Datenverkehr der EG vom 24.10.1995[98] erlaubt ihren Mitgliedstaaten den Transfer von personenbezogenen Daten in Drittstaaten wie die Vereinigten Staaten nur dann, wenn dieser Drittstaat ein "angemessenes" Schutzniveau gewährleistet.[99] Der sektorale Ansatz des Datenschutzrechts der Vereinigten Staaten wurde von der Europäischen Kommission nicht als „angemessen" in diesem Sinne anerkannt.[100] Um eine Störung der Handelsverbindungen zwischen der Europäischen Union und den Vereinigten Staaten zu vermeiden, wurde in Verhandlungen das auf Selbstregulierung zugeschnittene Safe Harbor-Abkommen vereinbart. Dieses begründet gemäß Art. 25 Abs. 6 der Richtlinie eine Angemessenheit der Datenschutzvorkehrungen solcher U.S.-Unternehmen der Vereinigten Staaten, die sich auf festgelegte Datenschutzgrundsätze und -vorkehrungen verpflichten.[101] Das Safe Harbor-Abkommen hat jedoch nur für diese Unternehmen[102] und nur im Rahmen der Selbstregulierung Bedeutung. Es begründet keine Vorgaben für das nationale Datenschutzrecht des Websurfers für die Zulässigkeit von Cookies oder Web Bugs und wird somit erst im Rahmen der Selbstregulierung näher erläutert.[103]

---

[96] *Boese*, Rechtliche Betrachtung des internationalen Datenschutz, S. 5; *Trute*, JZ 1998, S. 830.

[97] *Wuermeling*, Handelshemmnis Datenschutz, S. 180.

[98] ABl. EG Nr. L 281 v. 23.11.1995, S. 31.

[99] Siehe Art. 25 Abs. 1 der Richtlinie.

[100] Vgl. auch *Wuermeling*, Handelshemmnis Datenschutz, S. 202; *Cody*, 48 Cath. U. L. Rev 1230f.; *Boese*, Rechtliche Betrachtung des internationalen Datenschutz, S. 20.

[101] Siehe Entscheidung der Kommission vom 26. Juli 2000 über die Angemessenheit des Safe Harbor, 2000/520/EG, ABl. EG Nr. L 215 v. 25.8.2000, S. 7, einsehbar unter http://europa.eu.int/eur-lex/pri/de/oj/dat/2000/l_215/l_21520000825de00070047.pdf; Vgl. zu dem Safe Harbor-Abkommen auch *Bäumler*, "Datenschutz im Internet", S. 5.

[102] Siehe näher zu der aktuellen Liste der Mitglieder von Safe Harbor http://web.ita.doc.gov/safeharbor/shlist.nsf/webPages/safe+harbor+list.

[103] Siehe für das Safe Harbor-Abkommen und die Selbstregulierung der U.S.-Unternehmen Seite 227ff. dieser Arbeit.

C. Das Verfassungsrecht und der Datenschutz des Websurfers

I. Die Bundesverfassung

1. Allgemeines

Die U.S.-Bundesverfassung ist im Jahre 1789 in Kraft getreten und verfügte zunächst über keinen eigenen Grundrechtskatalog.[104] Ihr wurde jedoch noch im gleichen Jahr die sogenannte „Bill of Rights" in Form von zunächst zehn Zusatzartikeln beigefügt, die im Jahre 1791 nach Ratifikation durch die Gliedstaaten wirksam wurde.[105] Sie stellt inhaltlich einen Grundrechtskatalog dar, ist von der Systematik aber nicht vergleichbar mit dem deutschen Grundrechtskatalog. Es gibt keinen „Allgemeinen Teil der Grundrechte", der einen hohen Grad an Systematisierung voraussetzt. Die Richter können auch neben den kodifizierten Grundrechten im Wege des einzelfallgeprägten Richterrechts ungeschriebene Grundrechte, die als „fundamental rights" oder „non textual rights" bezeichnet werden, begründen, was auch in dem 9. Zusatzartikel der Verfassung (1791) bestätigt wird („The enumeration in the Constitution of certain rights, shall not be construed to deny or disparage others retained by the people."). Grund hierfür ist die bereits dargestellte historisch bedingte Zweitrangigkeit des kodifizierten Rechts[106] und das historische Verständnis der Grundrechte als Rechte mit „residualer" Natur, die aufgrund ihrer besonderen Bedeutung als Freiheitsrechte für ihren Bestand keiner Kodifikation bedürfen[107]. Dies bedeutet auch für die Beurteilung der Zulässigkeit der Cookies und Web Bugs nach verfassungsrechtlichen Gesichtspunkten, dass ein Grundrecht auf Datenschutz nicht in der Bill of Rights kodifiziert sein muss, um im Wege des Richterrechts als Grundrecht begründet zu sein.

Die Zuständigkeit der Bundesgerichtsbarkeit und letztlich des U.S. Supreme Courts zur Entscheidung über Verfassungsfragen hat der U.S. Supreme Court selbst in der Entscheidung Marbury v. Madison (1803) festgelegt.[108] Dies führt

---

[104] Im U.S.-amerikanischen Verfassungssystem werden die Grundrechte auch als „constitutional rights and liberties" bezeichnet; Zur Vereinfachung wird im Folgenden einheitlich der Begriff „Grundrechte" genutzt.

[105] *Chemerinsky*, Constitutional Law, S. 12ff.; *Brugger*, Einführung in das öffentliche Recht der USA, S. 6.

[106] *Miedbrodt*, Unterschiede im Regulierungsverständnis, S. 276f.

[107] *Johnson*, in: *Grabitz*, Grundrechte in Europa und USA, S. 887; Vgl. auch die Aussage des U.S. Supreme Courts zum 14. Zusatzartikel in *Planned Parenthood v. Casey*, 505 U.S. 833 (1992), S. 848 („Neither the Bill of Rights nor the specific practices of States at the time of the adoption of the Fourteenth Amendment marks the outer limits of the substantive sphere of liberty which the Fourteenth Amendment protects.").

[108] *Marbury v. Madison*, 5 U.S. 137 (U.S. Supreme Court, 1803), S. 177f. ("It is emphatically the province and the duty of the judicial department to say what the law is. Those who apply the rule to particular cases, must of necessity expound and interpret that rule."); Siehe hierzu auch *Chemerinsky*, Constitutional Law, S. 36ff.; *Johnson*, in: *Grabitz*, Grundrechte in Europa

bei Verfassungswidrigkeit von Normen nicht zur Nichtigkeit, sondern grundsätzlich nur zu einem Gebot zur Nichtanwendung der betreffenden Norm. Wegen der Bindungswirkung steht dies zumindest bei Entscheidungen des U.S. Supreme Courts einer Nichtigkeit aber gleich.[109] Eine richterliche Vorlagepflicht an den U.S. Supreme Court entsprechend dem deutschen Recht gibt es nicht.[110] Nach der „doctrine of precedence" sind aber die Bundesgerichte an die ratio decidendi der Entscheidungen der höheren Instanzen gebunden.[111] Bei der Prüfung kommt den Entscheidungen des U.S. Supreme Courts und der damit einhergehenden Ausformung und Entwicklung der ungeschriebenen Grundrechte folglich eine besondere Bedeutung zu. Auch bei der folgenden Grundrechtsprüfung ist den Entscheidungen des U.S. Supreme Courts somit besondere Bedeutung zu widmen.

2. Das Recht auf Privatsphäre

Die U.S.-amerikanische Bundesverfassung nennt kein selbständiges Grundrecht auf Datenschutz. Ein solches wird aber in Entscheidungen der Bundesgerichte aus dem sogenannten Recht auf Privatsphäre („privacy") abgeleitet, welches zwar ebenfalls nicht ausdrücklich in der U.S.-Verfassung enthalten ist, aber durch den U.S. Supreme Court als Grundrecht anerkannt wurde.[112] In den Entscheidungen wird unter anderem auf den 4. Zusatzartikel oder die „due process"-Klauseln des 5. und 14. Zusatzartikel oder den 1. Zusatzartikel Bezug genommen. Diese unterschiedliche Begründung des Rechts auf Privatsphäre zeigt bereits, dass es eine Vielfalt von verschiedenen Rechten des Betroffenen schützt.[113] Aufgrund der Unterschiedlichkeit dieser Rechte ist eine eindeutige Definition nicht möglich und von den Gerichten auch bewusst unterlassen wor-

---

und USA, S. 888; *Burnham*, Introduction to the Legal System of the United States, S. 317; Zu der Streitfrage, ob neben der Bundesgerichtsbarkeit auch die Gliedstaatengerichte über Grundrechtsfragen entscheiden dürfen, siehe *Chemerinsky/Kramer*, BYU L. Rev. 80, S. 90ff.

109 Vgl. hierzu *Brugger*, Grundrechte und Verfassungsgerichtsbarkeit der Vereinigten Staaten von Amerika, S. 20.

110 Siehe hierzu auch *Currie*, Die Verfassung der Vereinigten Staaten von Amerika, S. 15; Gemäß U.S.C.C. § 1331 sind die erstinstanzlichen Bundesgerichte für die Entscheidung von „federal questions" zuständig („The district courts shall have original jurisdiction of all civil actions arising under the Constitution, laws, or treaties of the United States."); Berufung zum U.S. Supreme Court ist bei verfassungsrechtlichen Fragestellungen zulässig.

111 Hierbei handelt es sich um die sogenannte vertikale stare decisis; Vgl. hierzu *Lundmark*, JuS 2000, S. 547f.; *Johnson*, in: *Grabitz*, Grundrechte in Europa und USA, S. 888f.; *Brugger*, Einführung in das öffentliche Recht der USA, S. 11; *Burnham*, Introduction to the Law and Legal System of the United States, S. 65f.; *Planned Parenthood v. Casey*, 505 U.S. 833 (U.S. Supreme Court, 1992), S. 845.

112 *Griswold v. Connecticut*, 381 U.S. 479 (U.S. Supreme Court, 1965), S. 484; *Eisenstadt v. Baird*, 405 U.S. 438 (U.S. Supreme Court, 1972), S. 453; *Roe v. Wade*, 410 U.S. 113 (U.S. Supreme Court, 1973), S. 152; *Flaherty*, 41 Case W. Res. 831 (1991), S. 837ff.

113 Hierzu zählt beispielsweise das Recht auf Abtreibung ebenso wie auch das Interesse am Nacktbaden oder an der Ausnutzung des Firmennamens; Siehe hierzu *Schwartz/Reidenberg*, Data Privacy Law, S. 6.

den.[114] Die gleiche Schwierigkeit besteht auch für die Bestimmung des Schutzbereichs eines Grundrechts auf Datenschutz des Websurfers als Ausprägung des Rechts auf Privatsphäre. Im Folgenden wird anhand der richterrechtlichen Ausprägung der einzelnen relevanten Artikel der U.S.-Bundesverfassung untersucht, ob und inwieweit das Recht auf Privatsphäre ein Grundrecht des Websurfers auf Datenschutz begründet, das dem Einsatz von Cookies und Web Bugs im WWW entgegenstehen kann.

a. Die „Search and Seizure"-Fälle des 4. Zusatzartikels

aa. Die Entwicklung des Schutzbereichs

In dem 4. Zusatzartikel heißt es:

„The right of people to be secure in their persons, houses, papers, and effects, against unreasonable searches and seizures, shall not be violated and no warrants shall issue, but upon probable cause, supported by oath or affirmation, and particularly describing the place to be searched, and the persons or things to be seized"[115]

Nach dem Wortlaut der Vorschrift handelt es sich um ein vorrangig prozessuales Grundrecht, welches dem Betroffenen für den Fall von „Durchsuchungen" („searches") oder „Beschlagnahmen" („seizures") Rechte gegen staatliche Eingriffe einräumt.[116] Der U.S. Supreme Court hat aber bestätigt, dass der Schutz des 4. Zusatzartikels unabhängig von einem Strafverfahren gegen den Betroffenen besteht und ein Recht des Betroffenen gegen staatliche Maßnahmen unabhängig hiervon begründet.[117] Für die Frage, ob durch den 4. Zusatzartikel auch ein Grundrecht auf Datenschutz des Websurfers begründet wird, ist zunächst entscheidend, ob der Schutzbereich auch Eingriffe im Zusammenhang mit dem Medium Internet umfasst. Der U.S. Supreme Court hat zunächst in *Boyd v. U.S.* (1886) festgestellt, dass die „privacies of life" gegen staatliche Eingriffe nach dem 4. Zusatzartikel geschützt sind.[118] Der Schutzbereich sollte nicht auf das Aufbrechen von Türen beschränkt sein, sondern das Eindringen in die persönli-

[114] *Eagle v. Morgan*, 88 F.3d 620 (U.S. Court of Appeals, 8th Cir., 1996), S. 625 („We acknowledge that the exact boundaries of this right are, to say the least, unclear").
[115] U.S. Const., Amend. IV
[116] Siehe beispielsweise *O'Connor et. Al. v. Ortega*, 480 U.S. 709 (U.S. Supreme Court, 1987), S. 714f.; *Marshall v. Barlow's Inc.*, 436 U.S. 307 (U.S. Supreme Court, 1978), S. 312f.
[117] *O'Connor v. Ortega*, 480 U.S. 709 (U.S. Supreme Court, 1987), S. 715; *Planned Parenthood v. Casey*, 505 U.S. 833 (U.S. Supreme Court, 1992), S. 846; *Pittsley v. Warish*, 927 F.2d 3 (U.S. Court of Appeals, 1st, Circuit, 1991), S. 6.
[118] *Boyd v. U.S.*, 116 U.S. 616 (U.S. Supreme Court, 1886), S. 630 („The principles laid down in this opinion affect the very essence of constitutional liberty and security. They reach farther than the concrete form of the case then before the court, with its adventitious circumstances; they apply to all invasions on the part of the government and its employees of the sanctity of a man's home and the *privacies of life*.").

che Freiheit („personal liberty“) des Betroffenen umfassen.[119] In der Folgezeit wurde der Anwendungsbereich des 4. Zusatzartikels jedoch wieder auf den reinen Wortlaut beschränkt. In der *Olmstead*-Entscheidung (1928) wurde ein physisches Eindringen in den Privatbereich des Betroffenen gefordert[120], was auch bis in die 60er Jahre wegweisend für den Anwendungsbereich des 4. Zusatzartikels war.[121] Die Gegenstimmen, die eine der historischen Bedeutung und modernen sozialen und rechtlichen Auswirkungen der Verfassungsbestimmungen gerecht werdende Anwendung des 4. Zusatzartikels forderten, nahmen jedoch immer mehr an Gewicht zu.[122] Dies hat dazu geführt, dass sich in der Entscheidung *Katz v. United States* (1967) die Mehrheit der Richter des U.S. Supreme Courts gegen die wörtliche Auslegung des 4. Zusatzartikels entschieden und dem Betroffenen ein Recht auf Privatsphäre für das Abhören seiner Telefongespräche aus einem öffentlichen Telefon zugebilligt haben. Für eine „search and seizure“ sei nunmehr lediglich entscheidend, welche Informationen der Betroffene zu schützen versucht habe, nicht aber, wo diese Informationen gesammelt wurden.[123] Auch ein körperliches Eindringen in den Privatbereich des Betroffe-

---

[119] *Boyd v. U.S.*, 116 U.S. 616 (U.S. Supreme Court, 1886), S. 630 ("It is not the breaking of his doors, and the rummaging of his drawers, that constitutes the essence of the offense; but it is the invasion of his indefeasible right of personal security, *personal liberty* and private property, where that right has never been forfeited by his conviction of some public offense.“).

[120] *Olmstead v. U. S.*, 19 F.2d 842 (U.S. Court of Appeals, 9th Cir. 1927), aff'd, 277 U.S. 438 (U.S. Supreme Court,1928)), S. 847, ("The purpose of the amendments is to prevent the invasion of homes and offices and the seizure of incriminating evidence found therein. Whatever may be said of the tapping of telephone wires as an unethical intrusion upon the privacy of persons who are suspected of crime, it is not an act which comes within the letter of the prohibition of constitutional provisions."); Vgl. auch die Ausführungen des Vorsitzenden *Richters Taft* in 277 U.S. 438 (U.S. Supreme Court, 1928), S. 465 („The Fifth and Fourth Amendment „were to be liberally construed to effect the purpose of the framers of the Constitution in the interest of liberty. But, that can not justify enlargement of the language employed beyond the possible practical meaning of houses, persons, papers, and effects, or so to apply the words search and seizure as to forbid hearing of sight.").

[121] *Beaney*, The Constitutional Right to Privacy, S. 218ff.; *Goldman v. U. S.*, 316 U.S. 129 (U.S. Supreme Court, 1942), S. 135f.

[122] *Goldman v. U. S.*, 316 U.S. 129 (U.S. Supreme Court, 1942), S. 137f.; *On Lee v. U. S.*, 343 U.S. 747 (U.S. Supreme Court, 1952), S. 765 ("The nature of the instrument that science or engineering develops is not important. The controlling, the decisive factor is the invasion of privacy against the command of the Fourth and Fifths Amendments"), Richter Douglas, der sich in *Olmstead* zunächst für eine wörtliche Auslegung ausgesprochen hatte.

[123] *Katz, v. U.S.*, 389 U.S. 347 (U.S. Supreme Court, 1967), S. 351 ("For the Fourth Amendment protects people, not places."; "What a person knowingly exposes to the public, even in his own home or office, is not a subject of Fourth Amendment protection. But what he seeks to preserve as private, even in an area accessible to the public, may be constitutionally protected.").

nen war nach *Katz* somit nicht mehr erforderlich.[124] Dieser „konzeptionelle Durchbruch"[125] machte auch den Weg frei für eine Anwendung des 4. Zusatzartikels auf die neuen Medien. So wurde in der Entscheidung *U. S. v. Hambrick* (1999) durch ein Bundesgericht ausdrücklich bestätigt, dass der Schutz des 4. Zusatzartikels auch für das Internet gilt.[126] Nach der neueren Rechtsprechung der Bundesgerichte fällt folglich auch die staatliche Verarbeitung von personenbezogenen Daten des Websurfers in den Schutzbereich des 4. Zusatzartikels, sowiet diese eine "search" oder "seizure" darstellt.[127]

bb. Der „reasonable expectation of privacy"-Test

Bei der Prüfung des 4. Zusatzartikels wird nach dem sogenannten „reasonable expectation"-Test für das Vorliegen einer „search and seizure" geprüft, ob der Betroffene vernünftigerweise einen Schutz seiner Privatsphäre erwarten konnte.[128] Der Betroffene muss subjektiv von der Wahrung seiner Privatsphäre ausgegangen und diese Erwartung muss objektiv vernünftig und angemessen gewesen sein.[129] Das subjektive Moment stellt grundsätzlich keinen Schwerpunkt der Prüfung dar, da die Gerichte davon ausgehen, dass ohne diese subjektive Erwartung die Handlung des Betroffenen unterblieben wäre.[130] Bei der Beurteilung der objektiven Vernünftigkeit der subjektiven Erwartung ist nach der Rechtsprechung entscheidend, wie viel Privatsphäre der Betroffene in der jeweiligen Situation aus der Sicht der „Gesellschaft" erwarten konnte.[131]

Der U.S. Supreme Court stellt bei der Anwendung des „reasonable expectation"-Tests heraus, dass es keine Pauschalantworten auf die Frage gibt, ob eine bestimmte Fallkonstellation die Persönlichkeitssphäre des Betroffenen in einer Weise berührt, dass er von einem Unterlassen der relevanten Handlung ausge-

---

[124] *Katz v. U.S.*, 389 U.S. 347 (U.S. Supreme Court, 1967), S. 352 („To read the Constitution more narrowly is to ignore the vital role that the public telephone has come to play in private communication.").

[125] So *Crump*, 56 Stan. L. Rev. 191 (2003), S. 199 ("The Court's finding marked a conceptual breaktrough for search and seizure law.").

[126] *U.S. v. Hambrick*, 55 F. Supp. 2d 504 (U.S. District Court, Western District of Virginia, 1999), S. 506, aff'd, *U.S. v. Hambrick*, 225 F.3d 656 (U.S. Court of Appeals, 4th Circuit, 2000).

[127] Siehe zu dieser Entwicklung auch *Cody*, 49 Cath. U. L. Rev. 1194.

[128] *Terry v. Ohio*, 392 U.S. 1 (U.S. Supreme Court, 1968), S. 9 ("whereever an individual may harbor a reasonable expectation of privacy, ... he is entitled to be free from unreasonable governmental intrusion").

[129] *Katz v. U.S.*, 389 U.S. 347 (1967), S. 361.

[130] *Bonach v. City of Reno*, 932 F. Supp. 1232 (U.S. District Court, District of Nevada, 1996), S. 1234.

[131] *U. S. v. Jacobsen*, 466 U.S. 109 (U.S. Supreme Court, 1984), S. 113 ("an expectation of privacy that society is prepared to accept as reasonable."); *U. S. v. Simons*, 206 F.3d 392 (U.S. Court of Appeals, 4th Circuit, 2000), S. 399.

hen konnte.[132] Es gibt somit auch keine pauschale Antwort auf die Frage, ob der Websurfer vernünftigerweise davon ausgehen konnte, dass Daten bei dem Websurfen nicht über das für die Dienste erforderlich Maß hinaus verarbeitet werden. Die Antwort hängt vielmehr von den Umständen des Einzelfalls ab, die die Erwartung des Websurfers rechtfertigen müssen. Die Gerichte berücksichtigen, ob die jeweiligen Datenverarbeitungsmöglichkeiten und die hiermit verbundenen Eingriffe in Persönlichkeitsrechte des Einzelnen der „Gesellschaft" bekannt sind. Mit steigendem Bekanntheitsgrad der Datenverarbeitungen bzw. der technischen Möglichkeiten zur Datenverarbeitung nimmt somit auch die Wahrscheinlichkeit ab, dass eine vernünftige Erwartung des Betroffenen im Sinne der Rechtsprechung begründet werden kann.[133] Dies bedeutet auch für das Internet, dass sich mit steigender Bekanntheit der technischen Datenverarbeitungsmöglichkeiten der Anwendungsbereich des Grundrechts für dieses Medium verkleinert. So wird auch in der Entscheidung *U.S. v. Butler* (2001) bestätigt, dass bei der gemeinschaftlichen Nutzung eines Computers im Jahre 2001 nicht vernünftigerweise erwartet werden könne, dass Daten nicht erhoben werden.[134] In *U.S. v. Maxwell* (1996) wurde ausdrücklich zwischen E-Mail und dem sonstigen Internetangebot unterschieden und damit angedeutet, dass dem Internet grundsätzlich nicht der Schutz des 4. Zusatzartikels zukomme.[135] Insbesondere wegen der Masse an Veröffentlichung online und offline über Internetsicherheit und Datenschutz im Internet wird eine vernünftige Erwartung von Privatsphäre unter diesem Gesichtspunkt nicht zu begründen sein.[136]

Ein Schutz durch den 4. Zusatzartikel ist mangels objektiv vernünftiger Erwartung des Betroffenen auch dann ausgeschlossen, wenn die Daten an Dritte weitergegeben wurden.[137] Dies gilt auch bei Weitergabe an nur einen Dritten, da nach der Rechtsprechung nicht erwartet werden könne, dass dieser Dritte die Daten nicht wiederum weitergibt, selbst wenn diese vertraulich übermittelt wurden.[138] Als Dritte in diesem Sinne gelten nach der neueren Rechtsprechung auch

---

[132] *O'Connor v. Ortega*, 480 U.S. 709 (U.S. Supreme Court, 1987), S. 715f.

[133] Siehe hierzu auch *Skok*, 6 Mich. Telecomm. Tech. L. Rev. 61 (1999/2000), S. 81f.; *Crump*, 56 Stan. L. Rev. 191 (2003), S. 201.

[134] *U.S. v. Butler*, 151 F. Supp. 2d 82 (U.S. District Court, District of Maine, 2001), S. 84 ("Unlike the Supreme Court's treatment of generic payphone booths in 1967 in Katz, I conclude that in 2001 there is no generic expectation of privacy for shared usage on computers at large.").

[135] *U.S. v. Maxwell*, 45 M.J. 406 (U.S. Court of Appeals for the Armed Forces, 1996), S. 417.

[136] *Crump*, 56 Stan. L. Rev. 191 (2003), S. 200.

[137] *Katz v. U.S.*, 389 U.S. 347 (U.S. Supreme Court, 1967), S. 351; *U. S. v. Roccio*, 981 F.2d 587 (U.S. Court of Appeals, 1st Circuit, 1992), S. 591; *U. S. v. Simons*, 206 F.3d 392 (U.S. Court of Appeals, 4th Circuit, 2000), S. 399; *U. S. v. Payner*, 447 U.S. 727 (U.S. Supreme Court, 1980), S. 732; *U. S. v. Miller*, 425 U.S. 435 (U.S. Supreme Court, 1976), S. 442.

[138] Vgl. *U. S. v. White*, 401 U.S. 745 (U.S. Supreme Court, 1971), S. 751f.; Dies wird auch als "false friend"-Doktrin bezeichnet; Vgl. hierzu *Burnham*, Introduction to the Legal System of the United States, S. 288; *Crump*, 56 Stan. L. Rev. 191 (2003), S. 209f.

die Anbieter von Internetdiensten.[139] So wurde in *U. S. v. Hambrick* (1999) festgestellt, dass der 4. Zusatzartikel nicht anwendbar sei, weil der Betroffene dem Anbieter persönliche Daten wie Name, Adresse, Kreditkartennummer und Telefonnummer als Voraussetzung der Inanspruchnahme des Internetdienst mitgeteilt hatte. Ebenso hat ein Berufungsgericht in der Entscheidung *Guest v. Leis* (2001) kein schützenswertes Interesse des Betroffenen an persönlichen Informationen angenommen, die er dem Anbieter für die Benutzung des Internetdienstes freiwillig offenbart hatte.[140] Auch die Nutzung eines Anonyms begründete keine vernünftige Erwartung des Websurfers, weil das Anonym bei dem Anbieter mit den persönlichen Daten verbunden werden konnte[141], was praktisch immer der Fall ist.

Voraussetzung für den Schutz durch den 4. Zusatzartikel soll auch sein, dass es sich um „Inhalte" von Kommunikation, nicht aber z. Bsp. nur um die gewählten Telefonnummern handelt.[142] Allerdings ist es insbesondere im Internetkontext schwer, „Inhalte" von den übrigen Daten abzugrenzen. Denn, wie Justice Stewart in seiner Mindermeinung feststellt, haben auch Telefonnummern Inhaltscharakter, da eine Liste der gewählten Telefonnummern die Identität des Betroffenen und die angewählten Orte bezeichnet und somit intime Details über das Leben des Betroffenen beschreibt.[143] Diese Ansicht wurde jedoch bislang nicht von einer Mehrheit unterstützt. So wurde in *U.S. v. Hambrick* (1999) bestätigt, dass die Nutzerinformationen, die einem Anbieter zur Verfügung gestellt wurden, „non-content information" seien, die aus diesem Grunde nicht in den Anwendungsbereich des 4. Zusatzartikels fallen. Hieraus ist zu schließen, dass auch die durch Cookies und Web Bugs erhobenen Nutzungsdaten des Websurfers nicht als „content information" im Sinne der Rechtsprechung angesehen werden.[144]

Auch vertragliche Bindungen des Nutzers mit dem Anbieter oder sonstige Deklarationen des Anbieters wie z. Bsp. „Privacy Policies"[145], die eine Weitergabe

---

139 *U. S. v. Kennedy*, 81 F. Supp. 2d 1103 (U.S. District Court, District of Kansas, 2000), S. 1110; *U. S. v. Hambrick*, 55 F. Supp. 2d 504, (U.S. District Court, Western District of Virginia, 1999), S. 508.

140 *Guest v. Leis*, 255 F.3d 325, (U.S. Court of Appeals, 6th Circuit, 2001), S. 335.

141 *U. S. v. Hambrick*, 55 F. Supp. 2d 504, (U.S. District Court, Western District of Virginia, 1999), S. 508f.; Siehe hierzu auch *Skok*, 6 Mich. Telecomm. Tech. L. Rev. 61 (1999/2000), S. 75.

142 *Smith v. Maryland*, 442 U.S. 735 (U.S. Supreme Court, 1979), S. 741 ("Yet a pen register differs significantly from the listening device employed in *Katz*, for pen registers do not acquire the *contents* of communications") mit Verweis auf *U.S. v. N.Y. Tel. Co.*, 434 U.S. 159 (U.S. Supreme Court, 1977), S. 167.

143 *Smith v. Maryland*, 442 U.S. 735 (U.S. Supreme Court, 1979), S. 748.

144 *Crump*, 56 Stan. L. Rev. 191 (2003), S. 212.

145 Bei den „Privacy Policies" handelt es sich um Darstellung des Anbieters über seine Datenpraktiken, also darüber, wie er mit den personenbezogenen Daten umgeht oder umgehen wird; Vgl. z. Bsp. die Privacy Policy von Daimler Chrysler unter

der Daten ankündigen, sprechen nach Ansicht der Gerichte gegen eine vernünftige Erwartung von Privatsphäre. In *U. S. v. Simon* (2000) wurde ein Schutz des Betroffenen nach dem 4. Zusatzartikel abgelehnt, weil die Privacy Policy seines Arbeitgebers bereits darauf hingewiesen hatte, dass persönliche Daten eingesehen würden.[146] Ebenso wurde in *Guest et. al. v. Leis* (2001) bestätigt, dass die Verlautbarung, persönliche Kommunikation sei nicht geheim, dem Schutz des Betroffenen nach dem 4. Zusatzartikel entgegenstehe.[147] In der Entscheidung *U.S. v. Hambrick* (1999) wurde festgestellt, dass eine Geheimhaltung der Informationen nicht vernünftigerweise erwartet werden könne, weil eine vertragliche Verpflichtung des Anbieters hierzu nicht bestand.[148] Der Umkehrschluss, dass der Betroffene vernünftigerweise das Unterlassen der Datenverarbeitung erwarten könnte, wenn der Dritte sich vertraglich gegenüber dem Betroffenen verpflichtet hat, die Informationen nicht zu verarbeiten, ist dagegen nicht bestätigt worden. Im Gegenteil wurde in *U.S. v. Maxwell* (1996) entschieden, dass vertragliche Abreden eine verfassungsrechtliche Erwartung von Privatsphäre nicht begründen.[149]

Im Ergebnis muss somit festgehalten werden, dass unter Berücksichtigung der aktuellen Bundesrechtsprechung zu den „Search and Seizure"-Fällen ein Datenschutz des Websurfers aus dem 4. Zusatzartikel nicht herzuleiten ist.[150]

cc. Stellungnahme

Positiv zu bewerten ist die Entwicklung der Rechtsprechung von einer wörtlichen Anwendung des 4. Zusatzartikels zu einem allgemeinen Recht auf Privatsphäre. Ein allgemeiner grundrechtlicher Datenschutz scheitert aber an der Anwendung des „reasonable expectation"-Tests, an dem die Gerichte auch in jüngeren Entscheidungen festhalten. Dieser Test schafft Rechtsunsicherheit, weil die Anwendungskriterien schwer vorhersehbar sind. Die Begründung einer vernünftigen Erwartung von Privatsphäre in dem WWW als öffentlichem Medium ist schwer vorstellbar.[151] Die resultierende Abnahme des Datenschutzes mit steigender Bekanntheit des Mediums Internet und der mit diesem Medium ein-

---

http://www.daimlerchrysler.com/dccom/0,,0-5-56921-49-56934-1-0-0-0-0-0-36-10736-0-0-0-0-0-0-0,00.html.

[146] *U.S. v. Simons*, 206 F.3d 392 (U.S. Court of Appeals, 4th Circuit, 2000), S. 398f.

[147] *Guest et. al. v. Leis*, 255 F.3d 325, (U.S. Court of Appeals, 6th Circuit, 2001), S. 333.

[148] *U.S. v. Hambrick*, 55 F. Supp. 2d 504 (U.S. District Court, Western District of Virginia, 1999), S. 509 („Where such dissemination of information to nongovernment entities is not prohibited, there can be no reasonable expectation of privacy in that information.").

[149] *U.S. v. Maxwell*, 45 M.J. 406 (U.S. Court of Appeals for the Armed Forces, 1996), S. 417.

[150] So auch *Crump*, 56 Stan. L. Rev. 191 (2003), S. 214.

[151] *Knopf*, 11 J. Law. & Pub. Pol'y 79 (1999), S. 83ff.; *Maclin*, 72 Miss. L.J. 51 (2002), S. 88f; Vgl. auch allgemeinere Kritik von *DeVries*, 18 Berkeley Tech. L.J. 283 (2003), S. 306.

hergehenden Datenverarbeitungsmöglichkeiten ist aber nicht zu rechtfertigen.[152] Auch die Realität des Internets, in der eine Weitergabe von Daten zumindest an eine Stelle zur Nutzung des Mediums im Regelfall erforderlich ist, bleibt bei dem Test unberücksichtigt. So hat auch das Bundesgericht in *U.S. v. Hambrick* (1999) festgestellt, dass das Internet einen „Ort" darstelle, dessen Natur der traditionellen Anwendung des 4. Zusatzartikels widerspreche. Trotzdem hält es sich aber weiterhin an genau diese traditionelle Anwendung gebunden.[153] Dies zeigt die beschränkte Eignung des Richterrechts in seiner aktuellen Ausprägung, um den neuen Gefahren für den Datenschutz wirksam zu entgegnen. Zu fordern ist eine Aufgabe des „reasonable expectation"-Tests und die uneingeschränkte Berücksichtigung staatlicher Datenverarbeitungen als Eingriff in den Schutzbereich des Rechts auf Privatsphäre. Dem widerspricht auch nicht die „doctrine of precedence", die zulässt, dass ein Richter sich von Vorentscheidungen löst, wenn der zugrundliegende Sachverhalt grundlegende Unterschiede aufweist.[154] Die Datenverarbeitungsmöglichkeiten des WWW, die mit keinem anderen Medium zu vergleichen sind und daraus resultierende Gefahren für den Websurfer begründen eine Differenzierung des Sachverhalts von den übrigen Entscheidungen.

b. Der „substantive due process" des 5./14. Zusatzartikels

aa. Die Entwicklung des „substantive due process"

Ein Recht auf Privatsphäre wurde in der Rechtsprechung auch auf der Grundlage der „due process"-Klausel des 5. Zusatzartikels und der gleichlautenden Klausel des 14. Zusatzartikels, der für die Gliedstaaten gilt, bestätigt. Die „due process"-Klausel besagt, dass niemand ohne gehöriges Verfahren in seinem Leben, seiner Freiheit oder seinem Eigentum beeinträchtigt werden dürfe („... nor (shall any person)[155] be deprived of life, liberty, or property, without due process of law."). Dies geht zurück auf die englische Magna Charta aus dem Jahre 1215[156], wonach eine Verhaftung, Gefangennahme, Enteignung, Ächtung, Verbannung oder sonstiges Vorgehen gegen den „freien Mann" nur aufgrund gesetzlichen Urteilsspruchs oder „aufgrund des Landesrechts" („per legem terre") erfolgen durfte. Der Ausdruck „per legem terre" oder „by the law of the land"

---

[152] So auch *Schwartz*, 52 Vand. L. Rev. 1607 (1999), S. 1669.
[153] *U.S. v. Hambrick*, 55 F. Supp. 2d 504 (U.S. District Court, W.D. Virginia, 1999), S. 508 ("Cyberspace is a nonphysical "place" and its very structure, a computer and telephone network that connects millions of users, defies traditional Fourth Amendment analysis. So long as the risk-analysis approach of *Katz* remains valid, however, this court is compelled to apply traditional legal principles to this new and continually evolving technology.").
[154] *Lundmark*, JuS 2000, S. 547.
[155] Einschub der Verfasserin.
[156] Die Magna Charta hat ihren Namen offiziell erst im Jahre 1237 bekommen; *Dörr*, Faires Verfahren, S. 6 mit Verweis auf *White*, The Name Magna Charta, 30 Engl. Hist. Rev. (1915), S. 472ff.; *Tribe*, American Constitutional Law, S. 630ff.

wurde im Jahre 1354 durch „par due proces de lei" ersetzt, was im 17. Jahrhundert als Grundlage für die „due process"-Klauseln gedient hat.[157] Die in den „due process"-Klauseln enthaltene „liberty" wurde erst eng ausgelegt, wobei entsprechend der Vorgabe in der Magna Charta vornehmlich die prozessualen Rechte der Minderheiten in den Südstaaten im Mittelpunkt standen.[158] Neben diesem „procedural due process" hat der U.S. Supreme Court aber bereits in der Entscheidung Lochner v. New York (1905) eine materiell-rechtliche Ausprägung in der Form des sogenannten „substantive due process" bestätigt.[159] Dies bedeutete in der praktischen Anwendung, dass auch eine inhaltliche Überprüfung der in Frage stehenden Regierungsakte erfolgen konnte. Der „substantive due process" unterstützte zunächst die Laissez-faire-Wirtschaft des frühen 20. Jahrhunderts, da Wirtschaftsrechten gegenüber staatlichen Eingriffen vorrangiger Schutz gewährt wurde, führte zu einer strengen Kontrolle der Wirtschaftsgesetzgebung und einer „Garantie der fast schrankenlosen Vertragsfreiheit".[160] Beendet wurde diese Entwicklung in der Entscheidung West Coast Hotel v. Parrish (1937), in der der U.S. Supreme Court, der sich mit den wirtschaftlichen Realitäten der „Großen Depression" und mit wachsender Kritik von der Politik konfrontiert sah, entgegen der bisherigen Rechtsprechung ein Gesetz für zulässig erklärte, welches Mindestlöhne vorschrieb.[161] Allerdings war hiermit kein Abschied von dem „substantive due process" als solchem verbunden. Es hatte sich lediglich die Schutzrichtung der Entscheidungen geändert. Im Vordergrund stand nicht mehr der Schutz der Wirtschaftsrechte, sondern der Schutz von sogenannten „personal liberties", also persönlichen Freiheitsrechten.[162] Als persönliche Freiheitsrechte wurden Rechte verstanden, die zwar wie das Recht auf Privatsphäre nicht in der Bill of Rights enthalten waren, aber als so grundlegend angesehen wurden („of the very essence of a scheme of ordered liberty"), dass sie nach Ansicht der Richter des U.S. Supreme Courts einen grundrechtsgleichen Schutz in Form des „substantive due process" verdienten.[163] Diese Ent-

---

[157] Siehe zu der Entwicklung und Herkunft des Due Process ausführlich *Dörr*, Faires Verfahren, S. 5ff.

[158] *Brugger*, Einführung in das öffentliche Recht der USA, S. 107.

[159] Siehe hierzu *Tribe*, American Constitutional Law, S. 1332ff.; Vgl. zu den vorangehenden Entscheidungen der niederen Instanzen, die eine materiell-rechtliche Anwendung der Klausel zum Gegenstand hatten *Dörr*, Faires Verfahren, S. 11f.

[160] So *Dörr*, Faires Verfahren, S. 12; So wurde in *Lochner v. New York*, 198 U.S. 45 (U.S. Supreme Court, 1905) ein Gesetz für nichtig erklärt, weil es eine wöchentliche Arbeitszeitbegrenzung für Bäcker vorsah; Hierzu auch *Chlapowski*, 71 B.U. L. Rev. 133 (1991), S. 136ff.

[161] *West Coast Hotel v. Parrish*, 300 U.S. 379 (U.S. Supreme Court, 1937) S. 390ff.; Siehe auch die Ausführungen des U.S. Supreme Court zu der Entwicklung der Rechtsprechung in *Lincoln Federal Labor Union v. Northwestern Iron and Metal Co.*, 335 U.S. 525 (1949), S. 535; Hierzu auch *Brugger*, Einführung in das öffentliche Recht der USA, S. 108.

[162] Vgl. *Morrison*, Fundamentals of American Law, S. 117.

[163] *Palko v. Connecticut*, 302 U.S. 319 (U.S. Supreme Court, 1937), S. 325; *Troxel v. Granville*, 530 U.S. 57 (U.S. Supreme Court, 2000), S. 65.

wicklung bildete auch die Grundlage für ein Recht auf Privatsphäre als Recht des „substantiv due process".

Das Recht auf Privatsphäre wurde als Ausprägung des Rechts auf „substantive due process" in der Entscheidung *Griswold v. Connecticut* (1965) bestätigt.[164] Der U.S. Supreme Court hatte über die Verfassungsmäßigkeit eines Gliedstaatengesetzes zu entscheiden, das die Verwendung von Verhütungsmitteln verbot. Er stellte einen Verstoß gegen das Recht auf Privatsphäre fest und führte dies unter anderem auf das Recht auf „substantive due process" zurück. Denn das Interesse am Schutz von Ehe und Familie sei als Teil der Privatsphäre ebenso grundlegend wie andere explizit in der Verfassung enthaltenen Grundrechte.[165] In vielfältigen Entscheidungen wurden Fallkonstellationen konkretisiert, die von dem Recht auf Privatsphäre umfasst sein sollten. Der Bereich der Fortpflanzung[166], Angelegenheiten der Ehe[167], Familie und Kindererziehung[168] wurden als grundlegende Intimbereiche anerkannt, die nach Ansicht der Richter diese Voraussetzungen erfüllten.[169] Die Gerichte waren bei der Anerkennung solcher grundlegenden Rechte zurückhaltend.[170] So wurde in den Entscheidungen wiederholt betont, dass der Schutz nur auf den Bereich „höchst intimer" Interessen des Betroffenen beschränkt sei.[171]

In der Entscheidung *Whalen v. Roe* (1976) hat der U.S. Supreme Court erstmalig ein selbständiges Recht auf Datenschutz als Ausprägung des Rechts auf Privatsphäre auf der Grundlage des „substantive due process" bestätigt.[172] Das Gericht hatte über die Verfassungsmäßigkeit eines Gesetzes des Staates New York zu entscheiden, das die Schaffung einer umfassenden Datensammlung über Per-

---

[164] *Griswold v. Connecticut*, 381 U.S. 479 (U.S. Supreme Court, 1965); Hierzu auch *Burnham*, Introduction of the Law and the Legal System of the United States, S. 352.
[165] *Griswold v. Connecticut*, 381 U.S. 479 (U.S. Supreme Court, 1965), S. 485.
[166] *Roe v. Wade*, 410 U.S. 113 (U.S. Supreme Court, 1973), S. 152 mit Verweis auf *Skinner v. Oklahoma*, 316 U.S. 535 (U.S. Supreme Court, 1942), S. 541f.; *Yorkshire v. I.R.S.*, 829 F. Supp. 1198 (U.S. District Court, Central District of California, 1993), S. 1202ff., aff'd, 26 F.3d 942 (U.S. Court of Appeals, 9th Cir., 1994); *Lawrence v. Texas*, 123 S. Ct. 2472 (U.S. Supreme Court, 2003), S. 2476.
[167] *Loving v. Virginia*, 388 U.S. 1 (U.S. Supreme Court, 1967), S. 12; *Lawrence v. Texas*, 123 S. Ct. 2472 (U.S. Supreme Court, 2003), S. 2476.
[168] *Reno v. ACLU*, 521 U.S. 844 (U.S. Supreme Court, 1997), S. 865f.
[169] Siehe zu den "fundamental rights" auch *Giegerich*, Privatwirkung der Grundrechte in den USA, S. 39.
[170] *Brugger*, Einführung in das öffentliche Recht der USA, S. 125.
[171] Siehe z. Bsp. *Roe v. Wade*, 410 U.S. 113 (U.S. Supreme Court, 1973), S. 152; Vgl. auch *Bowers v. Hardwick*, 478 U.S. 186 (U.S. Supreme Court, 1986), S. 194 ("Nor are we inclined to take a more expansive view of our authority to discover new fundamental rights imbedded in the Due Process Clause. ... There should be, therefore, great resistance to expand the substantive reach of those Clauses, particulary if it requires redefining the category of rights deemed to be fundamental").
[172] *Whalen v. Roe*, 429 U.S. 589 (U.S. Supreme Court, 1976); Hierzu auch *Chemerinsky*, Constitutional Law, S. 695.

sonen anordnete, die bestimmte Medikamente von einem Arzt erhalten hatten. In der Entscheidung wurde das Recht des Einzelnen, Art und Quantität von Informationen zu bestimmen, die über den Einzelnen veröffentlicht werden („...interest in avoiding disclosure of personal matters...“) als Teil des Rechts auf Privatsphäre beschrieben.[173] Zwar musste zur Entscheidungsfindung nicht abschließend über dieses Recht auf Datenschutz entschieden werden, weil das in Frage stehende Gesetz Schutzvorkehrungen vorsah, die nach Ansicht des U.S. Supreme Courts bereits die Möglichkeit eines Eingriffs in diesen Schutzbereich ausschlossen.[174] In Folgeentscheidungen wurde aber bestätigt, dass der Einzelne grundsätzlich ein Recht auf Datenschutz als Recht auf Vertraulichkeit von persönlichen Belangen hat.[175]

bb. Der „reasonable expectation of privacy“-Test

Wie bei der Prüfung des 4. Zusatzartikels wenden die Gerichte auch auf den „substantive due process“ den „reasonable expectation“-Test an und prüfen, ob der Betroffene vernünftigerweise erwarten konnte, dass bestimmte, ihn betreffende Informationen vertraulich behandelt werden.[176] Dies wurde in der Mehrzahl der Entscheidungen entsprechend der traditionellen „due process“-Rechtsprechung davon abhängig gemacht, ob grundlegende Interessen betroffen waren, die die besondere Intimsphäre, „the most intimate aspects of human affairs“, berühren.[177] Die in Frage stehenden Daten des Betroffenen müssen sich

---

[173] *Whalen v. Roe*, 429 U.S. 589 (U.S. Supreme Court, 1976), S. 599f.; Vgl. auch *Doe v. Attorney General of the U.S.*, 941 F.2d 780 (U.S. Court of Appeals, 1991), S. 795.

[174] *Whalen v. Roe* 429 U.S. 589 (U.S. Supreme Court, 1976), S. 605 („...New Yorks's statutory scheme, and its implementing administrative procedures evidence a proper concern with and protection of, the individuals's interest in privacy. We therefore need not, and do not, decide any question which might be presented by the unwarranted disclosure of accumulated private data ...“).

[175] *Nixon v. Adm'r of Gen. Servs.*, 433 U.S. 425 (U.S. Supreme Court, 1977), S. 457; *Borucki v. Ryan*, 827 F.2d 836 (U.S. Court of Appeals, 1st Circuit, 1987), S. 839 mit Verweis auf *Whalen v. Roe* 429 U.S. 589 (U.S. Supreme Court, 1976), S. 599.

[176] *Livsey v. Salt Lake County*, 275 F.3d 952 (U.S. Court of Appeals, 10th Circuit, 2001), S. 955 ("Information falls within the ambit of constitutional protection when an individual has a legitimate expectation ... that it will remain confidential while in the state's possession."); *Fraternal Order of Police Lodge No. 5 v. City of Phila.*, 812 F.2d 105 (U.S. Court of Appeals, 3rd Circuit, 1987), S. 112 ("In determining whether information is entitled to privacy protection, we have looked at whether it is within an individual's reasonable expectations of confidentiality. The more intimate or personal the information, the more justified is the expectation that it will not be subject to public scrutiny").

[177] So beispielsweise der U.S. Court of Appeals, 6th District in *Bloch v. Ribar*, 156 F.3d 673 (1998), S. 684 mit Verweis auf *J.P. v. DeSanti*, 653 F.2d 1080 (U.S. Court of Appeals, 6th Circuit, 1981), S. 1090, *Kallstrom v. City of Columbus*, 136 F.3d 1055 (U.S. Court of Appeals, 6th Circuit, 1998), S. 1061; *Livsey v. Salt Lake County*, 275 F.3d 952 (U.S. Court of Appeals, 10th, Circuit, 2001), S. 956; *Nilson v. Layton City*, 45 F.3d 369 (U.S. Court of Ap-

somit auf höchst persönliche Angelegenheiten beziehen, also von höchst persönlicher und intimer Natur sein („highly personal or intimate")[178], um durch das Recht auf „substantive due process" gegen Offenbarung geschützt zu sein.[179] Finanzberichte[180], ärztliche Gutachten oder sonstige medizinischen Informationen über den Betroffenen[181] sowie Daten, die intime Bereiche des Ehelebens betreffen[182], wurden als schützenswert anerkannt. Strafrechtliche Informationen über den Betroffenen[183] oder das Interesse des Betroffenen an dem Schutz seiner Reputation[184] und Informationen, die den allgemeinen Lebensbereich der Person betreffen[185], wurden dagegen von verschiedenen Bundesgerichten nicht als schützenswert angesehen. Das gleiche gilt für den Namen und die Adresse und sonstige Informationen über den Betroffenen, soweit diese keine besonders intimen Angaben z. Bsp. über das Sexualverhalten des Betroffenen enthalten.[186]

In manchen Bundesgerichtsbezirken haben die Gerichte den Anwendungsbereich weiter geöffnet. Bei der Prüfung wird über die Art und Sensibilität der betroffenen Daten hinaus auch die Art und der Umfang der Datenerhebung sowie die Natur des gesetzlichen Auftrags, die Sicherheitsvorkehrungen, das Schadenspotential und der Grad des staatlichen Interesses an der Datenerhebung ein-

---

peals, 10th Circuit, 1995), S. 372; *Wade v. Goodwin*, 843 F.2d 1150 (U.S. Court of Appeals, 8th Cir.), S. 1153, cert. denied, 488 U.S. 854 (U.S. Supreme Court, 1988).

178 *Livsey v. Salt Lake County*, 275 F.3d 952 (U.S. Court of Appeals, 10th, Circuit, 2001), S. 956; *Eagle v. Morgan*, 88 F.3d 620 (U.S. Court of Appeals, 8th Circuit, 1996), S. 625; *Falvo ex rel. Pletan v. Owasso Indep. Sch. Dist. No. I-011*, 229 F.3d 956 (U.S. Court of Appeals, 10th Circuit, 2000), S. 964.

179 So auch *Ortlieb v. Howery*, 74 Fed. Appx. 853 (U.S. Court of Appeals, 10th. Circuit, 2003), S. 856.

180 *Barry v. City of New York*, 712 F.2d 1554 (U.S. Court of Appeals, 2nd Circuit, 1983), S. 1559, cert. denied, 464 U.S. 1017; *DeMasi v. Weiss*, 669 F.2d 114 (U.S. Court of Appeals, 3rd Circuit, 1982), S. 120.

181 *Ortlieb v. Howery*, 74 Fed. Appx. 853, 2003 U. S. App. LEXIS 17958 (U.S. Court of Appeals, 10th. Circuit, 2003), S. 856; *A.L.A. v. West Valley City*, 26 F.3d 989 (U.S. Court of Appeals, 10th Circuit, 1994), S. 990; *U. S. v. Westinghouse Elec. Corp.*, 638 F.2d 570 (U.S. Court of Appeals, 3rd Cir., 1980), S. 577; *Herring v. Keenan*, 218 F.3d 1171 (U.S. Court of Appeals, 10th, Circuit, 2000), S. 1180; *Berry v. City of New York*, 712 F.2d 1554 (U.S. Court of Appeals, 2d Circuit, 1983), S. 1559; *Doe v. Southeastern Pennsylvania Transportation Authority*, 72 F.3d 1133 (U.S. Court of Appeals, 3d Circuit, 1995) S. 1140; *U. S. v. Westinghouse Electric Corporation*, 638 F.2d 570 (U.S. Court of Appeals, 3rd Circuit, 1980), S. 577; *Doe v. Attorney General*, 941 F.2d 780 (U.S. Court of Appeals, 9th Circuit 1991), S. 795-797.

182 *Sheets v. Salt Lake County*, 45 F.3d 1383 (U.S. Court of Appeals, 10th. Circuit, 1995), S. 1387f.

183 *Nilson v. Layton City*, 45 F.3d 369 (U.S. Court of Appeals, 10th Cir., 1995), S. 372; *Johnson v. Columbia Univ.*, 2003 U.S. Dist. LEXIS 20932 (District of New York, 2003), S. 34.

184 *Cinel v. Connick*, 15 F.3d 1338 (U.S. Court of Appeals, 5th Circuit, 1994), S. 1343.

185 Siehe *Paul P. v. Farmer*, 92 F. Supp. 2d 410 (U.S. District Court, District of New Jersey), S. 416.

186 Informationen über das Sexualverhalten warden als schützenswert anerkannt, siehe *Livsey v. Salt Lake County*, 275 F.3d 952 (U.S. Court of Appeals, 10th Circuit, 2001), S. 956.

bezogen.[187] Auch der Umstand, ob die Daten der Allgemeinheit oder lediglich den Behörden zugänglich gemacht wurden, fand Berücksichtigung.[188] In der Entscheidung *Whalen v. Roe* hat der U.S. Supreme Court in diesem Zusammenhang bereits im Jahre 1976 festgestellt, dass das Recht auf Privatsphäre besonders durch die Erhebung großer Mengen von persönlichen Daten in computerisierten Datenbanken und Regierungsakten bedroht sei, was für ein umfassendes Recht auf Datenschutz des 5. Zusatzartikels spricht.[189] Ein einheitlicher Trend in diese Richtung ist jedoch nicht zu erkennen.[190] Eine Öffnung des Schutzbereichs geht auch mit einem weniger strengen Prüfungsmaßstab einher, da ein generelles „right of informational privacy" auch von den Gerichten, die eine weitere Anwendung befürworten, nicht als „fundamental right" anerkannt wird. Anstelle des „strict scrutiny"-Tests, der ein zwingendes staatliches Interesse erforderlich macht, wird regelmäßig der sogenannte „rational basis test" angewendet, der einer Willkürkontrolle gleichzusetzen ist und regelmäßig zu einer Rechtfertigung des staatlichen Eingriffs führt.[191] Weiterhin setzt eine vernünftige Erwartung auf Privatsphäre auch bei umfassender Berücksichtigung der Umstände des Einzelfalls weiterhin eine bestimmte Sensibilität der Daten voraus[192], die bei den durch Cookies und Web Bugs verarbeiteten Daten nicht gegeben ist.[193] Wie auch bei der Prüfung des 4. Zusatzartikels ist eine vernünftige Erwartung von Privatsphäre auch dann ausgeschlossen, wenn der Betroffene die Datenverarbei-

---

[187] Siehe *Paul P. v. Farmer*, 92 F. Supp. 2d 410 (U.S. District Court, District of New Jersey), S. 411ff.; *U. S. v. Westinghouse*, 638 F.2d 570 (U.S. Court of Appeals, 3rd Circuit, 1980), S. 578; *Arakawa v. Sakata*, 133 F. Supp. 2d 1223 (U.S. District Court, District of Hawaii, 2001), S. 1227; *Doe v. Attorney General of the U.S.*, 941 F.2d 780 (U.S. Court of Appeals, 9th Circuit, 1991), S. 795f.; *Fraternal Order of Police, Lodge No. 5 v. City of Philadelphia*, 812 F.2d 105 (U.S. Court of Appeals, 3rd Cir., 1987), S. 115f.; *Arakawa v. Sakata*, 133 F. Supp. 2d 1223 (U.S. District Court, District of Hawaii, 2001), S. 1230; Siehe auch *Schwartz/Reidenberg*, Data Privacy Law, S. 79f.

[188] *Tavoulareas v. Washington*, 724 F.2d 1010 (U.S. Court of Appeals, District of Columbia Circuit, 1984), S. 1023.

[189] *Whalen v. Roe*, 429 U.S. 589, (1976), S. 605f.

[190] Siehe die Feststellung in *Arakawa v. Sakata*, 133 F. Supp. 2d 1223 (U.S. District Court, District of Hawaii, 2001), S. 1229 ("After considering the voluminous and largely ambiguous case law on the subject, the court concludes that there is a constitutional right to privacy in the information released about Plaintiff in this case, ...").

[191] *Chlapowski*, 71 B.U. L. Rev. 133 (1991), S. 144ff.; *Brugger*, Einführung in das öffentliche Recht der USA, S. 102.

[192] Siehe z. Bsp. *Doe v. Attorney General of the U.S.*, 941 F.2d 780 (U.S. Court of Appeals, 9th Circuit, 1991), S. 796 mit Verweis auf *Thorne v. City of El Segundo*, 726 F.2d 459 (U.S. Court of Appeals, 9th Cir., 1983), S. 469ff.; *Sterling v. Borough of Minersville*, 232 F.3d 190 (U.S. Court of Appeals, 3rd Circuit, 2000), S. 194 ("We can, therefore, readily conclude that Wayman's sexual orientation was an intimate aspect of his personality entitled to privacy protection under *Whalen*; ..."); *Sheets v. Salt Lake County*, 45 F.3d 1383 (U.S. Court of Appeals, 10th Circuit, 1995), S. 1387 ("The legitimacy of this expectation depends, at least in part, upon the intimate or otherwise personal nature of the material which the state possesses.").

[193] Vgl. Seite 58ff. dieser Arbeit.

tung z. Bsp. wegen einer gängigen Praxis in der Vergangenheit habe erwarten müssen.[194]

In Anwendung des aktuellen Richterrechts bleibt im Ergebnis festzustellen, dass ein Grundrecht auf Datenschutz des Websurfers, das einem Einsatz von Cookies und Web Bugs entgegenstehen könnte, auch auf der Grundlage des „substantive due process" nicht begründet wird.

cc. Stellungnahme

Wie durch das Vorangesagte deutlich geworden ist, ist die Rechtsprechung zum „informational right of privacy" als Recht des „substantive due process" uneinheitlich und hält größtenteils weiter an der traditionellen Due-Process-Rechtsprechung fest, was in der Literatur zu Recht kritisiert wird.[195] Gerade für das Medium Internet kann die Sensibilität nicht für die Schutzwürdigkeit der Daten ausschlaggebend sein. Denn die durch neue Technologien zur Datenverarbeitung entstandenen vielfältigen Nutzungsmöglichkeiten der Nutzungsdaten des Websurfers bleiben bei der aktuellen Rechtsprechung der Bundesgerichte unberücksichtigt. Zwar mag die Orientierung an der Sensibilität der Daten in der Vergangenheit ohne technologische Möglichkeiten angemessen gewesen sein, weil eine Gefahr für den Betroffenen gering ist, wenn einzelne, ihn betreffende Informationen von nicht sensibler Natur bekannt werden. Werden diesen Informationen aber eine Vielfalt von weiteren Informationen hinzugefügt und werden die Datenverarbeitungsmöglichkeiten nahezu grenzenlos, kann es auf die Sensibilität der Daten nicht mehr ankommen. Aus diesem Grunde ist auch die Öffnung des Anwendungsbereichs eines „informational right of privacy" durch manche Gerichte zu begrüßen. Allerdings ist nicht gerechtfertigt, dass eine solche Öffnung des Anwendungsbereichs mit geringeren Anforderungen an die Rechtfertigung des Eingriffs einhergeht. Denn hierbei bleibt unberücksichtigt, dass das Recht auf „informational privacy" in den Realitäten des Internets durch die Verarbeitung jedweder Art von auf die Person bezogenen Daten gefährdet ist. Es bleibt deshalb die Forderung nach einem Abschied von dem traditionellen Ansatz und der Anerkennung eines allgemeinen „informational right of privacy" als „fundamental right", das gleichwertig neben den sonstigen Grundrechten besteht. Eine höchstrichterliche Entscheidung, die dies unter Berücksichtigung der neuartigen Gefährdungen des Einzelnen bestätigt und der uneinheitliche Jurisprudenz zu dieser Frage ein Ende bereiten könnte, wäre auch aus Gründen der Rechtssicherheit zu begrüßen.

---

[194] *Fraternal Order of Police Lodge No. 5 v. City of Phila.*, 812 F.2d 105 (U.S. Court of Appeals, 3rd Circuit, 1987), S. 114 ("Some of these questions are identical to those in the personal data questionnaire required of all applicants. ... When employees are aware that disclosure of otherwise confidential information has historically been required by those in similar positions, their expectation of privacy in that type of information is reduced.").

[195] So z. Bsp. *Chlapowski*, 71 B.U. L. Rev. 133 (1991), S. 144ff.

3. Das Recht auf freie Rede des 1. Zusatzartikels

a. Das Recht auf Anonymität beim Websurfen

Der 1. Zusatzartikel bestimmt, dass kein Gesetz verabschiedet werden soll, welches die Äußerungsfreiheit einschränkt („Congress shall make no law ... abridging the freedom of speech, or of the press ..."). Soweit eine Äußerung vorliegt, ist der Betroffene somit gegen staatliche Eingriffe geschützt. Das Recht auf freie Rede umfasst auch ein Recht auf Anonymität bei der Äußerung, d.h. der Betroffene soll sich ohne Offenbarung seiner Identität äußern dürfen.[196] Dieses Recht auf Anonymität erstreckt sich auch auf „Äußerungen", die unter Zuhilfenahme des Mediums Internet erfolgen.[197] Der Grundrechtsschutz wird unabhängig vom Inhalt der Äußerung gewährt, es wird nicht zwischen Tatsachenbehauptungen und Meinungsäußerungen unterschieden.[198] Der Redner kann seine Ausdrucksform selbst wählen, weil die inhaltliche Botschaft und die Wirkung der Botschaft im Vordergrund stehen sollen.[199] Deswegen fällt auch der sogenannte „symbolic speech" in den Schutzbereich des 1. Zusatzartikels.[200] Voraussetzung ist aber, dass der Betroffene mit der Äußerung eine bestimmte Botschaft beabsichtigt und die Botschaft auch von den Empfängern als solche verstanden wird.[201] In der Entscheidung *Sony v. Does* (2004) wurde zu dem Herunterladen bestimmter Musikstücke aus dem WWW festgestellt, dass auch diese Auswahl

---

[196] Vgl. *McIntyre v. Ohio Elections Comm'n*, 115 S. Ct. 1511 (U.S. Supreme Court, 1995), S. 1524; *Dendrite Intern., Inc. v. Doe No. 3*, 775 A.2d 756 (Superior Court of New Jersey, 2001), S. 760; *Buckley v. American Constitutional Law Found.*, 525 U.S. 182 (U.S. Supreme Court, 1999), S. 197ff.; *Talley v. California*, 362 U.S. 60 (U.S. Supreme Court, 1960), S. 64.

[197] *Sony v. Does*, 326 F. Supp. 2d 556 (U.S. District Court, S.D. New York, 2004), S. 5; *Doe v. 2TheMart.com Inc.*, 140 F. Supp. 2d 1088 (U.S. District Court for the Western District of Washington, 2001), S. 1092 mit Verweis auf *Columbia Ins. Co. v. Seescandy.Com*, 185 F.R.D. 573 (N.D.Cal., 1999), S. 578 ("The right to speak anonymously extends to speech via the Internet. Internet anonymity facilitates the rich, diverse, and far ranging exchange of ideas. The "ability to speak one's mind" on the Internet "without the burden of the other party knowing all the facts about one's identity can foster open communication and robust debate"); *Recording Industry Ass'n v. Verizon Internet Servs.*, 240 F. Supp. 2d 24 (U.S. District Court, District of Columbia, 2003), S. 43; *In re Subpoena Duces Tecum to America Online, Inc.*, 52 Va. Cir. 26 (Circ. Court, Fairfax County, Virginia, 2000), S. 34; Vgl. auch *Spencer*, 3 Va. J.L. & Tech 1 (1998), 5.

[198] *Brugger*, Grundrechte und Verfassungsgerichtsbarkeit in den Vereinigten Staaten von Amerika, S. 234.

[199] *Brugger*, Einführung in das öffentliche Recht der USA, S. 178.

[200] *Monroe v. State Court*, 739 F.2d 568 (U.S. Court of Appeals, 11th Circuit, 1984), S. 572; Hierzu auch *Brugger*, Einführung in das öffentliche Recht der USA, S. 178.

[201] *Chemerinsky*, Constitutional Law, S. 868f.; *Burnham*, Introduction to the Legal System of the United States, S. 365; *Rossum/Tarr*, American Constitutional Law, S. 128; *Spence v. Washington*, 418 U.S. 405 (U.S. Supreme Court, 1974), S. 410f.; *University of Utah Students against Apartheid v. Peterson*, 649 F. Supp. 1200 (U.S. District Court, District of Utah, 1986) S. 1204.

eine „Äußerung" darstellen kann.[202] Allerdings komme dieser Äußerung nur ein reduzierter Schutz unter dem 1. Zusatzartikel zu, da es sich nicht um den Kern des Schutzbereichs dieser Grundrechtsnorm handele.[203] Fraglich ist vor diesem Hintergrund, ob auch das Websurfern, das eine Auswahl bestimmter Webseiten und der auf diesen angebotenen Informationen, Produkten oder Dienstleistungen bewirkt, eine Äußerung in dem Sinne des 1. Zusatzartikels ist. Zu beachten ist hierbei aber, dass die besuchten Webseiten nicht automatisch eine Vorliebe des Websurfers für die dort gebotenen Informationen oder Dienste bzw. Produkte wiederspiegeln. So können auch Webseiten aus Recherchegründen aufgesucht werden, obwohl der Websurfer nicht die auf der Seite dargestellte Ansicht vertritt bzw. an den angebotenen Diensten oder Produkten Kaufinteresse hat. Somit wird, anders als bei der Auswahl von bestimmten Musikstücken zum Herunterladen, durch das Websurfen weder eine Botschaft bezweckt noch wird diese als solche empfangen. Aus diesem Grunde ist eine „Äußerung" im Sinne des 1. Zusatzartikels zu verneinen.[204]

Der U.S. Supreme Court hat jedoch bestätigt, dass das Aufnehmen von Informationen, „the freedom to read and to think" als Kehrseite des Rechts auf freie Rede, ebenfalls von den Rechten des 1. Zusatzartikels umfasst ist.[205] Das Recht auf Anonymität soll auch für dieses Recht auf ungestörte intellektuelle Aufnahme von Information gelten.[206] In *Stanley v. Georgia* (1969) hat der U.S. Supreme Court in diesem Zusammenhang festgestellt, dass der Einzelne nicht durch staatliche Überwachung daran gehindert werden dürfe, frei zu entscheiden, welche Bücher er liest oder welche Filme er schaut. Als verfassungswidrig wurde z.

---

[202] *Sony v. Does*, 326 F. Supp. 2d 556 (U.S. District Court, S.D. New York, 2004), S. 564 ("Arguably, however, a file sharer is making a statement by downloading and making available to others copyrighted music without charge and without license to do so. Alternatively, the file sharer may be expressing himself or herself through the music selected and made available to others.").

[203] *Sony v. Does*, 326 F. Supp. 2d 556 (U.S. District Court, S.D. New York, 2004), S. 564 ("I conclude that this conduct qualifies as speech, but only to a degree. In contrast to many cases involving First Amendment rights on the Internet, a person who engages in P2P file sharing is not engaging in true expression.").

[204] Vgl. auch *Crump*, 56 Stan. L. Rev. 191 (2003), S. 223.

[205] *Board of Education v. Pico*, 457 U.S. 853 (U.S. Supreme Court, 1982), S. 867 mit Verweis auf *Stanley v. Georgia*, 394 U.S. 557 (U.S. Supreme Court, 1969), S. 867; *Griswold v. Connecticut*, 381 U.S. 479 (U.S. Supreme Court, 1965), S. 482 ("The right of freedom of speech and press includes not only the right to utter or to print, but the right to distribute, the right to receive, the right to read (...) and freedom of inquiry, freedom of thought, and freedom to teach..."); Vgl. auch *Dendrite International v. Doe*, 775 A.2d 756 (Superior Court of N.J., App. Div., 2001), S. 765 ("It is well-established that rights afforded by the First Amendment remain protected even when engaged in anonymously."); *Crump*, 56 Stan. L. Rev. 191 (2003), S. 222; *Cohen*, 28 Conn. L. Rev. 981 (1996), S. 1008.

[206] *Sweezy v. New Hampshire*, 354 U.S. 234 (U.S. Supreme Court, 1957); *Lamont v. Postmaster General*, 381 U.S. 301 (U.S. Supreme Court, 1965), S. 307; *Crump*, 56 Stan. L. Rev. 191, S. 222; Siehe hierzu auch *EPIC*, Amici Brief, Case No. CV 01-09358 FMC, S. 7ff., einsehbar unter http://www.epic.org/privacy/replaytv/amici_brief_eick_order.pdf.

Bsp. die Verpflichtung zu einer Registrierung vor dem Zugang zu sexuell orientierten Kabelfernsehprogrammen angesehen, da hierdurch solche Zuschauer, die sich um ihren Ruf sorgen, in ihrer freien Wahl eingeschränkt seien.[207] Eine höchstrichterliche Entscheidung zu der Frage, ob das Internet in der Zukunft als „modern era's book list" angesehen wird und somit ein Recht auf Anonymität auch für das Websurfen als intellektuelle Aufnahme von Information begründet ist, liegt bislang nicht vor. Gegen eine Anwendung auf das Internet könnte sprechen, dass einige der zu dem Recht auf Anonymität aus dem 1. Zusatzartikel ergangenen Entscheidungen auf die „intellectual and emotional needs in the privacy of his own home" abstellen.[208] Da ein solch abgegrenzter Privatbereich beim Websurfen nicht betroffen ist, würde ein Recht des Websurfers auf Anonymität ausscheiden. Allerdings lassen die genannten Entscheidungen auch Raum für eine weitere Anwendung.[209] So wird zwar auf die Privatheit des Zuhauses oder abgegrenzten sonstigen Privatbereichs abgestellt, aber auch ausdrücklich festgestellt, dass die „Bibliothek" des Einzelnen grundsätzlich nicht dem Staat zugänglich sein soll. Auch der Colorado Supreme Court hat in der Entscheidung *Tattered Cover, Inc. v. City of Thornton* (2002) festgestellt, dass das Recht auf Anonymität besondere Wichtigkeit hat für Leser und deren Kaufaktivitäten. Die Angst davor, unpopuläre Quellen zu lesen, stelle eine besondere Gefahr für die Rechte des 1. Zusatzartikels dar.[210] Obwohl diese Entscheidung sich auf Buchläden bezog, darf es keine Bedeutung haben, welche Form die „Bibliothek" des Einzelnen hat. So hat auch der U.S. Supreme Court herausgestellt, dass das Internet als Medium zur Kommunikation, von besonderer Bedeutung ist.[211] Die offene Natur des Internets ist für die Äußerungsfreiheit entscheidend, da sie jedem Bürger, der lediglich mit einer Telefonleitung oder einem Zugang zu einer öffentlichen Bibliothek mit Internetzugang ausgestattet sein muss, ein Medium zur Äußerung eröffnet.[212] Hinzu kommt, dass das Internet

---

[207] *Stanley v. Georgia*, 394 U.S. 557 (U.S. Supreme Court, 1969), S. 567f.; *U. S. v. Playboy Entm't Group, Inc.*, 529 U.S. 803 (U.S. Supreme Court, 2000), S. 817; *Denver Area Educational Television Consortium v. FCC*, 518 U.S. 727 (U.S. Supreme Court, 1996), S. 754.

[208] Vgl. z. Bsp. *Stanley v. Georgia*, 394 U.S. 557 (U.S. Supreme Court, 1969), S. 565; *U.S. v. Dellapia*, 433 F.2d 1252 (U.S. Court of Appeals, 1970), S. 1258; *National Organization for Reform of Marijuana Laws v. Bell*, 488 F. Supp. 123 (U.S. District Court, 1980), S. 131; *Frisby v. Schultz*, 487 U.S. 474 (U.S. Supreme Court, 1988), S. 484; *U. S. v. Orito*, 413 U.S. 139 (U.S. Supreme Court, 1973), S. 141f.

[209] *Cohen*, 28 Conn. L. Rev. 981 (1996), S. 1008f.

[210] *Tattered Cover, Inc. v. City of Thornton*, 44 P.3d 1044 (Supreme Court of Colorado, 2002), S. 1053 ("The need to protect anonymity in the context of the First Amendment has particular applicability to book-buying activity. ... ‚governmental inquiry and intrusion into the reading choices of bookstore customers will almost certainly chill their constitutionally protected rights ...").

[211] *Reno v. ACLU*, 521 U.S. 844 (U.S. Supreme Court, 1997), S. 850f.

[212] *Reno v. ACLU*, 521 U.S. 844 (U.S. Supreme Court, 1997), S. 896f.; *McIntyre v. Ohio Elections*, 514 U.S. 334 (U.S. Supreme Court, 1995), S. 342; *Doe v. Ashcroft*, 2004 WL 2185571 (U.S. District Court, S.D. New York, 2004), S. 29.

aufgrund seiner Natur auch die Rede und Aufnahme von „Äußerungen“ ohne unmittelbare Preisgabe der eigenen Identität besonders einfach macht.[213] Aus diesem Grunde wird zu Recht auch in der Literatur gefordert, dass das Recht auf Anonymität auch für die Aufnahme von Information als logische Kehrseite der Äußerungsfreiheit für das Internet gewährleistet sein muss.[214] Denn es kann keinen Unterschied machen, welches Medium zur Aufnahme von Information genutzt wird. In diesem Sinne hat auch der U.S. Supreme Court in der Entscheidung *Superior Films, Inc. v. Department of Education* (1954) festgestellt, dass der 1. Zusatzartikel zwischen den verschiedenen Methoden der Kommunikation keinen Unterschied macht.[215] Auch der Superior Court of New Jersey hat in der Entscheidung *Dendrite International v. Doe* (2001) in diesem Zusammenhang bestätigt, dass Personen in dem Medium Internet Informationen ohne Angst vor Blamage erlangen könnten und aus diesem Grunde ein Recht auf Anonymität bestehe.[216] Hieraus ist zu schließen, dass das Recht auf Anonymität auch auch die Informationserlangung Anwendung findet. Trotz fehlender höchstrichterlicher Entscheidung ist somit der Schluss gerechtfertigt, dass ein Recht auf Anonymität für die Aufnahme von Informationen in Form des Websurfens durch den 1. Zusatzartikel besteht.[217]

b. Eingriff durch den staatlichen Einsatz von Cookies und Web Bugs

Für die Fragestellung dieser Arbeit ist weiter von Bedeutung, ob der staatliche Einsatz von Cookies und Web Bugs einen Eingriff in dieses Recht bedeutet. Soweit diese Mittel dazu genutzt werden, bestimmte Bewegungen im WWW einem bestimmten Websurfer zuzuordnen, wird der Betroffene in seinem Recht auf Anonymität beeinträchtigt. Zu beachten ist zwar, dass der Einsatz von Cookies und Web Bugs grundsätzlich nur den Computer des Betroffenen bezeichnet, nicht aber die Identität des Betroffenen selbst. Allerdings wird durch Kombination verschiedener verfügbarer Daten eine Identifizierung des Betroffenen möglich. Auch der Einsatz von Cookies und Web Bugs durch staatliche Stellen muss somit einen Eingriff in das Recht auf Anonymität darstellen, wenn hierdurch eine Identifizierung des Websurfers erfolgt. Dieses Recht schützt jedoch ausschließlich vor dem Zusammenführen von Identität des Betroffenen und konkretem Websurfen. Die Ausführungen der Bundesgerichte haben zwar ge-

---

213 *Smith Ekstrand*, 8 Comm. L. & Pol'y 405 (2003), S. 407f.; *Smith*, 18 Fall-Comm. Law. 3 (2000), S. 4.

214 So z. Bsp. *Crump*, 56 Stan. L. Rev. 191 (2003), S. 217.

215 346 U.S. 587 (U.S. Supreme Court, 1954), S. 589 („But the First Amendment draws no distinction between the various methods of communicating ideas.").

216 *Dendrite International v. Doe*, 775 A.2d 756 (Superior Court of N.J., App. Div., 2001), S. 767 („Furthermore, it permits persons to obtain information ... without fear of embarrassment. People who have committed no wrong should be able to participate online without fear that someone who wishes to harass or embarrass them can file a frivolous lawsuit and thereby gain the power of the court's order to discover their identity").

217 *Cohen*, 28 Conn. L. Rev. 981 (1996), S. 1015; *Crump*, 56 Stan. L. Rev. 191 (2003), S. 224ff.

zeigt, dass auch die bloße Gefährdungssituation einen Eingriff in dieses Recht darstellt, so dass der Einsatz von Cookies und Web Bugs auch dann einen Eingriff bedeuten wird, wenn (noch) keine Identifizierung des Websurfers stattgefunden hat.[218] Der rein negatorischen Funktion der Grundrechte entsprechend wird aber kein weitergehendes Recht auf informationelle Selbstbestimmung begründet, das mit bestimmten Ge- und Verboten auch für den weiteren Umgang mit den Daten einherginge, wenn diese bereits der Person zugeordnet sind.[219]

c. Die Rechtfertigung des Eingriffs in das Recht auf Anonymität im WWW

Das Recht auf Anonymität aus dem 1. Zusatzartikel wird nicht schrankenlos gewährt.[220] Der U.S. Supreme Court wendet bei Eingriffen, die die „Rede" inhaltlich betreffen oder einen der Rede vorausgehenden Eingriff darstellen, regelmäßig den sogenannten „strict scrutiny"-Test an, wonach ein zwingendes staatliches Interesse („compelling state interest") an der staatlichen Maßnahme bestehen muss.[221] Für weniger einschneidende Eingriffe wird ein weniger strenger Maßstab angewendet, der lediglich einen wichtigen staatlichen Grund voraussetzt.[222] Ein Gesetzesvorbehalt besteht nicht. Für einen Eingriff in das Recht auf Anonymität im Internet wird teilweise davon ausgegangen, dass es sich hier um einen inhaltlichen („content-based") Eingriff handelt, der den „strict-scrutiny"-Test nach sich zieht.[223] Hiernach wäre ein zwingendes staatliches Interesse zur Rechtfertigung des Einsatzes von Cookies oder Web Bugs zu fordern.[224] Der Einsatz müsste bei Abwägung der widerstreitenden Interessen die einzig mögliche und am wenigsten einschneidende Maßnahme zur Erreichung des erzielten Zwecks darstellen.[225] Allerdings wird in einigen Entscheidungen

---

[218] Vgl. z. Bsp. *Dendrite International v. Doe*, 775 A.2d 756 (Superior Court of N.J., App. Div., 2001), S. 767.

[219] Vgl. zu der Reduktion der Grundrechte auf eine negatorische Funktion als Abwehrrechte auch Seite 89f. dieser Arbeit.

[220] *Doe v. Ashcroft*, 2004 WL 2185571 (U.S. District Court, S. D. New York, 2004), S. 29; *Cohen*, 28 Conn. L. Rev. 981 (1996), S. 1015.

[221] Siehe z. Bsp. *Burson v. Freeman*, 504 U.S. 191 (U.S. Supreme Court, 1992), S. 197f.

[222] Dieser wird auch als „intermediate scrutiny"-Test bezeichnet; Vgl. *Brugger*, Einführung in das öffentliche Recht der USA, S. 102f.; *Doe v. Ashcroft*, 2004 WL 2185571 (U.S. District Court, S.D. New York, 2004), S. 30.

[223] Siehe z. Bsp. *American KKK v. City of Goshen*, 50 F. Supp. 2d 835 (U.S. District Court, N.D. Indiana, 1999), S. 842 ("By prohibiting anonymity, it is a direct regulation of the content of speech or expression.") mit Verweis auf *McIntyre v. Ohio*, 514 U.S. 334 (U.S. Supreme Court, 1995), S. 347; ACLU v. Miller, 977 F. Supp. 1228 (U.S. District Court, N. D. Georgia, 1997), S. 1232 ("the statute's prohibition of internet transmissions which "falsely identify" the sender constitutes a presumptively invalid content-based restriction."); Zum Teil wird auch von "exacting scrutiny" gesprochen, siehe *In re Verizon*, 257 F. Supp. 2d 244 (U.S. District Court, District of Columbia, 2003), S. 260.

[224] Vgl. *McIntyre v. Ohio*, 514 U.S. 334 (U.S. Supreme Court, 1995), S. 347; *Doe v. Ashcroft*, 334 F. Supp. 2d 471 (U.S. District Court, S.D. New York, 2004), S. 513; *Branzburg v. Hayes*, 408 U.S. 665 (U.S. Supreme Court, 1971), S. 743.

[225] *Crump*, 56 Stan. L. Rev. 191 (2003), S. 226.

der Bundesgerichte zwischen den verschiedenen Arten von „Äußerungen" unterschieden. Der „strict scrutiny"-Test solle nur für die sogenannte „core First Amendment expression" wie z. Bsp. die politische Rede anwendbar sein und im Übrigen ein weniger strenger Prüfungsmaßstab gelten.[226] Das Recht auf Anonymität sei kein „core First Amendment" Recht, so dass es für die Rechtfertigung eines Eingriffs ausreiche, dass keine sonstigen Mittel zur Erlangung der Informationen zur Verfügung stehen und ein „zentrales Bedürfnis" an den Informationen für den Anspruch besteht.[227] Für die Zulässigkeit des staatlichen Einsatzes von Cookies und Web Bugs ist selbst bei Zugrundelegung des weniger strengen Prüfungsmaßstabs festzuhalten, dass die das Websurfen betreffenden Daten grundsätzlich auch auf anderem Wege, beispielsweise durch Umfragen unter den Internetnutzern, erhältlich sind. Somit scheitert eine Rechtfertigung des staatlichen Einsatzes von Cookies und Web Bugs ohne weitere rechtfertigende Umstände auch bei diesem Prüfungsansatz.[228] Die Beurteilung des konkreten Sachverhalt obliegt jedoch der Entscheidung im Einzelfall.

4. Die Bedeutung der Grundrechte für den Einsatz von Cookies und Web Bugs durch Private

a. *Die Drittwirkung der Grundrechte*

Die Grundrechte stellen im Sinne des traditionellen U.S.-amerikanischen Verständnisses subjektive Abwehrrechte dar und schützen den Betroffenen somit nur gegen „staatliches Handeln" („state action")[229], worunter sämtliche legislative, exekutive oder judikative Maßnahmen von nationalen und gliedstaatlichen Organen fallen.[230] Privates Handeln wird nach dieser „state action doctrine" als staatliches Handeln an den Grundrechten gemessen, wenn sich der Staat eine private Verletzungshandlung zurechnen lassen muss und diese Verletzungshandlung somit eine „state action" darstellt.[231] Obwohl die Zurechnungskriterien im Laufe der Jahre enger geworden sind, wurden die Fallkonstellationen, in denen die der U.S. Supreme Court eine Zurechnung zulässt, weitgehend beibehal-

---

[226] *Sony v. Does*, 326 F. Supp. 2d 556 (U.S. District Court, S.D. New York, 2004), S. 564; *In re: Verizon Internet Services, Inc.*, 257 F. Supp. 2d 244 (U.S. District Court, 2003), S. 259f.

[227] *Elektra Entertainment v. Does*, 2004 WL 2095581 (2004), S. 3f.; *Sony v. Does*, 326 F. Supp. 2d 556 (U.S. District Court, S.D. New York, 2004), S. 562 ("Anonymous speech, like speech from identifiable sources, does not have absolute protection.").

[228] Vorstellbar ist der Einsatz der Cookies oder Web Bugs zur Verbrechensverfolgung; Dieser Zweck könnte im Einzelfall eine Rechtfertigung des Einsatzes begründen, was jedoch nicht Gegenstand dieser Arbeit ist; A.A. ist *Crump*, die eine staatliche, flächendeckende Datenerhebung auch aus Gründen der Verbrechensbekämpfung als verfassungswidrig einstuft, 56 Stan. L. Rev. 191 (2003), S. 226.

[229] *Pittsley v. Warish*, 927 F.2d 3 (U.S. Court of Appeals, 1st Circuit, 1991), S. 6; *Miami Herald Pub. Co. v. Ferre*, 636 F. Supp. 970 (U.S. District Court, 1985), S. 976.

[230] Vgl. *Brugger*, Einführung in das öffentliche Recht der USA, S. 96.

[231] *Chemerinsky*, Constitutional Law, S. 385ff.; *Giegerich*, Privatwirkung der Grundrechte in den USA, S. 455.

ten.[232] Eine „state action" wird nach der Doktrin dann bejaht, wenn eine Maßnahme durch den Staat erzwungen wurde[233], wenn der Private eine traditionell und exklusiv staatliche Funktion ausgeübt hat[234] oder wenn staatliche Organe mit dem Privaten zusammengewirkt haben[235]. Eine Drittwirkung der Grundrechte im Sinne einer Wirkung über das Verhältnis des Einzelnen zum Staat hinaus auch zwischen Privaten für nichtstaatliches Handeln wird nicht anerkannt.[236]

An diesem Grundsatz hält die Rechtsprechung bis heute fest.[237] Dies entspricht dem liberalstaatlichen Ansatz des U.S.-amerikanischen Verfassungsrechts im Sinne einer möglichst großen Zurückhaltung des Staates vor dem Bereich der Privatwirtschaft. In der Rechtsprechung wird zwar vereinzelt die objektive Funktion einzelner Grundrechte wie beispielsweise der Kommunikationsgrundrechte des 1. Zusatzartikels betont, ohne hieraus aber eine Drittwirkung abzuleiten.[238] Vielmehr soll auch das Recht auf Anonymität aus dem 1. Zusatzartikel nur gegen staatliche Eingriffe schützen.[239] In der Literatur wird vereinzelt gefordert, dass die U.S.-amerikanische Verfassung Drittwirkung entfalten müsse.[240] Diese Forderung hat jedoch bislang keinen Eingang in die höchstrichterliche Rechtsprechung der Vereinigten Staaten gefunden.[241] Aus diesem Grunde hat auch das Recht auf Anonymität des Websurfers für den Einsatz von Cookies und Web Bugs durch Private keine Bedeutung.

---

[232] *Cate*, Privacy in the Information Age, S. 50f.

[233] *Peterson v. City of Greenville*, 373 U.S. 244 (U.S. Supreme Court, 1963), S. 248.

[234] *Rendell-Baker v. Kohn*, 457 U.S. 830 (U.S. Supreme Court, 1982), S. 842; *Jackson v. Metropolitan Edison Co.*, 419 U.S. 345 (U.S. Supreme Court, 1954), S. 351.

[235] *Lugar v. Edmondson Oil Co., Inc.*, 457 U.S. 922 (U.S. Supreme Court, 1982), S. 942.

[236] Siehe hierzu *Johnson*, in: *Grabitz*, Grundrechte in Europa und USA, S. 937; *Burnham*, Introduction to the Law and Legal System of the United States, S. 285, Fn. 44; *Brugger*, Einführung in das öffentliche Recht der USA, S. 95; *Cate*, Privacy in the Information Age, S. 50; *Cody*, 48 Cath. U.L. Rev. 1183 (1999), S. 1194, Fn. 44; *Kang*, 50 Stan. L. Rev. 1193 (1998), S. 1230f.; Nur der 13. Zusatzartikel, der Sklaverei und unfreiwillige Dienstschaft verbietet, entfaltet bereits nach dem Wortlaut der Vorschrift unmittelbare Drittwirkung, weil Sklaverei und unfreiwillige Dienstschaft nicht „existieren" soll.

[237] *Rendell-Baker v. Kohn*, 457 U.S. 830 (U.S. Supreme Court, 1982), S. 838; *Ve- Ri- Tas, Inc. v. Advertising Review Council of Metropolitan Denver, Inc.*, 411 F. Supp. 1012 (District Court, District of Colorado, 1976), 1016, affirmed 567 F.2d 963, cert. denied, 98 S. Ct. 2238, 436 U.S.906 (U.S. Supreme Court, 1976); *Adams v. Vandemark*, 855 F.2d 312 (U.S. Court of Appeals, 6th Circuit, 1988), S. 314; Hierzu auch *Bußmann*, Verfassungsrecht der elektronischen Medien, S. 199ff.

[238] *Brugger*, Einführung in das öffentliche Recht der USA, S. 159f.; *Giegerich*, Privatwirkung der Grundrechte in den USA, S. 43f.; *Currie*, Die Verfassung der Vereinigten Staaten von Amerika, S. 36.

[239] *Branscomb*, 104 Yale L.J. 1639 (1995), S. 1641; *Smith*, 18 Comm. Law. 3 (2000), 9; *Reidenberg*, 44 Fed. Comm. L.J. 195 (1992), S. 208, Fn. 60 ; *Askin*, 29 Rutgers L.J. 947 (1998), S. 951.

[240] So beispielsweise *Cope*, 5 Fla. St. U. L. Rev. (1977), S. 631ff.; *Miller*, 67 Mich. L. Rev. (1969), S. 1162; Vgl. auch *Nowak/Rotunda*, Const. Law, § 12.5, S. 508

[241] *Brugger*, Einführung in das öffentliche Recht der USA, S. 100.

b. Die Schutzpflichten des Staates

In der Entscheidung Whalen v. Roe (1977) wird zwar angedeutet, dass die Verfassung den Gesetzgeber grundsätzlich zu regulativen Schritten verpflichten kann.[242] Ein solcher Ansatz würde auch Forderungen in der Literatur entsprechen, die die Grundrechte nicht mehr ausschließlich als subjektive Abwehrrechte verstehen.[243] Die Grundrechte sollen hiernach auch objektive „Werte" enthalten, für deren Verwirklichung der Staat eine aktive Rolle einnimmt. Vertreter dieser Auffassung gehen jedoch meist nicht so weit, durch diese objektive Komponente der Grundrechte auch Schutzpflichten des Staates zu begründen. Vielmehr soll die objektive Funktion der Grundrechte meist nur dazu dienen, bestimmte staatliche Eingriffe in Grundrechte zu rechtfertigen. Die objektive Komponente soll „bevorzugte" Handlungsoptionen des Staates begründen, was aber keine staatliche Pflicht zu dieser Handlungsoption nach sich zieht.[244]

Teilweise wird zwar vertreten, dass die Gewährleistung eines Grundrechts durch die Bundesverfassung auch ein Verbot des Staates nach sich zieht, ein Rechtssystem aufrechtzuerhalten, in dem ein dieses Recht verletzendes Verhalten geduldet wird. Durch das staatliche Unterlassen sei der Staat zum Schutz des Betroffenen verpflichtet.[245] Diese Theorie erinnert an die im deutschen Verfassungsrecht vertretene Zurechnungstheorie und ist abzulehnen.[246] Sie vernachlässigt den grundlegenden Unterschied zwischen Unterlassen und positivem staatlichen Handeln. Denn ein Eingriff kann aus dem Nichtstun des Staates nur dann abgeleitet werden, wenn überhaupt eine staatliche Handlungspflicht besteht.[247] Die dargelegte Ansicht versäumt aber, eine solche Pflicht zu begründen, und legt sie unbeachtet zugrunde. Eine objektive Funktion der Grundrechte, die auch auf den privaten Bereich durch entsprechende Schutzpflichten des Staates ausstrahlt, ist zwar grundsätzlich wünschenswert. Dies gilt insbesondere für das WWW, in dem die durch Private und öffentliche Stellen geschaffenen Gefähr-

---

[242] *Whalen v. Roe*, 429 U.S. 589 (U.S. Supreme Court, 1977), S. 605 („„The right to collect and use such data for public purposes is typically accompanied by a concomitant statutory or regulatory duty to avoid unwarranted disclosures. Recognizing that in some circumstances that duty arguably has its roots in the Constitution..."); Siehe auch *U.S. Dep. of Justice v. Reporters Committee*, 489 U.S. 749 (U.S. Supreme Court, 1989), S. 770.

[243] Siehe hierzu *Determann*, Kommunikationsfreiheit im Internet, S. 299; *Bußmann*, Verfassungsrecht der elektronischen Medien, S. 200.

[244] Vgl. *Bußmann*, Verfassungsrecht der elektronischen Medien, S. 201 mit Verweis auf *Fiss*, The Irony of Free Speech, S. 48.

[245] Vgl. *Nowak/Rotunda*, Const. Law, § 12.5, S. 508 ("If the right is guaranteed by the Amendment the state is not pemitted to maintain a legal system which legitimates or tolerates the challenged practice. The Amendments's granting of the right directly to individuals would place the state under a duty to protect its existence, and its failure to do so would constitute a deprivation of the right by an 'act' of omission.").

[246] Vgl. Seite 183ff. dieser Arbeit.

[247] So auch *Langner*, Die Problematik der Geltung der Grundrechte zwischen Privaten, S. 86.

dungslagen vergleichbar sind. Die Argumentation der letztgenannten Ansicht vermag aber zur Begründung einer solchen Schutzpflicht nicht zu genügen.

Die Rechtsprechung des U.S. Supreme Courts hat trotz der anderslautenden Ansätze in Whalen v. Roe (1977) eine über die Abwehrfunktion hinausgehende objektiv-rechtliche Funktion, die grundrechtliche Schutzpflichten des Staates begründen könnte, nicht anerkannt, sondern im Gegenteil den rein negatorischen Ansatz beibehalten. Die Grundrechte sind beschränkt auf die Rolle von sogenannten „negativen Rechten", die keine Verpflichtung zum Tun, sondern lediglich zum Unterlassen beinhalten.[248] Dies bedeutet, dass keine staatliche Verpflichtung z. Bsp. zum Erlass von Schutzvorschriften für den Einsatz von Cookies und Web Bugs durch Private besteht.

5. Zusammenfassung

Die *UN-Richtlinien zum Datenschutz* und die *OECD-Richtlinien*, die bestimmte Datenschutzgrundsätze für ihre Mitgliedstaaten aufstellen, haben trotz Mitgliedschaft der Vereinigten Staaten in der UN und der OECD nicht bewirkt, dass die in den Richtlinien enthaltenen Datenschutzgrundsätze in das nationale Recht der Vereinigten Staaten umgesetzt wurden. Auch das *Safe Harbor-Abkommen*, welches zur Vermeidung eines aus der Europarichtlinie resultierenden Handelshemmnisses zwischen der EU und den Vereinigten Staaten vereinbart wurde, hat allenfalls Einfluss auf Selbstregulierungsmaßnahmen der U.S.-Unternehmen, jedoch nicht auf das nationale Datenschutzrecht der Vereinigten Staaten.

Die Bundesverfassung der Vereinigten Staaten enthält nicht ausdrücklich ein Recht auf Datenschutz in ihrer *Bill of Rights*, welches einem Einsatz von Cookies und Web Bugs im WWW entgegenstehen könnte. Der U.S. Supreme Court hat ein Recht auf Datenschutz aber als Ausprägung des *Rechts auf Privatsphäre* aus verschiedenen Zusatzartikeln der Bill of Rights abgeleitet. Ein Schutz des Websurfers gegen den Einsatz von Cookies und Web Bugs scheitert jedoch nach dem „reasonable expectation"-Test bereits mangels „vernünftiger Erwartung von Privatsphäre" sowie mangels Sensibilität der betroffenen Daten. Ein Recht auf Datenschutz für den Websurfer wird zwar auf der Grundlage des 1. Zusatzartikels durch das Recht auf Anonymität begründet. Der staatliche Einsatz von Cookies und Web Bugs stellt einen Eingriff dar, deren Rechtfertigung unter Berücksichtigung der Erforderlichkeit des Eingriffs zumindest eines „zentralen" staatlichen Interesses bedarf. Eine weitergehende Pflicht des Anbieters zum Umgang mit den Daten des Websrufers wird hierdurch aber nicht begründet. Eine *Drittwirkung* des Rechts auf Anonymität für den Einsatz von Cookies und

[248] *Cate*, Privacy in the Information Age, S. 51; *Schwartz/Reidenberg*, Data Privacy Law, S. 31 m.w.N.; *Determann*, Kommunikationsfreiheit im Internet, S. 471; *Currie*, AöR 111 (1986), S. 230f., 248f.

Web Bugs durch Private wird nicht anerkannt, ebenso wenig eine *grundrechtliche Schutzpflicht* des Staates für das Rechtsverhältnis zwischen Privaten.

6. Stellungnahme

Die vorangehenden Ausführungen haben einen aus verschiedenen Gründen defizitären grundrechtlichen Datenschutz des Websurfers aufgezeigt. Positiv ist zu bewerten, dass nach der bisherigen Rechtsprechung ein Recht auf Anonymität besteht, das auch ein Recht auf Anonymität des Websurfers vermuten lässt. Für die Realitäten des WWW greift ein solches Recht jedoch zu kurz. Es bewirkt ein Gebot, solche Maßnahmen zu unterlassen, die mit einer Identifizierung des Betroffenen einhergehen können, was auch für den Einsatz von Cookies und Web Bugs zutrifft. Ein Recht auf Anonymität geht jedoch an den Wirklichkeiten des WWW vorbei, in dem die Verarbeitung von personenbezogenen Daten häufig den Normalfall darstellt und für die Inanspruchnahme einer Vielzahl von Diensten im WWW zwingend erforderlich ist.

Weiterhin wird dieses Recht auch nur als Abwehrrecht eingeräumt, so dass Pflichten des Staates neben der bloßen Pflicht zum Unterlassen auch für das Vorfeld der Identifizierung des Websurfers nicht begründet werden. Auch die ausschließliche Geltung des Grundrechts im Verhältnis des Websurfers gegenüber dem Staat entspricht nicht der durch die neuen technologischen Mittel auch im Verhältnis zwischen Privaten bestehenden Gefährdungslage. Somit bleibt vor diesem Hintergrund nur der Blick zu den außerhalb der Bundesverfassung bestehenden Rechtsquellen, die im Folgenden erörtert werden.

II. Die Gliedstaatenverfassungen

1. Das Verhältnis zur Bundesverfassung

Die Grundrechte der U.S.-amerikanischen Bundesverfassung beschränken die drei Gewalten Exekutive, Legislative und Judikative. Sie waren nach der Rechtsprechung des U.S. Supreme Courts zunächst nur für die Zentralgewalt und nicht für die Gliedstaaten verbindlich.[249] Das Bestreben der Südstaaten, die Sklaverei auf das gesamte Bundesgebiet auszuweiten, hatte die siegreichen Nordstaaten jedoch nach Ende des Bürgerkrieges im Jahre 1865 davon überzeugt, dass ein einheitlicher Menschenrechtsstandard durch zusätzliche Bindung der Gliedstaaten erforderlich war.[250] Folge war zunächst die Verabschiedung des 13., 14. und 15. Zusatzartikels, der sogenannten Bürgerkriegs-Zusatzartikel. Die „due-Process“-Klausel des 14. Zusatzartikel ermöglichte eine Neuorientierung in der Frage der generellen Bindung der Gliedstaaten an die Bundesverfas-

---

[249] *Barron v. Baltimore*, 32 U.S. 243 (U.S. Supreme Court, 1833), S. 250f.
[250] *Dörr*, Faires Verfahren, S. 10.

sung.[251] Sie bot Anlass für die sogenannte „Inkorporationsdebatte“[252], die sich um die Frage drehte, ob und inwieweit die Bill of Rights und die darüber hinausgehenden „grundlegenden“ Interessen wie z. Bsp. das Recht auf Privatsphäre auch die Gliedstaaten binden sollten. Die Mehrheit der Richter sprach sich für eine selektive Inkorporation aus. War das jeweils in Frage stehende Recht „of the very essence of a scheme of ordered liberty“[253] und entsprach es den „canons of decency and fairness“[254], sollten die Gliedstaaten an das Recht gebunden sein.[255] Hiervon sind heute nahezu alle Grundrechte der Bill of Rights sowie die von dem U.S. Supreme Court bestätigten grundrechtsgleichen Rechte betroffen.[256]

Die U.S.-Bundesverfassung stellt somit im Hinblick auf Grundrechte und grundrechtsgleiche Rechte eine Mindestvorgabe für die Legislative, Exekutive und Judikative der Gliedstaaten dar. Dies wird auch durch die „supremacy clause“ des Art. VI. der U.S.-Bundesverfassung bestätigt, wonach das Bundesrecht als „Supreme Law of the Land“ insgesamt dem Gliedstaatenrecht vorgeht.[257] Gliedstaatenrecht ist also nichtig, soweit es Bundesrecht verletzt. Verfassungsbe-

---

[251] Zunächst wurde hierfür die sogenannte „priviliges and immunities“- Klausel des 14. Zusatzartikels herangezogen: „No State shall make or enforce any law which shall abridge the privileges or immunities of citizens of the United States ...“, siehe 14. Zusatzartikel, Abs. 1 S. 2, 1. Hs.; Allerdings wurde eine weite Auslegung der “privileges or immunities of citizens”, welche eine Bindung der Gliedstaaten an sämtliche Grundrechtsvorschriften der Bundesverfassung zuließe, von dem U.S. Supreme Court in den *Slaughter-House-Fällen* (1873) abgelehnt; 83 U.S. 36 (1873); Siehe hierzu auch *Currie*, Die Verfassung der Vereinigten Staaten von Amerika, S. 42; *Tribe*, American Constitutional Law, S. 1303; Siehe zu der Geschichte der „due process“-Klauseln umfassend *Dörr*, Faires Verfahren, S. 5ff.

[252] *Brugger*, Einführung in das öffentliche Recht der USA, S. 104.

[253] *Palko v. Connecticut*, 302 U.S. 319 (U.S. Supreme Court, 1937), S. 325.

[254] *Adamson v. California*, 332 U.S. 46 (U.S. Supreme Court, 1947), S. 67.

[255] Siehe hierzu *Brugger*, Einführung in das öffentliche Recht der USA, S. 105; *Meyer v. Nebraska*, 262 U.S. 390 (U.S. Supreme Court, 1923), S. 399; Eine Minderheit der Richter des U.S. Supreme Courts vertrat die Doktrin der totalen Inkorporation, wonach alle Grundrechte der Bill of Rights, allerdings aber auch nur diese, für die Gliedstaaten verbindlich sein sollten; Vgl. hierzu *Adamson v. California*, 332 U.S. 46 (U.S. Supreme Court, 1947), S. 68ff. (Black, J., dissenting).

[256] *Pacific Mutual Life Insurance Company v. Haslip*, 499 U.S. 1 (U.S. Supreme Court, 1991), S. 34; *Farnsworth*, An Introduction to the Legal System of the United States, S. 150; *Giegerich*, Privatwirkung der Grundrechte in den USA, S. 7; *Dörr*, Faires Verfahren, S. 19; *Chemerinsky*, Constitutional Law, S. 385; *Brugger*, Einführung in das öffentliche Recht der USA, S. 106; *Hay*, US-amerikanisches Recht, S. 20; Eine Ausnahme bildet die „grand jury clause“ des 5. Zusatzartikels und die „civil jury clause“ des 7. Zusatzartikels; Siehe hierzu *Morrison*, Fundamentals of American Law, S. 118; Siehe zur Redefreiheit des 1. Zusatzartikels *De Jonge v. Oregon*, 299 U.S. 353 (U.S. Supreme Court, 1937), S. 364ff.

[257] U.S. Const. Art. VI (“This Constitution, and the laws of the United States which shall be made in pursuance thereof; and all treaties made, or which shall be made, under the authority of the United States, shall be the supreme law of the land; and the judges in every state shall be bound thereby, anything in the Constitution or laws of any State to the contrary notwithstanding.”).

stimmungen und die Auslegung der Gliedstaatenverfassungen durch die Gerichte der Gliedstaaten, die weitergehende Beschränkungen des Bundesverfassungsrechts zuließen, wären somit wegen Verstoßes gegen Bundesrecht unwirksam („void“).[258] Unter Bundesrecht fällt hier nicht nur das kodifizierte, sondern auch das durch Richterrecht ausgeformte Bundesrecht.[259]

Es ist den Gliedstaaten aber auch nach der „supremacy clause“ nicht verwehrt, über die Mindestvorgaben des Bundesrechtes hinauszugehenden Schutz zu gewährleisten.[260] Das gilt auch dann, wenn die Gliedstaatenverfassungen einen gleichen Wortlaut wie die Bundesverfassungen enthalten.[261] Gerichtsentscheidungen der Gliedstaaten, die einen weitergehenden Schutz gewähren, kann der U.S.-Supreme Court nicht aus diesem Grunde aufheben.[262] Es ist somit im Folgenden zu untersuchen, ob die Gliedstaaten ein Grundrecht auf Datenschutz gewähren, das über den Bundesstandard hinausgeht und das „ob“ und „wie“ des Einsatzes von Cookies und Web Bugs berührt.

2. Ein Grundrecht auf Datenschutz

a. *Kalifornien und Florida als Beispiel*

Einige Gliedstaaten gehen über die bundesrechtlichen Mindestvorgaben hinaus und haben in ihren Verfassungen explizit ein Recht auf Privatsphäre aufgenommen.[263] Der Gliedstaat Kalifornien gilt als Vorreiter und hat bereits im Jahre 1972 dem Art I, § 1 der kalifornischen Verfassung ein Recht auf Privatsphäre („right of privacy“) beigefügt.[264] Das Anliegen war hierbei, den unzulässigen Gebrauch von Informationen oder die Offenbarung der Informationen an Dritte zu verhindern.[265] Der Betroffene soll gegen den Gebrauch seiner Daten zu einem Zweck geschützt werden, der nicht dem ursprünglichen Zweck der Daten-

---

[258] *Edgar v. Mite Corp.*, 457 U.S. 624 (U.S. Supreme Court, 1982), S. 631; *Stone v. City and County of San Francisco*, 968 F.2d 850 (U.S. Supreme Court, 1992), S. 862.

[259] *Cooper v. Aaron*, 358 U.S. (U.S. Supreme Court, 1958), S. 1.

[260] *Johnson*, in: *Grabitz*, Grundrechte in Europa und USA, S. 937.

[261] *Oregon v. Hass*, 420 U.S. 714 (US. Supreme Court, 1975), S. 719.

[262] *Mich. Dep.t of State Police v. Sitz*, 496 U.S. (U.S. Supreme Court, 1990), S. 444.

[263] Alaska Const. Art. 1, § 22; Arizona Const. Art. II, § 8; California Const. Art. I, § 1; Florida Const. Art. I, § 1; Hawaii Const. Art. I, § 23; Illinois Const. Art. I, § 6; Louisiana. Const. Art. I, § 5; South Carolina Const. Art. I, § 10; Washington Const. Art. I, § 7.

[264] Siehe Cal. Const. Art. 1, § 1(„All people are by nature free and independent, and have certain inalienable rights. Among these are those of enjoying and defending life and liberty; acquiring, possessing, and protecting property, and pursuing and obtaining safety, happiness, *and privacy*.“); Die Wörter “and privacy” sind im Zuge der sogenannten “Privacy Initiative” am 7. November 1972 beigefügt worden; Siehe hierzu *Hill v. NCAA*, 7 Cal. 4th 1 (Supreme Court of California, 1994), S. 15.

[265] *Linda Denari v. Superior Court of Kern County*, 215 Cal. App. 3d 1488 (Court of Appeal of California, 1989), S. 1498; *White v. Davis*, 13 Cal. 3d 757 (Supreme Court of California, 1975), S. 774.

erhebung entspricht.[266] Es sollen nur solche Daten erhoben werden, die für den Erhebungszweck erforderlich sind. Allerdings hat der Supreme Court of California in der Grundsatzentscheidung Hill v. NCAA (1994) den Prüfungsmaßstab abgeschwächt und dem Bundesstandard angeglichen.[267] Es müsse in einem ersten Schritt festgestellt werden, ob ein „legitimes“ Interesse auf Privatsphäre betroffen sei, was voraussetzt, dass vertrauliche oder sensible Daten verarbeitet werden, die nach etablierten Gesellschaftsnormen („well established social norms“) das Bedürfnis des Betroffenen rechtfertigen, diese Daten gegen Veröffentlichung und Gebrauch zu schützen. Dieser „vernünftige Erwartung“ des Betroffenen von Privatsphäre steht eine Bekanntheit der Datenschutzpraktiken entgegen („...customs, practices, and physical settings surrounding particular activities may create or inhibit reasonable expectations of privacy.“)[268], was einen Datenschutz des Websurfers praktisch ausschließt.[269]

Die Verfassung des Gliedstaats Florida verfügt seit 1980 über ein Recht auf Privatsphäre („Every natural person has the right to be left alone and free from governmental intrusion into his private life except as otherwise provided herein.")[270] Dieses Recht enthält nach der Entscheidung des Supreme Court of Florida ein Recht auf „informational privacy“, welches einen Schutz vor ungewollter Beobachtung und Preisgabe von persönlichen Informationen begründet.[271] Bei der Beurteilung wird jedoch wiederum eine vernünftige Erwartung des Betroffenen von Privatsphäre vorausgesetzt[272] und bei der Prüfung dieser vernünftigen Erwartung von Privatsphäre auch die Sensibilität der betroffenen Informationen in den Vordergrund gestellt[273], so dass auch hiernach ein über den Bundesstandard hinausgehendes Grundrecht auf Datenschutz gegen den staatlichen Einsatz von Cookies und Web Bugs nicht gewährt wird.

b. *Die Drittwirkung des Rechts auf Datenschutz*

Nahezu alle Gliedstaaten der Vereinigten Staaten mit Ausnahme von Kalifornien[274] erkennen ein Recht auf Privatsphäre sowie der übrigen Grundrechte nur

---

[266] *Pitman v. City of Oakland*, 197 Cal. App. 3d 1037 (Court of Appeal of California, 1988), S. 1045; Siehe auch *Heredia*, 22 Sw. U. L. Rev. 307 (1992), S. 332.
[267] *Hill v. NCAA*, 7 Cal. 4th 1 (Supreme Court of California, 1994), S. 34/35.
[268] *Hill v. NCAA*, 7 Cal. 4th 1 (Supreme Court of California, 1994), S. 35/36.
[269] So auch *Kang*, 50 Stan. L. Rev. 1193 (1998), S. 1231, Fn. 158.
[270] Fla. Const. Art. I, 23.
[271] *Shaktman v. State*, 553 So. 2d 148 (Supreme Court of Florida, 1989), S. 150.
[272] *City of N. Miami v. Kurtz*, 653 So. 2d 1025 (Supreme Court of Florida, 1995), S. 1028; *Stall v. State*, 570 So. 2d 257 (Supreme Court of Florida, 1990), S. 260.
[273] *Kurtz v. City of N. Miami*, 625 So. 2d 899 (Supreme Court of Florida, 1993), S. 902; *In re Guardianship of Browning*, 568 So. 2d 4 (Supreme Court of Florida, 1990), S. 10.
[274] *Hill v. National Collegiate Athletic Ass'n*, 865 P.2d 633 (Supreme Court of California, 1994), S. 641; *Heda v. Superior Court*, 225 Cal. App. 3rd 525 (Court of Appeal of California, 1990), S. 527; *Wilkinson v. Times Mirror Corp.*, 215 Cal. App. 3rd 1034 (Court of Appeal of California, 1989), S. 1040-1045; 7 *Witkin*, Summary of Cal. Law (9th ed. 1988) Constitutional

gegenüber der öffentlichen Hand an, eine Drittwirkung auf das Rechtsverhältnis zwischen Privaten wird nicht abgeleitet.[275] In Kalifornien hat dagegen ein Berufungsgericht bereits im Jahre 1975 in *White v. Davis* (1975) festgestellt, dass der 1. Zusatzartikel der kalifornischen Verfassung bezwecke, die übermäßige Erhebung und Speicherung von unnötigen persönlichen Informationen durch Regierungs- und Geschäftsinteressen („the overbroad collection and retention of unnecessary personal information by government and business interests") zu verhindern, was auch den privaten Bereich einbezog.[276] Diese Drittwirkung wurde in späteren Entscheidungen ausdrücklich bestätigt.[277] Voraussetzung ist jedoch auch nach kalifornischem Verfassungsrecht im Verhältnis zwischen Privaten, dass ein schützenswertes „Privacy-Interesse" betroffen ist, das eine „vernünftige Erwartung von Privatsphäre" voraussetzt. Deshalb wird ein Schutz des Websurfers auch im Verhältnis zwischen Privaten an diesem Erfordernis scheitern. Dies gilt umso mehr, weil nach der Rechtsprechung des kalifornischen Supreme Courts auf das Rechtsverhältnis zwischen Privaten ein weniger strenger Prüfungsmaßstab anzuwenden ist.[278]

3. Ein Grundrechte auf freie Rede

Auch das Recht auf freie Rede ist in den Gliedstaatenverfassungen enthalten.[279] Da der staatliche Einsatz von Cookies und Web Bugs bereits einen Eingriff in das Bundesgrundrecht auf Anonymität begründet, ist für die Fragestellung dieser Arbeit von Interesse, ob nach dem Verfassungsrecht der Gliedstaaten ein Grundrecht auf freie Rede über den Bundesstandard hinaus zwischen Privaten besteht. Einzelne Gliedstaaten wie z. Bsp. New Jersey haben dies für das Recht auf freie Wahlen anerkannt.[280] Das Recht auf freie Äußerung wurde aber aus-

---

Law, § 454; *Chantilles v. Lake Forrest II Master Homeowner Assn.*, 37 Cal. App. 4th 914 (Court of Appeal of California, 1995), S. 924.

[275] Siehe z. Bsp. *City of N. Miami v. Kurtz*, 653 So. 2d 1025 (Supreme Court of Florida, 1995), S. 1028.

[276] *White v. Davis*, 13 Cal. 3rd 757 (Court of Appeals of California, 1975), S. 775.

[277] *Porten v. University of San Francisco*, 64 Cal. App. 3d. 825 (Court of Appeal of California, 1976), S. 829f. („Privacy is protected not merely against state action; it is considered an inalienable right which may not be violated by anyone").

[278] *Hill v. NCAA*, 7 Cal. 4th 1 (Supreme Court of California, 1994), S. 49.

[279] Siehe z. Bsp. Cal. Const. Art. 1, § 2 ("Every person may freely speak, write and publish his or her sentiments on all subjects ..."); N.J. Const. Art. I, 6 ("Every person may freely speak, write and publish his sentiments on all subjects, being responsible for the abuse of that right. No law shall be passed to restrain or abridge the liberty of speech or of the press. In all prosecutions or indictments for libel, the truth may be given in evidence to the jury; and if it shall appear to the jury that the matter charged as libelous is true, and was published with good motives and for justifiable ends, the party shall be acquitted; and the jury shall have the right to determine the law and the fact.").

[280] *Dendrite International, Inc. v. Doe No. 3*, 775 A.2d 756 (Superior Court of New Jersey, 2001), S. 149; *Westside Sane/Freeze v. Ernest W. Hahn, Inc.*, 224 Cal. App. 3d 546 (Supreme Court of California, 1990), S. 554.

drücklich von diesem Recht unterschieden und eine Drittwirkung nur für das letztere bestätigt.[281] Denn ein Recht auf freie Meinungsäußerung sei anders als das Recht auf freie Wahlen nicht von einer direkten Ansprache zum Erhalt von Stimmen abhängig, sondern auf vielfältigen Wegen auszuüben.[282] Ein Recht auf Anonymität wird somit ebenfalls nur auf „state action" angewendet.[283] Ein Schutz des Websurfers, der über den durch die Grundrechte der Bundesverfassung begründeten Schutz auf Datenschutz für das Verhältnis zwischen Privaten hinausgeht, wird nicht gewährt.

4. Zusammenfassung

Die Gliedstaaten verfügen über eigene Verfassungen, die inhaltlich an die bundesrechtlichen Mindestvorgaben gebunden sind. Am Beispiel von Kalifornien und Florida wird deutlich, dass im Vergleich zu dem bundesrechtlichen Schutzstandard kein „Mehr" an Datenschutz eingeräumt wird, so dass auch aus dem gliedstaatlichen Verfassungsrecht ein Grundrecht auf Datenschutz, dass das „ob" und „wie" des staatlichen Einsatzes von Cookies und Web Bugs berührt, nicht abgeleitet werden kann. Gleiches gilt für den Einsatz durch Private. Auch ein über das Bundesrecht hinausgehendes Recht auf Anonymität für den Bereich zwischen Privaten wird nach dem Gliedstaatenrecht nicht anerkannt.

---

[281] *Batchelder v. Allied Stores Int'l, Inc.*, 388 Mass. 83 (Supreme Court of Massachusetts, 1983), S. 89 ("Ballot access is of fundamental importance in our form of government because through the ballot the people can control their government. ... In limiting our decision to the matter of soliciting signatures on ballot questions, we leave to another day the question of rights that may arise under art. 16 (free speech). ").

[282] *Batchelder v. Allied Stores Int'l, Inc.*, 388 Mass. 83 (Supreme Court of Massachusetts, 1983), S. 89 ("The difference between free speech and art. 9 rights to free elections and to be a candidate equally with others is not purely theoretical. Ideas and views can be transmitted through the press, by door-to-door distributions, or through the mail, without personal contact. On the other hand, a person needing signatures for ballot access requires personal contact with voters. He or she cannot reasonably obtain them in any other way. Reasonable access to the public is essential in ballot access matters.").

[283] *Fiesta Mall Venture v. Mecham Recall Comm.*, 767 P.2d 719 (Ariz. Ct. App. 1988), S. 723; *Western Pensylvania Socialist Workers*, 515 A.2d 1331 (Supreme Court of Pennsylvania, 1986), S. 1335; *State v. Velmet*, 273 S.E.2d 708 (Supreme Court of North Carolina, 1981), S. 711; *Stranahan v. Fred Meyer, Inc.*, 11 P.3d 228 (Supreme Court of Oregon, 2000), S. 234; *Bock v. Westminster Mall Co.*, 819 P.2d 55 (Supreme Court of Colorado, 1991), S. 60f.; *Woodland v. Michigan Citizens Lobby*, 378 N.W.2d 337 (Supreme Court of Michigan, 1985) S. 202; *Eastwood Mall, Inc. v. Slanco*, 626 N.E.2d 59 (Supreme Court of Ohio, 1994), S. 343; *Jacobs v. Major*, 407 N.W.2d 832 (Supreme Court of Wisconsin, 1987), S. 836; *Republican Party of Texas v. Dietz*, 940 S.W.2d 86 (Supreme Court of Texas, 1997), S. 89.

D. Das einfachgesetzliche Bundesrecht

I. Die Anwendbarkeit im globalen Medium WWW

Mangels einheitlicher und umfassender Datenschutzgesetze hängt die Anwendbarkeit der U.S.-amerikanischen Vorschriften von dem in dem jeweiligen Gesetz festgelegten Anwendungsbereich ab, so dass eine allgemeine Aussage nicht erfolgen kann.[284]

II. Der United States Privacy Protection Act

Der United States Privacy Protection Act (Privacy Act)[285] aus dem Jahre 1974[286] begründet u. a. die Pflicht zur Einholung einer Einwilligung des Betroffenen und vorrangigen Erhebung von personenbezogenen Daten bei dem Betroffenen selbst[287], eine Pflicht zur Information des Betroffenen.[288] Der Betroffene soll das Recht auf Zugang zu den Daten und auf Berichtigung von fehlerhaft erfassten Daten haben.[289] Der Privacy Act gilt für Datenverarbeitungen durch Bundesbehörden,[290] d. h. jede Dienststelle der Exekutive und des Militärs, Staatsunternehmen und staatlich kontrollierte Unternehmen, sonstige Einrichtungen der Verwaltung sowie die sogenannten „regulatory agencies", die im Rahmen der ihnen vom Kongress übertragenen Aufgaben Rechtsetzungsbefugnisse haben[291]. Auf private Stellen findet der Privacy Act keine Anwendung.

1. Das Erfordernis des Personenbezugs

Geschützt sind sog. „records", d.h. Daten „über" eine natürliche Person, die entweder den Namen des Betroffenen oder ein sonstiges Identifikationsmerk-

---

[284] *Art. 29-Datenschutzgruppe,* Arbeitspapier über die Frage der internationalen Anwenbarkeit des EU-Datenschutzrechts, WP 56, S. 5.

[285] 5 U.S.C. § 552a (1994).

[286] Zu der Entstehungsgeschichte siehe *Florida Medical Association v. Department of Health, Education and Welfare*, 479 F. Supp. 1291 (U.S. District Court, Middle District of Florida, 1979), S. 1305ff.

[287] 5 U.S.C. § 552a(e)(2).

[288] *Field v. Brown*, 610 F.2d 981 (U.S. Court of Appeals, District of Columbia Cir., 1979), S. 987, cert. denied, 446 U.S. 939 (U.S. Supreme Court, 1980); Vgl. 5 U.S.C. § 552a(e)(1); § 552a(b)

[289] 5 U.S.C. § 552a(d); Zu den Datenschutzprinzipien des Privacy Acts siehe auch *Scott*, United States, Data Protection Regulatory System, S. 491ff.

[290] 5 U.S.C. § 552a(a)(1); *NLRB v. U. S. Postal Serv.*, 841 F.2d 141 (U.S. Court of Appeals, 6th Cir., 1988), S. 145 Fn. 3; *Ehm v. National R.R. Passenger Corp.*, 732 F.2d 1250 (U.S. Court of Appeals, 5th Cir., 1984), S. 1252.

[291] Siehe hierzu *Clean Air Constituency v. Cal. State Air Resources Board*, 523 P.2d 617 (Supreme Court of California, 1974), S. 627; *F.C.C. v. Pacifica Foundation*, 438 U.S. 726 (U.S. Supreme Court 1978), S. 734/735.

mal, welches dem Betroffenen zugeordnet ist, enthalten.[292] Bei der Prüfung des Personenbezugs werden verschiedene Maßstäbe angelegt. Vereinzelt wird verlangt, dass die Daten „wesentlich“ („substantive“) sind. Mangels Wesentlichkeit wurde der Anwendungsbereich in einer erstinstanzlichen Entscheidung für Informationen über den Zeitpunkt der Ankunft und des Verlassens der Arbeitsstätte durch den Betroffenen verneint.[293] Dem wurde jedoch in Folgeentscheidungen widersprochen und die breite Anwendbarkeit des Privacy Acts, der nicht auf „wesentliche“ Informationen beschränkt sein soll, bestätigt.[294] In einzelnen Gerichtsbezirken wird verlangt, dass die Informationen neben dem Identifikationsmerkmal auch die Qualität oder den Charakter des Betroffenen bezeichnen.[295] Einige Gerichte fordern, dass die Information die Person des Betroffenen in irgendeiner Weise beschreibt.[296] Aus diesem Grunde wurden beispielsweise Daten auf einem Computersystem, die die Arbeitsweise eines Angestellten dokumentierten, ohne den Betroffenen selbst zu beschreiben, nicht als „record“ im Sinne des Privacy Act anerkannt.[297] Andere wenden den Privacy Act auf sämtliche Informationen über den Betroffenen an, die durch ein Identifikationsmerkmal mit dem Betroffenen in Verbindung gebracht werden können.[298] Trotz dieser unterschiedlichen und widersprüchlichen Auslegung des Anwendungsbereichs ist den Entscheidungen gemein, dass die Informationen ein Identifikationsmerkmal enthalten müssen, welches den Bezug direkt zu dem Betroffenen zulässt.[299] Zusatzwissen der betreffenden Stelle soll für die Anwendbarkeit des

---

[292] Siehe 5 U.S.C. § 552a(a)(4) (“the term "record" means any item, collection, or grouping of information about an individual that is maintained by an agency, including, but not limited to, his education, financial transactions, medical history, and criminal or employment history and that contains his name, or the identifying number, symbol, or other identifying particular assigned to the individual, such as a finger or voice print or a photograph;”).

[293] *AFGE v. NASA*, 482 F. Supp. 281 (U.S. District Court, S.D. Texas, 1980), S. 282/283.

[294] *Quinn v. Stone*, 978 F.2d 126 (U.S. Court of Appeals, 3rd Cir., 1992); *Tobey v. N.L.R.B.*, 40 F.3d 469 (U.S. Court of Appeals, District of Columbia Cir., 1994), S. 472.

[295] So z. Bsp. *Boyd v. Sekretary of the Navy,* 709 F.2d 684 (U.S. Court of Appeals, 11th. Cir., 1983), S. 686.

[296] *Tobey v. N.L.R.B.*, 40 F.3d 469 (U.S. Court of Appeals, District of Columbia Cir., 1994), S. 472.

[297] *Tobey v. N.L.R.B.*, 40 F.3d 469 (U.S. Court of Appeals, District of Columbia Cir., 1994), S. 473 (“... we do not ignore Tobey's assertion that NLRB employees could use data from CHIPS in combination with other information to draw inferences about his job performance, as Solien apparently did. That possibility, however, does not transform the CHIPS files into records about field examiners.”).

[298] *Quinn v. Stone*, 978 F.2d 126 (U.S. Court of Appeals, 3rd Cir., 1992), S. 133; *Bechhofer v. U.S. Department of Justice Drug Enforcement Admin.*, 209 F.3d 57 (U.S. Court of Appeals, 2nd Cir., 2000), S. 62.

[299] *Quinn v. Stone*, 978 F.2d 126 (U.S. Court of Appeals, 3rd Cir., 1992), S. 132f.); *Tobey v. N.L.R.B.*, 40 F.3d 469 (U.S. Court of Appeals, District of Columbia , 1994), S. 472; *Bechhofer v. U.S. Department of Justice Drug Enforcement Admin.*, 209 F.3d 57 (U.S. Court of Appeals, 2nd Cir., 2000), S. 62; *Alexander v. Federal Bureau of Investigation*, 193 F.R.D. (U.S. District Court, District of Columbia, 2000), S. 6.

Privacy Acts nicht berücksichtigt werden.[300] Ein Berufungsgericht des 4. Bundesgerichtsbezirks hat sich mit der herrschenden Ansicht kritisch auseinandergesetzt und festgestellt, dass die Gerichte sich durch die enge wörtliche Auslegung des Gesetzes auf Kosten des Waldes auf die Bäume fokussierten.[301] Trotzdem wird in der gleichen Entscheidung genau diese Anwendung des Privacy Acts bestätigt.[302]

Die durch Cookies und Web Bugs erhobenen Daten haben alleine keinen Bezug zu dem Betroffenen, sondern lassen lediglich einen Bezug zu dessen Computer zu und erschöpfen sich in der Dokumentation der im Einzelnen besuchten Webseiten. Auch über die reine Beschreibung des Websurfens hinausgehende Informationen sind im Regelfall nicht enthalten, was gegen die Anwendbarkeit des Privacy Acts nach der herrschenden Ansicht spricht. Dieses Ergebnis wird unterstützt durch die Forderung einzelner Gerichte, dass die Informationen die Qualität oder den Charakter des Betroffenen bezeichnen müssen.[303] Ein Berufungsgericht hat zwar in *Williams v. Department of Veterans Affairs* (1997) festgestellt, dass ein „record" im Sinne der Vorschrift auch bereits dann vorliegt, wenn die Informationen ein einzelnes, den Betroffenen beschreibendes Merkmal enthalten.[304] In Anbetracht der herrschenden Ansicht, die Tätigkeitsbeschreibungen nicht ausreichen lässt, ist aber zweifelhaft, ob sich diese Ansicht durchsetzen wird. Nach der bislang herrschenden Ansicht wird eine Anwendung des Privacy Acts auf den Einsatz von Cookies und Web Bugs vielmehr bereits an dem Erfordernis des „records" scheitern.

2. Das „system of records" im Sinne der Vorschrift

Für die Anwendbarkeit des Gesetzes ist weiterhin erforderlich, dass die personenbezogenen Daten in einer Datei („system of records") geführt werden.[305] Das Gesetz beschreibt den Begriff der Datei als eine Sammlung von Daten in der Kontrolle der Behörde, aus der Informationen mit Hilfe des Namens der Person

---

[300] *Thomas v. U. S. Dept. of Energy*, 719 F.2d 342 (U.S. Court of Appeals, 1983), S. 345; *Jackson v. Veterans Admin.*, 503 F. Supp. 653 (U. S. District Court, N.D. Illinois, Eastern Division, 1980), S. 655f.; *Olbering v. U. S. Dept. of Defense, Dept. of Army*, 709 F.2d 621(U. S. Court of Appeals, Eighth Circuit, 1983), S. 622.

[301] *Williams v. Department of Veterans Affairs*, 104 F.3d 670 (U.S. Court of Appeals, 4th Cir., 1997), S. 675 ("This close textual reading by courts of the statutory language ... appears to focus on the trees at the expense of the forest.").

[302] *Williams v. Department of Veterans Affairs*, 104 F.3d 670 (U.S. Court of Appeals, 4th Cir., 1997), S. 676.

[303] *Boyd v. Secretary of the Navy*, 709 F.2d 684 (U.S. Court of Appeals, 11th Cir., 1983), S. 686.

[304] *Williams v. Department of Veterans Affairs*, 104 F.3d 670 (U.S. Court of Appeals, 4th Cir., 1997), S. 674 ("Record" can include as little as one descriptive item, and need not be an extensive document.").

[305] Siehe die einzelnen Regelungen 5 U.S. C. S. § 552a(b)-(f), die jeweils auf "system of records" Bezug nehmen.

oder eines sonstigen Identifikationsmerkmals eines Individuums entnommen werden können.[306] Sind die betreffenden Daten nicht in einer solchen systematischen Sammlung enthalten, fehlt es an einer Datei und der Privacy Act findet keine Anwendung.[307] Die herrschende Ansicht entscheidet über das Vorliegen einer Datei ausschließlich anhand der Methode der Datenerhebung, die Dateninhalte werden nicht berücksichtigt.[308] Mangels „Datei“ greift das Gesetz somit z. Bsp. dann nicht ein, wenn die personenbezogenen Daten unter einem Firmennamen, beispielsweise dem Namen des Arbeitgebers des Betroffenen, gespeichert werden, weil die Daten dann nicht definitionsgemäß „mit Hilfe des Namens oder eines Identifikationsmerkmals des Betroffenen“ entnommen werden.[309]

Die in der Cookie-Datei enthaltenen Daten liegen auf der Festplatte des Websurfers und befinden sich somit nicht in der Kontrolle der Behörde im Sinne der Definition. Die Daten werden auch nicht anhand eines Identifikationsmerkmals von dem Web-Server abgerufen, sondern ausschließlich anhand des Domain Namens[310], so dass die Cookie-Datei auch aus diesem Grunde nicht als „Datei“ im Sinne des Privacy Acts qualifiziert werden kann. Dies könnte jedoch für die auf dem Web-Server mit Hilfe der Cookies und Web Bugs gesammelten Daten anders zu beurteilen sein. Ob die Informationen in Papierform oder elektronisch gespeichert sind, ist für ein „system of records“ unerheblich.[311] Voraussetzung ist, dass die Daten auf dem Web-Server anhand des Namens oder Identifikationsmerkmals des Betroffenen eingesehen werden können und dies auch tatsäch-

[306] 5 U.S.C., § 552a(a)(5) ("The term "system of records" means a group of any records, under the control of any agency from which information is retrieved by the name of the individual or by some identifying number, symbol, or other identifying particualar assigned to the individual;").

[307] *Gonzales v. Leonhard*, 497 F. Supp. 1058 (U.S. District Court, D. Connecticut, 1980), S. 1076; *Boyd v. Secretary of Navy*, 709 F.2d 684 (U.S. Courts of Appeals, 11th Cir., 1980), S. 686; *Harmer v. Perry*, 1998 U.S. Dist. LEXIS 6745 (U.S. District Court, Eastern District of Pennsylvania), S. 8.

[308] 37A Am. Jur. 2d Freedom of Information Acts § 372; *Baker v. Department of Navy*, 814 F.2d 1381 (U.S. Court of Appeals, 9th Cir., 1987), S. 1384, cert. denied, 484 U.S. 963 (U.S. Supreme Court, 1987).

[309] *Smiertka v. U.S. Department of Treasury*, 447 F. Supp. 221 (U.S. District Court, District of Columbia, 1978), S. 229; In der Berufungsinstanz wurde diese Frage bestätigt, siehe 604 F.2d 698 (U.S. Court of Appeals, District of Columbia, 1979), S. 704; Vgl. auch *Williams v. Department of Veterans Affairs*, 104 F.3d 670 (U.S. Court of Appeals, 4th Cir., 1997), S. 674; *Maydak v. U.S.*, 363 F.3rd 512 (U.S.Court of Appeals, District of Columbia Circ., 2004), S. 519f.; *McCready v. Principi*, 297 F. Supp. 2d 178 (U.S. District Court, District of Columbia, 2003), S. 185f.; *Thomas v. U. S. Dept. of Energy*, 719 F.2d 342 (U.S. Court of Appeals, 10th Cir., 1983), S. 345f.

[310] Siehe hierzu Seite 58ff. dieser Arbeit.

[311] *Williams v. Department of Veterans Affairs*, 104 F.3d 670 (U.S. Court of Appeals, 4th Cir., 1997), S. 676.

lich praktiziert wird.[312] Aufgrund der technischen Möglichkeiten moderner Datensammlungen ist wahrscheinlich, dass die Daten anhand des Namens oder eines Identifikationsmerkmals eingesehen werden können.[313] Ob weiterhin auch nachzuweisen ist, dass die Informationen tatsächlich anhand des Identifikationsmerkmals oder des Namens des Betroffenen von der öffentlichen Stelle aus der Datensammlung erhoben worden sind, ist eine Frage des Einzelfalls.[314]

3. Die Relevanz des Privacy Acts

Selbst wenn die Begründung der Anwendbarkeit des Privacy Acts auf die Datensammlung des staatlichen Anbieters gelingt, ist in einem nächsten Schritt die Frage zu stellen, ob dies Bedeutung hat für die rechtliche Beurteilung von Cookies und Web Bugs. Zu beachten ist aber, dass für die Anwendbarkeit des Privacy Acts erforderlich ist, dass die „Datei“ im oben genannten Sinne bereits in dem Zeitpunkt der Maßnahme, hier dem Einsatz von Cookies und Web Bugs, bestand.[315] Wie bereits ausgeführt war im Zeitpunkt des Einsatzes der Cookies und Web Bugs jedoch allenfalls die Cookie-Datei vorhanden, die jedoch keine „Datei“, d.h. kein „system of records“ im Sinne der Vorschrift, darstellt. Eine Datei wird lediglich als Ergebnis des Einsatzes ermöglicht. Somit können die Erfordernisse des Privacy Act nicht zur Unzulässigkeit der Cookies und Web Bugs führen.

Im Ergebnis bleibt festzuhalten, dass neben der Unsicherheit, ob ein „record“ bzw. „system of record“ im Sinne der Vorschrift zu begründen ist, eine Unzulässigkeit des staatlichen Einsatzes von Cookies und Web Bugs hieraus nicht abzuleiten ist, da das „system of record“ nicht im Zeitpunkt des Einsatzes der Cookies und Web Bugs besteht.

III. Der Telecommunications Act von 1996

Der amerikanische Telecommunications Act von 1996[316] war die bislang weitreichendste Modifikation des Communications Act von 1934, der auch als “Magna Charta für die Ordnung des amerikanischen Telekommunikationssektors” bezeichnet wird.[317] Im Unterschied zu der deutschen Rechtslage umfasst das Gesetz auch die sogenannten Multimediadienste, so dass ein Recht auf Datenschutz des Websurfers für das Medium WWW nach dem Gesetz auch im

---

[312] *Henke v. U.S. Dep't of Commerce*, 83 F.3d 1453 (U.S. Court of Appeals, Distr. Of Col. Cir., 1996), S. 1456.
[313] Vgl. *Sullivan*, Cal. W. L. Rev. 395 (2003), S. 403ff.
[314] *Henke v. U.S. Dep't of Commerce*, 83 F.3d 1453 (U.S. Court of Appeals, District of Columbia Cir., 1996), S. 1456.
[315] *Fisher v. Nat'l Inst. of Health*, 934 F. Supp. 464 (U.S. District Court, District of Columbia, 1996), S. 473
[316] Telecommunications Act of 1996, Pub. L. No. 104-104, 110 Stat. 56. “Act of 1996”.
[317] *Windthorst*, CR 1998, S. 282.

Hinblick auf die Cookies und Web Bugs nicht ausgeschlossen ist.[318] § 702 schreibt einen Schutz der Daten des Nutzers von Telekommunikationsdiensten vor und eine Verwendung der Daten nur für den zulässigen Zweck der Erbringung der Telekommunikationsdienste. Das Gesetz wendet sich an die „telecommunications carrier", also an die Anbieter von Telecommunicationsdiensten.[319] Als Telekommunikation gilt jede Übermittlung beliebiger Informationen zwischen von den Nutzern festgelegten Punkten ohne Änderung ihrer Form oder ihres Inhaltes[320], worunter auch das Websurfen gefasst werden kann. Telekommunikationsdienste im Sinne der Vorschrift setzen jedoch voraus, dass die Dienste gegen Gebühr angeboten werden.[321] Dies macht deutlich, dass sich das Gesetz im Zusammenhang mit dem Websurfen allenfalls an die Internetzugangsanbieter richtet. Da diese aber in der Funktion des Zugangsanbieters keine Cookies und Web Bugs einsetzen und die übrigen Angebote im WWW ohne Bezahlung einer Gebühr eingesehen werden können, findet der Telecommunications Act auf den Schutz des Websurfers gegen die Cookies und Web Bugs keine Anwendung.

IV. Der Electronic Communications Privacy Act (ECPA)

Der Electronic Communications Privacy Act (ECPA)[322] ist im Jahre 1986 zum Schutz der elektronischen Kommunikation als Ergänzung zu dem Omnibus Crime Control and Safe Streets Act aus dem Jahre 1968 erlassen worden, der das staatliche Abhören von Telefonen regelte.[323]

1. Schutz gegen das "Unterbrechen" elektronischer Kommunikation

a. Anwendbarkeit auf das Websurfen

Gemäß § 2511(1) ECPA ist es untersagt, dass „eine Person", d.h. auch jeder Angestellte oder Vertreter der öffentlichen Hand[324], absichtlich („intentionally") elektronische Kommunikation unterbricht, zu unterbrechen versucht oder jemanden hierzu bestimmt oder absichtlich die aus der Handlung gewonnenen Informationen weitergibt oder versucht, weiterzugeben bzw. sonst nutzt, obwohl er weiß oder Grund zu der Annahme hat, dass die Informationen durch ein „Unterbrechen" der elektronischen Kommunikation gewonnen worden waren.[325] Elektronische Kommunikation ist definiert als die Übertragung von Zeichen, Signalen, Schriftstücken, Bildern, Tönen, Daten oder Informationen jedweder

---

[318] *Windthorst*, CR 1998, S. 282.
[319] § 3 (a)(2)(49) Telecommunications Act
[320] § 3 (a)(2)(48) Telecommunications Act.
[321] § 3 (a)(2)(51) Telecommunications Act ("The term 'telecommunications service' means the offering of telecommunications for a fee directly to the public, or to such classes of users as to be effectively available directly to the public, regardless of the facilities used.").
[322] Pub. L. 99-508, 100 Stat. 1859-1868, (1986).
[323] Pub. L. 90-351, 82 Stat. 197-212 (1968).

Natur im Ganzen oder in Teilen durch Kabel, Radio, elektromagnetisch, photoelektronisch oder photooptisch.[326] Der Begriff der elektronischen Kommunikation wird weit ausgelegt[327] und umfasst deshalb auch die im WWW stattfindende Kommunikation.[328] Auch die bloße Versendung von Daten ist durch die Vorschrift geschützt, so dass die Anfrage von bestimmten Webseiten durch den Websurfer und die anschließenden Sendung der Daten der angefragten Webseite beim Websurfen Kommunikation in dem oben genannten Sinne darstellen.[329]

b. Das „Unterbrechen" der Kommunikation bei dem Websurfen

Das Unterbrechen („intercept") der Kommunikation ist gemäß § 2510(4) der Erwerb des Inhalts der Kommunikation durch den Gebrauch elektronischer, mechanischer oder anderer Mittel.[330] Der „Inhalt" der Kommunikation wird gemäß § 2510(8) weit verstanden und soll sämtliche Informationen, die die Substanz, Sinn und Bedeutung („substance, purport and meaning"), aber auch die bloße Existenz der Kommunikation betreffen, umfassen.[331] Unter den Begriff der e-

---

324 18 U.S.C.A. § 2520(6) ("person" means any employee, or agent of the United States or any State or political subdivision thereof").

325 18 U.S.C.A. § 2511(1),(a)-(d) ("(1) Except as otherwise specifically provided in this chapter any person who (a) intentionally intercepts, endeavors to intercept, or procures any other person to intercept or endeavor to intercept, any wire, oral, or electronic communication; (b) intentionally uses, endeavors to use, or procures any other person to use or endeavor to use any electronic, mechanical, or other device to intercept any oral communication ...; (c) intentionally discloses, or endeavors to disclose, to any other person the contents of any wire, oral, or electronic communication, knowing or having reason to know that the information was obtained through the interception of a wire, oral, or electronic communication in violation of this subsection; (d) intentionally uses, or endeavors to use, the contents of any wire, oral, or electronic communication, knowing or having reason to know that the information was obtained through the interception of a wire, oral, or electronic communication in violation of this subsection; ...").

326 18 U.S.C.A. § 2510(12) ("electronic communication" means any transfer of signs, signals, writing, images, sounds, data, or intelligence of any nature transmitted in whole or in part by a wire, radio, electromagnetic, photoelectronic or photooptical system that affects interstate or foreign commerce,...").

327 *Blumofe v. Pharmatrak, Inc.*, 329 F.3d 9 (U.S. Court of Appeals, 1st Cir., 2003), S. 18 mit Verweis auf *Brown v. Waddell*, 50 F.3d 285 (U.S. Court of Appeals, 4th Cir., 1995), S. 289.

328 Senate Report No. 541, 99th Congress, 2d Session 14, abgedruckt in 1986 U.S. Code Congress & Ad. News 3568; Zu der Anwendbarkeit des ECPA auf E-Mails auch *Steve Jackson Games, Inc. v. U. S. Secret Service*, 36 F.3d 457 (U.S. Courts of Appeals, 5th Circuit, 1994), S. 461-64; *Tröndle*, CR 1999, S. 718.

329 Vgl. *In re Intuit Privacy Litigation*, 138 F. Supp. 2d 1272 (U.S. District Court C.D. California, 2001), S. 1278; Siehe zum genauen Ablauf des Websurfens sowie des Datenflusses beim Einsatz von Cookies und Web Bugs Seite 57ff. dieser Arbeit.

330 18 U.S.C.A. § 2510(4) („... acquisition of the contents of any wire, electronic, or oral communication through the use of any electronic, mechanical, or other device").

331 18 U.S.C.A. § 2510(8) ("contents", when used with respect to any wire, oral, or electronic communication, includes any information concerning the substance, purport, or meaning of that communication;"); Vgl. hierzu auch *Blumofe v. Pharmatrak, Inc.*, 329 F.3d 9 (U.S. Court

lektronischen Mittel fallen auch Mittel wie Cookies und Web Bugs.[332] Cookies bewirken eine Speicherung der das Websurfen betreffenden Nutzungsdaten und ein Versenden dieser Daten an den Web-Server des Anbieters, wodurch Kommunikationsinhalte im oben genannten Sinne erworben und Kommunikation im Sinne des ECPA „unterbrochen" wird.

Eine Besonderheit liegt allerdings darin, dass Cookies zunächst auf dem Computer des Betroffenen installiert werden und erst infolge dessen das „Unterbrechen" der Kommunikation bewirken. Die früher vertretene Auffassung, dass die Übertragung und das Einsehen zeitgleich ablaufen müsse[333], wird jedoch von der herrschenden Ansicht zumindest im Hinblick auf die neuen technologischen Mittel der Datenerhebung verneint. Ein „Unterbrechen" im Sinne der Vorschrift soll somit auch dann vorliegen, wenn das Unterbrechen und die Kommunikation nicht simultan erfolgen[334], was in der Entscheidung *In re Pharmatrak, Inc. Privacy Litigation* (2003) ausdrücklich auch für den Einsatz von Cookies bestätigt wurde.[335] Auch die Web Bugs bewirken eine Versendung der die „Kommunikation" betreffenden Daten und damit ein „Unterbrechen" von Kommunikation.

Da Cookies und Web Bugs in Kenntnis der datenverarbeitenden Stelle und zum Zweck der Datenerhebung eingesetzt werden, ist auch die nach § 2511(1) ECPA erforderliche subjektive Komponente gegeben.[336]

c. Die Ausnahme des § 2511(2)(c) für öffentliche Stellen

Gemäß § 2511(2)(c) ist ein Unterbrechen von Kommunikation im Sinne der Vorschrift ausnahmsweise bereits dann zulässig, wenn nur eine an der Kommunikation beteiligte Person zugestimmt hat.[337] Die Zustimmung kann auch kon-

---

of Appeals, 1st Cir., 2003), S. 18 mit Verweis auf *Gelbard v. U. S.*, 92 S. Ct. 2357 (U.S. Supreme Court, 1972), Fn. 10, S. 2363.

332 *In re Intuit Privacy Litigation*, 138 F. Supp. 2d 1272 (U.S. District Court C.D. California, 2001), S. 1278.

333 *U. S. v. Turk*, 526 F.2d 654 (U.S. Court of Appeals, 5th Circuit, 1976), S. 658, cert. denied, 429 U.S. 823 (U.S. Supreme Court, 1976); *U.S. v. Moriarty*. (D. Mass. 1997), 1997 US Dist. LEXIS 6678 (U.S. District Cout, District of Massachussetts, 1997), S. 9, 15.

334 Vgl. *In re DoubleClick Inc. Privacy Litigation*, 154 F. Supp. 2d 497 (U.S. District Court S.D. New York, 2001), S. 514; *In re Intuit Privacy Litigation*, 138 F. Supp. 2d 1272 (U.S. District Court C.D. California, 2001), S. 1278.

335 *In re Pharmatrak, Inc. Privacy Litigation*, 329 F.3d 9 (U.S. Court of Appeals, 1st Cir., 2003), S. 21.

336 *In re Pharmatrak, Inc. Privacy Litigation*, 329 F.3d 9 (U.S. Court of Appeals, 1st Cir., 2003), S. 23.

337 18 U.S.C. § 2511(1)(c) ("It shall not be unlawful under this chapter for a person acting under color of law to intercept a wire, oral, or electronic communication, where such person is a party to the communication or one of the parties to the communication has given prior consent to such interception."); Hierzu auch *Forrett*, 20 Touro L. Rev. 507 (2004), S. 535.

kludent erfolgen.[338] Eine konkludente Zustimmung des Websurfers zu dem Einsatz von Cookies könnte darin liegen, dass Cookies Gegenstand vieler Veröffentlichungen waren und der Websurfer dennoch das WWW als Informationsmedium nutzt. Gegen eine konkludente Zustimmung spricht jedoch, dass diese nur bei Kenntnis der konkreten Datenverarbeitungen und ihrer Umstände wirksam erteilt werden kann.[339] Die Kenntnis von der bloßen Möglichkeit ist nicht ausreichend.[340] Im Regelfall hat der Websurfer aber im Zeitpunkt des Besuchs der konkreten Webseite keine Kenntnis davon, ob der Anbieter im Internet Cookies einsetzt und wenn ja, für welche Zwecke er die mithilfe der Cookies erlangten Daten verwendet. Aus diesem Grunde scheidet eine wirksame Einwilligung des Websurfers durch die bloße Nutzung des WWW aus. Auch die standardmäßig „cookie-freundliche" Browser-Einstellung kann mangels Kenntnis von dem konkreten Cookie-Einsatz keine Zustimmung des Betroffenen im Sinne der Ausnahmevorschrift begründen. Dies gilt umso mehr für den Einsatz von Web Bugs, da deren Einsatz durch den Betroffenen nicht ersichtlich ist.[341]

Der Einsatz von Cookies oder Web Bugs durch eine öffentliche Stelle ist jedoch auch dann ausnahmsweise zulässig, wenn die Stelle Beteiligte der Kommunikation ist.[342] Nach der Rechtsprechung ist der Anbieter der jeweiligen Webseite an der durch die Cookies oder Web Bugs „unterbrochenen" Kommunikation mit dem Websurfer beteiligt. Setzt der Anbieter selbst Cookies oder Web Bugs ein, scheidet eine Widerrechtlichkeit gemäß § 2511(2)(c) somit schon deswegen aus. Dies gilt auch dann, wenn eine dritte Partei von dem Anbieter mit dem „Unterbrechen" der Kommunikation, d.h. mit dem Einsatz der Cookies oder Web Bugs, betraut wird.[343]

Im Ergebnis scheidet ein Anspruch des Websurfers gegen den staatlichen Einsatz von Cookies und Web Bugs also wegen § 2511(2)(c) ECPA aus.

d. Die Ausnahme des § 2511(2)(d) für private Stellen

Die Ausnahmebestimmung des § 2511(2)(d) für private Stellen sieht ergänzend zu den vorgehend zu § 2511(2)(c) erläuterten Voraussetzungen vor, dass das

---

338 *William v. Poulos*, 11 F.3d 271 (U.S. Court of Appeals, 1st Cir., 1993), S. 281f; *Blumofe v. Pharmatrak, Inc.*, 329 F.3d 9 (U.S. Court of Appeals, 1st Cir., 2003), S. 19 mit Verweis auf *Berry v. Funk*, 146 F.3d 1003 (U.S. Court of Appeals, District of Columbia Cir., 1998), S. 1011.

339 *Blumofe v. Pharmatrak, Inc.*, 329 F.3d 9 (U.S. Court of Appeals, 1st Cir., 2003), S. 20.

340 *Watkins v. L.M. Berry & Co.*, 704 F.2d 577 (Court of Appeals, 11th Cir., 1983), S. 581.

341 Siehe Seite 60f. dieser Arbeit.

342 18 U.S.C. § 2511(1)(c) ("It shall not be unlawful under this chapter for a person acting under color of law to intercept a wire, oral, or electronic communication, where such person is a party to the communication or one of the parties to the communication has given prior consent to such interception.").

343 Dies wurde unter anderem für den privaten Anbieter DoubleClick aff'd, *In re DoubleClick Inc. Privacy Litigation*, 154 F. Supp. 2d 497 (U.S. District Court S.D. New York, 2001), S. 514, 519.

Unterbrechen der Kommunikation auch bei Zustimmung eines Beteiligten dann unzulässig sein soll, wenn Zweck des Unterbrechens die Begehung einer unerlaubten Handlung ist.[344] An den Kausalzusammenhang zwischen dem Unterbrechen der Kommunikation und der unerlaubten Handlung werden hohe Anforderungen gestellt.[345] Der Betroffene muss nachweisen, dass die unerlaubte Handlung Motivation für die Unterbrechung oder zumindest ausschlaggebend hierfür war.[346] Gelingt dieser Nachweis wie in der Mehrzahl der bislang entschiedenen Fälle nicht[347], scheidet ein Anspruch des Websurfers im Ergebnis auch gegen den Einsatz von Cookies oder Web Bugs durch private Stellen aus.

2. Schutz gegen den Zugang zu einer Einrichtung

§ 2701(a) untersagt den Zugang zu einer Einrichtung, durch welche elektronische Kommunikation im Sinne der Vorschrift zur Verfügung gestellt wird.[348]

a. Die relevante Einrichtung im Sinne des § 2701(a)

Relevante Kommunikationseinrichtung im Sinne der Vorschrift ist die Stelle, die die Versendung von Daten zum Besuch der verschiedenen Webseiten kontrolliert. In der Entscheidung *In re Intuit Privacy Litigation* (2001) hat ein Bundesgericht erstmalig und bislang einmalig als relevanten Kommunikationsdienst im Sinne der Vorschrift den Computer des Betroffenen angesehen, auf dem die Cookies installiert waren.[349] Zur Begründung wird vorgetragen, dass es für die Anwendung der Vorschrift nicht darauf ankomme, dass der Anbieter „Kommunikation" anbiete, sondern lediglich der Zugang zu elektronisch gespeicherten

---

[344] 18 U.S.C. § 2511(2)(d) ("...unless such interception is intercepted for the purpose of committing any criminal or tortious act in violation of the Constitution or laws of the United States or any State.").

[345] *Polin*, 67 Am. Jur. Proof of Facts 3d 249, § 6. Federal Wiretap Act.

[346] *Sussman v. American Broadcasting Companies, Inc.*, 186 F.3d 1200 (U.S. Court of Appeals, 9th, Cir., 1999), S. 1202; *In re DoubleClick Inc. Privacy Litigation*, 154 F. Supp. 2d 497 (U.S. District Court S.D. New York, 2001), S. 514/515 mit Verweis auf *U.S. v. Dale*, 991 F.2d 819 (U.S. Court of Appeals, District of Columbia Cir., 1993), S. 841f.

[347] So. z. Bsp. *Sussman v. American Broadcasting Companies, Inc.*, 186 F.3d 1200 (U.S. Court of Appeals, 9th, Cir., 1999); *In re DoubleClick Inc. Privacy Litigation*, 154 F. Supp. 2d 497 (U.S. District Court S.D. New York, 2001); *In re Intuit Privacy Litigation*, 138 F. Supp. 2d 1272 (U.S. District Court C.D. California, 2001); Hierzu auch *Siebecker*, 76 Cal. L. Rev. 893 (2003), S. 901ff.

[348] 18 U.S.C.A. § 2701(a) ("Except as provided in subsection (c) of this section whoever-- (1) intentionally accesses without authorization a facility through which an electronic communication service is provided; or (2) intentionally exceeds an authorization to access that facility; and thereby obtains, alters, or prevents authorized access to a wire or electronic communication while it is in electronic storage in such system shall be punished as provided in subsection (b) of this section.")

[349] *In re Intuit Privacy Litigation*, 138 F. Supp. 2d 1272 (U.S. District Court, C.D. California, 2001), S. 1278.

Daten entscheidend sei.[350] Diese Begründung kann bereits wegen des eindeutigen Wortlauts der Vorschrift nicht überzeugen. § 2701(a) ECPA setzt ausdrücklich das Vorliegen von „Kommunikation" voraus. Entscheidend muss sein, dass die Kommunikation von dem Computer des Betroffenen als „Kommunikationseinrichtung" im Sinne der Vorschrift kontrolliert wird. Hierfür kann nicht ausreichen, dass lediglich die „Kommunikationsdaten" auf dem Computer gespeichert sind.[351] Zwar ist ein erweiterter Schutz des Betroffenen gegen den Einsatz von Cookies wünschenswert und die Entscheidung in dieser Hinsicht zu begrüßen. Die Begründung des Gerichts ist jedoch aus den genannten Gründen nicht haltbar. Somit wird von der herrschenden Ansicht zu Recht der Anbieter des Internetzugangsdienstes als für die Nutzung von Cookies relevante Kommunikationseinrichtung im Sinne der Vorschrift angesehen.[352] Dies entspricht auch dem Ziel des Gesetzgebers, der die Wirtschaft und nicht den privaten Computer der Websurfers vor den sogenannten „Hackern" schützen wollte.[353]

Die „Installation" der Cookies auf dem Computer stellt somit nach der herrschenden Ansicht keinen Zugang zu einer Einrichtung im Sinne des § 2701(a) ECPA dar. Da die Web Bugs bereits keine solche Installation bewirken, scheidet ein „Zugang" im Sinne der Vorschrift auch für den Einsatz von Web Bugs aus.[354]

b. Das Erfordernis der „electronic storage"

Ein Anspruch des Websurfers gegen den Einsatz von Cookies aus § 2701 scheitert nach der herrschenden Ansicht auch mangels elektronischer Speicherung

[350] *In re Intuit Privacy Litigation*, 138 F. Supp. 2d 1272 (U.S. District Court, C.D. California, 2001), S. 1276 ("More specifically, Section 2701 does not require that there be a "communication" at all, i.e. the existence or absence of communication is irrelevant. The primary act required for violation of Section 2701 is the act of accessing electronically stored data.").

[351] So auch *Fishman*, 72 Geo. Wash. L. Rev. 1503 (2004), S. 1540.

[352] *In re DoubleClick Inc. Privacy Litigation*, 154 F. Supp. 2d 497 (U.S. District Court S.D.N.Y., 2001), S. 508f. ("Access to the Internet is *the service* an ISP provides. Therefore, the "service which provides to users thereof the ability to send or receive wire or electronic communications" is "Internet access.... World Wide Web sites that employed intermediary to rent space to advertisers were "users" of electronic communications service, i.e. users of Internet access, within meaning of Electronic Communications Privacy Act (ECPA); ...."); *In re Toys R us, Inc. Privacy Litigation*, 2001 WL 34517252 (U.S. District Court, N.D.Cal., 2001), S. 4; *In re Pharmatrak, Inc. Privacy Litigation*, 220 F. Supp. 2d (U.S. District Court, D. Mass., 2002), S. 13 ("While computers and telephones certainly provide services in the general sense of the word, that is not enough for the purposes of the ECPA. The relevant *service* is Internet access, and the service is provided through ISPs or other servers, not though Plaintiffs' PCs").

[353] *In re Sherman & Co. v. Salton Maxim Housewares, Inc.*, 94 F. Supp. 2d 817 (U.S. District Court, E,.D. Mich, 2000), S. 820.

[354] *In re Pharmatrak, Inc. Privacy Litigation*, 220 F. Supp. 2d (U.S. District Court, D. Mass., 2002), S. 13.

(„electronic storage“) der betreffenden Informationen.[355] Eine elektronische Speicherung ist gemäß § 2510(17) ECPA definiert als jede zeitweise Speicherung einer Kommunikation im Zusammenhang mit der Übertragung dieser Kommunikation und jede Speicherung von Kommunikation durch einen Anbieter von elektronischen Kommunikationsdiensten zum Zweck des „Back-up“ dieser Kommunikation.[356] Die auf den Cookies gespeicherten Daten sind aber nicht nur für eine begrenzte Zeit und auch nicht in unmittelbarem Zusammenhang mit der Übermittlung gespeichert.[357]

Es bleibt somit bei dem für den Websurfer unerfreulichen Ergebnis, dass der ECPA eine Unzulässigkeit des Einsatzes von Cookies und Web Bugs nicht begründet.

V. Der Children's Online Privacy Protection Act (COPPA)

Der Children's Online Privacy Protection Act (COPPA)[358] ist im Jahre 1998 als Reaktion auf Veröffentlichungen in Kraft getreten, die auf den Online-Datenmissbrauch von kinderbezogenen Daten hinwiesen und ein schnelles Handeln der Legislative forderten.[359] Hauptziel des Gesetzes war eine größere Einbeziehung der Eltern in die Internetnutzung ihrer Kinder.[360] Es findet Anwendung auf die Anbieter von Webseiten zu kommerziellen Zwecken, die sich an Kinder unter 13 Jahren richten.[361] Bei der Entscheidung, ob sich eine Webseite an Kinder richtet, werden sämtliche Umstände wie die Sprache, Bilder und Gesamterscheinungsbild der Webseite herangezogen.[362] Die Belegenheit der datenverarbeitenden Stelle ist für die Anwendbarkeit nicht von Bedeutung. Das

---

355 *In re DoubleClick Inc. Privacy Litigation*, 154 F. Supp. 2d 497 (U.S. District Court S.D.N.Y., 2001), S. 511.

356 18 U.S.C.A. § 2510(17) ("electronic storage" means--(A) any temporary, intermediate storage of a wire or electronic communication incidental to the electronic transmission thereof; and (B) any storage of such communication by an electronic communication service for purposes of backup protection of such communication;").

357 *In re DoubleClick Inc. Privacy Litigation*, 154 F. Supp. 2d 497 (U.S. District Court S.D.N.Y., 2001), S. 511 ("The statute's language explicitly refers to "temporary, intermediate" storage. Webster's Dictionary defines "temporary" as "lasting for a limited time," and "intermediate" as "being or occurring at the middle place...." *Webster's Third New International Dictionary* 2353, 1180 (1993). In other words, Title II only protects electronic communications stored "for a limited time" in the "middle" of a transmission, i.e. when an electronic communication service temporarily stores a communication while waiting to deliver it."); *In re Toys R us, Inc., Privacy Litigation*, 2001 WL 34517252 (U.S. District Court, N.D.Cal., 2001), S. 4.

358 15 U.S.C.S. § 6501ff.

359 *Center for Media Education*, Web of Deception: Threats to Children from Online Marketing 1 (1996); *FTC*, Privacy Online: A Report to Congress (1998), 5.

360 *Allen*, 38 Hous. L. Rev. 751 (2001), S. 753, 756.

361 15 U.S.C.S. § 6501(1),(10)(A).

362 *Media Talent Network*, How to comply with the Childrens's Online Privacy Protection Rule According to the Federal Trade Commission (Nov. 1999).

Gesetz gilt vielmehr nach der Definition von „Anbieter" („operator") auch dann, wenn eine europäische Stelle eine Webseite betreibt, die in den Vereinigten Staaten eingesehen wird und als Grundlage eines Warenaustauschs oder sonstigen Handels („commerce") zwischen z. Bsp. Deutschland und den Vereinigten Staaten genutzt werden kann.[363]

Geschützt werden die „persönlichen Daten" der Kinder, worunter alle „individuell identifizierbaren Daten" über das Kind verstanden werden, darunter der Name, Adresse, E-Mail-Adresse, Telefonnummer, Sozialversicherungsnummer, Informationen, die eine Kontaktaufnahme mit dem Kind on- oder offline ermöglichen, sowie sonstige Informationen, die der Anbieter online erhebt und mit persönlichen Daten des Kindes verbinden kann.[364] Diese Definition ist so weit gefasst, dass hierunter auch die Daten fallen, die durch Cookies und Web Bugs erhoben werden, soweit diese mit dem betroffenen Kind in Verbindung gebracht werden können.[365]

1. Der Grundsatz des Verbots mit Erlaubnisvorbehalt

Für die zulässige Verarbeitung der persönlichen Daten der Kinder unter 13 Jahren ist die Einwilligung der Eltern („verifiable parental consent") erforderlich.[366] Der Anbieter muss alle vernünftigen Anstrengungen („any reasonable effort") unternehmen, um die Einwilligung der Eltern zu erlangen.[367] Dies muss vor der Datenverarbeitung, d.h. im Falle des Einsatzes von Cookies und Web Bugs, vor deren Einsatz erfolgen. Das Gesetz selbst schreibt hierfür keine Vorgehensweise vor. Die Federal Trade Commission (FTC)[368] als Vollstreckungsorgan hat jedoch in seiner Children Online Privacy Protection Rule[369] festgelegt, dass die

---

[363] 15 U.S.C. § 6501 (2)(A) ("The term "operator" means any person who operates a website located on the Internet or an online service and who collects or maintains personal information from or about the users of or visitors to such website or online service, or on whose behalf such information is collected or maintained, where such website or online service is operated for commercial purposes, including any person offering products or services for sale through that website or online service, involving commerce among the several States or with 1 or more foreign nations; in any territory of the United States or in the District of Columbia, or between any such territory and another such territory; or any State or foreign nation; or between the District of Columbia and any State, territory, or foreign nation; … "); Vgl. auch *Art. 29-Arbeitgruppe*, Arbeitspapier über die Frage der internationalen Anwendbarkeit des EU-Datenschutzrechts bei der Verarbeitung personenbezogener Daten im Internet durch Websites ausserhalb der EU, in: WP 56, S. 5; Siehe auch *Kamps*, Die "Children's Online Privacy Protection Rule", S. 2.

[364] 15 U.S.C. § 6501(8).

[365] *FTC*, Children Online Privacy Protection Rule, 16 CFR Part 312.2: Definitions, Nr. 8, einsehbar unter http://www.ftc.gov/os/1999/10/64fr59888.pdf; *FTC*, Frequently Asked Questions about the Children's Online Privacy Protection Rule, Volume 1, Frage Nr. 23.

[366] 15 U.S.C. § 6502(a)(1) i. V. m. (b)(1)(A)(i),(ii).

[367] 15 U.S.C. § 6501(9).

[368] Die FTC ist das U.S.-Handelsministerium.

[369] Vgl. auch „3. Die Umsetzung der gesetzlichen Vorgaben".

Zustimmung bei Offenbarung der Daten an Dritte oder die Öffentlichkeit durch „vertrauenswürdige" Mittel erfolgen muss, z. Bsp. durch das Versenden eines Standardformulars, welches ausgefüllt an den Anbieter zurückgefaxt wird, oder durch den Anruf einer gebührenfreien Telefonnummer durch ein Elternteil, welcher von trainiertem Personal entgegengenommen wird. Nur bei der ersten, einmaligen Beantwortung einer Anfrage des Kindes oder wenn vernünftige Anstrengungen zur Einholung der elterlichen Einwilligung bei mehrfacher Kontaktaufnahme unternommen wurden, wird eine Erhebung der Kinderdaten ohne Einwilligung zugelassen. Darüber hinaus haben die Eltern das Recht, der Nutzung der persönlichen Daten jederzeit zu widersprechen, auch wenn zuvor die Zustimmung erteilt worden war.[370]

2. Das Transparenzgebot und sonstige Rechte und Pflichten

Dem „verifiable parental consent" muss eine Information über die Datenschutzpraktiken vorausgehen.[371] Es wird verlangt, dass die Anbieter auf ihrer Webseite darüber informieren, welche persönlichen Informationen von Kindern unter 13 Jahren erhoben und wie diese genutzt und weitergegeben werden. Die Eltern haben das Recht, auf Anfrage über die erhobenen Daten informiert zu werden.[372]

Darüber hinaus ist es untersagt, die Offenbarung von persönlichen Daten zur Bedingung für bestimmte Preise oder Gewinne oder für die Teilnahme an Online-Spielen zu machen.[373] Es sollen auch Prozesse errichtet und beibehalten werden, die den Schutz der Vertraulichkeit, Sicherheit und Integrität der Daten gewährleisten.[374]

3. Die Umsetzung der gesetzlichen Vorgaben

Das Gesetz sieht vor, dass sich der Anbieter zu Selbstregulierungsmaßnahmen verpflichten kann, die durch die FTC genehmigt wurden („Safe Harbor").[375] Als Konsequenz dieser Selbstregulierungsverpflichtung wird von der Gesetzmäßigkeit der Datenverarbeitung ausgegangen.[376]

Der FTC hat am 21. April 2000 die Children Online Privacy Protection Rule (CPPR) erlassen, die im April 2001 in Kraft getreten ist, und die Vorschriften von COPPA umsetzt.[377] Verstöße gegen die CPPR oder einer Unterlassungsver-

---

[370] 15 U.S.C. § 6502(b)(1)(B)(ii).

[371] 15 U.S.C. § 6501(9); Siehe auch die Children Online Privacy Protection Rule des FTC unter 16 CFR Part 312 Children's Online Privacy Protection Rule, II. A. Section 312.2: Definitions, Nr. 10.

[372] 15 U.S.C. § 6502(b)(1)(B)(i),(iii).

[373] 15 U.S.C. § 6502(b)(1)(C).

[374] 15 U.S.C. § 6502(b)(1)(D).

[375] 15 U.S.C. § 6503(a).

[376] 15 U.S.C. § 6503(b)(2); Siehe hierzu *Allen*, 38 Hous. L. Rev. 751 (2001), S. 766.

[377] Der COPPA sieht eine nähere Ausgestaltung und Umsetzung des COPPA durch den FTC vor, 5 U.S.C. § 6502(b)(1) mit Verweis auf 5 U.S.C.S. § 553; Dementsprechend ist die

fügung („cease and desist order“)[378] werden durch den FTC auf Grundlage des FTC-Acts, der die Ahndung von irreführenden Praktiken vorschreibt, verfolgt[379] und können mit Geldstrafen bis zu $10.000,- pro Fall der Zuwiderhandlung geahndet werden.[380] Die betroffenen Eltern selbst können sich nicht gegen eine Verletzung des COPPA zur Wehr setzen.[381]

VI. Der Computer Fraud and Abuse Act (CFAA)

Der CFAA wurde im Jahre 1984 als Reaktion auf die wachsende Computerkriminalität im Zeitalter des Internets insbesondere mit Blick auf die sogenannten „Hacker“ erlassen.[382] § 1030(a)(2)(C) des CFAA untersagt es jeder Person („whoever“), absichtlich Zugang zu einem Computer ohne Erlaubnis des Betroffenen zu suchen oder den erlaubten Zugang zu überschreiten und hierbei Informationen von einem geschützten Computer zu erhalten.[383] Geschützt im Sinne der Vorschrift ist ein Computer, der zur zwischenstaatlichen Kommunikation oder Kommunikation mit dem Ausland eingesetzt wird[384], was durch die globale Natur des Internets auch für den Computer des Websurfers zutrifft.[385]

Gemäß § 1030(a)(5)(A) CFAA ist es auch unzulässig, bewusst die Übertragung eines Programms, einer Information, eines Codes oder eines Befehls zu bewir-

---

Children Online Privacy Protection Rule durch den FTC erlassen worden, siehe hierzu 16 C.F.R. (Commercial Practices), Chapter 1 (Federal Trade Commission), Subchapter C-Regulations under specific Acts of Congress, Part 312-Children's Online Privacy Protection Rule, Section 312.10.

[378] Das genaue Vorgehen der FTC ist beschrieben in 15 U.S.C.S. $ 45(b); Vgl. zur „cease and desist order“ http://www.fraudaid.com/Dictionary-of-Financial-Scam-Terms/cease-and-desist_order.htm.

[379] 15 U.S.C. § 6502(c); Vgl. auch die Children Online Privacy Protection Rule (COPPR), 16 CFR Section 312.9; Der Verstoß gegen COPPR gilt als Verstoß gegen Section 5 of the FTC Act, so dass die Sanktionsmöglichkeiten des FTC-Acts Anwendung finden.

[380] 15 U.S.C.S. § 45(m).

[381] COPPR, 16 CFR Section 312.9.

[381] *Hong*, 31 U.C. Davis L. Rev. 283 (1997), S. 285; *Dreisbach v. Murphy*, 658 F.2d 720 (U.S. States Court of Appeals, 9th Cir., 1981), S. 730 ("The Act rests initial remedial power solely in the Federal Trade Commission") mit Verweis auf *Carlson v. Coca Cola Co.*, 438 F.2d 279 (U.S. Court of Appeals, 9th Cir., 1973), S. 280 ("The protection against unfair trade practices afforded by the Act vests initial remedial power solely in the Federal Trade Commission").

[382] *Hong*, 31 U.C. Davis L. Rev. 283 (1997), S. 285.

[383] 18 U.S.C.A. § 1030(a)(2)(C) ("intentionally accesses a computer without authorization or exceeds authorized access, and thereby obtains-- ... (C) information from any protected computer if the conduct involved an interstate or foreign communication;").

[384] 18 U.S.C.A. § 1030(3)(2)(B) ("... which is used in interstate or foreign commerce or communication, including a computer located outside the United States that is used in a manner that affects interstate or foreign commerce or communication of the United States;").

[385] *In re Toys R us, Inc. Privacy Litigation*, 2001 WL 34517252 (U.S. District Court, N.D.Cal., 2001), S. 9, Fn. 18.

ken.[386] Eine Absicht des Betroffenen wird nur für die Handlung selbst, nicht für die Verursachung des Schadens verlangt.[387]

Durch die Nutzung von Cookies wird ohne Erlaubnis des Websurfers Zugang zu dessen Computer geschafft und als Folge Informationen gemäß § 1030(a)(2)(C) von dem Computer erlangt.[388] Weiterhin bewirkt der Einsatz der Cookies und Web Bugs die Übertragung von Daten gemäß § 1030(a)(5)(A), weswegen der CFAA auch in dieser Hinsicht Anwendung findet.[389]

Der Websurfer kann Schadensersatz geltend machen, wenn er darlegt, dass er durch die Zuwiderhandlung einen wirtschaftlichen Schaden („economic damages") von mindestens $5000,- während eines Jahres erlitten hat.[390] Ein Schaden im Sinne der Vorschrift ist definiert als jede Beeinträchtigung der Integrität oder Verfügbarkeit von Daten, eines Programms, eines Systems oder von Information.[391] Streitig ist in diesem Zusammenhang, ob die genannte Schadenshöhe für jeden Fall der Zuwiderhandlung dargelegt werden muss.[392] Dies wurde in einem Fall bejaht[393], von der herrschenden Ansicht jedoch abgelehnt.[394] Diese hält es für ausreichend, dass der Schaden unter Betrachtung sämtlicher durch den Anbieter installierter Cookies bzw. sämtlicher durch diese bewirkten Datenübertragungen den genannten Betrag erreicht. Folgerichtig wurde in der Entscheidung *In re Toys R us, Inc. Privacy Litigation* (2001) für mehrere betroffene Websurfer, die gemeinsam in Form einer sog. „class action"[395] gegen den Nutzer von Cookies vorgegangen waren, ein $5000,- übersteigender Schaden festgestellt.[396]

---

[386] 18 U.S.C.A. § 1030(a)(5)(A) ("... intentionally accesses a protected computer without authorization, and as a result of such conduct, causes damage;").

[387] *U.S. v. Morris*, 928 F.2d 504 (U.S. Court of Appeals, 2d Cir., 1991), S. 507.

[388] *In re Toys R us, Inc. Privacy Litigation*, 2001 WL 34517252 (U.S. District Court, N.D.Cal., 2001), S. 9.

[389] *Chance v. Avenue A*, 165 F. Supp. 2d 1153 (U.S. District Court, W.D. Washington, 2001), S. 1159; *In re Toys R us, Inc. Privacy Litigation*, 2001 WL 34517252 (U.S. District Court, N.D.Cal., 2001), S. 9; Vgl. auch *Buckham*, 174 A.L.R. Fed. 101, § 9(a).

[390] 18 U.S.C.A. § 1030(g).

[391] 18 U.S.C.A. § 1030(e)(8) ("the term "damage" means any impairment to the integrity or availability of data, a program, a system, or information;").

[392] *Albrecht*, 36 Suffolk U. L. Rev. 421 (2003), S. 431ff.

[393] *In re DoubleClick Inc. Privacy Litigation*, 154 F. Supp. 2d 497 (U.S. District Court S.D.N.Y., 2001), S. 524; Vgl. auch *Chance v. Avenue A.*, 165 F. Supp. 2d 1153 (U.S. District Court, W.D. Wash., 2001), S. 1158f.

[394] *Creative Computing v. Getloaded.com LLC*, 2004 WL 2315059 (U.S. Court of Appeals, 9th Cir., 2004), S. 3; *In re America Online, Inc.*, 168 F. Supp. 2d, 1359 (U.S. District Court, S.D. Florida, 2001), S. 1372f.; *In re Toys R us, Inc. Privacy Litigation*, 2001 WL 34517252 (U.S. District Court, N.D.Cal., 2001), S. 11.

[395] Siehe zu diesem Mittel der Gruppenklagen *Hay*, US-amerikanisches Recht, Rndr. 178ff.

[396] *In re Toys R us, Inc. Privacy Litigation*, 2001 WL 34517252 (U.S. District Court, N.D.Cal., 2001), S. 11; Die genaue Definition von „Schaden" im Sinne der Vorschrift schien hier nicht von Bedeutung zu sein, es wurde vielmehr allgemein festgestellt, dass die Installa-

Zweifelhaft bleibt jedoch, ob auch ein einzelner Websurfer einen „economic damage“ im Sinne der Vorschrift darzulegen vermag, was von den Umständen des Einzelfalls und mangels höchstrichterlicher Entscheidung dieser Frage von den Anforderungen des jeweiligen Gerichtsbezirks abhängen wird.

VII. Die "Anti-Spyware laws"

Im Jahre 2004 kamen sogenannte „Anti-Spyware laws“ in die Diskussion, die den Betroffenen vor dem Einsatz von „spyware“[397] schützen sollten. Der Begriff „spyware“ wird als Überbegriff für solche Mittel gebraucht, die zur Überwachung des Websurfers bei bestimmten Handlungen wie auch dem Websurfen eingesetzt werden, worunter auch Cookies und Web Bugs fallen. Von den verschiedenen Vorschlägen hat sich der „Securly Protect Yourself Against Cyber Trespass Act“, oder auch „Spy Act" genannt[398] durchgesetzt. Er wurde am 5.10.2004 von einer Mehrheit von 399 zu 1 in dem House of Representatives beschlossen und an den Senat weitergeleitet[399], der jedoch bislang nicht darüber entschieden hat. Wesentliche öffentliche Aufmerksamkeit gilt der Anwendbarkeit der Vorschrift auf Cookies. Die Werbeindustrie hat Sorgen darüber geäußert, dass die Vorschrift auch diese Mittel betreffen und somit zu einer unerträglichen Bürde für die Werbeunternehmen werden könnte.[400] Von den Befürwortern des Gesetzes wird jedoch versichert, dass Cookies nicht in den Anwendungsbereich fallen sollen. So soll das Gesetz nicht auf Dateien, sondern nur auf Software anwendbar sein.

Da die Vorschrift jedoch keine Einschränkung des Begriffs Software enthält, ist von dem üblichen Verständnis in Abgrenzung von der Hardware auszugehen. Cookies sind Teile eines Software-Codes, die auf dem Computer des Websurfers installiert werden[401] und stellen somit Software auch im Sinne der Vorschrift dar. Das Argument, Cookies fielen nicht unter die Vorschrift, kann somit nicht überzeugen. Gleiches gilt für Web Bugs, die somit ebenfalls der Definition von Software unterfallen.[402]

Somit würde auch der Einsatz von Cookies und Web Bugs nach dem Wortlaut des Entwurfs in dessen Anwendungsbereich fallen. Denn Section 3 beschreibt die sogenannten „Information Collection Programs“, die von der Vorschrift er-

---

tion der Cookies eine „misappropriation“ des Werts der Persönlichkeit der Betroffenen darstelle und dass dieser Schaden insgesamt $5000,- übersteige.

[397] Vgl. *Hazelton*, „New spyware laws raisin potential liability concerns“, Business First of Columbus, Artikel vom 10. Dezember 2004.

[398] Spy Act, H.R. 2929, Sec. 3(b), einsehbar unter http://thomas.loc.gov/cgi-bin/query/F?c 108:4:./temp/~c108COp6sW:e592:.

[399] Vgl. zu dem Prozess im Einzelnen http://thomas.loc.gov/cgibin/bdquery/z?d108:HR02929 :@@@R.

[400] Vgl. *Mark*, „House cuts Cookies From SPY ACT“,Artikel vom 16. Februar 2005.

[401] Siehe Information unter http://www.nettrials.com/cookie-cleaner/disk-cleanup.htm.

[402] Vgl. zu dem Begriff der Software http://www.webopedia.com/TERM/S/software.html.

fasst sein sollen, als Software, die personenbezogene Daten erhebt und diese entweder an eine Person versendet, die nicht mit dem Eigentümer des Computers identisch oder von ihm autorisiert ist, oder die Information nutzt, um Werbung zu versenden oder zu zeigen. Weiterhin ist auch eine Software von der Definition umfasst, die Informationen über die durch den Websurfer besuchten Webseiten sammelt und diese Informationen zu Werbezwecken auf dem betroffenen Computer nutzt.[403] Hiernach wäre der Einsatz dieser Mittel nur mit ausdrücklicher Einwilligung des Betroffenen zulässig.[404]

Das Gesetz erklärt in Section 2 auch sogenannte „irreführende Praktiken" für unzulässig, die unabhängig von dem Vorliegen einer „Software" angenommen werden. Für diesen Anwendungsbereich kann somit das Argument, dass Cookies nicht dem Gesetz unterfallen, da sie keine Software darstellen, ebenso wenig überzeugen. Eine „irreführende Praxis" ist hiernach anzunehmen, wenn ein Computer von einem Dritten dazu genutzt wird, Informationen oder Material zu versenden, was sowohl für Cookies als auch Web Bugs zutrifft und mit bis zu $3 Millionen bestraft werden kann.[405] Allerdings werden gemäß Section 5(b) solche Praktiken ausgenommen, die zu „Diagnose"-Zwecken eingesetzt werden. Diese Ausnahme wird nicht weiter definiert, so dass eine genaue Auslegung nur durch die Gerichte erfolgen kann. Auch die Befürworter des Gesetzes führen an, dass Cookies unter diese Ausnahme fallen.[406] Es ist somit wahrscheinlich, dass der Einsatz von Cookies und Web Bugs von der Vorschrift ausgenommen ist, da diese Mittel regelmäßig dafür genutzt werden, das Besuchsverhalten des Websurfers im WWW zu „diagnostizieren".

Nach dem Vorangesagten bleibt zunächst mit Spannung zu erwarten, ob das Gesetz durch den Senat verabschiedet wird. Die Chancen hierfür stehen allerdings denkbar schlecht. Insbesondere die verzweifelten Versuche der Befürworter der Vorschrift, an dem eindeutigen Wortlaut des Entwurfs vorbei zu begründen, dass Cookies nicht in den Anwendungsbereich fallen, macht die Stärke der Werbe-Lobby deutlich. Es bleibt zu erwarten, dass die endgültige Verabschiedung des Gesetzes weiterhin an der Passivität des Senats scheitert. Die Verabschiedung des Spy Acts in einer Form, die den Einsatz von Cookies und Web Bugs ohne Einwilligung des Betroffenen unterbindet, ist deshalb unwahrscheinlich.[407]

---

403 Vgl. Spy Act, H.R. 2929, Sec. 3(e); *Olsen*, „Cookie fans chip away at spyware bill", Artikel vom 3. Februar 2005.

404 Spy Act, Sec. 3(a).

405 Spy Act, Sec. 2(a)(A).

406 Spy Act, H.R. 2929, Sec. 3(b).

407 Vgl. hierzu *Mark*, „House cuts Cookies From SPY ACT", Art. vom 16. Februar 2005, der den Chairman Jow Baron mit den Worten zitiert, er „erwarte dieses Gesetz sehr schnell auf dem Boden".

VIII. Die sonstigen bereichsspezifischen Bundesgesetze

Die sonstigen Bundesgesetze enthalten vereinzelt Datenschutzvorschriften, die einen begrenzten, bereichsspezifischen Schutz gewähren.[408] Im Bereich der Datenverarbeitungen durch öffentliche Stellen ist der *Financial Privacy Act* von 1978[409] zu nennen, der personenbezogene Daten vor Offenbarung gegenüber staatlichen Stellen schützt, soweit sie sich auf das Verhältnis von finanziellen Institutionen und deren Kunden beziehen.[410] Die Daten des Websurfers fallen nur dann in den Anwendungsbereich der Vorschrift, wenn sie bei Transaktionen des Websurfers mit dem Institut über das Internet erhoben werden, was jedoch regelmäßig den Einsatz von Cookies und Web Bugs nicht betrifft.[411] Im Bereich der Gesundheit wendet sich der Health Insurance Portability and Accountability Act (HIPA) aus dem Jahre 1996[412] an die öffentlichen Gesundheitsbehörden und Lebensversicherer und stellt bestimmte Voraussetzungen für den zulässigen Umgang mit den Gesundheitsdaten des Betroffenen auf. Betroffen sind nur die in der Vorschrift festgelegten Transaktionen wie die Bewerbung eines bestimmten Gesundheitsplan, ein Schutz des Websurfers gegen den staatlichen Einsatz von Cookies oder Web Bugs wird nicht gewährt.[413]

Für den privaten Sektor gibt es über den COPPA und CFAA hinaus kein allgemeines Datenschutzgesetz, welches Datenverarbeitungen im Internet regelt.[414] Der Bereich des Finanzwesens ist durch Spezialvorschriften geregelt, die auch datenschutzrechtliche Regelungen enthalten. Die zentrale Vorschrift ist der *Fair Credit Reporting Act*[415], der die Weitergabe von Bankauskünften und die Verpflichtungen der Kreditauskunfteien festlegt. Ein Schutz vor dem Einsatz von Cookies und Web Bugs wird nicht begründet.[416] Das Gleiche gilt für den Gramm-Leach-Bliley Act (GLBA), der im Jahre 1999 als Reaktion auf den vermehrten Missbrauch von Finanzdaten erlassen worden ist.[417]

IX. Zusammenfassung

Die vorangehenden Betrachtungen zeigen, dass auch auf einfachgesetzlicher Ebene ein Schutz des Websurfers nicht umfassend begründet wird. Der *Privacy*

---

408 Siehe *Reidenberg*, 44 Fed. Comm. L.J. 195 (1992), S. 227ff.
409 12 U.S.C. §§ 3401-3422.
410 *Cordero*, 112 A.L.R. Fed. (2005), S. 295.
411 *Cody*, 49 Cath. U. L. Rev. 1183 (1999), S. 1200f.
412 HIPA, Pub. L. No. 104-191, 110 Stat. 1936 (1996).
413 § 1173(a).
414 Vgl. *Allen*, 38 Hous. L. Rev. 751 (2001), S. 770.
415 15 U.S.C.A. §§ 1681-1681u.
416 Siehe die Entscheidung *Saint Paul Guardian Ins. Co. v. Johnson*, 884 F.2d 881 (5th Cir. 1989), S. 885, die deutlich macht, dass ein Schutz durch FCRA nur im Hinblick auf die Offenbarung der Daten besteht.
417 15 U.S.C. § 6801-6810.

Act ist nicht anwendbar, weil im Zeitpunkt des Einsatzes der Cookies und Web Bugs keine „Datei“ im Sinne der Vorschrift besteht. Ein Schutz gegen das „Unterbrechen“ von Kommunikation im Sinne des *ECPA* durch den Einsatz von Cookies und Web Bugs scheitert nach Ansicht der Gerichte daran, dass der Anbieter als Installateur der Cookies und Web Bugs an der relevanten Kommunikation beteiligt ist. Ein Schutz gegen den „Zugang“ zu einer Kommunikationseinrichtung durch das Setzen von Cookies wird nach dem ECPA ebenfalls nicht gewährt, weil der Computer des Betroffenen, auf dem der Cookie gesetzt wird, keine für die Vorschrift relevante Kommunikationseinrichtung darstellt und die Cookie-Daten sich nach der gesetzlichen Definition nicht in „elektronischer Speicherung“ befinden.

Ein Schutz gegen Datenverarbeitungen durch Internetanbieter wird jedoch für Daten begründet, die Kinder unter 13 Jahren betreffen. Der Einsatz von Cookies und Web Bugs, der eine Datenverarbeitung von personenbezogenen Daten von Kindern unter 13 Jahren bewirkt, ist nach dem *COPPA* grundsätzlich nur nach Information der Eltern und deren Einwilligung zulässig. Den Eltern wird auch das Recht eingeräumt, der Datenverarbeitung zu widersprechen. Die Eltern haben auch ein Recht auf Zugang und Berichtigung der betreffenden Daten. Der *CFAA* untersagt den Einsatz von Abhörmitteln wie Cookies oder Web Bugs, wenn der Betroffene einen Schaden von mindestens $5000,- für den Zeitraum eines Jahres darlegen kann. Die sonstigen bereichsspezifischen Gesetze begründen keinen Datenschutz des Websurfers.

X. Stellungnahme

Bei der Betrachtung der bestehenden einfachgesetzlichen Vorschriften wird deutlich, dass diese den Herausforderungen der heutigen Informationsgesellschaft und den damit verbundenen Gefahren für den Datenschutz des Websurfers nicht gerecht werden.[418] Da kein allgemeines Datenschutzgesetz besteht und das bestehende einfache Gesetzesrecht neben dem Minderjährigenschutz rein problemorientiert ist, wären für einen Schutz des Websurfers Spezialvorschriften erforderlich, die auf die Problematik des Einsatzes von Cookies und Web Bugs zugeschnitten sind. Ein solcher problemorientierter Ansatz wurde durch das dargestellte „anti-spyware law“, den Spy Act versucht, der aber für den Schutz des Websurfers bereits vor Inkrafttreten unter anderem deswegen gescheitert ist, weil wesentliche Anwendungsbereiche wie der Einsatz von Cookies ausgenommen sein sollen.

Ein problemorientierter Ansatz ist auch wegen der Natur der technologischen Datenüberwachungsmaßnahmen und den damit verbundenen Gefahren abzuleh-

---

[418] Vgl. generell zu der mangelnden Anwendbarkeit der bestehenden Bundesgesetze auf “moderne” Fallgestaltungen *Class Action Reporter*, Vol. 3, No. 90, “Privacy Invasion, Notices are Called Too Common and Too Confusing”, May 6, 2001.

nen. Denn der Gesetzgeber kann auf die rasante Entwicklungen der Technik nicht rechtzeitig reagieren. Aus diesem Grunde ist das Argument, dass die Gesetze aus den Zeiten vor dem Internet stammen und aus diesem Grunde für die aktuellen Gefahren nicht geeignet sind[419], ebenfalls nur bedingt richtig. Denn selbst moderne, aber weiterhin spezifisch problemorientierte Vorschriften werden den schnell wandelnden Gefahren der Informationsgesellschaft nicht gerecht. Wie die Entscheidung *In re Intuit Privacy Litigation* (2001) gezeigt hat, war z. Bsp. die Anwendbarkeit des ECPA auf den Einsatz von Cookies nur zu vertreten, indem das Gericht bei der Rechtsanwendung eindeutige Wortlaute der Vorschrift ignorierte.[420] Gleiches gilt für den CFAA, der bei wortgetreuer Anwendung der Vorschrift häufig an dem Erfordernis der Schadensdarlegung scheitern wird. Somit bleibt bei dieser einfachgesetzlichen Rechtslage nur die Hoffnung, dass das Gliedstaatenrecht bzw. Selbstregulierungsmaßnahmen der Unternehmen einen adäquaten Schutz des Websurfers gegen den Einsatz von Cookies und Web Bugs begründen. Dieser Frage wird in gesonderten Teilen dieser Arbeit nachgegangen.[421]

E. Das einfache Gliedstaatenrecht

In der Mehrzahl der Gliedstaaten bestehen wie auf Bundesebene nur vereinzelt bereichsspezifische Gesetze, die im Folgenden untersucht werden, jedoch keine allgemeinen Datenschutzgesetze.[422] Auch das Richterrecht des Common Law könnte für das Recht auf Datenschutz in Form der sogenannten Common Law-Privacy Torts und dem Common Law des „Trespass to Chattels“ bedeutsam sein.

I. Die bereichsspezifischen Vorschriften

1. Der Computer Protection Against Computer Spyware Act (CPACSA)

Der Computer Protection Against Computer Spyware Act (CPACSA) des Gliedstaats Kalifornien[423], der am 1.01.2005 in Kraft getreten ist, untersagt dem Anbieter, „bewusst“ eine Software auf dem Computer eines Betroffenen zu installieren, um personenbezogene Daten zu erheben. Voraussetzung ist jedoch, dass diese Datenerhebung durch absichtlich irreführende Mittel („intentionally deceptive means“) erfolgt und die Daten neben der Webseite des Anbieters sämtliche oder nahezu sämtliche sonstige von dem Betroffenen besuchten Web-

---

419 So z. Bsp. *Siebecker*, 76 S. Cal. L. Rev. 893 (2003), S. 952.
420 Siehe hierzu Seite 106f. dieser Arbeit.
421 Siehe zu dem sonstigen Gliedstaatenrecht Seite 117ff. und zur Selbstregulierung Seite 225ff. dieser Arbeit.
422 Vgl. auch *Wuermeling*, Handelshemmnis Datenschutz, S. 185.
423 Senate Bill Number 1436, einsehbar unter http://www.leginfo.ca.gov/pub/03-04/bill/sen/sb_1401-1450/sb_1436_bill_20040928_chaptered.pdf.

seiten betreffen. Voraussetzung ist weiterhin, dass dem Betroffenen die Tatsache, dass die Software installiert wurde, verheimlicht wurde.[424]

Das Gesetz ist zu Recht bereits vor seinem Inkrafttreten unter anderem wegen seines engen Anwendungsbereichs und deswegen kritisiert worden, weil es keine Pflicht des Anbieters zur Information des Websurfers über die Datenpraxis des Anbieters begründet.[425] Auch für den Einsatz von Cookies ist ein Anspruch des Websurfers gegen den jeweiligen Anbieter wegen der genannten Anspruchsvoraussetzungen praktisch ausgeschlossen. Denn die Darlegung eines absichtlich irreführenden Mittels ist in der Praxis schwer vorstellbar und die Informationen eines Cookies enthalten keine Daten, die nahezu alle durch den Websurfer besuchten Webseiten betreffen.[426] Für den Einsatz von Web Bugs scheitert die Anwendbarkeit bereits an dem Kriterium des Installierens einer Software auf dem Computer des Websurfers.[427]

2. Der California Online Privacy Protection Act (OPPA)

Am 1.07.2004 ist der California Online Privacy Protection Act in Kraft getreten, der bestimmt, dass Anbieter von gewerblichen Webseiten, die personenbezogen Daten von kalifornischen Einwohnern erheben, gut einsehbare und durch das Wort „Privacy" mit der Hauptwebseite des Unternehmen verbundene Privacy Policies veröffentlichen müssen.[428] Diese Privacy Policy soll die betroffenen personenbezogenen Daten, solche Dritte, denen die Daten offenbart werden sollen, und die Umstände einer Datenweitergabe bezeichnen. Der Betroffene soll über die Möglichkeit des Zugangs zu seinen Daten, den Stand der Privacy Policy und über den Prozess der Information bei Veränderungen der Policy informiert werden. Eine Verletzung des Gesetzes wird jedoch nur dann angenommen, wenn eine entsprechende Privacy Policy nicht innerhalb von 30 Tagen nach Beanstandung des Gesetzesverstoßes veröffentlicht wird. Aus diesem Grunde ist auch die Bedeutung für den Einsatz von Cookies und Web Bugs gering.

3. Sonstige Bestrebungen

Da neben den genannten Gesetzen auf Gliedstaatenebene kein allgemeines Datenschutzgesetz besteht, das dem Einsatz von Cookies und Webbugs entgegensteht, haben die Vertreter von Datenschutzinteressen versucht, Wege zur An-

---

[424] 8 Business and Prof. Code, Ch. 32, 22947.2.(b)(2).
[425] Siehe Schreiben von Privacy-Organisationen vom 12.09.2004 an Gouverneur mit dem Betreff „Recommendation to Veto SB 1436, Spyware" unter http://www.privacyrights.org /ar/SB1436Letter.htm; *Kopytoff*, „Legislation aims to block spyware State, federal bills seek to ease Net users'growing frustration", Artikel vom 4. 10. 2004, San Francisco Chronicle.
[426] Siehe hierzu Seite 58ff. dieser Arbeit.
[427] Siehe hierzu Seite 60f. dieser Arbeit.
[428] The Online Privacy Protection Act of 2003, Cal. Bus. & Prof. Code § 22575 – 22579 (2004).

wendung des bereits bestehenden Rechts auf moderne Sachverhalte zu finden. So wurde argumentiert, dass der Einsatz von Cookies durch das Unternehmen Yahoo gegen die sogenannten „stalking-laws“ verstoße. Die „stalking laws“ bezeichnen die Vorschriften des Strafgesetzbuchs, die solche Verhalten unter Strafe stellen, die eine „vernünftige Person“ als bedrohend oder beleidigend empfinden würde.[429] Diese Anstrengungen haben jedoch allenfalls zu Vergleichen zwischen den streitenden Parteien geführt, die Rechtslage jedoch nicht nachhaltig und einheitlich geändert.[430] Es bleibt somit in der Mehrzahl der Fälle bei der Anwendung des Richterrechts, das im Folgenden dargestellt wird.

II. Die Common-Law Privacy Torts

1. Die Entwicklung

Die Gelehrten Samuel Warren und Louis Brandeis haben ein „right to privacy“ bereits in einem Harvard Artikel aus dem Jahre 1891 als Teil des Deliktsrechts gefordert.[431] Dem Betroffenen soll ein Recht auf Schadensersatz oder Unterlassen zustehen, wenn das geschriebene Wort, das eigene Bild, die eigenen Handlungen und persönliche bzw. geschäftliche Beziehungen des Betroffenen offenbart werden.[432] Anerkannt wurde das Recht auf Privatsphäre zum ersten Mal in der unveröffentlichten Entscheidung Manola v. Stevens (1890), in der der New York Superior Court dem Beklagten untersagte, das Bild einer Schauspielerin in Strumpfhosen zu veröffentlichen.[433] Ein Recht auf Privacy wurde auch in den folgenden Entscheidungen bestätigt[434], jedoch im Jahre 1902 durch den Court of Appeals von New York in der Entscheidung Roberson v. Rochester Folging Box Co. abgelehnt.[435] Der allgemeinen Kritik an der Roberson-Entscheidung folgend hat der Supreme Court von Georgia aber im Jahre 1905 ein Recht auf Privatsphäre wieder ausdrücklich anerkannt.[436] Ein Recht auf Datenschutz als

---

[429] Vgl. *Universal Image Inc. v. Yahoo, Inc., et al.*, Second Amended Verified Original Petition, Application for TRO and Temporary Injunction, 18.01.2000, Cause No. 99-13839-A, County Court, Texas, einsehbar unter http://legal.web.aol.com/decisions/dlpriv/univtro2.pdf.

[430] *Class Action Reporter*, Vol. 3, No. 90, “Privacy Invasion, Notices are Called Too Common and Too Confusing”, May 6, 2001, in dem Rechtsanwalt Evan Hendricks aus Washington wird mit den Worten “You have to stitch and quilt existing laws to make it work”....”It is not clean and it is not easy” zitiert wird.

[431] *Warren/Brandeis*, 4 Harv. L. Rev. 193 (1891).

[432] *Warren/Brandeis*, 4 Harv. L. Rev. 193 (1891), S. 213.

[433] *Manola v. Stevens* (N.Y. Sup. Ct. 1890), in N.Y. Times, June 15, S. 18, 21 (1890).

[434] *Mackenzie v. Soden Mineral Springs Co.*, 18 N.Y.S. 240 (Superior Court of New York, 1891); *Schuyler v.Curtis*, 147 N.Y. 434 (Court of Appeals of New York, 1895), S. 442f.

[435] Siehe die Entscheidung *Roberson v. Rochester Folding Box Co.*, 171 N.Y. 538 (Court of Appeals of New York, 1902), S. 556, in der die Klage einer jungen Frau, die sich gegen die Nutzung ihres Bilds ohne ihre Zustimmung zu Werbezwecken gewandt hatte, abgewiesen wurde.

[436] *Pavesich v. New England Life Ins. Co.*, 50 S.E. 68 (Supreme Court of Georgia, 1905), S. 69ff.

Ausprägung des Rechts auf Privatsphäre, das nicht auf den Namen und das Bild des Betroffenen beschränkt war, wurde zum ersten Mal in der Entscheidung Brents v. Morgan (1927) bestätigt, in der ein Berufungsgericht von Kentucky einen Anspruch auf Schadensersatz für die Veröffentlichung von persönlichen Daten bejahte.[437]

Herausgebildet haben sich die vier Tatbestände „Intrusion upon seclusion" („Eindringen in Intimsphäre“), „Public disclosure of embarrassing private facts" („Offenbarung von unangenehmen privaten Tatsachen"), „Publicity that places a person in a false light" („Veröffentlichungen, die eine Person in einem falschen Licht erscheinen lassen") und „Appropriation of a person's name or likeness" ("Anmaßung des Namen oder des Abbildes einer Person").[438] Zur Vereinheitlichung der Anwendung der Common Law Privacy Torts wurden die „Restatement of Torts“ von einer privaten Organisation, dem American Law Institute (A.L.I.), geschaffen, die das zum Deliktsrecht bestehende Fallrecht in einheitlicher Form zusammenfassen.[439] Mangels Rechtsverbindlichkeit dieser Sammelwerke bleibt es aber bei der ausschließlich rechtsverbindlichen Geltung des Richterrechts der Common Law Privacy Torts selbst.

Einige Gliedstaaten haben die Common Law Privacy Torts kodifiziert[440], andere haben lediglich Teilbereiche gesetzlich festgeschrieben und lassen darüber hinaus keine weitergehenden Rechte gelten[441], andere haben sich auf die (teilweise) richterliche Umsetzung beschränkt[442], der Staat Minnesota dagegen die Umsetzung insgesamt abgelehnt[443]. Im Folgenden werden die einzelnen Fallgruppen danach untersucht, ob sie ein Recht des Websurfers auf Datenschutz begründen, welches für die rechtliche Beurteilung des Einsatzes von Cookies und Web Bugs Bedeutung hat.

---

[437] *Brents v. Morgan*, 299 S.W. 967 (Court of Appeals of Kentucky, 1927), S. 971.

[438] *Posser*, Privacy, 48 Cal. L. Rev. 383 (1960), S. 389; *Cody*, 48 Cath. U. L. Rev. 1183 (1999), S. 1196; Vgl. auch *Tobin v. Michigan Civil Serv. Comm'n*, 331 N.W.2d 184 (Supreme Court of Michigan, 1982), S. 189; *Wilske*, CR 1993, S. 304.

[439] Restatement (Second) of Torts §§ 652A-652I(1977); Das A.L.I. stellt eine Organisation aus Professoren und Richtern dar, die im Jahre 1923 mit dem Ziel gegründet wurde, das Recht zu vereinheitlichen, heute aber schwerpunktmäßig die Veröffentlichung der Restatements of Law übernommen hat; Vgl. zu den Restatements auch *Koch/Magnus/Winkler/ v. Mohrenfels*, IPR und Rechtsvergleichung, S. 344; *Hay*, US-amerikanisches Recht, S. 14.

[440] Vgl. *Beaumont v. Brown*, 257 N.W.2d 522 (Supreme Court of Michigan, 1977), S. 527 ("... Several states have enacted legislation protecting the individual's right to privacy.").

[441] Siehe *Anderson v. Strong Memorial Hospital*, 531 N.Y.S.2d 735 (N.Y. Supreme Court, 1988), S. 773.

[442] Siehe *Reidenberg*, 44 Fed. Comm. L.J. 195 (1992), S. 221f.; *Posser*, 48 Cal. L. Rev. 383 (1960), S. 386.

[443] *Minnesota. House v. Sports Films & Talents, Inc.*, 351 N.W.2d 684 (Court of Appeals of Minnesota, 1984), S. 685 ("Clearly there is no action for invasion of privacy in Minnesota."); Vgl. auch *Wilske*, CR 1993, S. 304.

2. „Intrusion upon Seclusion"

Die Voraussetzungen der „Intrusion upon seclusion" sind vergleichbar mit denen des 4. Zusatzartikels.[444] Erforderlich ist ein höchst anstößiges, vorsätzliches Eindringen in eine persönliche Angelegenheit des Betroffenen.[445] Dies setzt voraus, dass Mittel oder Methoden eingesetzt werden, die eine vernünftige Person als anstößig empfinden würde.[446] Ein körperliches Eindringen ist nicht erforderlich.[447] Daher wird auch das Abhören eines Telefongesprächs als ausreichend angesehen,[448] so dass eine Anwendung auf den Einsatz von Cookies und Web Bugs grundsätzlich denkbar ist. Für die Beurteilung der Anstößigkeit des Eindringens ist die Sicht des objektiven Betrachters maßgebend. Die Gerichte berücksichtigen den Grad des Eindringens, den Kontext wie beispielsweise die Möglichkeit von ernsthaften Schäden sowie die Motive für das Eindringen.[449] Als rechtfertigendes Motiv genügt ein legitimes Geschäftsinteresse[450], so dass auch das Interesse des Anbieters an Nutzungsprofilen als Motivation für den Einsatz von Web Bugs und Cookies ausreichen dürfte. Auch für die sonstige staatliche Datenerhebung werden geringe Maßstäbe an den „legitimen Grund" gestellt.[451] Ein Schutz wird wie bei der Prüfung des 4. Zusatzartikels nach dem „reasonable expectation"-Test auch nur dann gewährt, wenn der Betroffene subjektiv die Wahrung seiner Privatsphäre erwartet hat und diese Erwartung objektiv angemessen war.[452] Dementsprechend ist der Schutz auch hier häufig auf den

---

[444] Siehe hierzu Seite 69ff. dieser Arbeit.

[445] *Dwyer v. American Exp. Co.*, 652 N.E.2d 742 (Appellate Court of Illinois, 1995), S. 745f.; *Lee*, 28 J. Marshall L. Rev., (1994), S. 162f.

[446] Restatement (Second) of Torts, § 625B, Comment d.; *Kaul v. Raina*, 2004 WL 405920 (Court of Appeals of Michigan, 2004), S. 2; *Baggs v. Eagle-Picher Industries, Inc.*, 957 F.2d 268 (U.S. Court of Appeals, 1992), S. 275; *Saldana v. Kelsez- Hayes Co.*, 443 N.W.2d 382 (Court of Appeals of Michigan, 1989), S. 384.

[447] Vgl. Restatement (Second) of Torts § 652B, Comment b.; *Polin.* 67 Am. Jur. Proof of Facts 3d 249, § 9.

[448] *Roach v. Harper*, 105 S.E.2d, 564 (Supreme Court of Appeals of West Virginia, 1958), S. 566f.

[449] *Hill v. National Collegiate Athletic Ass'n*, 865 P.2d 633 (Supreme Court of California, 1994), S. 648 mit Verweis auf *Miller v. NBC*, 187 Cal. App. 3d 1463 (Court of Appeals of California, 1986); *Beaumont v. Brown*, 65 Mich. App. 455 (Court of Appeals of Michigan, 1975), S. 462 ("It is clear that this area of the right to privacy is concerned with the manner of procuring information as well as the nature of the information obtained."); Siehe auch *Luedtke v. Nabors Alaska Drilling, Inc.*, 768 P.2d 1123 (Supreme Court of Alaska, 1989), S. 1136f.; *Jennings v. Minco Tech. Labs. Inc.*, 765 S.W.2d 497 (Court of Appeals of Texas, 1989), S. 499; *Saldana v. Kelsez- Hayes Co.*, 443 N.W.2d 382 (Court of Appeals of Michigan, 1989), S. 384.

[450] *Saldana v. Kelsey- Hayes Co.*, 443 N.W.2d 382 (Court of Appeals of Michigan, 1989), S. 384.

[451] *Chlapowski*, 71 B.U. L. Rev. 133 (1991), S. 134.

[452] *Hill v. National Collegiate Athletic Ass'n*, 865 P.2d 633 (Supreme Court of California, 1994), S. 648; *Simmons v. Southwestern Bell Tel. Co.*, 452 F. Supp. 392 (U.S. District Court,

Bereich der besonders sensiblen Daten beschränkt.[453] Dies wurde in der Entscheidung *Tobin v. Michigan Civil Serv. Comm'n* (1982) bestätigt, in der ein Anspruch des Betroffenen abgelehnt wurde, da der Name und die Adresse des Betroffenen keine persönlichen, intimen oder peinlichen Informationen darstellten.[454] In der Begründung heißt es, dass bislang kein Gericht eine Klage für begründet gehalten habe, die sich lediglich auf den Namen und Adressen bezogen hatte.[455] Da es sich bei den durch Cookies und Web Bugs verarbeiteten Daten grundsätzlich nicht um Daten handelt, die die Sensibilität von Name und Adresse des Betroffenen übersteigen, scheidet ein Anspruch des Websurfers auch aus diesem Grunde aus. Eine „Intrusion upon Seclusion" soll auch nicht vorliegen, wenn die Daten zunächst freiwillig offenbart wurden oder der Betroffene der Datenverarbeitung zugestimmt hat. Ein Berufungsgericht von Illinois hat in *Dwyers v. American Exp. Co.* (1995) in diesem Zusammenhang eine Zustimmung zur Auswertung bestimmter Nutzungsdaten und das anschließende Versenden von Werbe-E-Mails bereits in der bloßen Nutzung einer Kreditkarte gesehen.[456] Dies wird für den Einsatz von Cookies und Web Bugs bedeuten, dass bereits der Besuch verschiedener Webseiten eine Zustimmung des Websurfers zu dem Einsatz von Cookies und Web Bugs darstellt, die die Unzulässigkeit des Erstellens von Nutzungsprofilen zu Werbezwecken ausschließt.[457] Auch das Common Law Privacy Tort „Intrusion upon Seclusion" hat somit für das „ob" und „wie" des Einsatzes von Cookies und Web Bugs keine Bedeutung.[458]

3. „Public Disclosure of Private Facts"

Das Common Law „Public Disclosure of Private Facts" schützt gegen die Offenbarung von privaten Informationen. Ein Schutz gegen die sonstige Datenerhebung und -verarbeitung wird nicht gewährt.[459] Eine „public disclosure" im Sinne dieser Fallgruppe setzt eine Veröffentlichung an die Allgemeinheit vor-

---

Western District of Oklahoma, 1978) , S. 396, aff'd, 611 F.2d 342 (Court of Appeals, 10th Cir., 1979).

453 *Hill v. National Collegiate Athletic Ass'n*, 865 P.2d 633 (Supreme Court of California, 1994), S. 648.

454 *Tobin v. Michigan Civil Serv. Comm'n*, 331 N.W.2d 184 (Supreme Court of Michigan, 1982), S. 190 („names and addresses are not ordinarily personal, intimate, or embarrassing pieces of information").

455 *Tobin v. Michigan Civil Serv. Comm'n*, 331 N.W.2d 184 (Supreme Court of Michigan, 1982), S. 190 ("[n]o other jurisdiction has ever recognized a cause of action based on the release of an individual's name and address, without more."); Siehe auch *McNutt v. New Mexico State Tribune Co.*, 538 P.2d 804 (Court of Appeals of New Mexico), S. 808, cert. denied, 88 N.M. 318, 540 P.2d 248 (Supreme Court of New Mexico, 1975).

456 *Dwyer v. American Exp. Co.*, 652 N.E.2d 742 (Appellate Court of Illinois, 1995), S. 745f.

457 *Forrett*, 20 Touro L. Rev. 507 (2004), S. 527.

458 *Cody*, 49 Cath. U. L. Rev. 1183 (1999), S. 1196; *Cate*, Privacy in the Information Age, S. 89.

459 *Reidenberg*, 44 Fed. Comm. L.J. 195 (1992), S. 223.

aus.[460] Die Weiterleitung an eine kleine Gruppe von Empfängern soll hierfür nicht ausreichen.[461] Eine „Veröffentlichung" würde hiernach dann vorliegen, wenn die Informationen beispielsweise auf einer allgemein zugänglichen Webseite oder in der Zeitung verbreitet werden. Manche Gerichte haben an die „Veröffentlichung" zwar weniger strenge Maßstäbe gestellt. So hat der Supreme Court von Michigan in *Beaumont v. Brown* (1977) eine „Veröffentlichung" angenommen, wenn die Informationen an eine „öffentliche" Person weitergegeben werden oder für den Betroffenen von besonderer Sensibilität seien.[462] Da bei dem Einsatz von Cookies oder Web Bugs regelmäßig weder besonders sensible Informationen betroffen sind, noch diese an eine öffentliche Person weitergegeben werden, scheidet eine „Veröffentlichung" aber auch nach dieser Ansicht aus.

Hoffnung für eine allgemeine Anwendbarkeit des Common Law-Tatbestands auf datenschutzrechtliche Fragestellungen gab das Verfahren *Dennis v. Metromail Corporation* aus dem Jahre 1999, in der die Praxis zur Überprüfung stand, personenbezogene Daten im Austausch gegen Einkaufsgutscheine einzufordern und diese Daten anschließend auf verschiedenen Wegen der Öffentlichkeit, z. Bsp. über eine 1-900-Nummer, gegen Bezahlung zu offenbaren.[463] Das Gericht nahm das Recht der „Public Disclosure of Private Facs" als Rechtsgrundlage für die Klage der Betroffenen an, so dass das Verfahren in einem Vergleich in Millionenhöhe endete.[464] Die Rechtsansicht des Gerichts wurde aber auf die Verschleierungstaktik des Unternehmens sowie die Tatsache gestützt, dass es den tatsächlichen Nutzungszweck der Daten nicht bekannt gemacht hatte. Auch aus diesem Grunde ist aus der Entscheidung in Folgeverfahren nicht geschlossen worden, dass der Common Law-Tatbestand generell auf datenschutzrechtliche Fälle anwendbar oder der Verkauf von personenbezogenen Daten grundsätzlich unzulässig sei. Auch in der Folgezeit sind die Gerichte bei einer restriktiven Anwendung dieser Fallgruppe des Common Law geblieben, so dass ein Schutz

---

460 Restatement (second) of Torts, § 652D; *Rycroft v. Gaddy*, 314 S.E.2d 39 (Court of Appeals, South Carolina, 1984), S. 43 ("The disclosure of private facts must be a public disclosure, and not a private one; there must be, in other words, publicity").

461 *Beard v. Akzona*, 517 F. Supp. 128 (U.S. District Court, E.D. Tennessee, 1981), S. 132; *Bohlmann*, Privacy in the Age of Information, Nr. 2.1.

462 *Beaumont v. Brown*, 257 N.W.2d 522 (Supreme Court, Michigan, 1977), S. 531 ("An invasion of a plaintiff's right to privacy is important if it exposes private facts to a public whose knowledge of those facts would be embarrassing to the plaintiff. Such a public might be the general public, if the person were a public figure, or a particular public such as fellow employees, club members, church members, family, or neighbors, if the person were not a public figure.").

463 *Dennis v. Metromail Corporation*, Klage vom 18. April 1996, Cause No. 96-04451, District of Texas.

464 *Plaintiffs v. Metromail Corp.*, Notice of Pencency and Proposed Settlement of Class Action and Settlement Hearing, No. 96-04451, 7.07.1999, District Court of Travis County, Texas.

des Websurfers gegen den Einsatz von Cookies und Web Bugs auch hiernach nicht begründet ist.[465]

4. „False Light Publicity“

Das Common Law der „False Light Publicity“ erfasst nur die Veröffentlichung von unrichtigen oder irreführenden persönlichen Informationen und hat deshalb für den Datenschutz des Websurfers keine praktische Bedeutung.[466] Es ist auch eine Veröffentlichung in dem oben genannten Sinne erforderlich, so dass ein Recht auf Datenschutz des Websurfers, das einem Einsatz von Cookies und Web Bugs entgegenstünde, auch deswegen ausscheidet.[467]

5. „Misappropriation of an Individual's Name"

Die Fallgruppe der „Misappropriation of an Individual's Name“ schützt nicht nur gegen die Anmaßung des Namens, sondern auch gegen die Anmaßung des Persönlichkeitswerts des Betroffenen.[468] In der Literatur wird die Ansicht vertreten, dass das Anlegen von Persönlichkeitsprofilen mit Informationen über den Betroffenen diese Voraussetzung erfüllt, da die persönlichen Informationen den Wert der eigenen Persönlichkeit bestimmten.[469] Dies wurde von den Gerichten allerdings bislang nicht bestätigt. Der Anwendungsbereich dieser Fallgruppe erfasse zwar den Schutz des „Wertes“ der Persönlichkeit, nicht aber ein generelles Recht auf informationelle Selbstbestimmung in der Form eines Schutzrechtes gegen die Erhebung von persönlichen Daten.[470] Konsequent wird auch ein Schutz gegen das Anlegen von Nutzungsprofilen unter dieser Fallgruppe nicht anerkannt[471], weswegen eine Unzulässigkeit von Cookies und Web Bugs auch hieraus nicht abzuleiten ist.[472]

---

[465] *Gindin*, 34 San Diego L. Rev. 1153 (1997), S. 1191; *Graham*, 65 Tex. L. Rev. 1395 (1987), S. 1412.
[466] *Graham*, 65 Tex. L. Rev. 1395 (1987), S. 1412.
[467] *Polin v. Dun & Bradstreet*, 768 F.2d 1204 (U.S. Court of Appeals, 10th Circuit, 1985), S. 1206; *Graham*, 65 Tex. L. Rev. 1395 (1987), S. 1412.
[468] *Shibley v. Time, Inc.*, 45 Ohio App. 2d 69 (Court of Appeals of Ohio, 1975), S. 72; *Goodyear Tire & Rubber Co. v. Vandergriff*, 184 S.E. 452 (Court of Appeals of Georgia, 1936), S. 454; *Bartholomew v. Workman*, 169 P.2d 1012 (Supreme Court of Oklahoma, 1946), S. 1014.
[469] *Reidenberg*, 44 Fed. Comm. L.J. 195 (1992), S. 226.
[470] *Shibley v. Time, Inc.*, 45 Ohio App. 2d 69 (Court of Appeals of Ohio, 1975), S. 72f; Vgl. auch Restatement (Second) of Torts, § 652C, Comment c, wonach sich die Anmassung auf die "reputation, prestige, social or commercial standing [or] public interest" beziehen muss).
[471] *Dwyer v. American Exp. Co.*, 652 N.E.2d 742 (Appellate Court of Illinois, 1995), S. 749; *Graham*, 65 Tex. L. Rev. 1395 (1987), S. 1412; *Trubow*, 10 N. Ill. U. L. Rev. 521 (1990), S. 539; *Gindin*, 34 San Diego L. Rev. 1153 (1997), S. 1192.
[472] Vgl. zu der mangelnden Brauchbarkeit der Common Law Privacy Torts in der derzeitigen Anwendung durch die Gerichte auch *Kang*, 50 Stan. L. Rev. 1193 (1998), S. 1231, Fn. 159 m.w.N.; Class Action Reporter, May 6, 2001, Vol. 3, No. 90, “Privacy Invastion: Not Yielding Much Payoff” („... state laws related to invasion of privacy were written to address such

III. Das Common Law des „Trespass to Chattels“

Das Common Law des “Trespass to Chattels”, was übersetzt ein „unbefugtes Eindringen in das Eigentum“ bedeutet, wird von den Gliedstaaten als Anspruchsgrundlage im Bereich des Deliktsrechts bereits seit den 70er Jahren anerkannt.[473] Ein Schadensersatzanspruch soll bestehen, wenn ohne die Zustimmung des Betroffenen das Eigentum des Betroffenen genutzt oder in sonstiger Weise beeinträchtigt wird und das Eigentum hierdurch in seinem Zustand, seiner Qualität oder seines Wertes beschädigt oder der Besitzer wesentlich in seiner Nutzungsmöglichkeit gehindert wird.[474] Einige Internetnutzer haben dieses traditionelle Common Law zur Begründung der Unzulässigkeit von unerwünschten E-Mails, sogenannten Spam-Mails, in jüngster Vergangenheit erfolgreich in Rechtsstreitigkeiten für sich genutzt.[475] In der Literatur wird unter Heranziehung dieser Rechtsprechung vertreten, dass auch der Einsatz von Cookies ebenfalls ein unbefugtes Eindringen in diesem Sinne darstellt.[476] Bei der Beurteilung der Wahrscheinlichkeit eines Ausgangs aktueller Entscheidungen ist jedoch zu berücksichtigen, dass die Gerichte die bereits im Jahre 1978 in den Restatement of Torts festgelegten Anspruchsvoraussetzungen auch in modernen Fallgestaltungen weitgehend beibehalten haben.[477] Somit ist auch für den Einsatz von Cookies ein Anspruch auf Schadensersatz nur begründet, wenn der Einsatz entweder einen Schaden oder eine wesentliche Nutzungsbeeinträchtigung verursacht. Der Gebrauch des Computers als Eigentum des Betroffenen wird bei dem Einsatz von Cookies und Web Bugs aber nicht wesentlich behindert. Zwar wurde teilweise bestätigt, dass auch eine unwesentliche Nutzungsbeeinträchtigung einem Anspruch nicht entgegensteht. Hiernach könnte auch der Einsatz von Cookies, der die Speicherung einer Datei auf der Festplatte des Computers bewirkt, einen Eingriff darstellen, der einen Anspruch des Websurfers begründet. Auch bei unwesentlicher Nutzungsbeeinträchtigung wird jedoch verlangt, dass ein Schaden des Eigentums oder eine sonstige Beeinträchtigung des Wertes, des Zustands oder der Qualität des Eigentums festgestellt werden

---

things as improperly using a celebrity's likeness and portraying someone in a false light, not collecting or selling presonal information.“).

473 Vgl. *Forrett*, 20 Touro L. Rev. 507 (2004), S. 523ff.; *Albrecht*, 36 Suffolk U. L. Rev. 421 (2003), S. 436f.

474 Restatement (Second) of Torts § 218 (1979).

475 So *Compuserve Inc. v. Cyber Promotions Inc.*, 962 F. Supp. 1015 (1997), S. 1022ff.; *America Online, Inc. v. LCGM, Inc.*, 46 F. Supp. 2d 444 (1998), S. 451f.; Vgl. auch *Register.com, Inc. v. Verio, Inc.*, 126 F. Supp. 2d 238 (U.S. District Court, S.D. N.Y., 2000), S. 255; *eBay, Inc. v. Bidders's Edge, Inc.*, 100 F. Supp. 2d 1058 (U.S. District Court, N.D. California, 2000), S. 1073.

476 So *Albrecht*, 36 Suffolk U. L. Rev. 421 (2003), S. 436f.

477 *Compuserver v. Cyberpromotions*, 962 F. Supp. 1015 (U.S. District Court, S.D. Ohio, 1997), S. 1022; *America Online, Inc. v. LCGM, Inc.*, 46 F. Supp. 2d 444 (U.S. District Court, E.D. Virginia, 1998), S. 451f.

kann.[478] Ein Schaden an dem Computer des Websurfers wird jedoch weder durch den Einsatz von Cookies als auch durch den Einsatz von Web Bugs bewirkt, so dass ein Anspruch des Websurfers im Ergebnis ausscheiden.[479]

IV. Zusammenfassung

Ein Recht auf Datenschutz wird auf Gliedstaatenebene vereinzelt durch bereichsspezifische Gesetze wie z. Bsp. das CPACSA in Kalifornien gewährt, die aber für das „ob" und „wie" des Einsatzes von Cookies und Web Bugs keine Bedeutung haben. Ein allgemeines Datenschutzgesetz besteht nicht. Auch die Common Law Privacy Torts oder das Common Law „Trespass to Chattels" begründen kein Recht des Websurfers, das die Zulässigkeit des Einsatzes von Cookies und Web Bugs berührt.

V. Stellungnahme

Die Ausführungen haben gezeigt, dass auch das Gliedstaatenrecht dem Websurfer keinen adäquaten Datenschutz für das WWW einräumt. Es bestehen keine Vorschriften, die sich dem Problem der Cookies oder Web Bugs widmen. Das Richterrecht des Common Law ist zwar wegen seiner einzelfallabhängigen Ausprägung grundsätzlich geeignet, auf moderne Entwicklungen zu reagieren. Auch die Gerichte halten aber an Vorgaben aus Zeiten fest, in denen das Internet noch nicht existierte. Dies ist teilweise begründet in der doctrine of precedence, die ein Abweichen von vorangehenden Entscheidungen nur eingeschränkt zulässt. Allerdings wäre auch unter Berücksichtigung dieser Doktrin bei neuen Sachverhalten, die sich für den Datenschutz im WWW häufig stellen, eine an diese moderen Fallgestaltungen angepasste Rechsprechung durch das „distinguishing" des zugrundeliegenden Sachverhalts möglich[480], was aber bislang nicht erfolgt ist. Deswegen ist auch das aktuelle Richterrecht nicht in der Lage, einen adäquaten Datenschutz des Websurfers zu begründen. Zu fordern bleibt somit für einen wirksamen Datenschutz des Websurfers eine Anpassung der aktuellen Rechtsprechung an die Realitäten des WWW.

Positiv zu beurteilen ist zwar die einheitliche Vorgabe zur Anwendung des Deliktsrechts durch die Restatement of Torts. Hierdurch ist es möglich, eine gewisse Rechtssicherheit des Websurfers trotz des auf der Ebene des Gliedstaatenrechts angeordneten Common Law Case Law zu erreichen. Allerdings wäre für einen auch auf die modernen Herausforderungen wie Cookies und Web Bugs

---

[478] *eBay, Inc. v. Bidders's Edge, Inc.*, 100 F. Supp. 2d 1058 (U.S. District Court, N.D. California, 2000), S. 1069 (Even conduct that "does not amount to a substantial interference with possession, but which consists of intermeddling with or use of another's personal property, is sufficient to establish a cause of action for trespass to chattel."); *Compuserver v. Cyberpromotions*, 962 F. Supp. 1015 (1997), S. 1022.

[479] So *Forrett*, 20 Touro L. Rev. 507 (2004), S. 526.

[480] *Lundmark*, JuS 2000, S. 549.

zugeschnittenen Datenschutz notwendig, dass auch die Vorgaben diesen Herausforderungen angepasst werden.[481] Dies wurde bislang versäumt. Weiterhin wurden die Vorgaben der Restatement of Torts auch nicht so einheitlich umgesetzt, wie die Rechtssicherheit des Websurfers dies erfordert. Insbesondere in dem globalen Medium WWW kann eine bereits auf nationaler Ebene uneinheitliche Rechtsanwendung den Gefahren für den Datenschutz aber nicht gerecht werden.

---

481 Vgl. auch *Keck*, 13 Alb. L.J. Sci. & Tech. 83 (2002), S. 107ff.

3. Teil: Das deutsche Recht

A. Das Civil Law-System der Bundesrepublik Deutschland

Der kontinentaleuropäische Rechtskreis hat sich vor allem aus dem römischen Recht in der Form des Corpus Juris Civilis des byzantinischen Kaisers Justinian I. entwickelt, dessen zweiter Teil die sogenannten Digesten und Pandekten als Zusammenfassung der klassischen römischen Juristenschriften enthält. Das deutsche Rechtssystem, das auch als Civil Law-System bezeichnet wird, hat mit der im Mittelalter einsetzenden Rezeption des römischen Rechts die auf wissenschaftlichen Gesichtspunkten beruhende systematische Strukturierung der Rechtssätze, Bildung von logischen Grundsätzen und Oberbegriffen des römischen Rechts übernommen.[482]

Seinem Ursprung entsprechend stellt das deutsche Recht heute ein Normensystem dar, das aus Gesetzestexten besteht, die durch Akademiker in Unterstützung der Legislative in systematischer Struktur unter Bemühung allgemeiner Rechtssätze und Oberbegriffe formuliert und durch die Parlamente verabschiedet werden. Erst danach greift die Judikative ein, indem sie den Einzelfall unter bestehende allgemeine Regeln subsumiert. Der Judikative kommt also nur in Anwendung der abstrakten Rechtsregeln Bedeutung zu.[483] Auch für die Prüfung der Zulässigkeit der Cookies und Web Bugs ist die Gerichtsentscheidungen daher anders als im U.S.-amerikanischen Rechtssystem nur von zweitrangiger Wichtigkeit.

Eine Ausnahme zu dem Vorangesagten gilt für die Anwendung der Grundrechte des Grundgesetzes. Hier hat das Bundesverfassungsgericht (BVerfG) eine stark rechtsfortbildende Rolle eingenommen, indem es die bestehenden Verfassungsnormen im Lichte moderner Entwicklungen anwendet und hierbei auch neue Fallgestaltungen bestehender Grundrechte wie das Recht auf informationelle Selbstbestimmung aus dem ebenfalls nicht ausdrücklich benannten allgemeinen Persönlichkeitsrecht als Grundrecht auf Datenschutz bestätigt.[484] Bei der Prüfung der Grundrechte kommt somit auch den Entscheidungen des BVerfG besondere Bedeutung zu.

Im Folgenden werden die bestehenden deutschen Rechtsquellen, d.h. das Grundgesetz in Ausprägung durch das BVerfG, die bundesrechtlichen und die landesrechtlichen Vorschriften unter Berücksichtigung der supranationalen

---

[482] *Miedbrodt*, Unterschiede im Regulierungsverständnis, S. 274.

[483] Ausnahmen bestehen auch im deutschen Recht z. Bsp. im Bereich des Arbeitskampfrechts und des Verschuldens bei Vertragsverletzungen; Vgl. hierzu *Lundmark*, JuS 2000, S. 549 m.w.N.; Diese Bereiche sind jedoch für die Fragestellung dieser Arbeit nicht von Bedeutung.

[484] Zu der Bindungswirkung der Entscheidungen des BVerfG als Präjudizien siehe *Lundmark*, JuS 2000, S. 546f.

Vorgaben darauf untersucht, ob sie ein Recht auf Datenschutz begründen, das dem Einsatz der Cookies und Web Bugs entgegensteht.

B. Die Vorgaben des Europarechts im weiteren Sinne

Die Fragestellung dieser Arbeit betrifft Europarecht im weiteren Sinne. Dieses umfasst neben dem Vertrag von Amsterdam aus dem Jahre 1999 die sogenannten Gemeinschaftsgrundrechte, die der Europäische Gerichtshof (EuGH) in Anlehnung an die EMRK und die Verfassungen der Mitgliedstaaten entwickelt hat, die EU-Verfassung sowie auf der Ebene des Europarats das Übereinkommen zum Schutz der Menschen bei automatischer Verarbeitung personenbezogener Daten vom 28.01.1981 und die Europäische Konvention zum Schutze der Menschenrechte und Grundfreiheiten (EMRK) vom 4.11.1950. Zu prüfen ist im Folgenden, ob diese Rechtsquellen verbindliche Vorgaben für das nationale Datenschutzrecht der Bundesrepublik für die rechtliche Beurteilung von Cookies und Web Bugs begründen.

I. Das Gemeinschaftsrecht

1. Der Vertrag von Amsterdam

Der Vertrag von Amsterdam ist am 1.05.1999 als Vertragsänderung des Vertrags zur Gründung der Europäischen Wirtschaftsgemeinschaft in Kraft getreten und hat Art. 286 in den Vertrag zur Gründung der Europäischen Gemeinschaft (EGV) eingeführt, wonach die Rechtsakte der EU über den Schutz natürlicher Personen bei der Datenverarbeitung und dem freien Datenverkehr auch auf die Organe und Einrichtungen der Gemeinschaft Anwendung finden.[485] Der Datenschutz hat hierdurch auf der Ebene des primären Gemeinschaftsrecht eine Aufwertung erfahren. Eine weitergehende, für die rechtliche Beurteilung des Einsatzes von Cookies und Web Bugs bedeutende Regelung ist in dem EGV jedoch nicht enthalten.

2. Die Gemeinschaftsgrundrechte des EuGH und die Grundrechte der EU-Verfassung

In den Verträgen der Europäischen Gemeinschaft wurde kein eigenständiger Grundrechtskatalog kodifiziert.[486] In der Entscheidung Stauder (1959) hat der EuGH jedoch das Bestehen der „in den allgemeinen Grundsätzen der Gemeinschaftsrechtsordnung, deren Wahrung der Gerichtshof zu sichern hat, enthalte-

---

[485] Vertrag von Amsterdam zur Änderung des Vertrags über die Europäische Union, der Verträge zur Gründung der Europäischen Gemeinschaften sowie einiger damit zusammenhängender Rechtsakte, unterzeichnet in Amsterdam am 2.10.2007, Abl. der EG Nr. C 340 vom 10.11.1997; Vgl. auch *Lenz*, EG-Vertrag, Art. 286 Rndnr. 2.

[486] *Dreier*, in: *Dreier*, GG-Komm., Band I, Vorb., Rndnr. 40.

nen Grundrechte der Person" bestätigt.[487] Die einzelnen Gemeinschaftsgrundrechte wie auch das Recht auf Privatleben wurden im Wege des Richterrechts geprägt. Der EuGH hat sich bei der Begründung durch Rechtsvergleich neben den nationalen Verfassungen auch der internationalen Abkommen über Menschenrechte wie der EMRK bedient[488] und die Grundrechte des EMRK als allgemeine Rechtsgrundsätze bestätigt, die der EuGH zu wahren hat.[489]

Auch die EU-Verfassung, die durch die Staats- und Regierungschefs der EU am 29.10.2004 unterzeichnet wurde[490], bezieht in Art. 9 die Rechte, Freiheiten und Grundsätze der Grundrechtscharta und somit auch die darin enthaltenen Grundrechte als integralen Bestandteil der Verfassung ein.[491]

Diese ungeschriebenen Gemeinschaftsgrundrechte und ab Inkrafttreten der Verfassung kodifizierten Grundrechte richten sich allerdings gegen Hoheitsakte der Gemeinschaftsorgane und binden die Mitgliedstaaten nur, soweit nationale Regelungen in den Anwendungsbereich des Gemeinschaftsrechts fallen.[492] Bei rein nationalen Maßnahmen wie dem Einsatz von Cookies oder Web Bugs durch bundesdeutsche Träger von Hoheitsgewalt oder dem deutschen Recht unterfallene Private finden sie dagegen keine Anwendung, weshalb eine weitere Erörterung unterbleiben kann.

3. Die Europarichtlinien zum Datenschutz

a. Die Datenschutzrichtlinie 95/46/EG

Für den Datenschutz des Websurfers relevant ist die Richtlinie 95/46/EG des Europäischen Parlaments und des Rates zum Schutz natürlicher Personen bei

---

[487] EuGH, Rs. 29/69 (*Stauder*), Slg. 1969, 419, 425, Rndnr. 7; Vgl. auch Rs. 11/70 (*Internationale Handelsgesellschaft*), Slg. 1970, 1125, 1126, Rndnr. 2; Rs. 4/73, (*Nold*), Slg. 1974, 491, Rndnr. 2.

[488] *Schweitzer*, Europarecht, Rndnr. 797; *Philippi*, Die Charta der Grundrechte der Europäischen Union, S. 47; *Kugelmann*, Grundrechte in Europa, S. 22; *Oppermann*, Europarecht, S. 161; *Dörr/Schiedermair*, Rundfunk und Datenschutz, S. 55; *Pieper*, MenschenRechtsMagazin Heft 1/98, März 1998, S. 28; *Brökelmann*, Steine statt Brot?, S. 38; *Kutscher*, Der Grundrechtsschutz im Europäischen Gemeinschaftsrecht, S. 41, 42; *Lavranos*, DuD 1996, S. 401; EuGH Rs. 46/87 (*Hoechst*), Slg. 1989, 2859ff.

[489] EuGH Rs. C-288/89 (*Stichting*), Slg. 1991 I-4035, 4043, Rndnr. 23; Rs. 136/79 (*National Panasonic./.Kommission*), Slg. 1980, 2033, 2057, Rndnr. 18; Rs. C-23/93 (*TV10 SA ./. Commissariaat voor de Media*), Slg. 1994 I, 4795, 4833, Rndnr. 24 mit Verweis auf Rs. C-260/89 (*ERT*), Slg. 1991, I-2925, Rndnr. 41 und C-353/89 (*Kommission./.Niederlande*), Slg. 1991, I-4007, Rndnr. 22f.

[490] ABl. 2004/C 310/01, einsehbar unter http://ue.eu.int/uedocs/cmsUpload/cg00087-re02.de04.pdf; Nach der Unterzeichnung in Rom muss der Verfassungsvertrag die verschiedenen mitgliedstaatlichen Ratifizierungsverfahren durchlaufen; Der Vertrag soll nach der Ratifizierung durch die Mitgliedstaaten zum 1.11.2006 in Kraft treten.

[491] Vgl. Vertrag über eine Verfassung für Europa vom 25.10.04, Art. I-9(1), einsehbar unter http://www.politikerscreen.de/static/spezial/quizzspezial/cg00087-re01co02.de04.pdf.

[492] *Kutscher*, Der Grundrechtsschutz im Europäischen Gemeinschaftsrecht, S. 46; *Ruffert*, EuGRZ 1995, S. 518ff.

der Verarbeitung personenbezogener Daten und zum freien Datenverkehr (die „Datenschutzrichtlinie") vom 24. Oktober 1995.[493] Sie wurde wegen des unterschiedlichen Datenschutzniveaus in den Mitgliedstaaten zur Angleichung der Datenschutzvorschriften für erforderlich gehalten, um einen funktionierenden Binnenmarkt durch „gleichwertigen" Grundrechtsschutz zu erreichen[494] und verpflichtet die Mitgliedstaaten zum Schutz der Privatsphäre natürlicher Personen bei der Verarbeitung personenbezogener Daten.[495] Unter Datenverarbeitung wird jeder Umgang mit personenbezogenen Daten wie das Erheben, Speichern, die Aufbewahrung und die Weitergabe der Daten verstanden.[496] Anwendbar ist die Richtlinie auf die automatisierte oder teilweise automatisierte Verarbeitung von personenbezogenen Daten[497] unabhängig von der Sensibilität oder sonstiger Umstände der Datenverarbeitung.[498] Durch diesen weiten und technikneutralen Anwendungsbereich gilt die Richtlinie auch für das Websurfen und den damit verbundenen Einsatz von Cookies und Web Bugs.[499] Ausgehend von einem prinzipiellen Verbot der Datenverarbeitung mit Erlaubnisvorbehalt soll eine Verarbeitung von personenbezogenen Daten grundsätzlich unzulässig sein, wenn keine gesetzlichen Vorschriften eine Zulässigkeit vorsehen oder der Betroffene „ohne jeden Zweifel" eingewilligt hat.[500] Neben diesem Einwilligungserfordernis soll dem Betroffenen nach Art. 14 der Richtlinie für bestimmte Fälle der Datenverarbeitung wie z. Bsp. für den Fall, dass die Datenverarbeitung für die Wahrnehmung einer öffentlichen Aufgabe erforderlich ist, ein Widerspruchsrecht eingeräumt werden.[501] Ein Widerspruchsrecht soll auch für den Fall der Datenverarbeitungen zum Zwecke der Direktwerbung bestehen.[502]

Nach dem in der Richtlinie enthaltenen Gebot der Zweckbindung sollen die Mitgliedstaaten sicherstellen, dass personenbezogene Daten sachlich richtig und aktuell sind und nur für vor der Datenverarbeitung eindeutig festgelegte und rechtmäßige Zwecke erhoben werden. Jede spätere Verarbeitung darf aber für Zwecke erfolgen, die mit diesen ursprünglichen Zwecken „vereinbar" sind.[503] Insoweit wird der Zweckbindungsgrundsatz durch die Richtlinie nur abge-

---

493 ABl. EG Nr. L 281 vom 23.11.95, S. 31.
494 Erwägungsgrund 3, 9, 10 der Richtlinie.
495 Vgl. auch *Brühann*, DuD 2004, S. 201.
496 Siehe Art. 2 b) der Richtlinie; Vgl. auch *Brühann*, DuD 2004, S. 202.
497 Siehe Erwägungsgrund 27 der Richtlinie.
498 EuGH, Urteil v. 20.05.2003, Rs. C-465/00 u.a., DuD 2003, S. 578.
499 *Brühann*, DuD 2004, S. 206.
500 Siehe Art. 5, 7 der Richtlinie; Hierzu auch *Gounalakis/Mand*, CR 1997, S. 433.
501 Siehe Art. 7 (e) der Richtlinie.
502 Siehe Art. 14 (b) der Richtlinie.
503 Siehe Art. 6 Abs. 1 b).

schwächt realisiert.[504] Für die sogenannten „sensiblen Daten" sollen besondere Vorkehrungen getroffen werden.[505]

Die Transparenz der Datenverarbeitungen soll gewährleistet werden, indem der Betroffene über die erhobenen Daten und den Verwendungszweck informiert wird. Nach Art. 10 der Datenschutzrichtlinie muss der Betroffene von der verantwortlichen Stelle zumindest über die Identität des für die Verarbeitung Verantwortlichen, die Zweckbestimmungen der Verarbeitung, die Empfänger oder Kategorien der Empfänger der Daten und die Frage, ob die Beantwortung der Fragen obligatorisch oder freiwillig ist, in Kenntnis gesetzt werden. Weiterhin muss ihm ein Recht auf Auskunft über die Datenverarbeitungen eingeräumt werden.[506] Der für die Verarbeitung Verantwortliche soll geeignete technische und organisatorische Sicherheitsmaßnahmen treffen. Eine oder mehrere öffentliche Stellen sollen als Kontrollstellen innerhalb der Mitgliedstaaten die einzelstaatlichen Datenschutzvorschriften „in völliger Unabhängigkeit" überwachen.[507] Ausnahmen von den genannten Grundsätzen werden nur bei Vorliegen der festgelegten Tatbestände zugelassen, so z. Bsp. wenn die Sicherheit des Staates dies erforderlich macht.[508]

b. Die Datenschutzrichtlinie für elektronische Kommunikation 2002/58/EG

Die Datenschutzrichtlinie für elektronische Kommunikation vom 31. Juli 2002[509] bezweckt eine Vereinheitlichung des Schutzniveaus im Binnenmarkt für den Schutz von personenbezogenen Daten bei der Bereitstellung öffentlich zugänglicher elektronischer Kommunikationsdienste.[510] Die Mitgliedstaaten sollen die Vertraulichkeit von Nachrichten, d.h. jeder „Information, die über einen öffentlich zugänglichen elektronischen Kommunikationsdienst ausgetauscht oder weitergeleitet wird"[511], sicherstellen.[512] Nach Art. 5 Abs. 3 der Richtlinie, der auch als „Cookie-Klausel" bezeichnet wird[513], setzt die zulässige Nutzung der Kommunikationsnetze zur Speicherung von Informationen bzw. der zulässige Zugriff auf Informationen, die im Rechner eines Betroffenen hinterlegt sind, voraus, dass der Betroffene klare und umfassende Informationen insbesondere über die Zwecke der Verarbeitung erhält und durch den für diese Verarbeitung

---

[504] *Dammann/Simitis*, EG-Datenschutzrichtlinie, Art. 6 Nr. 8; Vgl. zu dem Zweckbindungsgebot nach deutschem Verfassungsrecht Seite 180 dieser Arbeit.
[505] Siehe Art. 8 der Richtlinie.
[506] Siehe Art. 10-12 der Richtlinie.
[507] Siehe Art. 28 Abs. 1 der Richtlinie.
[508] Siehe Art. 13 Abs. 1 der Richtlinie.
[509] ABl. EG Nr. L 201 vom 31.7.2002, S. 37.
[510] Siehe Art. 1 (1) der Richtlinie; Die sog. „E-Commerce-Richtlinie" dagegen macht den Schutz personenbezogener Daten ausdrücklich nicht zu ihrem Gegenstand; Vgl. Richtlinie über den elektronischen Geschäftsverkehr, 2000/31/EG, Abl. Nr. L 178 vom 17/07/2000, S. 0001 – 0016, Erwägungsgrund 14, einsehbar unter http://wko.at/rp/ecom-rl-2000-31.pdf.
[511] Siehe Artikel 2 d) der Richtlinie.
[512] Siehe Artikel 5 der Richtlinie.
[513] *Dix*, Rechtliche Regelungen zum Selbst- bzw. Eigendatenschutz, S. 7.

Verantwortlichen auf das Recht hingewiesen wird, die Datenverarbeitung zu verweigern.[514]

c. Die Umsetzung in nationales Recht

Gemäss Artikel 249 EGV sind Richtlinien im Hinblick auf das zu erreichende Ziel für die Mitgliedstaaten verbindlich und müssen vollständig in nationales Recht umgesetzt werden.[515] Verpflichtet ist nicht nur der Bund, sondern wegen der föderalistischen Struktur der Bundesrepublik auch die Länder.[516] Die Wahl der Form und Mittel hierzu bleibt zwar grundsätzlich den Mitgliedstaaten überlassen[517], es sind aber diejenigen Maßnahmen zu ergreifen, „die sich zur Gewährleistung der praktischen Wirksamkeit („effet utile“) der Richtlinien unter Berücksichtigung des mit ihnen verfolgten Zwecks am besten eignen“.[518] Für die Umsetzung ist auch zu beachten, dass die Umsetzung nicht nur für Sachverhalte mit grenzüberschreitender Natur erforderlich ist. Vielmehr sind wegen des umfassenden Anwendungsbereich der Richtlinien auch Sachverhalte rein nationaler, regionaler oder lokaler Natur betroffen.[519]

Ausnahmsweise ist allerdings auch eine unmittelbare Wirkung der Richtlinien möglich, wenn die Richtlinie nicht durch das betreffende Mitgliedsland innerhalb der gesetzten Frist umgesetzt worden ist, die betroffene Vorschrift inhaltlich unbedingt, hinreichend bestimmbar ist und dem Einzelnen subjektive Rechte gegenüber dem Mitgliedsstaat verleiht.[520] Der deutsche Gesetzgeber hat die Vorgaben der Richtlinie - wenn auch verspätet[521] - mit dem Gesetz zur Änderung des Bundesdatenschutzgesetzes am 18.05.2001 in nationales Recht umge-

---

514 Vgl. Art. 5 Abs. 1 Satz 1 der Richtlinie.

515 *Ruffert*, in: *Calliess/ders.*, Art. 249 EGV Rndnr. 43; *Brühann*, DuD 2004, S. 201.

516 *Schaar*, Datenschutz im Internet, S. 37.

517 Art. 249 Abs. 3 EG-Vertrag.

518 EuGH, Rs. 48/75 (*Royer*), Slg. 1976 I-497, 517, Rndnr. 69/73; Vgl. auch EuGH Rs. 102/79 (*Kommission./.Belgien*), Slg. 1980 II-1473, 1487, Rndnr. 12; EuGH Rs. C 361/88 (*Kommission./.Bundesrepublik Deutschland*), Slg. 1991 I/3-2567, 2600f., Rndnr. 15; *Dörr/Schiedermair*, Rundfunk und Datenschutz, S. 60f.; *v. Czettritz*, Patientenfreundliche Packungsbeilage, S. 12; BGHZ 134, S. 30 zur gemeinschaftsrechtlichen Staatshaftung bei Nichtumsetzung einer Richtlinie; *Gounalakis/Mand*, CR 1997, S. 432; *Ruffert*, in: *Calliess/ders.*, Art. 249 EGV Rndnr. 46.

519 EuGH, Rs. C-465/00 u.a. (*Österreichischer Rundfunk u.a.*), Rndnr. 41.

520 *Brühann*, DuD 2004, S. 208 mit Verweis auf EuGH, Rs. C-465/00 u.a. (*Österreichischer Rundfunk u.a.*); *Haslach*, DuD 1998, S. 694f.; *Trosch*, DuD 1998, S. 724; *Herdegen*, Europarecht, S. 148; *Streinz*, Europarecht, S. 142f.

521 Für die Umsetzung der Datenschutzrichtlinie in das nationale Recht wurde den Mitgliedstaaten gemäß Art. 32 Abs. 1 der Richtlinie eine Frist von drei Jahren bis zum 24. Oktober 1998 gesetzt, siehe Art. 32 Abs. 1 der Richtlinie; Die EG-Kommission hatte wegen nicht zeitgemäßer Umsetzung gegen Deutschland im Januar 2000 die Einleitung der dritten Stufe des Vertragsverletzungsverfahrens bekannt gegeben und am 29. November 2000 Klage eingereicht; EuGH, Reg. 625-984 vom 1.12.2000.

setzt.[522] Gleiches gilt für die Datenschutzrichtlinie für elektronische Kommunikation, die ebenfalls verspätet mit der Novellierung der Telekommunikationsvorschriften in das nationale Recht der BRD integriert wurde.[523]

II. Das Übereinkommen des Europarats zum Schutz der Menschen bei automatischer Verarbeitung personenbezogener Daten

Durch das Übereinkommen des Europarats zum Schutz der Menschen bei automatischer Verarbeitung personenbezogener Daten vom 28.01.1981[524], welches für die Bundesrepublik Deutschland am 1.10.1985 in Kraft getreten ist, wurden den beigetretenen Ländern erstmals völkerrechtlich Rechtsgrundsätze für den Datenschutz vorgegeben.[525] Die Konvention richtet sich an ihre Mitgliedstaaten, begründet jedoch als „non self executing treaty"[526] keine unmittelbaren Rechte der Betroffenen.[527] Die Mitgliedstaaten sind mit Beitritt zur Konvention verpflichtet, die in ihr enthaltenen Regeln durch geeignete staatliche Maßnahmen in innerstaatliches Recht umzusetzen.[528] Nach Art. 11 der Konvention stellen die Grundsätze nur einen Mindeststandard dar.[529] Die Konvention enthält die Datenschutzprinzipien Datenqualität (Art 5 c, d), Datensicherheit (Art. 7), eingeschränkte Erfassung (Art. 5a), Zweckbestimmung (Art. 5b), Einsichtnahme durch den Betroffenen (Art. 8) und Verantwortlichkeit des Datenhalters (Art. 8d i.V.m. Art. 10). Da sich der Inhalt der Konvention in Generalklauseln erschöpft, hat sie als Grundlage für weitere Empfehlungen des Europarates für die Umsetzung der Vorschriften in bestimmten Bereichen gedient. Am 23.02.1999 erfolgte die „Empfehlung zum Schutz personenbezogener Daten im Internet"[530], die Nutzer und Anbieter von Internetdiensten auf die aus den Datenschutzprinzipien resultierenden Rechte und Pflichten für das Internet hinweist und im Anhang die „Leitlinien für den Schutz der Privatsphäre im Internet" enthält. So wird beispielsweise von den Anbietern eine frühzeitige und umfassende Aufklärung über die mit ihren Diensten möglicherweise verbundenen Risiken verlangt und an die Nutzer dahingehend appelliert, dass diese alle erreichbaren techni-

---

[522] Gesetz zur Änderung des Bundesdatenschutzgesetzes und anderer Gesetze v. 18.5.2001, BGBl. I, 904; Vgl. hierzu auch *Schaar*, Datenschutz im Internet, S. 37.
[523] *Reimann*, DuD 2004, S. 421.
[524] Konvention Nr. 108, einsehbar unter http://www.datenschutz-berlin.de/recht/eu/eurat/dskon_de.htm.
[525] *Schaar*, Datenschutz im Internet, Rndnr. 84ff.; Vgl. auch *Ellger*, Der Datenschutz im grenzüberschreitenden Datenverkehr, S. 499; *Lavranos*, DuD 1996, S. 401; *Trute*, JZ 1998, S. 830.
[526] Vgl. hierzu *Simitis*, in: *Simitis u.a.*, Komm. z. BDSG, 4. Auflage, § 1 Rndnr. 122.
[527] *Burkert*, CR 1988, S. 753ff.; *Lavranos*, DuD 1996, S. 401.
[528] Art. 4 Abs. 1 der Konvention.
[529] *Hofer*, datenschutz@internet, S. 66.
[530] Empfehlung zum Schutz personenbezogener Daten im Internet (R(99)5), angenommen am 23. Februar 1999.

schen Vorkehrungen zum Aufbau eines hohen Eigenschutzes treffen.[531] Die Empfehlungen selbst sind für die Mitgliedstaaten jedoch unverbindlich.[532]

Auch die generalklauselartigen Vorgaben der Konvention bleiben hinter den Vorgaben der weitaus detaillierteren Europarichtlinien zurück, so dass mit Umsetzung der Richtlinien auch die Vorgaben der Konvention in nationales Recht umgesetzt worden sind.

III. Die Europäische Konvention zum Schutz der Menschenrechte und Grundfreiheiten (EMRK)

1. Ein Grundrecht auf Datenschutz nach der EMRK

Die EMRK ist durch Zustimmungsgesetz vom 7.08.1952[533] in innerstaatliches Recht der Bundesrepublik Deutschland umgesetzt worden und laut Bekanntmachung vom 15.12.1953[534] am 3.09.1953 in Kraft getreten. Der Menschenrechtskatalog der EMRK schafft unmittelbare Individualrechte für „jedermann"[535], die auch für die Zulässigkeit der Cookies und Web Bugs Bedeutung erlangen. Neben der grundsätzlichen Frage, ob die einschlägigen Garantien der EMRK ein Grundrecht auf Datenschutz gewähren, ist für die rechtliche Beurteilung des Einsatzes von Cookies und Web Bugs weiterhin von Bedeutung, ob ein solches Grundrecht in seinem Anwendungsbereich umfassend oder nur auf bestimmte Arten von Daten beschränkt ist.

Mit dem am 1.11.1998 in Kraft getretenen 11. Zusatzprotokoll[536] wurde ein neuer Europäische Gerichtshof für Menschenrechte (EGMR) als ständiger Gerichtshof geschaffen, der den bisherigen Gerichtshof und die Europäische Kommission für Menschenrechte (EKMR) ersetzt.[537] Die bereits ergangenen Entscheidung des EKMR sind aber weiterhin neben den Entscheidungen des EGMR von Bedeutung und werden somit bei der folgenden Prüfung mitberücksichtigt.

Die EMRK erwähnt in ihrem Grundrechtskatalog ein Recht auf Datenschutz nicht ausdrücklich. Ein solches könnte sich jedoch aus Art. 8 Abs. 1 EMRK[538]

---

531 Vgl. hierzu auch 18. Tätigkeitsbericht des BfD, einsehbar unter http://www.bfd.bund.de/information/tb9900/kap32/32_01.html.

532 Vgl. Art. 249 Abs. 5 EGV.

533 BGBl. II 1952, 685, 953.

534 BGBl. II 1954, 14.

535 Siehe Art. 2, 5, 6, 8 - 11 EMRK; Vgl. hierzu auch *Dörr*, Faires Verfahren, S. 60.

536 Protokoll Nr. 11 zur Konvention zum Schutze der Menschenrechte und Grundfreiheiten über die Umgestaltung des durch die Konvention eingeführten Kontrollmechanismus, unterzeichnet am 11.05.1994, BGBl. 1995 II, 579.

537 Vgl. Int. Komm. z. EMRK, C. Historischer Teil, EMRK/11.ZP, Einleitung und Art. 19, S. 3f.

538 Art. 8 Abs. 1 EMRK ("Jede Person hat das Recht auf Achtung ihres Privat- und Familienlebens, ihrer Wohnung und ihrer Korrespondenz.").

oder aus Art. 10 Abs. 1 EMRK[539] und den hierzu ergangenen Entscheidungen ergeben.

a. Art. 8 Abs. 1 EMRK

aa. Der Schutzbereich und das Recht auf Datenschutz

Art. 8 Abs. 1 EMRK schützt das Privat- und Familienleben, die Wohnung und Korrespondenz des Betroffenen. Da Bezugspunkt für den Einsatz von Cookies und Web Bugs weder das Familienleben noch die Wohnung oder Korrespondenz ist, stellt sich die Frage, ob ein Recht auf Datenschutz aus dem Recht auf Privatleben abzuleiten ist. Der Begriff des Privatlebens entzieht sich einer allgemeinen Definition, der EGMR hat eine solche Definition auch ausdrücklich abgelehnt.[540] Bei der Bestimmung des Schutzbereichs ziehen die Konventionsorgane vielmehr eine Orientierung an den Umständen des Einzelfalls einer abstrakten Schutzbereichsbestimmung vor.[541]

Von der EKMR wurde zunächst betont, dass es bei dem Recht auf Privatleben auf den Ausschluss der Öffentlichkeit ankomme, so dass mit zunehmender Öffentlichkeit des Privatlebens auch der Schutzanspruch des Betroffenen aus Art. 8 Abs. 1 EMRK abnehmen sollte.[542] Heute wird jedoch einheitlich die Auffassung vertreten, dass das Recht auf Privatleben aus Art. 8 Abs. 1 EMRK die Entwicklung des Menschen auch in seinen Kontakten mit anderen Menschen schützt.[543] Hiermit ist zwar nicht automatisch auch ein Recht auf Datenschutz verbunden, ein solches wurde jedoch durch die Konventionsorgane durch ergänzende Auslegung des Rechts auf Privatleben begründet. Im Grundsatz hat die EKMR bereits in dem Verfahren van Oosterwijck ./. Belgium (1979) bestätigt, dass die Verbreitung oder unerwünschte Kenntnisnahme von Daten, die den körperlichen Zustand, die Gesundheit und Persönlichkeit des Beschwerdeführers betreffen, in den Anwendungsbereich des Art. 8 Abs. 1 EMRK fallen.[544] Ein Recht auf Datenschutz aus Art. 8 Abs. 1 EMRK wurde aber weiterhin davon abhängig gemacht, dass die Datenverarbeitung unmittelbar den privaten oder familiären Lebensbereich des Individuums betrifft.[545] So wurde in der Verwei-

---

[539] Art. 10 Abs. 1 EMRK („Jede Person hat das Recht auf freie Meinungsäußerung. Dieses Recht schließt die Meinungsfreiheit und die Freiheit ein, Informationen und Ideen ohne behördliche Eingriffe und ohne Rücksicht auf Staatsgrenzen zu empfangen und weiterzugeben. ....“).

[540] EGMR, *Niemitz ./. Deutschland*, Urteil v. 16.12. 1992, EuGRZ 1993, S. 66, Ziff. 29.

[541] *Matz*, Europol, S. 106.

[542] EKMR, *Scheuten u. Brüggemann ./. Deutschland*, Bericht v. 12.07.1977, EuGRZ 1978, S. 199.

[543] EGMR, *Burghartz ./. Schweiz*, Urteil v. 22.02.1994, A/280-B, Ziff. 23; Vgl. auch *Matz*, Europol, S. 106 m.w.N.

[544] Vgl. EKMR, *van Oosterwijck ./. Belgium* , Bericht vom 1.03.1979, 7654/76, Ziff. 44, EuGRZ 1979, S. 566.

[545] So auch *Ellger*, Der Datenschutz im grenzüberschreitenden Datenverkehr, S. 141.

gerung des Zugangs zu höchstpersönlichen Informationen über die Kindheit und Entwicklungsgeschichte des Betroffenen ein Eingriff in das Recht auf Privatleben gesehen, weil diese Daten die einzige Informationsquelle des Betroffenen über seine Kindheit und Jugend waren und somit in unmittelbarer Beziehung zur Persönlichkeit des Beschwerdeführers standen.[546] In der Entscheidung Malone ./. United Kingdom (1984) befand der Gerichtshof, dass die Registrierung von durch den Betroffenen gewählten Telefonnummern durch eine bestimmte Registrierautomatik, das sogenannte „Metering"-System, und die „Freigabe dieser Informationen an die Polizei ohne Zustimmung des Teilnehmers zu einem Eingriff in den Schutzbereich des Art. 8 Abs. 1 EMRK führte. Es wurde jedoch klargestellt, dass Art. 8 Abs. 1 EMRK deshalb zur Anwendung komme, weil das Metering-System in unmittelbarem Zusammenhang mit dem Führen des Telefonats und somit dem Schutz der Korrespondenz aus Art. 8 Abs. 1 EMRK stand, so dass die Daten des Betroffenen wiederum nicht als Eigenzweck der Norm geschützt sein sollten.[547] Auch aus der Entscheidung Leander (1987)[548], in der die Zulässigkeit der Speicherung und Weitergabe von Daten über den Betroffenen, die diesen als Sicherheitsrisiko einstuften, zur Entscheidung stand, war wegen der besonders persönlichen Natur der Daten nicht zu folgern, dass die personenbezogenen Daten generell und unabhängig von ihrer Natur und den besonderen Umständen der Datenverarbeitung geschützt sein sollten.

Wegweisend für die Entwicklung der Rechtsprechung des EGMR hin zu einem umfassenden Datenschutz war aber die Entscheidung Rotaru ./. Romania (2000), in der das Recht des Betroffenen auf Zugang zu und Korrektur von Informationen, die im Zusammenhang mit dessen politischen Engagement zu den Zeiten des kommunistischen Regimes erhoben und gespeichert worden waren, zur Entscheidung stand. Die rumänische Regierung als Beklagte in dem Verfahren trug vor, dass es sich bei den Daten um Informationen des öffentlichen Lebens handelte, die bereits aus diesem Grunde nicht in den Anwendungsbereich des Art. 8 Abs. 1 EMRK fallen könnten. Dem ist der EGMR mit der Begründung entgegengetreten, dass die Achtung des Privatlebens das Recht des Betroffenen umfasse, Beziehungen zu anderen Menschen aufzubauen, wodurch auch keine Unterscheidung im Hinblick auf die Art der Aktivität und deren öffentlichen Charakter erfolgen könne.[549] Der EGMR bestätigt in der Entscheidung weiterhin, dass seine Interpretation des Art. 8 Abs. 1 EMRK mit dem Europäischen Datenschutzübereinkommen des Europarates von 1981 übereinstimme, welches personenbezogenen Daten als „Informationen über bestimmte oder bestimmbare natürliche Personen" ohne weitere Einschränkung schützt.[550] Dies

---

[546] EKMR, *Gaskin ./. U.K*, Bericht vom 13.11.1987, A-1045/83, Ziff. 91.
[547] EGMR, *Malone ./. United Kingdom*, Urteil vom 2.08.1984, Ziff. 84.
[548] EGMR, *Leander ./. Sweden*, Urteil vom 26.03.1987, 9248/81.
[549] EGMR, *Rotaru ./. Romania*, Urteil vom 4.05.2000, 28341/95, Ziff. 42f.
[550] Siehe Art. 1 und 2 des Abkommens; EGMR, *Rotaru ./. Romania*, Urteil vom 4.05.2000, 28341/95, Ziff. 43, 46.

lässt den Schluss zu, dass der EGMR das Recht auf Datenschutz in Weiterentwicklung der bisherigen Rechtsprechung als hinsichtlich der Natur der zu schützenden Daten umfassend versteht.[551]

Im Hinblick auf die Eingriffshandlung hat die EKMR alternativ Bezug genommen auf die Verbreitung oder die Kenntnisnahme der Daten.[552] Schon die „Aufbewahrung von Informationen über das Privatleben einer Person ..." ohne weitere Verwendung der Daten sollte für einen Eingriff in den Schutzbereich ausreichen.[553] Auch der EGMR betrachtet sowohl die Speicherung als auch die Nutzung bzw. Weitergabe der Daten unabhängig voneinander als möglichen Eingriff in den Schutzbereich.[554]

bb. Die Bedeutung der „vernünftigen Erwartung" von Privatleben

Die Entscheidung von Hannover ./. Deutschland (2004), die die Zulässigkeit der Rechtsanwendung bei der Abwägung zwischen dem Persönlichkeitsrecht und dem Recht auf Information und Pressefreiheit durch die deutschen Gerichte zum Gegenstand hatte, enthält den Hinweis des EGMR, dass der Anwendungsbereich des Art. 8 Abs. 1 EMRK auch danach zu bestimmen sei, ob der Betroffene berechtigterweise Schutz erwarten könne.[555] Ein solcher Hinweis auf die Prüfung der berechtigten oder vernünftigen Erwartung des Betroffenen ist auch in früheren Entscheidungen des EGMR enthalten. Obwohl der EGMR häufig nicht deutlich zwischen der Schutzbereichs- und Rechtfertigungsebene unterscheidet, wird dieses Merkmal der „vernünftigen" oder „berechtigten Erwartung" von Privatleben jeweils innerhalb der „existence of an interference", nicht aber unter „justification for the interference" behandelt, so dass hiervon nicht die Rechtfertigungs-, sondern die Anwendungsebene, also der Schutzbereich, betroffen ist.[556] Es stellt sich somit die Frage, ob das im Grundsatz in den neueren Entscheidungen bestätigte umfassende Recht auf Datenschutz aus Art. 8 Abs. 1

---

[551] Vgl. auch EuGH, Urteil v. 20.05.2003, Rs. C-465/00 u.a., Rndnr. 74, in dem der EuGH auch zu Art. 8 Abs. 1 EMRK feststellt, dass ein Eingriff in den Schutzbereich des Rechts auf Privatleben unabhängig von der Sensibilität der Daten oder dem Erleiden von Nachteilen durch den Betroffenen vorliegt; Vgl. hierzu auch *Brühann*, DuD 2004, S. 202.

[552] Vgl. EKMR, *van Oosterwijck ./. Belgium* , Bericht vom 1.03.1979, 7654/76, Ziff. 44, EuGRZ 1979, S. 566.

[553] EKMR, *Hewitt und Harman ./. U.K.*, Beschluss vom 12.05.1988, 12175/86, EuGRZ 1990, S. 199.

[554] EGMR, *Rotaru ./. Romania*, Urteil vom 4.05.2000, 28341/95, Ziff. 46; EGMR, *Leander ./. Sweden*, Urteil vom 26.03.1987, 9248/81, Ziff. 48.

[555] EGMR, *von Hannover ./. Deutschland*, NJW 2004, S. 2647, 2650 („Jede Person, selbst wenn sie in der Öffentlichkeit bekannt ist, muss „eine berechtigte Erwartung auf Schutz und Achtung ihres Privatlebens haben können.").

[556] Vgl. EGMR, *von Hannover ./. Deutschland*, Urteil vom 24. Juni 2004, 59320/00, Ziff. 51; EGMR, *Perry ./. the United Kingdom*, Urteil ./. 17.07.2003, 63737/00, Ziff. 37; EGMR, *P.G. and J.H. ./. the U.K.*, Urteil v. 25.09.1001, 44787/98, Ziff. 57; EGMR, *Halford ./. United Kingdom*, Urteil vom 25.06.1997, 20605/92, Ziff. 44.

EMKR durch das Erfordernis der „berechtigten Erwartung" eine Einschränkung erfährt.

Bei Betrachtung der Entscheidungen fällt zunächst auf, dass in den früheren Entscheidungen wie z. Bsp. in der Entscheidung Halford (1997) von der „vernünftigen Erwartung" die Rede war[557] und erst in von Hannover (2004) die „berechtigte Erwartung" angesprochen ist. Allerdings wird in von Hannover in diesem Zusammenhang auf die Entscheidung Halford Bezug genommen, so dass die Verwendung des Begriffs „berechtigte Erwartung" nur als sprachliche Ungenauigkeit ohne weitere Bedeutung zu werten ist.

Klare Kriterien zur Prüfung der „vernünftigen Erwartung" sind den Entscheidungen des EGMR nicht zu entnehmen. In der Entscheidung P.G. a. J.H. ./. U.K. (2001) stellt der EGMR fest, dass das Kriterium der „vernünftigen Erwartung von Privatsphäre" („reasonable expectation as to privacy") insbesondere in Fällen, in denen der Betroffene bewusst oder unbewusst in öffentlichen Aktivitäten involviert ist, die eine Überwachung vereinfachen, ein entscheidender Faktor sei.[558] Nach den Ausführungen des EGMR in von Hannover kann eine berechtigte Erwartung von Privatsphäre „unter bestimmten Umständen" („in certain circumstances") vorliegen.[559] In Halford reichte es dem EGMR im Hinblick auf Abhörmaßnahmen eines Bürotelefons für eine vernünftige Erwartung von Privatsphäre bereits aus, dass der Arbeitgeber nicht vor möglichen Abhörmaßnahmen gewarnt hatte und der Mitarbeiterin die ausschließliche Nutzung eines Büros mit zwei Telefonen ausdrücklich gestattet war.[560] Eine „vernünftige Erwartung" von Privatsphäre sei auch dann anzunehmen, wenn die Art und der Zweck der späteren Nutzung der personenbezogenen Daten für den Betroffenen nicht vorhersehbar („normally forseeable") waren.[561] Die elektronische Aufnahme eines polizeilichen Verhörs soll keinen Eingriff in das Recht auf Privatsphäre darstellen, wenn hiermit nur der Verlauf des Verhörs dokumentiert wird. Gleiches gilt nach Ansicht des EGMR, wenn der Betroffene sich an einem öffentlichen Ort befindet und hierbei Foto- bzw. Videoaufnahmen gemacht werden, die lediglich zur Dokumentation des Geschehens an diesem Ort genutzt werden, da diese Datenerhebungen und -verarbeitungen einem legitimen und vorhersehbaren Zweck („a legitimate and foreseeable purpose") verfolgen. Ei-

---

[557] EGMR, *Halford ./. United Kingdom*, Urteil vom 25.06.1997, 20605/92, Ziff. 44.

[558] EGMR, *P.G. and J.H. ./. the U.K.*, Urteil v. 25.09.1001, 44787/98, Ziff. 57 ("Since there are occasions when people knowingly or intentionally involve themselves in activities which are or may be recorded or reported in a public manner, a person's reasonable expectations as to privacy may be a significant, although not necessarily conclusive, factor.").

[559] EGMR, *von Hannover ./. Germany*, Urteil vom 24. Juni 2004, 59320/00, Ziff. 51 ("The Court has also indicated that, in certain circumstances, a person has a "legitimate expectation" of protection and respect for his or her private life.").

[560] EGMR, *Halford ./. United Kingdom*, Urteil vom 25.06.1997, 20605/92, Ziff. 45, Ziff. 16.

[561] EGMR, *Perry ./. the United Kingdom*, Urteil ./. 17.07.2003, 63737/00, Ziff. 38 ("Publication of the material in a manner or degree beyond that normally foreseeable may also bring security recordings within the scope of Article 8 § 1").

nen Eingriff in Art. 8 Abs. 1 EMRK soll aber die systematische bzw. dauerhafte Speicherung der Daten[562] und die weitere Verarbeitung der Daten, z. Bsp. zur Identifizierung des Betroffenen in einem späteren Verfahren, sein, da dies für den Betroffenen nicht vernünftigerweise vorhersehbar sei.[563]

Cookies und Web Bugs dokumentieren im wesentlichen den Besuch des Websurfers im WWW, welches ein öffentliches, mit einem öffentlichen Ort vergleichbares Medium darstellt. Dies spricht nach den genannten Entscheidungen des EGMR gegen eine vernünftige Erwartung des Websurfers, dass Cookies und Web Bugs nicht eingesetzt werden. Gegen eine „vernünftige Erwartung" von Privatsphäre könnte auch die Bekanntheit der Datenverarbeitungspraktiken sprechen, da die Datenerhebungen als „normally foreseeable" eingestuft werden könnten. Eine solche dem U.S.-amerikanischen Recht vergleichbare Rechtsanwendung, nach der der Bekanntheitsgrad von Datenpraktiken im Ergebnis die Schutzbedürftigkeit des Betroffenen bestimmt[564], hat sich in der Rechtsprechung des EGMR jedoch bislang nicht eingestellt. Aus diesem Grunde ist auch nicht der Schluss gerechtfertigt, dass wegen der Bekanntheit der Datenschutzpraktiken die „vernünftige Erwartung" des Websurfers ausgeschlossen ist.

Für eine „vernünftige Erwartung" spricht vielmehr, dass personenbezogene Daten durch den Einsatz von Cookies und Web Bugs systematisch und dauerhaft gespeichert werden, was auch nach der vorangehend dargelegten Rechtsprechung des EGMR eine vernünftige Erwartung des Betroffenen rechtfertigt. Auch die Quantität der durch diese Mittel gespeicherten Daten und die vielfältigen Möglichkeiten der Datenverarbeitung spricht für dieses Ergebnis.

Die wiederholte Bestätigung des EGMR, dass die Grundsätze der Richtlinie des Europarats gefolgt werde, die keine Einschränkung im Hinblick auf schützenswerte oder nicht schützenswerte personenbezogene Daten vorsieht,[565] lässt zudem vermuten, dass ein Recht auf Datenschutz des Websurfers begründet ist, welches die Zulässigkeit des Einsatzes von Cookies und Web Bugs berührt. Auch in der Entscheidung P.G. and J.H. ./. United Kingdom hat der EGMR her-

---

[562] EGMR, *Perry ./. U.K.*, Urteil v. 17.07.2003, 63737/00, Ziff. 38 ("The monitoring of the actions of an individual in a public place by the use of photographic equipment which does not record the visual data does not, as such, give rise to an interference with the individual's private life (...). On the other hand, the recording of the data and the systematic or permanent nature of the record may give rise to such considerations (...)."); EGMR, *P.G. and J.H. ./. U.K.*, Urteil v. 25.09.2001, 44787/98, Ziff. 59.

[563] EGMR, *Perry ./. U.K.*, Urteil v. 17.07.2003, 63737/00, Ziff. 41 ("This ploy adopted by the police went beyond the normal or expected use of this type of camera, as indeed is demonstrated by the fact that the police were required to obtain permission and an engineer had to adjust the camera. The permanent recording of the footage and its inclusion in a montage for further use may therefore be regarded as the processing or collecting of personal data about the applicant.").

[564] Siehe Seite 71ff. dieser Arbeit.

[565] EGMR, *Rotaru ./. Romania*, Urteil vom 4.05.2000, 28341/95, Ziff. 43, 46; EGMR, *P.G. and J.H. ./. U.K.*, Urteil v. 25.09.2001, 44787/98, Ziff. 57.

ausgestellt, dass die „vernünftige Erwartung" von Privatsphäre zwar ein signifikantes, aber nicht unbedingt entscheidendes Kriterium sein muss. Eine nähere Erläuterung erfolgt zwar nicht, jedoch wird in dem gleichen Absatz der Entscheidung auf die Richtlinie des Europarats verwiesen und ihr weiter, für sämtliche personenbezogenen Daten geltender Anwendungsbereich herausgestellt.[566] Der „berechtigten Erwartung" wird auch in der Entscheidung von Hannover (2004) keinerlei Bedeutung geschenkt.[567] Richter Zupancic fordert zwar in seiner „Concurring Opinion", ohne dem Urteilsergebnis zu widersprechen, eine Anwendung des „reasonable expectation"-Tests bei der Abwägung der widerstreitenden Interessen.[568] Dies macht aber gerade deutlich, dass diesem Test von der Mehrheit der Richter keine Wichtigkeit eingeräumt wird. Auch in der Entscheidung Doerga ./. Niederlande (2004) wird eine „vernünftige Erwartung" überhaupt nicht erwähnt.[569] Es ist somit die Hoffnung angebracht, dass der EGMR das Merkmal auch in den zukünftigen Entscheidungen außer Acht lassen wird. Dies wäre zu begrüßen, weil der Schutzbereich des Rechts auf Datenschutz, wie bereits zum U.S.-amerikanischen Recht ausgeführt, nicht von einem solch unbestimmten Kriterium abhängig sein darf.[570]

Es bleibt somit im Ergebnis festzuhalten, dass die mit dem staatlichen Einsatz von Cookies und Web Bugs verbundenen Datenverarbeitungen einen Eingriff in das Recht auf Privatleben aus Art. 8 Abs. 1 EMKR begründen, der im Einzelfall zu rechtfertigen ist.[571]

b. Art. 10 Abs. 1 EMRK

Ob das Recht des Art. 10 Abs. 1, 2. Alt. EMRK, Informationen und Ideen ohne behördliche Eingriffe zu empfangen und weiterzugeben, ein Recht auf Datenschutz des Websurfers begründet, hängt zunächst davon ab, ob auch das aktive Sammeln von Informationen, d. h. das Einholen der Informationen, in den Schutzbereich fällt oder ob lediglich der passive Empfang geschützt ist. Der Schutzbereich soll nach der herrschenden Ansicht nicht davon abhängig sein, dass Informationen an den Betroffenen herangetragen werden, vielmehr muss es dem Betroffenen auch möglich sein, die für ihn relevanten Informationen, soweit diese allgemein zugänglich sind, ohne staatliche Eingriffe selbst zu sam-

---

566 EGMR, *P.G. and J.H. ./. the United Kingdom*, Urteil v. 25.09.2001, 44787/98, Ziff. 57.
567 EGMR, *von Hannover ./. Germany*, Urteil vom 24. Juni 2004, 59320/00, Ziff. 51.
568 EGMR, *von Hannover ./. Germany*, Urteil vom 24. Juni 2004, 59320/00, „Concurring Opinion of Judge Zupancic" („...I would suggest a different determinative test: the one we have used in *Halford v. United Kingdom*, judgment of 25/06/1997, Reports 1997-III, which speaks of "reasonable expectation of privacy.").
569 EGMR, *Doerga ./. Niederlande*, Urteil vom 27. April 2004, 50210/99.
570 Vgl. Seite 74ff. dieser Arbeit zum „reasonable expectation"-Tests in den „search and seizure"-Fällen des 4. Zusatzartikels.
571 So auch *Wildhaber*, in: *IntKomm. z. EMRK*, Art. 8 Rndnr. 336.

meln.[572] Allgemein zugänglich ist eine Informationsquelle, wenn das Übertragungsmedium technisch geeignet und die Information für die Allgemeinheit bestimmt ist.[573] Da das WWW eine „allgemein zugängliche Informationsquelle" in diesem Sinne darstellt, hat auch der Websurfer grundsätzlich das Recht, Informationen im WWW ohne staatliche Beeinträchtigung durch Cookies und Web Bugs zu sammeln.

Zwar stellt der Einsatz der Cookies und Web Bugs eine Beeinträchtigung faktischer Natur dar, der die Informationserlangung nicht verhindert. Der Betroffene ist sich häufig auch nicht darüber bewusst, dass eine Datenerhebung überhaupt erfolgt. Allerdings kann jeder noch so geringe Umfang von staatlicher Datenerhebung oder die Kenntnis, dass grundsätzlich Datenerhebungen stattfinden können, bedeuten, dass der Betroffene von der Informationserlangung absieht, um eine Offenbarung seiner personenbezogenen Daten zu vermeiden. Die Frage der Intensität bzw. Quantität der Eingriffe kann deshalb lediglich innerhalb der Prüfung einer Rechtfertigung des Eingriffs relevant sein. Im Ergebnis bleibt somit festzuhalten, dass der staatliche Einsatz von Cookies und Web Bugs auch einen Eingriff in den Schutzbereich des Art. 10 Abs. 1 EMRK darstellt.

2. Die Drittwirkung und Schutzpflichten der Grundrechte der EMRK

Für die rechtliche Beurteilung des privaten Einsatzes von Cookies und Web Bugs ist bedeutsam, ob die Grundrechte der EMRK Wirkung auch zwischen Privaten entfalten. Eine unmittelbare Drittwirkung der EMRK zwischen Privaten wird abgelehnt.[574] Dies wird für das Recht auf Privatleben damit begründet, dass der Schutz des Einzelnen gegen willkürliche Eingriffe der öffentlichen Gewalt wesentlicher Zweck des Art. 8 Abs. 1 EMRK ist.[575] Entsprechend wurden Beschwerden zurückgewiesen, mit denen Hetzkampagnen der Presse als persönlichkeitsverletzend gerügt wurden, weil ein unmittelbares Vorgehen gegen Privatpersonen oder private Unternehmen nicht möglich sei.[576] Allerdings wird eine mittelbare Drittwirkung der Grundrechte in Form einer Verpflichtung des Staates anerkannt, die notwendigen Voraussetzungen dafür zu schaffen, dass sich auch eine Privatperson gegen eine Beeinträchtigung ihrer Rechte durch pri-

---

[572] EGMR, *Autronic AG ./. Schweiz*, Urteil v. 22.05.1990, Ziff. 47, NJW 1991, S. 621; *Frowein*, in: *Frowein/Peukert*, EMRK-Komm., Art. 10 Rndnr. 11; Vgl. auch Urteil des schweizerischen Bundesgerichts, Lausanne, v. 8. März 1978, P166, 180/76, EuGRZ 1979, S. 4 m.w.N.

[573] Vgl. *Ricker*, NJW 1991, S. 602f. m.w.N.; BVerfGE 27, 71, 83; 103, 44, 60.

[574] *Herdegen*, Europarecht, S. 23; EKMR, 20.12.1957, 172/56, YB 1 (1955-1957) S. 211 (*Geschiedene Ehefrau*); EKMR, 10.12.1976, 6956/75, DR 8, S. 103 (*Rechtsanwalt*).

[575] Vgl. EGMR, *MARCKX*, Urteil vom 13. Juni 1979, EuGRZ 1979, S. 455 im Hinblick auf die Pflicht eines Staates zur Schaffung eines innerstaatlichen Rechts, das die Zugehörigkeit eines Kindes zu seiner Familie ermöglicht.

[576] EKMR, *Zimmermann ./. Österreich*, Urteil vom 12.03.1981, 8490/79, Ziff. 51, EuGRZ 1982, S. 545.

vate Dritte wehren kann.[577] Zwischen der Drittwirkung der Grundrechte und den grundrechtlichen Schutzpflichten wird in den Entscheidungen nicht präzise unterschieden. Eine Schutzpflicht des Staates wurde für das Recht auf Privatleben aus Art. 8 Abs. 1 EMRK als Pflicht zur „wirksamen Beachtung des Privat- und Familienlebens" im Verhältnis zwischen Privaten ausdrücklich bestätigt.[578] Auch in der Entscheidung von Hannover ./. Deutschland (2004) wurde mit Bezug auf die bisherige Rechtsprechung des EGMR betont, dass insbesondere wegen der neuen technologischen Überwachungsmittel, die die Möglichkeiten der Datenspeicherung und -reproduktion schaffen, über die Abwehrkomponente des Grundrechts hinaus eine Pflicht des Staates zum adäquaten Schutz des Rechts aus Art. 8 EMRK auch zwischen Privaten besteht.[579] Eine solche Schutzpflicht des Staates muss nach der Argumentation des EGMR auch für den Einsatz von Cookies und Web Bugs gelten.

Für das Recht auf Informationsfreiheit aus Art. 10 Abs. 1 EMRK wird eine unmittelbare Drittwirkung ebenfalls abgelehnt, eine mittelbare Drittwirkung aber als Schutzpflicht auch für das Rechtsverhältnis zwischen Privaten bejaht.[580] Es obliegt dem Staat, ein Informationssystem einzurichten, das es ermöglicht, sich über bestimmte Fragen zu informieren und somit eine auf pluralistische Informationsvielfalt basierte Öffentlichkeit zu gewährleisten.[581] Der Staat ist verpflichtet, angemessene Schutzmechanismen gegen Eingriffe in die Informationsfreiheit durch den Einsatz von Cookies und Web Bugs zu schaffen. Solche Schutzmechanismen können auch in Form von Datenschutzgesetzen bestehen, die den kontrollierten Umgang mit personenbezogenen Daten regeln.

Dem Staat wird bei der Umsetzung der Schutzpflicht ein weiter Ermessensspielraum eingeräumt.[582] Die Entscheidung von Hannover ./. Deutschland (2004) hat aber gezeigt, dass der EGMR eine Verletzung der Schutzpflicht auch dann annimmt, wenn nicht sämtliche von dem EGMR als entscheidend angesehene Kri-

---

[577] EGMR, *Haase ./. Deutschland*, Urteil vom 8.04.2004, 11057/02, NJW 2004, S. 3404; *Peters*, Einführung in die EMRK, S. 15.

[578] EGMR, *X, Y ./. NL*, Urteil vom 26.03.1985, Ziff. 23, EuGRZ 1985, S. 298; EGMR, *Abdulazis u.a. ./. U.K.*, Urteil vom 28.05.1985, 15/1983/71/17-109, Ziff. 67, EuGRZ 1985, S. 567; Vgl. auch *Frowein*, in: *Frowein/Peukert*, EKMR-Komm., Art. 8 Rndnr. 9; *Jaeckel*, Schutzpflichten, S. 104ff.; *Breitenmoser*, Der Schutz der Privatsphäre gemäss Art. 8 EMRK, S. 67; *Rogge*, in: *Int.Komm. z. EMRK*, Art. 34, Rndnr. 197.

[579] EGMR, *von Hannover v. Germany*, Urteil vom 24. Juni 2004, 59320/00, Ziff. 57, 70.

[580] Siehe *Dörr/Zorn*, NJW 2001, S. 2846.

[581] Vgl. auch EuGH Rs. C-288/89 (*Stichting*), Slg. 1991 I-4043, Rndnr. 23; Rs. C-23/93 (*TV10SA ./. Commissariaat voor de Media*) 1994 I-4795, 4833.

[582] EGMR, *von Hannover ./. Germany*, Urteil vom 24. Juni 2004, 59320/00, Ziff. 79; *Wildhaber/Breitenmoser*, in: *IntKomm. z. EMRK*, Art. 8 Rndnr. 74; *Jaeckel*, Schutzpflichten, S. 139; *Frowein*, in: *Frowein/Peukert*, EMRK-Komm., Art. 9 Rndnr. 9; *Grabenwarter*, EMRK, S. 236; EGMR, *Abdulaziz u.a. ./. U.K.*, Urteil v. 28.05.1985, 15/1983/71/107-109, Ziff. 67, EuGRZ 1985, S. 567.

terien in eine Interessenabwägung einbezogen werden.[583] In einer anderen Entscheidung gegen Spanien kam der EGMR zu dem Schluss, dass der Staat im Hinblick auf Art. 10 Abs. 1 ERMK verpflichtet ist, private Eingriffe zu verhindern.[584] Ein Eingriff liegt in diesen Fällen in dem Unterlassen des Staates, dem Betroffenen einen ausreichenden Schutz zu gewährleisten.[585] Für die Rechtfertigung dieses Eingriffs werden ähnliche Maßstäbe angelegt wie für den Eingriff durch positives Tun.[586]

3. Die Rechtfertigung eines Eingriffs

Ein Eingriff in den Schutzbereich des Art. 8 Abs. 1 EMRK oder Art. 10 Abs. 1 EMRK kann gerechtfertigt sein, wenn der Eingriff „gesetzlich vorgesehen" ist, ein oder mehrere der in den jeweiligen Absätzen 2 genannten legitimen Ziele verfolgt und „in einer demokratischen Gesellschaft notwendig" ist.[587] Da eine Rechtfertigung eines Eingriffs einzelfallabhängig ist, kann für die Fragestellung dieser Arbeit eine Darstellung nur im Überblick erfolgen.

a. Die gesetzliche Grundlage

Die gesetzliche Grundlage setzt kein formelles Gesetz voraus, ein Rechtssatz im weitesten Sinne ist ausreichend. Der Eingriff muss für den Betroffenen vorhersehbar gewesen sein, die Grundlage somit für den Betroffenen zugänglich, hinreichend bestimmt[588] und so eindeutig sein, dass der Betroffene verstehen kann, unter welchen Umständen und in welchem Ausmaß der Staat zu bestimmten Maßnahmen greifen kann.[589] In der Entscheidung Amann ./. Schweiz (2000) hat der EGMR eine Rechtfertigung von geheimen staatlichen Überwachungspraktiken wegen fehlender ausreichender gesetzlicher Grundlage abgelehnt. Die von der Regierung angeführte gesetzliche Grundlage regele weder die Datenerhebung noch die Aufbewahrung dieser Daten ausreichend konkret im Sinne des

---

[583] EGMR, *von Hannover ./. Germany*, Urteil vom 24. Juni 2004, 59320/00, Ziff. 76.
[584] EGMR, *Fuentes Bobo ./. Spanien*, Urteil vom 29. Februar 2000, in: iris 4/2000, S. 2; Vgl. hierzu auch *Scheuer/Strothmann*, Europäisches Medienrecht, S. 2; *Dörr/Zorn*, NJW 2001, S. 2845f.
[585] Vgl. auch *Breitenmoser*, Der Schutz der Pivatsphäre gemäss Art. 8 EMRK, S. 67; *Rogge*, in: *Int. Komm. z. EMRK*, Art. 34 Rndnr. 197.
[586] EGMR, *Haase ./. Deutschland*, Urteil vom 8.04.2004, 11057/02, NJW 2004, S. 3404.
[587] Siehe Art. 8 Abs. 2, 10 Abs. 2 EMRK.
[588] EGMR, *Amann ./. Switzerland*, Urteil vom 16.02.2000, 27798/95, Ziff. 56; Vgl. auch EGMR, *Malone ./. U.K.*, Urteil v. 1.01.1983, 8691/79, Ziff. 66f.; *Leander ./. Sweden*, Urteil vom 26.03.1987, 9248/81, Ziff. 50.
[589] *Wildhaber/Breitenmoser*, in: IntKomm. z. EMRK, Art. 8 Rndnr. 563ff.; EGMR, *von Hannover ./. Germany*, Urteil vom 24. Juni 2004, 59320/00, Ziff.; EGMR, *Doerga ./. Niederlande*, Urteil vom 27. April 2004, Nr. 50210/99, Ziff. 49; EGMR, *Kahn ./. United Kingdom*, Urteil v. 12.05.2000, 35394/97, Ziff. 26; EGMR, *Halford ./. United Kingdom*, Urteil v. 25.06.1997, 20605/92, Ziff. 49; EGMR, *Malone ./. U.K.*, Urteil v. 2.08.1984, EuGRZ 1985, S. 17, 20.

Art. 8 Abs. 2 EMRK.[590] In der Entscheidung Rotaru (2000) lehnt der EGMR eine ausreichende gesetzliche Grundlage ebenfalls mit der Begründung ab, dass das in Frage stehende Gesetz keine ausreichende Beschränkungen für die Ausübung der staatlichen Befugnisse vorsehe.[591] Wegen steigender technischer Möglichkeiten der Datenerhebung und der damit verbundenen erhöhten Risiken für die Rechte des Betroffenen werden besonders klare und eindeutige Bestimmungen verlangt.[592] Für den Einsatz von Cookies und Web Bugs bedeutet dies, dass dieser Einsatz nach Art. 8 Abs. 2 bzw. Art. 10 Abs. 2 EMRK nur auf einer Grundlage, die insbesondere auch bei geheimer Überwachung des Betroffenen eine Vorhersehbarkeit des Eingriffs ermöglichen muss, zulässigerweise erfolgen kann. Wegen der im WWW bestehenden technischen Möglichkeiten und wegen der „Heimlichkeit" der Überwachung durch Cookies und Web Bugs ist nach dem Gesagten zu erwarten, dass hohe Anforderungen an die gesetzliche Grundlage gestellt werden.

b. Legitime Ziele

Legitime Ziele nach Art. 8 Abs. 2 und Art. 10 Abs. 2 EMRK sind die nationale oder öffentliche Sicherheit, das wirtschaftliche Wohl des Landes, die Aufrechterhaltung der Ordnung, die Verhütung von Straftaten, der Schutz der Gesundheit oder Moral und der Schutz der Rechte und Freiheiten anderer. Die Aufzählung dieser Ziele ist abschließend, so dass nur die Verfolgung einer oder mehrerer der genannten Ziele einen Eingriff rechtfertigen kann.[593] Allerdings wird dem Gesetzgeber wegen der Weite der genannten Ziele eine breite Einschätzungsprärogative eingeräumt. Das Vorliegen eines adäquaten Zieles ist somit selten umstritten, so dass der Schwerpunkt der Prüfung meist in der Frage liegt, ob der Eingriff in einer demokratischen Gesellschaft notwendig war.[594]

c. Notwendigkeit in einer demokratischen Gesellschaft

Das Kriterien der Notwendigkeit in einer demokratischen Gesellschaft setzt voraus, dass der Eingriff einem dringenden sozialen Bedürfnis entspricht und „insbesondere zu dem verfolgten berechtigten Ziel verhältnismäßig" ist.[595] Die Prüfung entspricht weitgehend der Verhältnismäßigkeitsprüfung des Verfassungsrechts der Bundesrepublik Deutschland.[596] Soweit es einem Vertragsstaat gestattet ist, Rechte des Betroffenen zu beschränken, ist er verpflichtet, dem Betroffenen hierbei keine unverhältnismäßige Bürde aufzuerlegen. Es erfolgt eine Ab-

---

[590] EGMR, *Amann ./. Switzerland*, Urteil vom 16.02.2000, 27798/95, Ziff. 56.

[591] EGMR, *Rotaru ./. Rom.*, Urteil v. 4.05.2000, Ziff. 57ff.

[592] *Matz*, Europol, S. 126.

[593] *Wildhaber/Breitenmoser*, in: *IntKomm. z. EMRK*, Art. 8 Rndnr. 595.

[594] *Matz*, Europol, S. 128; *Wildhaber/Breitenmoser*, in: *IntKomm. z. EMRK*, Art. 8 Rndnr. 593.

[595] EGMR, *Haase ./. Deutschland*, Urteil vom 8.04.2004, 11057/02, NJW 2004, S. 3404.

[596] EGMR, *Barthold ./. D.*, Urteil v. 25.03.1985, EuGRZ 1985, S. 174f.; *Wildhaber/Breitenmoser*, in: *IntKomm. z. EMRK*, Art. 8 Rndnr. 660; Siehe zu der Verhältnismäßigkeitsprüfung nach dem deutschen Recht Seite 176ff. dieser Arbeit.

wägung des Rechtsguts des Betroffenen mit dem durch den Eingriff verfolgten Zweck im Einzelfall.[597] Obwohl den Vertragsstaaten ein Beurteilungsspielraum („margin of appreciation") zukommt, wird die Abwägung doch von einer europäischen Überprüfung begleitet, welche sich sowohl auf das nationale Recht als auch auf die das nationale Recht anwendenden Entscheidungen bezieht[598] und „von Fall zu Fall verschieden ist"[599].

4. Die Bedeutung der EMRK für das nationale Rechtssystem

a. Die Individualbeschwerde nach Art. 34 EMRK

Der Betroffene kann vor dem EGMR gegen einen staatlichen Eingriff im Wege der Individualbeschwerde nach Art. 34 EMRK vorgehen, wenn der innerstaatliche Rechtsweg ausgeschöpft[600], der Eingriff dem Beschwerdegegner zuzurechnen[601] und der Beschwerdeführer unmittelbar in seinen Rechten verletzt ist.[602] Wenn eine deutsche Behörde somit bei der Erfüllung ihrer Aufgaben personenbezogene Daten des Websurfers erhebt und verarbeitet, kann dieser hiergegen Individualbeschwerde einlegen, wenn er darlegt, dass Art. 8 oder Art. 10 EMRK einschlägig und möglicherweise verletzt wäre und er unmittelbar selbst betroffen ist.[603] Ergebnis einer begründeten Individualbeschwerde ist die Feststellung des EGMR, dass der betroffene Staat die Konvention verletzt hat.[604] Gemäß Art. 46 EMRK sind die in dem jeweiligen Verfahren als Parteien beteiligten Mitgliedsstaaten gehalten, die Urteile des EGMR zu befolgen.[605] Weiterhin kann durch das Gericht gemäß Art. 50 EMRK eine Entschädigung des Betroffenen festgesetzt werden.[606]

---

[597] EGMR, *Z ./. Finnland*, Urteil v. 25.01.1997, Ziff. 99; EGMR, *Lingens ./. Österreich*, Urteil vom 8. Juli 1986, EuGRZ 1986, S. 424.

[598] *Wildhaber/Breitenmoser*, in: *IntKomm. z. EMRK*, Art. 8 Rndnr. 661; EGMR, *Haase ./. Deutschland*, Urteil vom 8.04.2004, 11057/02, NJW 2004, S. 3404; EGMR, *von Hannover ./. Deutschland*, Urteil vom 24. Juni 2004, 59320/00, Ziff. 57; EGMR, *Lingens ./. Österreich*, Urteil vom 8. Juli 1986, EuGRZ 1986, S. 428.

[599] EGMR, *Autronic AG ./. Schweiz*, Urteil vom 22.05.1990, NJW 1991, S. 622.

[600] Art. 35 EMRK.

[601] *Frowein/Peukert*, EMRK-Komm., Art. 25 Rndnr. 42; *Rogge*, in: *Int. Komm. z. EMRK*, Art. 34, Rndnr. 200ff.

[602] *Rogge*, in: *Int.Komm. z. EMRK*, Art. 34 Rndnr. 198.

[603] *Frowein/Peukert*, EMRK-Komm., Art. 25 Rndnr. 20.; *Rogge*, in: *Int. Komm. z. EMRK*, Art. 34, Rndnr. 262.

[604] Vgl. auch BVerfG, Beschluss vom 11.10.1985, 2 BvR 336/85, NJW 1986, S. 1426 („Die MRK geht davon aus, dass – abgesehen von Entscheidungen, die eine Entschädigung zusprechen (Art. 50 MRK) – die Entscheidungen des Gerichtshofs im wesentlichen feststellenden Charakter haben und es dem betroffenen Staat überlassen bleibt, aus einer solchen Entscheidung die notwendigen Folgerungen zu ziehen (...).").

[605] Siehe zu den Zulässigkeitsvoraussetzungen und Wirkungen der Individualbeschwerde auch ausführlich *Wittinger*, NJW 2001, S. 1238.

[606] Vgl. hierzu ausführlich *Dannemann*, Schadensersatz bei Verletzung der EMRK, S. 9ff.

Ein Anspruch des Websurfers wäre dann denkbar, wenn die Bundesrepublik ihrer nach der EMRK begründeten Schutzpflicht nicht nachgekommen ist. Dies ist jedoch im Bereich der Legislative wegen der umfassenden Datenschutzvorschriften[607] nicht zu erwarten. Ein Eingriff ist jedoch auch durch die Judikative vorstellbar, wenn eine Gerichtsentscheidung zur Zulässigkeit von Cookies und Web Bugs das Recht auf Datenschutz nicht angemessen berücksichtigt.

b. Der Rang der EMRK im nationalen Recht der BRD

Die Bundesrepublik Deutschland hat die Vorschriften der EMRK nach Art. 59 Abs. 2 S. 1 GG durch Zustimmungsgesetz[608] in das deutsche Recht übernommen. Da das Zustimmungsgesetz selbst ein einfaches Bundesgesetz ist, wird überwiegend die Auffassung vertreten, dass der EMRK kein höherer Rang zukommen könne als der eines Bundesgesetzes.[609] Ein Teil der Literatur billigt der EMRK jedoch Verfassungsrang mit der Begründung zu, die Konventionsrechte seien Teil der unveräußerlichen Menschenrechte, die Art. 1 Abs. 2 GG schütze.[610] Allerdings verkennt diese Ansicht, dass der Wortlaut des Art. 1 Abs. 2 GG, der sich auf die unverletzlichen und unveräußerlichen Menschenrechte bezieht, nicht die Schlussfolgerung rechtfertigen kann, dass völkerrechtlich verbindliche Rechte in Form von partikulären Kodifikationen wie die EMRK zum Inhalt des Grundgesetzes werden.[611] Art. 1 Abs. 3 GG spricht auch von den „nachfolgenden" Grundrechten, so dass sich ein Bezug auf die EMRK als separaten Normenkomplex bereits deswegen verbietet.[612]

---

[607] Vgl. zu den Datenschutzvorschriften Seite 193ff. dieser Arbeit.

[608] Gesetz über die Konvention zum Schutze der Menschenrechte und Grundfreiheiten vom 7.8.1952, BGBl. II 1952, 685, 953, für die BRD in Kraft seit 3.09.1953, BGBl. II 1954, 14; Neubekanntmachung der Konvention in der Fassung des 11. Zusatzprotokolls in BGBl. II 2002, 1054.

[609] *Dörr*, Faires Verfahren, S. 91; *Kreuzer*, Jura 1996, S. 484; *Peters*, EMRK, S. 2f.; *Grabenwarter*, EMRK, S. 21; *Ricker*, NJW 1991, S. 602; BVerfG, Beschluss vom 14.10.2004, NJW 2004, S. 3408; BVerfGE 74, 358, 370 („Die Unschuldsvermutung ist eine besondere Ausprägung des Rechtsstaatsprinzips und hat damit Verfassungsrang. Sie ist auch kraft Art. 6 Abs. 2 EMRK Bestandteil des positiven Rechts der Bundesrepublik Deutschland im Range eines Bundesgesetzes (...).)" mit Verweis auf BVerfGE 19, 342, S. 347; 22, 254, S. 265; 25, 327, S. 331; 35, 311, S. 320; Kammergericht Berlin, Entscheidung vom 29.10.2004, 9 W 128/04 Nr. 3a) ("Die EMRK genießt als Völkervertragsrecht aufgrund innerstaatlicher Umsetzung gemäß Art. 59 Abs. 2 GG den Rang eines einfachen Bundesgesetzes und stellt keinen unmittelbaren verfassungsrechtlichen Prüfungsmaßstab dar"); *Kirchhof*, EuGRZ 1994, S. 25f.; *Kugelmann*, Grundrechte in Europa, S. 20; Vgl. auch *v.Münch*, in: *v.Münch/Kunig*, GG-Komm., 5. Auflage, Vorb. Art. 1-19 Rndnr. 76; *Dreier*, in: *Dreier*, GG-Komm., Band I, Vorb. Rndnr. 28 m.w.N.

[610] So z. Bsp. *Echterhölter*, JZ 1955, S. 691f.

[611] Vgl. *Kirchhof*, EuGRZ 1994, S. 26; *Dörr*, Faires Verfahren, S. 89; So im Ergebnis auch BVerfG, Beschluss vom 14.10.2004, NJW 2004, S. 3411; Das BVerfG führt Art. 1 Abs. 2 GG als Grund dafür an, dass bei der Auslegung der deutschen Grundrechte die EMRK als Auslegungshilfe heranzuziehen ist.

[612] So auch *Staebe*, JA 1996, S. 79.

Eine andere Ansicht in der Literatur gesteht den normativen Bestimmungen der EMRK als allgemeine Regeln des Völkerrechts wegen Art. 25 S. 2, 1. Hs. GG Verfassungsrang bzw. sogar Überverfassungsrang zu.[613] Auch dies überzeugt nicht. Die normativen Bestimmungen der EMRK als Völkervertragsrecht stellen in ihrer Gesamtheit keine einheitliche Rechtsüberzeugung der sachlich und räumlich betroffenen Staaten dar und werden somit nicht von Art. 25 GG erfasst.[614] Es ist zwar nicht ausgeschlossen, dass einzelne Bestimmungen der EMRK den Status von allgemeinen Regeln des Völkerrechts erlangt haben.[615] Das ist für das Recht auf Datenschutz aus Art. 8 Abs. 1 oder Art. 10 Abs. 1 EMRK aber nur dann zu bejahen, wenn dieses Recht zu universell geltendem Völkergewohnheitsrecht geworden ist. Das BVerfG sieht zwar „Inhalt und Entwicklungsstand" der EMRK für die „Auslegung des Grundgesetzes" im Hinblick auf die mit den deutschen Grundrechten „verwandten Menschenrechte der Konvention" als verbindlich an[616], hat aber nicht bestätigt, ob es sich hierbei um allgemeine Regeln des Völkerrechts im Sinne des Art. 25 GG handelt. In einer neueren Entscheidung zum Recht auf Privatsphäre des Art. 8 Abs. 1 EMRK hat es ausdrücklich zwischen den allgemeinen Regeln des Völkerrechts und den Vorschriften der EMRK unterschieden, was zeigt, dass einzelne Grundrechte der EMRK keine allgemeinen Regeln des Völkerrechts im Sinne des Art. 25 GG darstellen.[617] Auch die innerdeutsche Praxis ist bislang uneinheitlich.[618] Entscheidend bei der Einstufung einer Vorschrift als allgemeiner Regel des Völkerrechts soll nicht die inhaltliche Qualität der in Frage stehenden Norm, sondern ihre Allgemeinverbindlichkeit sein.[619] Hierfür ist erforderlich, dass das in Frage stehende Recht grundsätzlich für alle bzw. „der weitaus größeren Zahl" der von der Regel sachlich und gegebenenfalls räumlich betroffenen Völkerrechtssubjekte verbindlich ist.[620] Das BVerfG lässt die Übung zahlreicher Staaten genügen.[621] Das Recht auf Datenschutz des Art. 8 Abs. 1 und Art. 10 Abs. 1 EMRK in der Ausprägung der Rechtsprechung des EGMR wird aber nicht von der Völkerrechtsgemeinschaft, d.h. der Mehrheit der sachlich und räumlich betroffenen Staaten bzw. zahlreicher Staaten anerkannt und angewendet, was sowohl den allgemeinen Geltungsbereich als auch die erforderliche Allgemeinverbindlich-

---

[613] Vgl. *Guaradze*, Die europäische Menschenrechtskonvention, S. 17ff.

[614] *Dörr*, Faires Verfahren, S. 90; *Kugelmann*, Grundrechte in Europa, S. 20; *Dreier*, in: *Dreier*, GG-Komm., Band I, Vorb. Rndnr. 28; *Rojahn*, in: *v. Münch/Kunig*, GG-Komm., Band 2, Art. 25 Rndnr. 10; *Staebe*, JA 1996, S. 80.

[615] *Dörr*, Faires Verfahren, S. 91.

[616] BVerfGE 74, 358, 370 („Bei der Auslegung des Grundgesetzes sind auch Inhalt und Entwicklungsstand der EMRK in Betracht zu ziehen, ...").

[617] BVerfG, Beschluss vom 14.10.2004, NJW 2004, S. 3408.

[618] Vgl. *Kreuzer*, Jura 1996, S. 486 m.w.N.

[619] *Koenig*, in: *v. Mangoldt/Klein/Starck*, Bonner GG-Komm., Art. 25, Rndnr. 27; Eine andere Ansicht fordert darüber hinaus den „allgemeinen Geltungsbereich der Regel in der Völkergemeinschaft", siehe *Herdegen*, in: *Maunz-Dürig*, GG-Komm., Band III, Art. 25 Rndnr. 19.

[620] *Zuleeg*, in: *Denninger u.a.*, Komm. z. GG, Art. 25 Rndnr. 15.

[621] BVerfGE 95, 96, 129.

keit ausschließt.[622] Auch die Einordnung dieser Rechte als partikuläres Völkergewohnheitsrecht ist zweifelhaft[623] und würde für die Anwendung des Art. 25 GG nicht weiterhelfen, da partikuläres Völkergewohnheitsrecht hiervon nicht erfasst wird.[624] Somit ist festzuhalten, dass auch Art. 25 GG einen Verfassungs- oder sogar Überverfassungsrang der Rechte der EMRK nicht zu begründen vermag.

Es bleibt also für das Recht auf Datenschutz aus Art. 8 Abs. 1 EMRK und Art. 10 Abs. 1 EMRK für das innerdeutsche Rechtssystem bei dem Rang eines einfachen Bundesgesetzes. Dies führt zunächst dazu, dass alle staatlichen Organe „die Konvention wie anderes Gesetzesrecht des Bundes im Rahmen methodisch vertretbarer Auslegung zu beachten und anzuwenden haben“[625].

c. Weitergehende Bedeutung der EMRK

Das BVerfG geht darüber hinaus davon aus, dass die EMRK wegen der Völkerrechtsfreundlichkeit des Grundgesetzes auch „auf der Ebene des Verfassungsrechts als Auslegungshilfe für die Bestimmung von Inhalt und Reichweite der Grundrechte und rechtsstaatlicher Grundsätze des Grundgesetzes“ heranzuziehen ist, sofern dies nicht zu einer Begrenzung des Grundrechtsschutzes nach dem Grundgesetz führt.[626] Die Pflicht zur Berücksichtigung der EMRK führt jedoch nicht automatisch zur Einbeziehung des Richterrechts des EGMR zur EMRK. Da das Recht auf Datenschutz durch den EGMR auf Grundlage des Art. 8 Abs. 1 EMRK und Art. 10 Abs. 1 EMRK entwickelt wurde, stellt sich also die Frage, ob die Pflicht zur Beachtung der EMRK auch die richterliche Ausprägung der Rechte des EGMR durch den EMRK umfasst. Dem könnte Art. 46 EMRK entgegenstehen, der besagt, dass die Vertragsparteien und somit auch nur diese in Verfahren, in denen sie Parteien waren, an die ergangenen Urteile gebunden sein sollen.[627] Eine Entscheidung des EGMR „soll anders als das Recht einer supranationalen Organisation nicht in die staatliche Rechtsordnung unmittelbar eingreifen“.[628] Hieraus könnte der Umkehrschluss gezogen werden, dass die an dem konkreten Verfahren Unbeteiligten nicht gebunden sind. In diesem Zusammenhang ist jedoch die Zielsetzung der EMRK als Menschenrechtsvertrag zu berücksichtigen, der den Betroffenen bestimmte allgemeine Grundrechte unabhängig von der lokalen Zugehörigkeit zu einem Rechtssystem ein-

---

[622] *Tomuschat*, Völkerrecht, § 172 Rndnr. 13; *Rojahn*, in: *v. Münch/Kunig*, GG-Komm., Band 2, Art. 25 Rndnr. 7.
[623] Vgl. zum Art. 10 Abs. 1 BVerfG, Beschluss vom 14.08.2001 – 2 BvR 1140/00, Ziff. 9, NJW 2001, S. 3534.
[624] *Dörr*, Faires Verfahren, S. 91; *Zuleeg*, in: *Denninger u.a.*, Komm. z. GG, Art. 25 Rndnr. 15; A.A. *Koenig*, in: *v. Mangoldt/Klein/Starck*, Bonner GG-Komm., Art. 25, Rndnr. 28.
[625] BVerfG, Beschluss vom 14.10.2004, NJW 2004, S. 3408.
[626] BVerfG, Beschluss vom 14.10.2004, NJW 2004, S. 3408.
[627] Art. 46 Abs. 1 EMRK („Die Hohen Vertragsparteien verpflichten sich, in allen Rechtssachen, in denen sie Partei sind, das endgültige Urteil des Gerichtshofs zu befolgen.“).
[628] So auch BVerfG, Beschluss vom 14.10.2004, NJW 2004, S. 3409.

heitlich gewährleisten sollte.[629] Der EGMR ist als zentrales Rechtsprechungsorgan dafür zuständig, die Grundrechte der EMRK für diesen Zweck einheitlich auszulegen und anzuwenden. Das Ziel einer einheitlichen Anwendung der Grundwerte der EMRK ist aber nur zu erreichen, wenn die Billigung des Vertragswerks durch den Vertragsstaat Deutschland die gefestigte Auslegungspraxis des Gerichthofs mitumfasst.[630] Deshalb wird der Rechtsprechung des EGMR nach dem Grundsatz der völkerrechtsfreundlichen Auslegung eine „normative Leitfunktion" beigemessen.[631] Dieser Leitfunktion kann auch Art. 46 EMRK, der ausdrücklich nur die Rechtskraft der Urteile betrifft und eine Bindungswirkung darüber hinaus nicht ausschließt, nicht entgegenstehen.[632] Auch die Rechtsprechung des EGMR muss somit als Auslegungshilfe für die Grundrechte und rechtsstaatlichen Grundsätze des Grundgesetzes dienen[633], was ebenso auch für die Anwendung des einfachen Bundesrechts gilt.[634] Das Kammergericht Berlin spricht in einer einstweiligen Verfügung zur Vereinbarkeit des Rechts auf Privatsphäre mit dem Recht auf freie Presse sogar von einer Lockerung der Bindungswirkung der Urteile des BVerfG wegen der Völkerrechtsfreundlichkeit der Verfassung.[635]

---

[629] Siehe insbesondere auch die Präambel der EMKR, die die „kollektive Garantie" („garantie collective") hervorhebt; Vgl. hierzu auch *Polakiewicz*, Die Verpflichtungen der Staaten aus den Urteilen des EGMR, S. 228.

[630] So auch BVerwG, Urteil vom 16.12.1999, 4 CN 9. 98, Ziff. 20, 21 („Da die Pflicht zur vorrangigen Beachtung einer gefestigten Auslegungspraxis des Gerichtshofs im Rechtsschutzsystem der Europäischen Menschenrechtskonvention angelegt ist, wird sie von der Billigung des Vertragswerks und der Zustimmung zu seinem völkerrechtlichen Inkrafttreten, die der Bundestag nach Art. 59 Abs. 2 Satz 1 GG mit Vertragsgesetz ... erklärt hat, mitumfasst. Die Beachtenspflicht nimmt daher an der innerstaatlichen Verpflichtungskraft der Konvention selbst teil.").

[631] So BVerwGE 110, 203, 210; *Kirchhof*, EuGRZ 1994, S. 26.

[632] So auch *Polakiewicz*, Die Verpflichtungen der Staaten aus den Urteilen des EGMR, S. 228ff.

[633] BVerfGE 74, 358, 370 („Deshalb dient insoweit auch die Rechtsprechung des Europäischen Gerichtshofs für Menschenrechte als Auslegungshilfe für die Bestimmung von Inhalt und Reichweite von Grundrechten und rechtsstaatlichen Grundsätzen des Grundgesetzes."); BVerfGE 82, 106, 120 („Dieses Ergebnis entspricht auch der Auslegung der Europäischen Konvention zum Schutz der Menschenrechte und Grundfreiheiten durch den Europäischen Gerichtshof für Menschenrechte, die als Auslegungshilfe bei der Ermittlung der Tragweite des verfassungsrechtlichen Rechtsstaatsgrundsatzes und der darauf abgeleiteten Unschuldsvermutung heranzuziehen ist"); Dies bestätigt auch BVerwG, Urteil vom 16.12.1999, 4 CN 9. 98, Ziff. 20 m.w. N.; *Bleckmann*, EuGRZ 1995, S. 387; *Kreuzer*, Jura 1996, S. 485; *Kugelmann*, Grundrechte in Europa, S. 20.

[634] BVerfGE 74, 358, 370 („Auch Gesetze - ... – sind im Einklang mit den völkerrechtlichen Verpflichtungen der Bundesrepublik Deutschland auszulegen und anzuwenden,...."); Vgl. auch *Heldrich*, NJW 2004, S. 2636; BVerfG, Beschluss vom 14.10.2004, NJW 2004, S. 3410.

[635] Kammergericht Berlin, Entscheidung vom 29.10.2004, 9 W 128/04 Nr. 3b), das auf die Entscheidung *v. Hannover ./. Deutschland* Bezug nimmt, („Die Bindungswirkung des Urteils des Bundesverfassungsgerichts vom 15.12.1999 (NJW 2000, Seite 1021, 1023) ist insoweit im Hinblick auf die Völkerrechtsfreundlichkeit der Verfassung gelockert."); Das Kammerge-

Im Ergebnis bleibt festzuhalten, dass das Recht auf Datenschutz aus Art. 8 Abs. 1 EMRK und Art. 10 Abs. 1 EMRK in Ausprägung durch den EGMR bei der Anwendung des nationalen Rechts der BRD inklusive der Anwendung der Grundrechte und rechtsstaatlichen Grundsätze des Grundgesetzes zu berücksichtigen ist. Dies hat auch für die Beurteilung der Zulässigkeit der Cookies und Web Bugs innerhalb des nationalen Rechts Bedeutung, da diese dem durch den EGMR geprägten Recht auf Datenschutz entsprechen muss.

IV. Zusammenfassung

Das nationale Datenschutzrecht der Bundesrepublik ist durch vielfältige supranationale und internationale Vorschriften geprägt. Zwar enthält der EG-Vertrag in der Fassung des Amsterdamer Vertrags vom 1.05.1999 keine Regelung zum Datenschutz, die die Zulässigkeit der Cookies und Web Bugs bestimmt. Auch die ungeschriebenen Gemeinschaftsgrundrechte sowie die EU-Verfassung, die bei Inkrafttreten ein Recht auf Datenschutz durch Einbeziehung der Grundrechtscharta begründet, finden auf nationale Datenschutzmaßnahmen keine Anwendung.

Die Datenschutzrichtlinie 95/46/EG und die Datenschutzrichtlinie für elektronische Kommunikation 2002/59/EG aber sind für die Bundesrepublik verbindlich und deshalb in deutsches Recht umgesetzt worden. Auch die Konvention zum Schutz der Menschen bei automatischer Verarbeitung personenbezogener Daten des Europarates ist spätestens mit Umsetzung der Datenschutzrichtlinie 95/46/EG in das nationale Recht übernommen worden.

Das Recht auf Privatsphäre gemäß Art. 8 Abs. 1 EMRK und das durch Art. 10 Abs. 1 EMRK geschützte Recht des Einzelnen, öffentlich zugängliche Informationen zu sammeln, begründen ebenfalls ein Recht auf Datenschutz des Websurfers, das unmittelbaren Einfluss auf das nationale Datenschutzrecht der Bundesrepublik hat. Zum Einen kann sich der betroffene Websurfer gegen staatliche Eingriffe im Wege der Individualbeschwerde wehren. Dies kann wegen der Schutzpflicht der Bundesrepublik auch den privaten Einsatz von Cookies und Web Bugs umfassen, wenn der Gesetzgeber z. Bsp. seiner Pflicht zur Schaffung eines angemessenen Schutzes des Websurfers im Verhältnis zu Privaten nicht nachgekommen ist oder ein Gericht das Recht auf Datenschutz nicht angemessen berücksichtigt hat. Zum Anderen sind die staatlichen Stellen auch bei der Anwendung nationalen Rechts zur Beachtung der Vorschriften der EMRK in der Ausprägung der Rechtsprechung des EGMR verpflichtet. Dies gilt wegen des Grundsatzes der Völkerrechtsfreundlichkeit auch für die Anwendung von übergesetzlichem Recht.

---

richt hatte in der genannten Entscheidung erst im einstweiligen Verfügungsverfahren geurteilt, so dass noch von der ersten Instanz ausgehend das Hauptsacheverfahren durchzuführen ist. Eine höchstrichterliche Entscheidung zu dem konkreten Fall steht somit noch aus.

C. Das Verfassungsrecht

I. Die Bundesverfassung

1. Allgemeines

In der Paulskirchenversammlung wurden am 27.12.1848 zum ersten Mal Grundrechte als Reichsgesetz[636] für das gesamte deutsche Volk verkündet, die für den zweiten Teil „Grundrechte und Grundpflichten der Deutschen" der im Jahre 1919 in Kraft getretenen Weimarer Reichsverfassung als Vorbild gedient haben.[637] Da die Weimarer Reichsverfassung wiederum Vorlage für das Grundgesetz der Bundesrepublik Deutschland vom 23.05.1949[638] war, gehen auch die Grundrechte des Grundgesetzes auf eine hundertjährige Geschichte der Menschenrechtsverbürgungen zurück[639], obwohl die frühzeitige Herausbildung von Grundrechten in Nordamerika keinen unmittelbaren Einfluss auf die staatsrechtliche Entwicklung in Deutschland hatte[640].

Die Grundrechte des Grundgesetzes haben den „Schutz konkreter, besonders gefährdeter Bereiche menschlicher Freiheit zum Gegenstand".[641] Das BVerfG entscheidet Rechtsstreitigkeiten im Rahmen der ihm explizit übertragenen Zuständigkeiten. Im Gegensatz zum U.S. Supreme Court ist es ausschließlich für die Anwendung von Verfassungsrecht zuständig.[642] Seine Entscheidungen sind für alle Verfassungsorgane, Behörden und Gerichte verbindlich[643], und ihm kommt als Hüter der Verfassung das „Letztentscheidungsrecht" zu.[644] Das BVerfG ist wie der U.S. Supreme Court rechtsfortbildend tätig, wenn es konkretisierungsbedürftige Verfassungsnormen auslegt oder auf Grundlage der bestehenden Verfassungsnormen Grundrechte ausprägt.[645] Ein Beispiel hierfür ist das Recht auf informationelle Selbstbestimmung, das das BVerfG auf der Grundlage des Art. 2 Abs. 1 GG i. V. m. Art. 1 Abs. 1 GG aus dem allgemeinen Persönlichkeitsrecht abgeleitet hat. Somit kommen den Entscheidungen des BVerfG

---

[636] RGBl. 1848/49, S. 49.
[637] Vgl. *Stern*, Staatsrecht III/1, S. 127; Siehe auch zu der preussischen Verfassungsurkunde von 1850 und der Verfassung des Norddeutschen Bundes von 1866 sowie der Bismarckschen Reichsverfassung von 1871 (die beiden letzteren enthielten keinen Grundrechtskatalog) *Ipsen*, Grundrechte, Rndnr. 36ff.
[638] BGBl. I 1949, 1ff.
[639] *Ipsen*, Grundrechte, Rndnr. 40.
[640] *Pieroth/Schlink*, Grundrechte, Rndnr. 19.
[641] BVerfGE 50, 289, 337; Vgl. auch *Bleckmann*, Staatsrecht II$, § 4 Rndnr. 7.
[642] *Degenhart*, Staatsrecht I, Rndnr. 493.
[643] *Stern*, Staatsrecht I, S. 185.
[644] *Isensee/Kirchhof*, Handbuch des Staatsrecht, Band II, S. 672.
[645] *v. Mutius*, Anonymität, S. 18; Den Unterschied zwischen der Anwendung der bestehenden Rechte und dem Schaffen eines neuen Grundrechts durch das BVerfG und die rechtlichen Bedenken an letzterem beschreibt *Krause*, JuS 1984, S. 268.

auch bei der Untersuchung der datenschutzrechtlichen Zulässigkeit von Cookies und Web Bugs besondere Bedeutung zu.

Im Folgenden werden zunächst die relevanten speziellen Grundrechte und sodann das allgemeine Persönlichkeitsrecht im Hinblick auf das „ob" und „wie" des zulässigen Einsatzes von Cookies und Web Bugs untersucht.

2. Art. 13 GG

Art. 13 Abs. 1 GG beschreibt die Wohnung als „unverletzlich" und schützt die räumliche Privatsphäre des Betroffenen vor staatlichen Eingriffen.[646] Maßstab für die Zulässigkeitsprüfung einer Datenverarbeitung ist Art. 13 GG immer dann, wenn diese Datenverarbeitung im Zusammenhang mit einem Eingriff in die räumliche Privatsphäre des Betroffenen erfolgt.[647] Eine im Zusammenhang mit einer unzulässigen Durchsuchung stattfindende Datenerhebung ist somit unzulässig.[648] Ein Eingriff kann gemäß Art. 13 Abs. 3-6 GG auch unkörperlich durch den Einsatz technischer Mittel erfolgen.[649] Eine solche akustische oder optische Überwachung muss aber ebenfalls im Zusammenhang mit der „Wohnung", also der räumlichen Privatsphäre des Betroffenen stehen, um in den Anwendungsbereich des Art. 13 GG zu fallen.[650] Art. 13 GG stellt somit einen speziellen Ausschnitt des Rechts auf informationelle Selbstbestimmung unter besonderen Schutz.[651] Da das Websurfen und der Einsatz der Cookies und Web Bugs im WWW die räumliche Privatsphäre des Websurfers nicht berührt, findet Art. 13 GG für die Fragestellung dieser Arbeit keine Anwendung.

3. Art. 10 GG

Art. 10 GG schützt das Fernmeldegeheimnis, d.h. die durch unkörperliche Signale transportierte räumlich distanzierte individuelle Kommunikation, was auch eine Kommunikation im Internet umfasst.[652] Der Schutz bezieht sich auf die Individualkommunikation, also auf die elektronisch vermittelte Kommunikation an einen Empfänger oder an einen von vornherein individuell bestimmten, abgegrenzten Empfängerkreis.[653] So ist der Betroffene z. Bsp. gegen das Abhören, die Kenntnisnahme und das Aufzeichnen des Inhalts der Telekommunikation geschützt.[654] Massenkommunikation, d.h. Informationen, die an die Allgemein-

---

[646] BVerfGE 65, 1, 39 („Wohnung im Sinne des Art. 13 GG ist allein die räumliche Privatsphäre").
[647] *Hermes*, in: *Dreier*, GG-Komm., Band I, Art. 13 Rndnr. 12; *Krause*, JuS 1984, S. 269.
[648] Vgl. *Amelung*, NJW 1991, S. 2535.
[649] Vgl. zu Art. 13 Abs. 3 GG BVerfGE, Urteil v. 3.03.2004, 1 BvR 2378/98, Rndnr. 103ff.
[650] *Papier*, in: *Maunz/Dürig*, GG-Komm., Art. 13 Rndnr. 79ff.
[651] *Hermes*, in: *Dreier*, GG-Komm., Band I, Art. 13 Rndnr. 12.
[652] *Löwer*, in: *v. Münch/Kunig*, GG-Komm., Band 1, Art. 10 Rndnr. 18.
[653] *Gusy*, in: *v. Mangoldt/Klein/Starck*, GG-Komm., Band 1, Art. 10 Rndnr. 42.
[654] BVerfG, Beschluss vom 3.03.2004, 1 BvF 3/92, Ziff. II.1.a.

heit oder einen großen Teil der Bevölkerung gerichtet sind, wird nicht von dem Schutzbereich umfasst.[655]

Das WWW wird für die Individualkommunikation wie z. Bsp. E-Mail-Funktionen eingesetzt, es enthält aber auch an die Allgemeinheit gerichtete Informationen. Nach einer Literaturansicht erstreckt sich der Schutz des Art. 10 GG auf alle fernmeldetechnischen Übertragungswege, auf denen auch individuelle Kommunikationsvorgänge abgewickelt werden können.[656] Nach dieser Ansicht müsste das Fernmeldegeheimnis bereits wegen der theoretischen Möglichkeit des Einsatzes zur Individualkommunikation auch auf den Einsatz von Cookies und Web Bugs im WWW Anwendung finden. Der damit verbundene Abschied von der Differenzierung zwischen Individual- und Massenkommunikation lässt sich aber nur dann rechtfertigen, wenn eine solche Differenzierung tatsächlich technisch unmöglich ist.[657] Da aber eine Unterscheidung zwischen dem Versenden von Nachrichten und dem bloßen Besuch verschiedener Webseiten durch den Websurfer möglich ist, ist eine generelle Einstufung des Websurfens als Individualkommunikation wegen der bloßen Möglichkeit einer individualkommunikativen Nutzung des WWW abzulehnen. Da das Websurfen unabhängig von individualkommunikativen Funktionen erfolgt, ist es der Massenkommunikation zuzuordnen, weswegen die Anwendbarkeit des Fernmeldegeheimnisses aus Art. 10 GG ausscheidet.

4. Art. 5 Abs. 1 GG

a. Die negative Meinungsäußerungsfreiheit

Art. 5 Abs. 1 Satz 1, 1. Hs. GG garantiert das Recht des Einzelnen, „seine Meinung in Wort, Schrift und Bild frei zu äußern und zu verbreiten“, was auch eine negative Meinungsäußerungsfreiheit, d. h. das Recht, sich nicht in einer bestimmten Weise äußern zu müssen, umfasst.[658] Eine solche negative Meinungsäußerungsfreiheit könnte dem Einsatz von Cookies und Web Bugs aber nur entgegenstehen, wenn die bei dem Websurfen anfallende „Datenspur“ eine Äußerung im Sinne der Vorschrift wäre. Eine solche Äußerung setzt „das Element der Stellungnahme, des Dafürhaltens, des Meinens im Rahmen einer geistigen Auseinandersetzung“ voraus.[659] Zwar kann die erforderliche wertende Stellungnahme auch in der Auswahl und Darstellung bestimmter Tatsachen liegen.[660] Der Websurfer hat jedoch in der Mehrzahl der Fälle keine Kenntnis von den

---

[655] *Löwer*, in: *v. Münch/Kunig*, GG-Komm., Band 1, Art. 10 Rndnr. 18.
[656] So *Hermes*, in: *Dreier*, GG-Komm., Band I, Art. 10 Rndnr. 39.
[657] So *Löwer*, in: *v. Münch/Kunig*, GG-Komm., Band 1, Art. 10 Rndnr. 18.
[658] *Schulze-Fielitz*, in: *Dreier*, GG-Komm., Band I, Art. 5 Rndnr. 84; *Wendt*, in: *v. Münch/Kunig*, GG-Komm., Band 1, Art. 5 Rndnr. 18.
[659] BVerfGE 65, 1, 41.
[660] *Schmidt-Bleibtreu/Klein*, GG-Komm., Art. 5 Rndnr. 3a; *Wendt*, in: *v. Münch/Kunig*, GG-Komm., Band 1, Art. 5 Rndnr. 9; *Starck*, in: *v. Mangoldt/Klein/Starck*, GG-Komm., Band 1, Art. 5 Rndnr. 26.

konkreten Datenverarbeitungsvorgängen im Zusammenhang mit seinem Besuch im WWW, was einer „Meinungsäußerung" entgegensteht. So hat auch das BVerfG festgestellt, dass die negative Meinungsäußerungsfreiheit bei Informationseingriffen durch Datenerhebungen, die bei Dritten oder heimlich erfolgen, versagen müsse.[661] Selbst wenn der Websurfer die Umstände des Einsatzes von Cookies und Web Bugs kennt, fehlt zudem das erforderliche Element der wertenden Stellungnahme.[662] Die bloße Auswahl der Webseiten ist mit der Mitteilung von Tatsachen gleichzusetzen, für die das BVerfG bestätigt hat, dass es keine „Äußerung" im Sinne des Art. 5 Abs. 1 GG darstellt.[663] Im Ergebnis scheidet ein Recht auf Datenschutz des Websurfers durch die Meinungsäußerungsfreiheit des Art. 5 Abs. 1, Satz 1, 1. Hs. GG somit mangels Äußerung im Sinne dieser Vorschrift aus.

b. Die Informationsfreiheit

aa. Der Schutzbereich

Art. 5 Abs. 1, Satz 1, 2. Hs. GG gewährleistet das Recht des Einzelnen, sich aus allgemein zugänglichen Quellen ungehindert zu unterrichten. Allgemein zugänglich ist die Informationsquelle, wenn sie technisch geeignet und bestimmt ist, der Allgemeinheit, d.h. einem individuell nicht bestimmbaren Personenkreis, Informationen zu verschaffen.[664] Auf die Entgeltlichkeit kommt es insofern nicht an.[665] Das WWW dient seinen Besuchern als Informationsmedium und ist einem nicht bestimmbaren Personenkreis zugänglich und deswegen „allgemein zugänglich" in diesem Sinne.[666] Geschützt ist der gesamte Prozess des Sich-Informierens inklusive des aktiven Beschaffens von Informationen und der Nutzung von Einrichtungen, die den Empfang der Informationen aus allgemein zugänglichen Quellen ermöglichen.[667] Der Websurfer informiert sich aus dem WWW als allgemein zugänglichem Informationsmedium. Die Informationsfreiheit des Art. 5 Abs. 1 GG begründet somit ein Recht des Websurfers, Informationen aus dem WWW ohne staatliche Eingriffe zu sammeln.

---

[661] Vgl. BVerfGE 65, 1, 41 („Ein solcher Schutz würde von vornherein bei Informationseingriffen durch Datenerhebungen versagen, die bei Dritten oder durch heimliche Beobachtungen (Observationen) vorgenommen werden.").

[662] BVerfGE 65, 1, 41.

[663] BVerfGE 65, 1, 41.

[664] BVerfGE 27, 7, 83; *Schulze-Fielitz*, in: *Dreier*, GG-Komm., Band I, Art. 5 Rndnr. 78; *Hoffmann-Riem*, in: *Denninger u.a.*, Komm. z. GG, Band 1, Art. 5 Rndnr. 100.

[665] *Schmidt-Bleibtreu/Klein*, GG-Komm., Art. 5 Rndnr. 6; *Schulze-Fielitz*, in: *Dreier*, GG-Komm., Band I, Art. 5 Rndnr. 80.

[666] *Hoffmann-Riem*, in: *Denninger u.a.*, Komm. z. GG, Band 1, Art. 5 Rndnr. 98.

[667] *Schulze-Fielitz*, in: *Dreier*, GG-Komm., Band I, Art. 5 Rndnr. 83; *Hoffmann-Riem*, in: *Denninger u.a.*, Komm. z. GG, Band 1, Art. 5 Rndnr. 98.

bb. Der Einsatz von Cookies und Web Bugs als Eingriff

Ob der staatliche Einsatz von Cookies und Web Bugs in den Schutzbereich eingreift, hängt davon ab, ob auch faktisch-mittelbare staatliche Beeinträchtigungen, die in der Mehrzahl ohne Kenntnis des Betroffenen erfolgen, einen Eingriff darstellen können. Nach der klassischen Lehre vom Grundrechtseingriff liegt ein staatlicher Eingriff dann vor, wenn er finale und unmittelbare Folge eines Staatshandelns, also eines Rechtsakts mit rechtlicher Wirkung ist, der mit Befehl und Zwang durchgesetzt wird.[668] Wegen der wachsenden Zahl von Berührungspunkten zwischen Bürger und Staat ist dieser klassische Eingriffsbegriff als zu eng kritisiert und im Ergebnis auch zu Recht durch die Rechtsprechung erweitert worden.[669] Denn für den Bürger macht es keinen Unterschied, ob er durch eine zielgerichtete und unmittelbare, eine zielgerichtete mittelbare oder sogar durch eine rein faktische Maßnahme beeinträchtigt wird. Ein Eingriff ist deswegen nach dem sogenannten „weiten" Eingriffsbegriff bei jeder „Belastung" durch eine staatliche Maßnahme anzunehmen.[670] Voraussetzung ist allerdings, dass die Maßnahme dem Staat zurechenbar ist, was anzunehmen ist, wenn sie in ihrer Intensität einer unmittelbaren Maßnahme gleichsteht.[671] Die Verarbeitung von Daten des Websurfers kann diesen veranlassen, dass Medium WWW als Informationsquelle zu meiden. Dies ist insbesondere der Fall, wenn das Informationsverhalten insgesamt registriert oder beobachtet wird[672], allerdings können auch einzelne Maßnahmen der Datenverarbeitung zu einer Abkehr von dem Informationsmedium WWW führen und stehen somit einem positiven staatlichen Eingriff in das Recht auf Informationsfreiheit aus Art. 5 Abs. 1 GG gleich.[673]

Im Ergebnis stellt somit der Einsatz von Cookies oder Web Bugs wegen der mit ihm einhergehenden Datenverarbeitungen einen Eingriff in das Recht auf Informationsfreiheit aus Art. 5 Abs. 1 GG dar,[674] der für seine Zulässigkeit einer Rechtfertigung nach Art. 5 Abs. 2 GG bedarf.

---

668 *Pieroth/Schlink*, Grundrechte, Rndnr. 238.

669 Siehe hierzu ausführlich *Isensee/Kirchhof*, Handbuch des Staatsrechs, Band V, § 111, Rndnr. 62ff.

670 *Schmidt*, Staatliches Informationshandeln und Grundrechtseingriff, S. 20.

671 *Schulze-Fielitz*, in: *Dreier*, GG-Komm., Band I, Art. 5 Rndnr. 128.

672 *Wendt*, in: *v. Münch/Kunig*, GG-Komm., Band 1, Art. 5 Rndnr. 27; *Schulze-Fielitz*, in: *Dreier*, GG-Komm., Band I, Art. 5 Rndnr. 130.

673 *Hoffmann-Riem*, in: *Denninger u.a.*, Komm. z. GG, Band 1, Art. 5 Rndnr. 98; *Schulze-Fielitz*, in: *Dreier*, GG-Komm., Band I, Art. 5 Rndnr. 130; *Starck*, in: *v. Mangoldt/Klein/Stark*, GG-Komm., Band 1, Art. 5 Rndnr. 56; *Wendt*, in: *v. Münch/Kunig*, GG-Komm, Art. 5 Rndnr. 27; *Schaar*, Datenschutz im Internet, S. 53.

674 So auch *Hoffmann-Riem*, in: *Denninger u.a.*, Komm. z. GG, Band 1, Art. 5 Rndnr. 98, 111; *Denninger*, Anonymität, S. 50.

c. *Die Rechtfertigung eines Eingriffs nach Art. 5 Abs. 2 GG*

Ein Eingriff in die Informationsfreiheit kann nach Art. 5 Abs. 2 GG durch die „allgemeinen Gesetze“ gerechtfertigt sein. Hierunter sind alle Erscheinungsformen staatlicher Rechtsetzung im formellen und materiellen Sinn zu verstehen, d.h. parlamentarische Gesetze, Rechtsverordnungen und Satzungen sowie das Gewohnheitsrecht.[675] Die Frage nach der Allgemeinheit der Gesetze im Sinne des Art. 5 Abs. 2 GG hat zu wissenschaftlichen Auseinandersetzungen geführt.[676] Nach der vermittelnden Ansicht des BVerfG, die in dem Lüth-Urteil (1958)[677] geprägt worden ist, sind allgemeine Gesetze im Sinne des Art. 5 Abs. 2 GG solche Gesetze, „die nicht eine Meinung als solche verbieten, die sich nicht gegen die Äußerung der Meinung als solche richten, die vielmehr dem Schutz eines schlechthin, ohne Rücksicht auf eine bestimmte Meinung zu schützendes Rechtsgut dienen, dem Schutz eines Gemeinschaftswerts, der gegenüber der Betätigung der Meinungsfreiheit den Vorrang hat.“[678] Die höchstrichterliche Rechtsprechung hat meinungsbeschränkende Gesetze fast ausnahmslos als „allgemeine Gesetze“ im Sinne des Art. 5 Abs. 2 GG akzeptiert.[679] Die allgemeinen Gesetze müssen im Lichte und in der Bedeutung der Grundrechte gesehen und interpretiert werden, so dass der besondere Wertgehalt der Rechte gewahrt wird.[680] Nach der Wechselwirkungstheorie des BVerfG müssen die allgemeinen Gesetze aus „der Erkenntnis der wertsetzenden Bedeutung“ des Grundrechts „im freiheitlichen demokratischen Staate ausgelegt und so in ihrer .... begrenzenden Wirkung selbst wieder eingeschränkt werden ...“.[681] Dies macht eine verfassungskonforme Auslegung des Gesetzes und eine einzelfallabhängige Güterabwägung zwischen dem Kommunikationsgrundrecht auf der einen und dem mit dem allgemeinen Gesetz verfolgten Ziel auf der anderen Seite erforderlich.[682] Lässt somit ein „allgemeines Gesetz“ im oben genannten Sinne den Einsatz von Cookies und Web Bugs zu, wird eine Abwägung des Informationsrechts des Websurfers aus Art. 5 Abs. 1 GG mit diesem allgemeinen Gesetz erforderlich.

Das Recht auf Informationsfreiheit findet seine Schranken neben den allgemeinen Gesetzen auch in den gesetzlichen Bestimmungen zum Jugendschutz und in dem Recht der persönlichen Ehre. Für den jugendlichen Websurfer könnten die

---

[675] *Schulze-Fielitz*, in: *Dreier*, GG-Komm., Band I, Art. 5 Rndnr. 136; Als Gewohnheitsrecht gelten z. Bsp. die anerkannten arbeitsrechtlichen Grundsätze, siehe hierzu BAG NJW 1978, S. 1872f.

[676] Siehe hierzu näher *Lücke*, Die „allgemeinen“ Gesetze, S. 4ff.; *Schulze-Fielitz*, in: *Dreier*, GG-Komm., Band I, Art. 5 Rndnr. 137ff.

[677] BVerfGE 7, 198.

[678] BVerfGE 7, 198, 209/210; Vgl. auch *Wendt*, in: *v. Münch/Kunig*, GG-Komm., Art. 5 Rndnr. 71.

[679] Vgl. *Schulze-Fielitz*, in: *Dreier*, GG-Komm., Band I, Art. 5 Rndnr. 145.

[680] *Schmidt-Bleibtreu/Klein*, GG-Komm., Art. 5 Rndnr. 12.

[681] BVerfGE 7, 198, 209; 66, 116, 150; 71, 206, 214; 85, 1, 16; 94, 1, 8.

[682] *Schulze-Fielitz*, in: *Dreier*, GG-Komm., Band I, Art. 5 Rndnr. 159.

Bestimmungen zum Jugendschutz Bedeutung erlangen, wenn hierdurch in sein Recht auf Informationsfreiheit eingegriffen wird.

5. Das allgemeine Persönlichkeitsrecht und seine Bedeutung für den Datenschutz

a. Das allgemeine Persönlichkeitsrecht

Das BVerfG hat bereits in der Elfes-Entscheidung aus dem Jahre 1957[683], in der es den offenen Tatbestand der allgemeinen Handlungsfreiheit begründet hat, auf die besondere Schutzbedürftigkeit der menschlichen Persönlichkeit in ihrer geistig-seelischen Dimension hingewiesen. Dem Einzelnen soll eine „Sphäre privater Lebensgestaltung" vorbehalten bleiben, ein „letzter unantastbarer Bereich menschlicher Freiheit".[684] Um diese Sphäre privater Lebensgestaltung des Menschen aus dem weiten Schutzbereich der allgemeinen Handlungsfreiheit aus Art. 2 Abs. 1 GG herauszulösen, hat das BVerfG, an die Rechtsprechung des Bundesgerichtshofs zum allgemeinen Persönlichkeitsrecht als „sonstiges Recht" im Sinne des § 823 Abs. 2 BGB anknüpfend[685], das allgemeine Persönlichkeitsrecht als „unbenanntes" Freiheitsrecht auf Grundlage des Art. 2 Abs. 1 GG i. V. m. Art. 1 Abs. 1 GG bestätigt.[686] Dieses allgemeine Persönlichkeitsrecht enthält nach der Rechtsprechung des BVerfG wegen des Zusammenhangs mit Art. 1 Abs. 1 GG ein Element der „freien Entfaltung der Persönlichkeit", wodurch es sich von dem Recht auf allgemeine Handlungsfreiheit des Art. 2 Abs. 1 GG abhebt und über engere tatbestandliche Voraussetzungen verfügt.[687] Diese freie Entfaltung der Persönlichkeit soll solche Verhaltensweisen umfassen, die durch die besondere Verbindung zu dem Schutzbereich des Art. 1 Abs. 1 GG des stärkeren Schutzes bedürfen.[688] Das BVerfG betont, dass es Sinn des Schutzes des allgemeinen Persönlichkeitsrechts sei, „die engere persönliche Lebenssphäre und die Erhaltung ihrer Grundbedingungen zu gewährleisten, die sich durch die traditionellen, konkreten Freiheitsgarantien nicht abschließend erfassen lassen"[689]. Der Schutz solle „namentlich auch im Blick auf moderne Entwicklungen und die mit ihnen verbundenen neuen Gefährdungen für den Schutz der menschlichen Persönlichkeit" gewährt werden[690], was eine abschließende Festlegung des Schutzbereichs ausschließt.[691] Die Ausformungen der Fallgruppen

---

[683] BVerfG 6, 32.
[684] BVerfG 6, 32, 41.
[685] Vgl. grundlegend BGHZ 13, 334, 337f.
[686] BVerGE 27, 1, 6; BVerfGE BVerfGE 27, 344, 350f.; Vgl. auch *Siekmann/Duttke*, Grundrechte, Rndnr. 843.
[687] BVerfGE 54, 148, 153.
[688] Vgl. auch *Jarass*, NJW 1989, S. 857.
[689] BVerfGE 54, 148, 153; Vgl. auch BVerfG, Urteil vom 15.12.1999 – 1 BvR 653/96, Ziff. 68.
[690] BVerfGE 54, 148, 153; Vgl. auch BVerfG, Urteil vom 15.12.1999 – 1 BvR 653/96, Ziff. 65; *Degenhart*, JuS 1992, S. 363.
[691] *Siekmann/Duttke*, Grundrechte, Rndnr. 846.

des allgemeinen Persönlichkeitsrechts sind somit Antworten auf moderne Beeinträchtigungen, die nicht bereits von den bestehenden Freiheitsrechten erfasst werden.[692]

Das BVerfG hat das Recht auf Privatsphäre und das Recht auf informationelle Selbstbestimmung als Fallgruppen des allgemeinen Persönlichkeitsrechts anerkannt, die im Folgenden darauf untersucht werden, ob sie ein Grundrecht auf Datenschutz begründen, das die rechtliche Zulässigkeit des Einsatzes von Cookies und Web Bugs betrifft.

b. Das Recht auf Privatsphäre

Der Anwendungsbereich des Rechts auf Privatsphäre ist räumlich und thematisch bestimmt. Thematisch sind solche Angelegenheiten einbezogen, die „wegen ihres Informationsgehalts typischerweise als „privat" eingestuft werden, weil ihre öffentliche Erörterung oder Zurschaustellung als unschicklich gilt, das Bekanntwerden als peinlich empfunden wird oder nachteilige Reaktionen der Umwelt auslöst"[693]. Dies wurde z. Bsp. bejaht bei Aufzeichnungen in Tagebüchern[694], bei vertraulicher Kommunikation zwischen Ehepartnern[695] oder im Bereich der Sexualität[696]. Räumlich ist der Schutz beschränkt auf einen abgeschiedenen, von der Allgemeinheit abgegrenzten Privatbereich. Dies soll nicht nur den häuslichen Bereich umfassen. Zur Eingrenzung des räumlichen Schutzbereichs stellt das BVerfG vielmehr darauf ab, ob „der Einzelne eine Situation vorfindet oder schafft, in der er begründetermaßen und somit auch für Dritte erkennbar davon ausgehen darf, den Blicken der Öffentlichkeit nicht ausgesetzt zu sein".[697]

Die durch Cookies und Web Bugs erhobenen Daten beziehen sich nicht auf solche Angelegenheiten, die nach dem Vorangesagten typischerweise als „privat" eingestuft werden. Die Verarbeitung von Nutzungsdaten des betroffenen Websurfers gilt weder als unschicklich noch peinlich und löst auch keine negativen Reaktionen der Umwelt aus. Auch in räumlicher Hinsicht ist von dem Einsatz der Cookies und Web Bugs kein Bereich betroffen, der sich durch eine Abgeschiedenheit auszeichnet. Im Gegenteil ist die Öffentlichkeit für das Informationsmedium WWW kennzeichnend.

Im Ergebnis ist somit festzuhalten, dass das Recht auf Privatsphäre als Ausprägung des allgemeinen Persönlichkeitsrechts kein Recht auf Datenschutz begründet, welches das „ob" und „wie" des Einsatzes von Cookies und Web Bugs berührt.

---

[692] *v. Mutius*, Anonymität, S. 14.
[693] BVerfG, Urteil vom 15.12.1999 – 1 BvR 653/96, Ziff. 72.
[694] BVerfGE 80, 367.
[695] BVerfGE 27, 344.
[696] BVerfGE 47, 46; 49, 286.
[697] BVerfG, Urteil vom 15.12.1999 – 1 BvR 653/96, Ziff. 79.

c. *Das Recht auf informationelle Selbstbestimmung*

aa. *Die Herleitung*

Ein Recht auf informationelle Selbstbestimmung wurde für die zwangsweise Registrierung und Katalogisierung von personenbezogenen Daten bereits in der Mikrozensus-Entscheidung des BVerfG im Jahre 1969 angedeutet, jedoch in dieser Entscheidung ausschließlich auf das Recht auf Menschenwürde des Art. 1 Abs. 1 GG gestützt: „Mit der Menschenwürde wäre es nicht zu vereinbaren, wenn der Staat das Recht für sich in Anspruch nehmen könnte, den Menschen zwangsweise zu registrieren und zu katalogisieren ... und ihn damit wie eine Sache zu behandeln, die einer Bestandsaufnahme in jeder Beziehung zugänglich ist".[698] Ein Jahr nach dem Mikrozensus-Urteil hat das BVerfG in der Entscheidung Ehescheidungsakten (1970) das Recht auf Geheimhaltung bestimmter persönlicher Lebenssachverhalte auf Grundlage des „Persönlichkeitsrechts der Ehegatten" gemäß Art. 2 Abs. 1 i. V. m. Art. 1 Abs. 1 GG bestätigt.[699] Allerdings stand ausschließlich die Offenbarung persönlicher Lebenssachverhalte der Ehegatten in Frage, ein allgemeines „Recht auf informationelle Selbstbestimmung" wurde nicht begründet.[700] Ein solches Recht wurde aber ausdrücklich in dem Volkszählungsurteil (1983) als Ausprägung des allgemeinen Persönlichkeitsrechts anerkannt.[701] Das BVerfG hatte über mehrere Verfassungsbeschwerden zu entscheiden, die sich gegen das Volkszählungsgesetz 1983 (VZG 1983)[702] wendeten. Da das VZG 1983 besondere Regelungen über die Registrierung, Verwendung und Übermittlung personenbezogener Daten, wie beispielsweise einen Vergleich mit den gespeicherten Daten der Melderegister[703], enthielt, sah sich das BVerfG veranlasst, die verfassungsrechtlichen Grundlagen des Datenschutzes umfassend zu prüfen.[704] Das Volkszählungsurteil wurde hierdurch zur Grundlage für ein neues und umfassendes Regelungskonzept für den Datenschutz.[705] Das Gericht hatte zwar nur über die „Tragweite des Rechts auf informationelle Selbstbestimmung für Eingriffe, durch welche der Staat die Angabe

---

[698] BVerfGE 27, 1, 6.
[699] BVerfGE 27, 344, 351.
[700] *Höfelmann*, Grundrecht auf informationelle Selbstbestimmung, S. 47.
[701] BVerfGE 65, 1, 43 sowie auch BVerGE 78, 77, 84; 80, 367, 373; *Dreier*, in: *Dreier*, Komm. zum Grundgesetz, Band I, Art. 2 I Rndnr. 78; Die theoretische Frage, ob es sich hierbei wie nach der h. A. um eine neue Ausprägung des allgemeinen Persönlichkeitsrechts oder ein Querschnitt der bisher bestätigten Einzelverbürgungen des allgemeinen Persönlichkeitsrechts handelt (so *Kunig*, in: *v. Münch/Kunig*, GG-Komm., Band 1, Art. 2 Rndnr. 38) hat keinen Einfluss auf den durch das BVerfG bestätigten Schutzinhalt und bleibt somit eine theoretische Frage, die für die Fragestellung dieser Arbeit nicht entschieden werden muss.
[702] BGBl. I, 369.
[703] Siehe § 9 Volkszählungsgesetz.
[704] BVerfGE 65, 1, 3f.
[705] *Simitis*, in: *Simitis u.a.*, Komm. z. BDSG, 4. Auflage, Rndnr. 24.

personenbezogener Daten vom Bürger verlangt", zu entscheiden.[706] Trotzdem hat es den Schutzbereich dieses Grundrechts[707] und die Eingriffsmöglichkeiten in einer verallgemeinerungsfähigen Form dargestellt und über die Volkszählung hinaus grundsätzliche Aussagen über die Voraussetzungen zulässiger Datenverarbeitung gemacht.[708]

bb.Der Personenbezug der Daten

(1) Die „persönlichen" Daten

Der Einzelne hat nach den Ausführungen des BVerfG im *Volkszählungsurteil* ein Recht auf „Schutz ... gegen unbegrenzte Erhebung, Speicherung, Verwendung und Weitergabe seiner persönlichen Daten".[709] Das BVerfG bezieht sich auf das BDSG, was deutlich macht, dass sich der Schutzbereich nach der Definition von personenbezogenen Daten nach dem BDSG richtet. Somit sind personenbezogene Daten „Einzelangaben über persönliche oder sachliche Verhältnisse einer bestimmten oder bestimmbaren natürlichen Person (Betroffener)".[710] Bestimmt ist eine natürliche Person, wenn die betreffenden Daten sie eindeutig und ohne weiteres Zusatzwissen bezeichnen[711], bestimmbar, wenn sie mit Zusatzwissen identifiziert werden kann.[712] Bei der Bestimmbarkeit kommt es nicht darauf an, dass die betreffenden Daten selbst einen Rückschluss auf die Person ermöglichen. Soweit der Personenbezug durch andere verfügbare Daten oder

---

[706] BVerfGE 65, 1, 45.

[707] Das Recht auf informationelle Selbstbestimmung wurde durch das BVerfG selbst als Grundrecht bestätigt, siehe BVerfGE 65, 1; BVerfGE 84, 239, 280; Vgl. auch *Merati-Kashani*, Datenschutz im E-Commerce, S. 30; *Schaar*, Datenschutz im Internet, S. 43f.; A.A. *Meister*, DuD 1984, S. 164, der das Recht auf informationelle Selbstbestimmung als „grundrechtsgleiches Recht" bezeichnet.

[708] *Di Fabio*, in: *Maunz-Dürig*, GG-Komm., Band I, Art. 2 Rndnr. 176; *Kim*, Das Recht auf informationelle Selbstbestimmung, S. 60; *Kunig*, in: *v. Münch/Kunig*, GG-Komm., Band 1, Art. 2 Rndnr. 38; *Höfelmann*, Grundrecht auf informationelle Selbstbestimmung, S. 64ff.; *Simitis*, NJW 1984, S. 399; *Merati-Kashani*, Datenschutz im E-Commerce, S. 29f.; *Schaar*, Datenschutz im Internet, S. 43f.; A.A. *Krause*, JuS 1984, S. 268 Fn. 4, wonach es „falsch" sei, „dass das BVerfG durchweg Anforderungen formuliert, die sich an jede Datenverarbeitung richten"; Dem ist zwar insoweit zuzustimmen, dass das Gericht einzelne Anforderungen an bestimmte Arten von Datenverarbeitung angepasst hat, was eine Verallgemeinerung verbietet (so soll z. Bsp. das Zweckbindungsgebot bei Datenverarbeitungen für statistische Zwecke abgeschwächt sein, BVerfGE 65, 1, 47); Hieraus kann aber nicht der Schluss gezogen werden, dass im Übrigen keine allgemeinen Anforderungen für sämtliche Datenverarbeitungen aufgestellt wurden, wie dies von der ganz h. M. zu Recht vertreten wird und durch die dem *Volkszählungsurteil* nachfolgenden Entscheidungen bestätigt wurde.

[709] BVerfGE 65, 1, 43.

[710] BVerfGE 65, 1, 42 mit Verweis auf § 2 Abs. 1 BDSG a.F.; Siehe hierzu *Schaar*, Datenschutz im Internet, S. 46f.

[711] Siehe hierzu auch *Schaar*, Datenschutz im Internet, S. 55.

[712] Vgl. *Bizer*, DuD 1998, S. 278.

sonstiges Zusatzwissen möglich ist, sind auch die Daten personenbezogen, die eine Identifikation der Person alleine nicht zulassen.[713]

(2) Die Relativität des Personenbezugs

Cookie-Dateien enthalten häufig eindeutig dem Websurfer zuzuordnende Daten, die somit einen Personenbezug nach dem Vorangesagten ohne weiteres auch für die übrigen auf dem Cookie befindlichen Daten begründen.[714] Gleiches gilt in diesem Fall für die Web Bugs, wenn diese wie im Regelfall über Cookie-Daten verfügen, die auf die Person des Websurfers bezogene Daten enthalten.[715]

Für den Fall, dass keine den Websurfer direkt identifizierenden Daten enthalten sind, ist aber zu beachten, dass die durch Cookies und Web Bugs verarbeiteten Daten in der Mehrzahl lediglich der IP-Nummer des genutzten Computers, nicht aber dem Websurfer als „bestimmter Person" im oben genannten Sinne zuzuordnen sind. Bei einer alleinigen Betrachtung der datenverarbeitenden Stelle wäre somit ein Personenbezug nur für den Zugangsanbieter zu bejahen, der die IP-Nummer vergibt.[716] Denn nur diesem stünde das Verbindungsglied zwischen der natürlichen Person und der IP-Nummer zur Verfügung. Ein solches Ergebnis wird unterstützt durch die vermehrte Verwendung von dynamischen IP-Nummern, die sich nach jedem Besuch der Webseite vernichten.[717] Auch diese machen einen Personenbezug bei ausschließlicher Betrachtung des jeweiligen Anbieters für die Stellen, die die IP-Nummer nicht selbst vergeben, unwahrscheinlich. Es stellt sich somit die Frage, ob bei der Beurteilung der Bestimmbarkeit des betroffenen Websurfers ausschließlich die Möglichkeiten der jeweiligen Stelle in Betracht gezogen werden oder auch die Möglichkeiten anderer Stellen, z. Bsp. der Zugangsanbieter, einbezogen werden müssen.[718] Diese Frage wird unterschiedlich beurteilt. Teilweise wird argumentiert, dass der Personenbezug für jede datenverarbeitende Stelle gesondert und somit „relativ" zu beurteilen sei, so dass das jeweilige Wissen einer bestimmten Stelle auch nur für diese zum Personenbezug der betreffenden Daten führen kann.[719] Andere Stimmen in der Literatur vertreten eine umfassende Beurteilung des Personenbezugs. Da der Betroffene zumindest mithilfe des Zugangsanbieters, der die IP-Adresse vergibt, identifiziert werden könne, wäre ein Personenbezug somit regelmäßig

---

[713] *Dammann*, in. *Simitis*, in: *Simitis u.a.*, Komm. z. BDSG, 5. Auflage, § 3 Rndnr. 21; *Engel-Flechsig*, in: *Engel-Flechsig/Maennel/Tettenborn*, Beck'scher IuKDG-Komm., § 1 TDDSG Rndnr. 11.
[714] *Schaar*, Datenschutz im Internet, S. 66.
[715] Siehe zu der Möglichkeit der Web Bugs, Cookie-Daten zu verarbeiten, Seite 60ff. dieser Arbeit.
[716] *Merati-Kashani*, Datenschutz im E-Commerce, S. 167f.
[717] *Köhntopp/Köhntopp*, CR 2000, S. 248; *Hillenbrand-Beck/Greß*, DuD 2001, S. 390; *Bizer*, DuD 1998, S. 278.
[718] So *Rasmussen*, DuD 2002, S. 407.
[719] *Hornung*, DuD 2004, 429.

zu bejahen.[720] Andere halten eine Berücksichtigung von Zusatzwissen nur in den Grenzen des rechtlich Zulässigen für angemessen. Hiernach sei ein Personenbezug nicht anzunehmen, wenn dieser nur unter Verletzung gesetzlicher Vorschriften hergestellt werden kann.[721]

Vor dem Hintergrund des umfassenden Anwendungsbereichs des Rechts auf informationelle Selbstbestimmung, der auch Gefährdungssituationen im Vorfeld der Identifizierung des Betroffenen in den Schutz einbezieht, ist das erstgenannte „relative" Verständnis des Personenbezugs abzulehnen. Die Beurteilung des Personenbezugs darf nicht nur die jeweilige verantwortliche Stelle einbeziehen, sondern muss auch die Möglichkeiten der übrigen, mit den Daten in Verbindung stehenden Personen oder Institutionen berücksichtigen. Nur so wird man den vielfältigen Möglichkeiten der Herbeiführung eines Personenbezugs gerecht.[722] Eindeutig ist auch die Europa-Datenschutzrichtlinie, die in ihrem Erwägungsgrund Nr. 26 feststellt, dass bei der Frage der Bestimmbarkeit einer Person „alle Mittel berücksichtigt werden (sollten)[723], die vernünftigerweise entweder von dem Verantwortlichen für die Verarbeitung oder von einem Dritten eingesetzt werden könnten, um die betreffende Person zu bestimmen". Dies bedeutet, dass die zusätzlichen Daten, die die Identifikation des Betroffenen zulassen, nicht bei der verarbeitenden Stelle selbst vorhanden sein müssen. Es reicht vielmehr aus, wenn eine Identifikation im Zusammenspiel mehrerer Stellen möglich ist.[724]

Auch eine Begrenzung der Betrachtung auf das rechtlich Zulässige geht an den Realitäten des WWW vorbei. Denn diese Realitäten zeigen, dass rechtliche Zulässigkeitsgrenzen und Datenschutzpraxis nicht notwendig identisch sein müssen.

Es muss somit im Ergebnis bei einer Gesamtbetrachtung bleiben, die auch das Zusatzwissen anderer Stellen ohne Begrenzung auf das gesetzlich Zulässige berücksichtigt.

(3) Der Personenbezug und Pseudonyme

Pseudonymisieren bedeutet nach der Definition des novellierten BDSG das „Ersetzen des Namens oder anderer Identifikationsmerkmale durch ein Kennzeichen zu dem Zweck, die Bestimmung des Betroffenen auszuschließen oder wesentlich zu erschweren.[725] Ein Pseudonym ist hiernach ein Kennzeichen, das den Namen oder das Identifikationsmerkmal des Betroffenen ersetzt.[726] Die IP-

---

[720] *Schaar*, Datenschutz im Internet, S. 174ff.

[721] So *Merati-Kashani*, Datenschutz im E-Commerce, S. 170, die einen Personenbezug im Ergebnis aber wegen der Gefahr des sog. „Outings" bejaht.

[722] *Schaar*, Datenschutz im Internet, S. 63.

[723] Einschub der Verfasserin.

[724] *Dammann*, in. *Simitis u. a.*, Komm. z. BDSG, 5. Auflage, § 3 Rndnr. 36; *Merati-Kashani*, Datenschutz im E-Commerce, S. 92.

[725] § 3 Abs. 6a BDSG.

[726] *Merati-Kashani*, Datenschutz im E-Commerce, S. 87.

Nummer ist ein Kennzeichen in dem vorgenannten Sinne, das den Namen des Websurfers ersetzt und stellt somit ein Pseudonym dar, soweit die Cookie- bzw. Web Bug-Daten keine sonstigen, den Websurfer identifizierenden Daten enthalten.[727] Eine Ansicht lehnt einen Personenbezug bei pseudonymer Datenverarbeitung wegen des vermeintlich geringen Risikos der Aufdeckung der Identifizierung der konkreten Person ab.[728] Dieser Ansicht wäre jedoch nur bei einem „relativen“ Verständnis des Personenbezugs zuzustimmen, das jedoch aus den genannten Gründen abzulehnen ist. Da die IP-Nummer dem Betroffenen mit einem entsprechenden Zusatzwissen auch bei pseudonymer Datenverarbeitung weiterhin zugeordnet werden kann, ist ein Personenbezug daher zu bejahen. Eine Identifizierung der Person ist bei der Nutzung von Pseudonymen sogar wahrscheinlicher als bei anonymer Datenverarbeitung.[729] Da aber selbst eine faktisch anonyme Datenverarbeitung, die eine Zuordnung nur mit unverhältnismäßig großem Aufwand zulässt, nach zutreffender Ansicht einen Personenbezug nicht ausschließt, weil die Identifikationsmerkmale weiterhin vorhanden sind und die betroffene Person somit objektiv weiterhin bestimmbar ist[730], muss dies erst recht für die pseudonyme Datenverarbeitung gelten.

(4) Der relevante Zeitpunkt des Personenbezugs

Fraglich ist weiterhin, ob die Bestimmbarkeit der natürlichen Person auch dann zu bejahen ist, wenn eine Identifizierung des Betroffenen erst zeitlich nach der Datenverarbeitung möglich ist. Für die Anwendbarkeit des Rechts auf informationelle Selbstbestimmung kann es aber keine Bedeutung haben, dass ein Personenbezug gegebenenfalls im Zeitpunkt des Einsatzes der Cookies und der ersten Datenverarbeitungen noch nicht hergestellt ist. Denn die Gefahr, dass ein Betroffener alleine wegen der theoretischen Möglichkeit der Verarbeitung auf ihn bezogener Daten bestimmte Handlungen unterlässt, besteht unabhängig von dem tatsächlichen Eintreten dieser Datenverarbeitung.[731] Dies ist auch dann der Fall, wenn eine individualisierte Datenverarbeitung nur eingeleitet wird.[732] Das Vorangesagte muss auch für die Web Bugs gelten. Denn diese bewirken neben der Ansammlung der Cookie-Daten einen Pool von Daten, die in ihrer Kombination eine Identifizierung des Betroffenen noch wahrscheinlicher machen.[733]

---

[727] *Hillenbrand-Beck/Greß*, DuD 2001, S. 391.
[728] So *Roßnagel/Scholz*, MMR 2000, 726.
[729] So auch *Merati-Kashani*, Datenschutz im E-Commerce, S. 96.
[730] *Schaar*, DuD 2000, S. 276; *Dammann*, in. *Simitis u.a.*, Komm. z. BDSG, 5. Auflage, § 3 Rndnr. 23; Einen Personenbezug schließt somit nur eine vollständige oder absolute Anonymisierung aus, bei der ein Personenbezug objektiv unmöglich ist; A.A. *Hornung*, DuD 2004, S. 429, Fn. 4; wohl auch *Bergmann/Möhrle/Herb*, Datenschutzrecht, § 3 Rndnr. 18 (Stand Nov. 2002), die von anonymisierten Daten einerseits und personenbezogenen Daten andererseits sprechen.
[731] *Rosenbaum*, Jura 1988, S. 180; *Simitis*, NJW 1984, S. 400.
[732] *Schaar*, Datenschutz im Internet, S. 224.
[733] Vgl. Seite 60ff. dieser Arbeit.

Für ein umfassendes Verständnis des Begriffs der Bestimmbarkeit des Websurfer durch die IP-Nummer spricht auch die Tatsache, dass in der Mehrzahl der Anwendungsfälle eine Kombination der Daten auch mit Angaben des Betroffenen über seine Person möglich ist. So ist in der Mehrzahl der Anwendungen des WWW erforderlich, dass der Betroffene seine Person bezeichnet, bevor er die jeweilige Webseite des Anbieters besucht. Auch für den E-Commerce, der sich durch Vertragsschlüsse auszeichnet, ist eine Identifikation des Websurfers zum wirksamen Vertragsschluss erforderlich. Somit stehen dem jeweiligen Anbieter Daten zur Verfügung, die ohne weiteres durch technische Mittel mit den übrigen, auch in der Vergangenheit verarbeiteten Daten kombiniert werden können.[734] Es muss somit bereits bei der ersten Datenerhebung durch Cookies und Web Bugs, selbst wenn diese zunächst keine Identifizierung des jeweiligen Websurfers ermöglichen, bei der Bestimmbarkeit des Betroffenen im Sinne des Rechts auf informationelle Selbstbestimmung bleiben.

Im Ergebnis sind Daten über den Websurfer, die durch Cookies oder Web Bugs verarbeitet werden, personenbezogen im Sinne des Rechts auf informationelle Selbstbestimmung, so dass der Schutzbereich dieses Grundrechts in dieser Hinsicht eröffnet ist.[735]

cc. *Die Verwendungsorientierung des Grundrechts*

Die informationelle Selbstbestimmung ist nach dem Volkszählungsurteil nicht daten-, sondern verwendungsorientiert, was eine Kategorisierung oder Privilegierung bestimmter Arten von Daten ausschließt.[736] Denn wegen der vielseitigen Nutzbarkeit und Verwendungsmöglichkeit jeglicher Daten kann es nach dem BVerfG kein belangloses Datum geben.[737] Der Schutzbereich ist daher nicht auf bestimmte Arten von personenbezogenen Daten, beispielsweise auf solche von höchstpersönlichem, privatem Charakter, beschränkt, sondern es werden alle Daten mit Personenbezug erfasst.[738] Da die Verwendungsmöglichkeiten unabhängig von den in Frage stehenden Datenverarbeitungsformen oder -phasen bestehen, sind auch sämtliche Formen und Phasen der Datenverarbeitung bis zur

---

734 Vgl. hierzu auch *Merati-Kashani*, Datenschutz im E-Commerce, S. 171ff. zu der Gefahr des „Outings".

735 *Hillenbrand-Beck/Greß*, DuD 2001, S. 392; *Schaar*, Datenschutz im Internet, S. 63; Vgl. auch *Golembiewski*, Anonymität im Recht der Multimediadienste, S. 108f.; *Schulzki-Haddouti*, Technische Risiken und Lösungen, S. 144; *Merati-Kashani*, Datenschutz im E-Commerce, S. 176.

736 *Simitis*, NJW 1984, S. 402

737 BVerfGE 65, 1, 45.

738 BVerfGE 65, 1, 45; So auch *Dreier*, in: *Dreier*, GG-Komm., Band I, Art. 2 I Rndnr. 80; *Schaar*, Datenschutz im Internet, S. 44; *Rosenbaum*, Jura 1988, S. 179; *Kunig*, Jura 1993, S. 600.

Löschung der Daten in den Schutz einbezogen.[739] Das an den Verwendungsmöglichkeiten der Daten festgemachte Verständnis von Datenschutz ist insbesondere im Hinblick auf die technischen Verknüpfungs- und Auswertungsmöglichkeiten, beispielsweise durch Einsatz von Cookies und Web Bugs, aktueller denn je. Eine Orientierung an der Sensibilität der Daten oder eines bestimmten Umgangs mit den Daten könnte der Herausforderung für den Datenschutz durch diese Mittel der Datenverarbeitung nicht gerecht werden.

dd. Das Verfügungsrecht des Betroffenen

Dem Betroffenen soll nach den Ausführungen des BVerfG das Recht zustehen, „grundsätzlich selbst über die Preisgabe und die Verwendung seiner persönlichen Daten zu bestimmen".[740] Dieses Verfügungsrecht bedeutet, dass der Betroffene sein Grundrecht auch dadurch ausüben kann, dass er in eine Datenverarbeitung in Kenntnis sämtlicher Umstände freiwillig[741] einwilligt und den Schutzbereich hierdurch individuell bestimmt.[742] Die theoretische Frage, ob es sich bei der Einwilligung um eine Grundrechtsausübung oder einen Grundrechtsverzicht handelt, kann dahingestellt bleiben. Denn nach jeder Ansicht steht eine wirksam erteilte Einwilligung einem rechtswidrigem Eingriff in den Schutzbereich des Rechts auf informationelle Selbstbestimmung entgegen.[743]

Eine Form der Ausübung des Rechts auf informationelle Selbstbestimmung stellt auch das Widerspruchsrecht des Betroffenen gegen die Datenverarbeitung dar. Die Datenverarbeitung ist zulässig, solange der Betroffene keinen Widerspruch hiergegen erhebt. Auch bei Unterrichtung des Betroffenen über dieses Recht wird der Widerspruch jedoch dem Eingriff in das Grundrecht zeitlich nachfolgen. Denn der umfassende Schutzbereich des Rechts auf informationelle Selbstbestimmung begründet - wie bereits dargelegt - einen Eingriff auch bei einer bloßen Gefährdungssituation unabhängig davon, ob die Datenverarbeitung wirklich eintritt. Aus diesem Grunde ist der Widerspruch ein im Vergleich zu der Einwilligung schwaches Mittel des Websurfers zur Ausübung seines Rechts auf informationelle Selbstbestimmung. Im Gegensatz zur Einwilligung kann das

---

[739] *Di Fabio*, in: *Maunz-Dürig*, GG-Komm., Art. 2 Rndnr. 176; *Dreier*, in: *Dreier*, GG-Komm., Band I, Art. 2 I Rndnr. 84; *Jarass*, NJW 1989, S. 858; *Rosenbaum*, Jura 1988, S. 180; *Schaar*, Datenschutz im Internet, S. 46f.; *Höfelmann*, Grundrecht auf informationelle Selbstbestimmung, S. 56; Vgl. auch BVerfG, Beschluss v. 11.06.1991 - 1BvR 239/90, NJW 1991, S. 2412; BVerfGE 78, 77, 84/85; 80, 367, 373; 84, 239, 279; 103, 21, 32f.

[740] BVerfGE 65, 1, 43; Vgl. auch BVerGE 78, 77 84; 80, 367, 373; *Dreier*, in: *Dreier*, Komm. z. GG, Band I, Art. 2 I Rndnr. 78.

[741] *Rosenbaum*, Jura 1988, 181; Siehe zu den Voraussetzungen einer wirksamen Einwilligung die einfachgesetzliche Ausgestaltung des verfassungsrechtlichen Gebots auf Seite 208ff. dieser Arbeit.

[742] *Di Fabio*, in: *Maunz/Dürig*, GG-Komm., Art. 2 Abs. 1 Rndnr. 228; *Kunig*, Jura 1993, S. 600f.; *Höfelmann*, Grundrecht auf informationelle Selbstbestimmung , S. 54 m.w.N.

[743] *Geiger*, NVwZ 1989, S. 36f.; *Höfelmann*, Grundrecht auf informationelle Selbstbestimmung , S. 54 m.w.N., die sich für eine Grundrechtsausübung ausspricht.

Mittel des Widerspruchs somit auch kein Äquivalent zur gesetzlichen Ermächtigung darstellen. Folglich greift die Datenverarbeitung durch Einsatz von Cookies und Web Bugs, auch wenn dem Betroffenen eine Widerspruchsmöglichkeit eingeräumt wird, ohne vorherige Einwilligung des Betroffenen in das Recht auf informationelle Selbstbestimmung ein und bedarf einer gesetzlichen Ermächtigung zu ihrer Rechtfertigung.[744]

ee. Der Transparenzgrundsatz

Das Verfügungsrecht des Grundrechtsträgers begründet als Teilaspekt des Rechts auf informationelle Selbstbestimmung auch ein Recht des Betroffenen, umfassend über Umstände und die Tatsache des Umgangs mit seinen Daten informiert zu sein. Denn ohne diese Kenntnis ist eine Ausübung des Grundrechts unmöglich.[745] Indem das BVerfG die Gefahr einer „Gesellschaftsordnung und eine diese ermöglichende Rechtsordnung, in der Bürger nicht mehr wissen können, wer was wann und bei welcher Gelegenheit über sie weiß“[746] herausstellt, begründet es somit den grundrechtlichen Transparenzgrundsatz des Datenschutzes.[747] Auch für den Einsatz der Cookies und Web Bugs bedeutet dies, dass der Websurfer vor dem Einsatz umfassend über die damit verbundenen Datenverarbeitungen, Zweck dieser Verarbeitungen und weiteren Umstände informiert sein muss.

ff. Das Verbot von allgemeinen Persönlichkeitsprofilen

Aufbauend auf der Mikrozensus-Entscheidung, in der das BVerfG feststellt, dass die zwangsweise Registrierung und Katalogisierung des Menschen mit der Menschenwürde unvereinbar ist[748], hat das BVerfG in dem Volkszählungsurteil auch für das Recht auf informationelle Selbstbestimmung bekräftigt, dass die Abbildung der Persönlichkeit und „umfassende Registrierung und Katalogisierung der Persönlichkeit durch die Zusammenführung einzelner Lebensdaten und Personaldaten zur Erstellung von Persönlichkeitsprofilen der Bürger“ unzulässig sei.[749] Das BVerfG hat hierdurch eine Obergrenze für die Verarbeitung personenbezogener Daten festgelegt, die dann erreicht sein soll, wenn nicht bestimmte, abgegrenzte Bereiche, sondern die Persönlichkeit als solche in dem Profil aus personenbezogenen Daten beschrieben ist.[750] Eine solche Abbildung der Persönlichkeit des Betroffenen verstößt nach den Ausführungen des BVerfG in der

---

[744] Siehe zu dem Gesetzesvorbehalt Seite 173ff. dieser Arbeit.
[745] *Rosenbaum*, Jura 1988, S. 182; *Höfelmann*, Grundrecht auf informationelle Selbstbestimmung, S. 54.
[746] BVerfGE 65, 1, 42.
[747] Siehe zu der gesetzlichen Umsetzung dieses Grundsatzes Seite 212ff. dieser Arbeit.
[748] BVerfGE 27, 1, 6.
[749] BVerfGE 65, 1, 53.
[750] Vgl. hierzu auch *Schaar*, Datenschutz im Internet, S. 50f.

Mikrozensus-Entscheidung bereits gegen die Menschenwürde des Betroffenen aus Art. 1 Abs. 1 GG und ist somit auch einer Rechtfertigung nicht zugänglich.[751] Die Nutzungsprofile durch Cookies und Web Bugs beschreiben den Besuch des Websurfers in dem WWW und zeichnen die Länge und Dauer des Verweilens auf den jeweiligen Webseiten nach. Eine darüber hinausgehende Profilerstellung über die Persönlichkeit des Websurfers ist durch die hiervon betroffenen Daten ohne weiteres nicht möglich.[752] Werden jedoch die personenbezogenen Daten mit weiteren Daten aus anderen Quellen über den Betroffenen verbunden, bekommt auch das Verbot der Persönlichkeitsprofile Bedeutung.

gg. Der Einsatz von Cookies und Web Bugs als faktisch-mittelbarer Eingriff

Der sogenannte klassische Eingriffsbegriff, der einen Eingriff durch rein faktische Maßnahmen wie den Einsatz von Cookies und Web Bugs ausschließt, geht auch für das Recht auf informationelle Selbstbestimmung fehl, weil sich die Verarbeitung der personenbezogenen Daten meist unbemerkt von dem Betroffenen abspielt und die Wirkungen häufig erst mittelbar eintreten.[753] Auch das BVerfG hatte in dem Volkszählungsurteil über die Rechtmäßigkeit von staatlichen Maßnahmen, wie z. Bsp. die weitere Verarbeitung von Daten nach Erhebung und Weitergabe der Daten an Dritte, zu entscheiden, die nicht dem klassischen Eingriffsbegriff entsprechen. Ein Eingriff liegt nach der Rechtsprechung des BVerfG somit in jedem Umgang mit personenbezogenen Daten unabhängig von der Natur des Umgangs und der Kenntnis des Betroffenen. Dem weiten Eingriffsbegriff entsprechend muss die faktisch-mittelbare Beeinträchtigung in Form des Einsatzes von Cookies und Web Bugs ebenfalls einen Eingriff darstellen.

In der Literatur wird der weite Eingriffsbegriff für das Recht auf informationelle Selbstbestimmung kritisiert. Krause argumentiert, dass das BVerfG den Eingriffsbegriff nicht aus dem allgemeinen Persönlichkeitsrecht, sondern aus der allgemeinen Handlungsfreiheit ableite, da ansonsten nur solche Beeinträchtigungen als Eingriffe qualifiziert werden dürften, die geeignet sind, die engere Persönlichkeitssphäre zu beeinträchtigen.[754] Das BVerfG hat jedoch gerade für das Recht auf informationelle Selbstbestimmung eine Ausgliederung bestimmter, nicht schutzwürdiger Bereiche ausdrücklich abgelehnt. Aus diesem Grunde können auch bestimmte Bereiche der Datenverarbeitung nicht aus dem Eingriffsbegriff ausgeklammert werden. Auch die Ansicht Mallmanns, der befürchtet, dass durch den weiten Eingriffsbegriff die Funktion des „Eingriffs" im Er-

---

[751] BVerfGE 27, 1, 6.
[752] Vgl. Seite 58ff. dieser Arbeit.
[753] *Rosenbaum*, Jura 1988, S. 180; *Kunig*, Jura 1993, S. 600; *Siekmann/Duttge*, Grundrechte, Rndnr. 852; Vgl. auch Ausführungen zum Eingriffsbegriff im Zusammenhang mit der Prüfung des Art. 5 Abs. 1 GG auf Seite 156f. dieser Arbeit.
[754] *Krause*, JuS 1984, S. 271.

gebnis entwertet werde[755], wendet sich letztlich gegen die Weite des Schutzbereichs, die aber Voraussetzung für ein umfassendes Recht auf Datenschutz ist. Dieser durch das BVerfG bestätigte umfassende Schutzbereich des Rechts auf informationelle Selbstbestimmung, der jede Art und jede Verwendung von personenbezogenen Daten und auch eine bloße Gefährdungssituation umfasst, muss aber zur Folge haben, dass auch jede Maßnahme, die diesen Schutzbereich beeinträchtigt, einen Eingriff darstellt. Mit der Weite des Schutzbereichs ist also auch die Weite des Eingriffsbegriffs notwendig verbunden. Somit muss jeder Akt, der geeignet ist, die Vorhersehbarkeit des Umgangs mit personenbezogenen Daten einzuschränken, bereits einen Eingriff in das Recht auf informationelle Selbstbestimmung darstellen.[756] Dies wurde auch in der dem Volkszählungsurteil nachfolgenden Rechtsprechung bestätigt.[757] Die Intensität und Art des Eingriffs sowie weitere Umstände können somit erst bei der Frage der Rechtfertigung des Eingriffs Bedeutung erlangen.

d. Ein Recht auf Anonymität als neue Fallgruppe des allgemeinen Persönlichkeitsrechts?

Als neue Fallgruppe des allgemeinen Persönlichkeitsrechts wird neben dem Recht auf informationelle Selbstbestimmung ein Recht auf Anonymität gefordert.[758] Dieses soll erforderlich sein, weil das Recht auf informationelle Selbstbestimmung eine grundsätzliche Identifizierungsmöglichkeit des Betroffenen voraussetze, das Recht auf Anonymität aber diesem Stadium vorgelagert bereits die Frage der grundsätzlichen Identifizierbarkeit des Individuums, also die Frage, ob ein Personenbezug hergestellt werden darf, betrifft. Ein Recht auf Anonymität als neue Fallgruppe des allgemeinen Persönlichkeitsrechts schafft jedoch für die gegenwärtige Rechtslage keinen Mehrwert. Es ist zwar richtig, dass das Recht auf informationelle Selbstbestimmung und bestehende datenschutzrechtliche Vorschriften davon ausgehen, dass die betreffenden Daten grundsätzlich eine Identifizierung des Betroffenen erlauben. Diese Prämisse muss jedoch auch ein Recht auf Anonymität begleiten, da nur die Identifizierbarkeit des Betroffenen eine Gefährdungslage für dessen Persönlichkeitsrecht schafft. Wird diese Prämisse nicht zugrundegelegt, erscheint auch ein Recht auf Anonymität, das gerade Rechte gegen die Identifizierung des Betroffenen einräumen soll, als obsolet. Zwar wird zu Recht dargelegt, dass das Recht auf informationelle Selbstbestimmung häufig erst nach der Identifizierung der Person eingreife.[759] Durch das Gebot der vorrangig anonymen Datenverarbeitung wird aber insbesondere auch das Vorfeld der Identifizierung des Betroffenen von dem Schutz-

---

[755] *Mallmann*, JZ 1983, S. 653.
[756] *Rosenbaum*, Jura 1988, S. 179.
[757] Siehe OLG Koblenz, Beschluss vom 30.05.1986 – 2 Vas 20/85, NJW 1986, S. 3094; BVerfG, Beschluss vom 9.03.1988 – 1 BvL 49/86, NJW 1988, S. 2031; Vgl. auch *Roßnagel/Pfitzmann/Garstka*, Modernisierung des Datenschutzrechts, S. 47 m.w.N.
[758] *v. Mutius*, Anonymität, S. 12ff.
[759] So *v. Mutius*, Anonymität, S. 21.

bereich des Rechts auf informationelle Selbstbestimmung umfasst. Denn das durch das Volkszählungsurteil bestätigte Datenschutzkonzept des Verbots mit Erlaubnisvorbehalt, dass die Datenverarbeitung mit Personenbezug grundsätzlich untersagt und nur bei ausdrücklicher Einwilligung oder gesetzlicher Erlaubnis für zulässig erklärt, begründet bereits ein Recht auf Anonymität, das auch und gerade im Vorfeld der Identifizierung greift.[760]

e. *Die anwendbaren Schranken*

Da der staatliche Einsatz von Cookies und Web Bugs einen Eingriff in das Recht auf informationelle Selbstbestimmung bedeutet, ist für die Rechtmäßigkeit des Einsatzes entscheidend, ob dieser durch die anwendbaren Schranken gerechtfertigt werden kann. Von einem Teil der Lehre wird vertreten, dass das Recht auf informationelle Selbstbestimmung „unantastbar" im Sinne des Art. 1 Abs. 1 GG sei, da es neben dem Schutz der Privatsphäre auch den Schutz der Menschenwürde als tragendes Rechtsprinzip des Grundgesetzes verfolge.[761] Das BVerfG hat in einer früheren Entscheidung aus dem Jahre 1973 zur Verfassungsmäßigkeit einer Verwertung heimlicher Tonbandaufnahmen im Strafverfahren zwar betont, dass bei der Bestimmung von Inhalt und Reichweite des Rechts auf freie Entfaltung der Persönlichkeit[762] berücksichtigt werden müsse, dass „nach der Grundnorm des Art. 1 Abs. 1 GG die Würde des Menschen unantastbar ist und gegenüber aller staatlichen Gewalt Achtung und Schutz beansprucht."[763] Auch die Feststellung, dass „selbst überwiegende Interessen der Allgemeinheit ... einen Eingriff in den absoluten Kernbereich privater Lebensgestaltung nicht rechtfertigen" könnten und eine „Abwägung nach Maßgabe des Verhältnismäßigkeitsgrundsatzes" nicht stattfinde[764], gab Anlass zu der Vermutung, dass das BVerfG das in Frage stehende Recht des Betroffenen auf Datenschutz grundsätzlich als „unantastbar" im Sinne des Art. 1 Abs. 1 GG ansieht. Dies wird jedoch bereits in derselben Entscheidung relativiert, wenn das BVerfG an anderer Stelle ausführt, dass „nicht der gesamte Bereich des privaten Lebens unter dem absoluten Schutz des Grundrechts aus Art. 2 Abs 1 in Verbindung mit Art. 1 Abs.1 GG steht." Vielmehr müsse „jedermann staatliche Maßnahmen hinnehmen, die im überwiegenden Interesse der Allgemeinheit unter strikter Wahrung des Verhältnismäßigkeitsgebots getroffen werden, soweit sie nicht den unantastbaren Bereich privater Lebensgestaltung beeinträchtigen."[765] Auch in dem *Volkszählungsurteil* stellt das BVerfG klar, dass der Einzelne „nicht ein Recht im Sinne einer absoluten, unbeschränkbaren Herrschaft über

---

[760] So auch *Bäumler*, Das Recht auf Anonymität; *ders.*, DuD 2003, S. 160.
[761] So z. Bsp. *Tiedemann*, DÖV 2003, S. 74ff.
[762] Der Begriff "Recht auf informationelle Selbstbestimmung" wurde erst im Volkszählungsurteil geprägt, siehe BVerfGE 65, 1.
[763] BVerfGE 34, 238, 245.
[764] BVerfGE 34, 238, 245.
[765] BVerfGE 34, 238, 246.

‚seine Daten'" habe[766] und lehnt eine generelle „Unantastbarkeit" damit ab. Dies ist zutreffend, weil das Recht auf informationelle Selbstbestimmung gerade nicht auf Art. 1 Abs. 1 GG beschränkt ist, sondern durch sein Zusammenspiel mit Art. 2 Abs. 1 GG über einen weiteren Anwendungsbereich verfügt. Eine nahezu uneingeschränkte Herrschaft des Betroffenen über die „eigenen Daten" widerspricht auch der Funktion des Grundgesetzes als objektiver Wertordnung und der Funktion von Information als „Abbild sozialer Realität, das nicht ausschließlich dem Betroffenen allein zugeordnet werden kann".[767] Der Mensch ist „eine sich innerhalb der sozialen Gemeinschaft entfaltende, auf Kommunikation angewiesene Persönlichkeit", was das BVerfG in diesem Zusammenhang zu Recht herausgestellt hat.[768] Letztlich würde eine Herrschaft des Betroffenen über seine Daten in Kollisionsfällen auch an der unbeschränkbaren Herrschaft der Mitmenschen über die eigenen Daten scheitern.[769]

Vereinzelt wird aus der Tatsache, dass es sich bei dem Recht auf informationelle Selbstbestimmung um ein durch Richterrecht geprägtes und somit nicht ausdrücklich im Grundgesetz beschriebenes Recht handelt, der Schluss gezogen, dass dieses Grundrecht nur „durch die Grundrechte Dritter und der Gemeinschaft dienliche, den Grundrechten an Bedeutung gleichkommende Verfassungswerte", also die sogenannten verfassungsimmanenten Schranken[770], begrenzt werden könne.[771] Gegen diese Ansicht spricht, dass verfassungsimmanente Schranken durch die Rechtsprechung für die scheinbar unbeschränkbaren, also vorbehaltlosen Grundrechte begründet wurden.[772] Das BVerfG hat das allgemeine Persönlichkeitsrecht und somit auch das Recht auf informationelle Selbstbestimmung als Ausprägung des allgemeinen Persönlichkeitsrechts aber eindeutig aus Art 2 Abs. 1 und Art 1 Abs. 1 GG abgeleitet und hierbei wiederholt die vorrangige Geltung des Art. 2 Abs. 1 GG deutlich gemacht.[773] Da Art. 2 Abs. 1 GG nicht vorbehaltlos gewährt wird, ist somit auch nicht davon auszugehen, dass dies für das Recht auf informationelle Selbstbestimmung gelten soll.[774] Zutreffend ist vielmehr die von der herrschenden Ansicht vertretene Orientie-

---

[766] BVerfGE 65, 1, 43.
[767] BVerfGE 65, 1, 44.
[768] BVerfGE 65, 1, 44; Vgl. hierzu auch *Breitfeld*, Berufsfreiheit und Eigentumsgarantie, S. 108; *Simitis*, NJW 1984, S. 400f.; *Donos*, Datenschutz- Prinzipien und Ziele, S. 70 spricht deswegen auch von einer „kommunikativen Selbstbestimmung".
[769] Vgl. *Höfelmann*, Das Grundrecht auf informationelle Selbstbestimmung, S. 58.
[770] Vgl. hierzu die Entscheidungen des BVerfG zur Kunstfreiheit aus Art. 5 Abs. 3 Satz 1 GG, BVerfGE 30, 173, 193; 77, 240, 253; 81, 278, 292; Vgl. auch *v. Münch*, in: *v. Münch/Kunig*, GG-Komm., Band 1, Vorb Art. 1-19 Rndnr. 57.
[771] *Lücke*, DÖV 2002, S. 97.
[772] *Pieroth/Schlink*, Grundrechte, Rndnr. 260, 325.
[773] BVerfGE 27, 1, 6; 27, 344, 351; 54, 148, 153.
[774] BVerfGE 65, 1, 43 („Dieses Recht auf „informationelle Selbstbestimmung" ist nicht schrankenlos gewährleistet."); Vgl. auch *Jarass*, NJW 1989, S. 857.

rung an den sogenannten Schrankentrias des Art. 2 Abs. 1 GG[775], insbesondere der verfassungsmäßigen Ordnung.[776]

Der Einsatz von Cookies und Web Bugs setzt somit nach dem Vorangesagten eine Vereinbarkeit mit der verfassungsmäßigen Ordnung im Sinne des Art. 2 Abs. 1 GG voraus. Da die Beurteilung einzelfallabhängig ist, kann die folgende Darstellung nur die Kriterien für eine Rechtfertigung des Eingriffs herausarbeiten, die dann im konkreten Einzelfall des Einsatzes der Cookies und Web Bugs zur Anwendung kommen.

f. Die verfassungsmäßige Ordnung gemäß Art. 2 Abs. 1 GG

aa. Der Gesetzesvorbehalt

Das BVerfG versteht das Kriterium der „verfassungsmäßigen Ordnung" des Art. 2 Abs. 1 GG als die Gesamtheit der Normen, die formell und materiell verfassungsgemäß sind.[777] Dogmatisch handelt es sich somit um einen einfachen Gesetzesvorbehalt mit der Folge, dass eine Einschränkung auch durch rangtiefere Normen wie z. Bsp. Satzungen erfolgen kann.[778] An das Kriterium der „verfassungsmäßigen Ordnung" werden jedoch für das Recht auf informationelle Selbstbestimmung höhere Anforderungen gestellt als bei der Schrankenprüfung zur Handlungsfreiheit des Art. 2 Abs. 1 GG.[779] Dies ist damit zu begründen, dass der Schutzbereich des Rechts auf informationelle Selbstbestimmung enger ist als der des Auffanggrundrechts der allgemeinen Handlungsfreiheit und somit auch die Anforderungen an die Schranken des Rechts auf informationelle Selbstbestimmung größer sein müssen.[780]

---

[775] Die Schrankentrias bestehen gemäß Art. 2 Abs. 1 GG neben der „verfassungsmäßigen Ordnung" aus den „Rechten anderer" und dem „Sittengesetz"; Die Schranke der „verfassungsmäßigen Ordnung" hat in der Praxis und Rechtsprechung des BVerfG die übrigen Schranken des Schrankentrias des Art. 2 Abs. 1 GG, die „Rechte anderer" und das „Sittengesetz" verdrängt, die somit im Folgenden nicht behandelt werden; Vgl. hierzu *Starck*, in: *v. Mangoldt/Klein/Starck*, Bonner GG-Komm., Band 1, 4. Auflage, Art. 2 Abs. 1 Rndnr. 31; *Dreier*, GG-Komm., Band 1, Art. 2 I Rndnr. 53; *Höfelmann*, Das Grundrecht auf informationelle Selbstbestimmung, S. 59.

[776] BVerfGE 78, 77, 85; 79, 256, 269; 101, 361, 387; 103, 21, 32f.; BVerfG, Beschluss v. 25.08.2000 (*Willy Brandt*) – 1 BvR 2707/95, NJW 2001, 594, 595; BVerfG, Beschluss v. 11.06.1991 – BvR 239/90, NJW 1991, S. 2412; *Kunig*, Jura 1993, S. 602; *Höfelmann*, Das Grundrecht auf informationelle Selbstbestimmung, S. 59; *Siekmann/Duttge*, Grundrechte, Rndnr. 853; *v. Mutius*, Anonymität, S. 24.

[777] BVerfGE 6, 32, 37ff.; 7, 111, 119; 35, 382, 399; 55, 159, 165; 63, 88, 108f.

[778] BVerfGE 6, 32, 37ff.; 55, 159, 165; 63, 88, 108f.; *Di Fabio*, in *Maunz-Dürig*, GG-Komm., Art. 2 Abs. 1 Rndnr. 39; *Pieroth/Schlink*, Grundrechte, Rndnr. 383.

[779] *Kunig*, in: *v. Münch/Kunig*, GG-Komm., Band 1, Art. 2 Rndnr. 42; *Dreier*, in: *Dreier*, GG-Komm., Band I, Art. 2 I Rndnr. 86; *Siekmann/Duttge*, Grundrechte, Rndnr. 853, 856.

[780] *Siekmann/Duttke*, Grundrechte, Rndnr. 845; Vgl. auch *Di Fabio*, in *Maunz-Dürig*, GG-Komm., Art. 2 Abs. 1 Rndnr. 39 zur Begründung des weiten Eingriffsbegriffs für die allgemeine Handlungsfreiheit des Art. 2 Abs. 1 GG.

In der Literatur wird teilweise aus dem *Volkszählungsurteil* der Schluss gezogen, das BVerfG habe nicht für jeden Eingriff eine gesetzliche Grundlage gefordert, da das BVerfG sich ausdrücklich auf unter Zwang erhobene Daten beziehe.[781] Dem ist jedoch entgegenzuhalten, dass das BVerfG sich in dem *Volkszählungsurteil* einer abschließenden Darstellung ausdrücklich enthalten und einen umfassenden Gesetzesvorbehalt in Folgeentscheidungen eindeutig bestätigt hat.[782] Eine Einteilung von Daten in schutzwürdig und nicht schutzwürdig ist aber schon wegen der Verwendungsorientiertheit des Datenschutzes nicht möglich und somit schon aus Gründen der Rechtssicherheit abzulehnen.[783] Es bleibt somit bei einem umfassenden Gesetzesvorbehalt für Eingriffe in das Recht auf informationelle Selbstbestimmung.

Das BVerfG spricht in dem Volkszählungsurteil von dem „Gesetzgeber"[784], der zwar nicht alles selbst regeln, aber dafür sorgen müsse, dass „das Notwendige geschieht".[785] Der Gesetzesvorbehalt besteht somit im Sinne der durch das BVerfG entwickelten Wesentlichkeitstheorie für die die Grundrechtsverwirklichung maßgeblichen Regelungen in der Form eines Parlamentsvorbehalts.[786] Die Wesentlichkeit richtet sich dabei nach der Intensität des Eingriffs, die unter anderem „von Art, Umfang und denkbaren Verwendungen der erhobenen Daten sowie der Gefahr ihres Missbrauchs" abhängt.[787] Entscheidend für die Intensität des Eingriffs ist auch die Art der Datenverarbeitung, so dass z. Bsp. eine geheime Verarbeitung einen „intensiveren" Eingriff darstellt als die Erhebung von Daten aufgrund einer Auskunftspflicht des Betroffenen.[788] Für weniger „wesentliche" Bereiche im Sinne des oben Gesagten, kann der Gesetzgeber auch die Bundesregierung, einen Bundesminister oder die Landesregierungen ermächtigen, Rechtsverordnungen zu erlassen, soweit „Inhalt, Zweck und Ausmaß der erteilten Ermächtigung im Gesetz bestimmt werden".[789] Für Cookies und Web Bugs, die häufig ohne Kenntnis des Betroffenen eingesetzt werden und die Verarbeitung einer Vielzahl von Nutzerdaten und eine umfangreiche und vielfältige Verwendung dieser Daten erlauben, muss abhängig von den Umständen des Einzelfalls regelmäßig von einem intensiven Eingriff ausgegangen werden, der ein Parlamentsgesetz erforderlich macht.

---

[781] *Krause*, JuS 1984, 272.

[782] BVerfG, Urteil vom 15.12.1999 – 1 BvR 653/96, Ziff. 86; BVerfGE 65, 1, 44; 78, 77, 85; 79, 256, 269; 101, 361, 387; 103, 21, 33; BVerfG, Beschluss v. 25.08.2000 (*Willy Brandt*) – 1 BvR 2707/95, NJW 2001, 594, 595.

[783] *Rosenbaum*, Jura 1988, S. 181.

[784] BVerfGE 65, 1, 44f.

[785] BVerfGE 65, 1, 59.

[786] Vgl. BVerfGE 61, 260, 275; 83, 130, 142; *Rosenbaum*, Jura 1988, S. 181.

[787] BVerfGE 65, 1, 46.

[788] *Rosenbaum*, Jura 1988, S. 182.

[789] Art. 80 Abs. 1 Satz 2 GG; Vgl. auch BVerfGE 65, 1, 61; BVerwG, Beschluss vom 5. 1. 2000 - 6P 1. 99, Rndnr. 17.

bb. Das Gebot der bereichsspezifischen Regelung

Nach den Vorgaben des BVerfG aus dem Volkszählungsurteil muss der „Verwendungszweck bereichsspezifisch und präzise“ bestimmt sein[790] und der Umfang der Beschränkungen muss sich „klar und für den Bürger erkennbar ergeben“[791]. Hinreichend bestimmt ist das Gesetz somit, „wenn sein Zweck aus dem Gesetzestext in Verbindung mit den Materialien deutlich wird“.[792] Der Umfang der Anforderungen an die gesetzliche Grundlage hängt wiederum von den Umständen des Einzelfalls ab.[793] Hieraus ist zu folgern, dass nicht jede Art der Datenverarbeitung eine bereichsspezifische Regelung unter Ausschluss von Generalklauseln erfordert.[794] Das BVerfG hat dieses Erfordernis auch ausdrücklich nur auf den „Zwang zur Angabe personenbezogener Daten“ bezogen.[795] Insbesondere wegen der Vielseitigkeit staatlicher Datenverarbeitung und der Weite des Schutzbereichs, die einen weiten Vorbehaltsbereich nach sich zieht, kann auf Generalklauseln nicht gänzlich verzichtet werden.[796] Es soll nach Ansicht des BVerfG vielmehr grundsätzlich ausreichen, wenn der Gesetzeszweck „aus dem Gesetzestext in Verbindung mit den Materialien deutlich wird“ und er sich „aus dem Zusammenhang ergibt, in dem der Text des Gesetzes zu dem zu regelnden Lebensbereich steht“.[797]

Das Vorangesagte kann jedoch nicht bedeuten, dass ein Gebot der bereichsspezifischen Regelungen nicht auch über den speziellen Fall des Zwangs zur Angabe personenbezogener Daten hinaus bestehen kann. Vielmehr lassen die Ausführungen des BVerfG wie bereits ausgeführt Raum zur Anwendung der aufgestellten Kriterien über den konkreten Fall hinaus. In Fällen, die mit dem Zwang zur Datenangabe vergleichbar sind, ist eine bereichsspezifische Regelung somit ebenso zu fordern wie in dem konkreten durch das BVerfG im Volkszählungsurteil angesprochenen Sachverhalt. Es stellt sich somit die Frage, ob der Einsatz von Cookies und Web Bugs ein mit einem Zwang zur Angabe personenbezogener Daten vergleichbarer Sachverhalt ist, der eine bereichsspezifische gesetzliche Regelung erforderlich macht. Dies wird unzweifelhaft dann zu bejahen sein, wenn der Einsatz der Cookies und Web Bugs ohne Kenntnis des Betroffenen erfolgt, was in der Praxis der Regelfall ist.[798] Denn in einem solchen Fall ist die Gefährdung des Selbstbestimmungsrechts sogar stärker als in dem Fall des Zwangs zur Datenangabe, in dem sich der Betroffene zumindest der Gefährdung bewusst ist und entsprechende rechtliche Schritte einleiten kann. Hat er aber

[790] BVerfGE 65, 1, 46.
[791] BVerfGE 65, 1, 44.
[792] BVerfGE 65, 1, 54 mit Verweis auf BVerfGE 27, 1, 8.
[793] BVerfGE 65, 1, 46.
[794] A.A. *Simitis*, NJW 1984, S. 399.
[795] Vgl. BVerfGE 65, 1, 46.
[796] *Bäumler*, JR 1984, S. 364; *Rosenbaum*, Jura 1988, S. 183.
[797] BVerfGE 65, 1, 54 mit Verweis auf BVerfGE 27, 1, 8; 62, 169, 183f.
[798] Vgl. zur Datenschutzpraxis Seite 243f. dieser Arbeit.

keine Kenntnis von der konkreten Datenverarbeitung, kennt er auch den Verlust seiner Selbstbestimmung nicht, was Schritte hiergegen ausschließt. Eine Kenntnis des Websurfers von dem Einsatz von Web Bugs ist wegen der Natur der Web Bugs ausgeschlossen, so dass eine bereichsspezifische Regelung für den Einsatz von Web Bugs unproblematisch zu bejahen ist. Auch für die Cookies muss wegen der Quantität der betroffenen Daten und ihrer unbegrenzten Verwendungsmöglichkeiten das Gebot der bereichsspezifischen Regelung selbst dann gelten, wenn der Betroffene Kenntnis von ihrem Einsatz hat. Dem Websurfer bleibt auch häufig keine Alternative zu der Preisgabe seiner Daten, wenn er das WWW und die angebotenen Dienste nutzen möchte, was ebenfalls für dieses Ergebnis spricht. Es bleibt somit im Ergebnis festzuhalten, dass bei einem Einsatz von Cookies und Web Bugs eine bereichsspezifische Regelung, die Generalklauseln ausschließt, zur Rechtfertigung eines Eingriffs erforderlich ist.[799]

cc. Das Gebot zu organisatorischen und verfahrensrechtlichen Vorkehrungen

Um die Umsetzung der von dem BVerfG geforderten Grundsätze zu gewährleisten, bestätigt das BVerfG in dem Volkszählungsurteil auch die Erforderlichkeit von organisatorischen und verfahrensrechtlichen Vorkehrungen. Wegen der „grundrechtssichernden Funktion" der gesetzlichen Regelung könne die konkrete Umsetzung nicht „allein dem Ermessen der Verwaltung überlassen bleiben".[800] Die bereichsspezifische Regelung muss somit auch konkrete Vorgaben zur Umsetzung des umfassenden Schutzbereichs des Rechts auf informationelle Selbstbestimmung beinhalten.

g. Der Verhältnismäßigkeitsgrundsatz

aa. Die Sphärentheorie des BVerfG

Ein Eingriff in den Schutzbereich des Rechts auf informationelle Selbstbestimmung muss dem Gebot der Verhältnismäßigkeit genügen, also zur Erreichung des angestrebten Zwecks geeignet und erforderlich sein. Eine Einschränkung des Rechts auf informationelle Selbstbestimmung ist nur im überwiegenden Allgemeininteresse zulässig. Die Rechtfertigung setzt voraus, dass der Eingriff „zum Schutz öffentlicher Interessen unerlässlich" ist.[801]

---

[799] Vgl. auch *Simitis*, NJW 1984, S. 400, der seinen Ausführungen das umfassende Gebot zur bereichsspezifischen Regelung zugrundelegt, ohne auf die Tatsache, dass sich die Ausführungen des BVerfG im *Volkszählungsurteil* zu dieser Frage auf den Zwang zur Angabe personenbezogener Daten bezieht, einzugehen.

[800] So BVerfGE 65, 1, 60 im Hinblick auf die Handhabung des § 11 Abs. 7 BStatG, der die Löschung der zur Identifizierung dienenden Daten vorsieht, sobald diese nicht mehr für statistische Zwecke des Bundes benötigt werden.

[801] So BVerfGE 65, 1, 44; Siehe auch BVerfGE 84, 239, 280; 103, 21, 33; *Di Fabio*, in: *Maunz-Dürig*, GG-Komm., Art. 2 Rndnr. 181.

Für das allgemeine Persönlichkeitsrecht hat das BVerfG besondere Konkretisierungen für die Anwendung des Verhältnismäßigkeitsgrundsatzes entwickelt und hierbei zwischen verschiedenen Sphären der Persönlichkeitsentfaltung mit unterschiedlicher Schutzbedürftigkeit differenziert.[802] Diese sogenannte Sphärentheorie sieht eine Kategorisierung der Schutzbereiche nach bestimmten Bereichen in drei Stufen vor.[803] Die erste Stufe, die Intimsphäre, bezieht sich auf die innere Gedanken- und Gefühlswelt des Betroffenen. Aufgrund des höchstpersönlichen Charakters sei ein „absolut geschützter Kernbereich privater Lebensgestaltung" betroffen, der Eingriffe gemäß Art. 1 Abs. 1 GG selbst durch ein überwiegendes Interesse der Allgemeinheit nicht zulässt.[804] Die zweite Stufe, die Privatsphäre, ist der häusliche und familiäre Bereich oder das sonstige Privatleben, in dem der Betroffene in Kommunikation mit anderen tritt. Die Privatsphäre unterscheidet sich also von der Intimsphäre durch den Sozialbezug. Ein Eingriff in die Privatsphäre soll zulässig sein, wenn er im überwiegenden Allgemeininteresse erfolgt.[805] Die dritte Stufe, die Individualsphäre[806], umfasst die Beziehungen des Betroffenen zu der Umwelt. Der Verhältnismäßigkeitsgrundsatz soll in dieser Sphäre keine Anwendung finden und ein Schutz grundsätzlich nicht gewährt werden.[807]

Die Sphärentheorie und die ihr innewohnende theoretische Ausgestaltung des Persönlichkeitsgrundsatzes wurde von der Literatur zu Recht wegen der nur schwer möglichen Abgrenzung der unterschiedlichen Sphären und der damit einhergehenden Unvorhersehbarkeit von Inhalt und Umfang des Schutzes kritisiert.[808] Eine erste Abkehr des BVerfG von der Sphärentheorie ist in der *Eppler-Entscheidung* erkennbar[809], in der das BVerfG feststellt, dass der Schutzbereich des allgemeinen Persönlichkeitsrechts auch die Individualsphäre umfasst. Eine Einbeziehung sämtlicher „Sphären" in den Schutzbereich des Rechts auf informationelle Selbstbestimmung wird in dem *Volkszählungsurteil* bestätigt, wenn das BVerfG feststellt, dass auch Daten, die nicht der Intimsphäre oder privaten Sphäre im Sinne der Sphärentheorie angehören, in ihrer Verknüpfung ein so detailliertes Bild des Betroffenen ergeben können, dass ein Eingriff in das Recht

[802] Vgl. auch *Di Fabio*, in *Maunz/Dürig*, GG-Komm., Art. 2 Abs. 1 Rndnr. 41.
[803] *Degenhart*, JuS 1992, S. 363.
[804] BVerfGE 6, 32, 41; BVerfGE 27, 1, 6, wonach es einen unantastbaren Bereich privater Lebensgestaltung gibt, der der Einwirkung der öffentlichen Gewalt entzogen ist; BVerfGE 34, 238, 245.
[805] BVerfGE 44, 353, 373.
[806] Andere beziehen sich auf den Sozial- bzw. Öffentlichkeitsbereich; Siehe *Vogelsang*, Grundrecht auf informationelle Selbstbestimmung?, S. 42 ff.
[807] *Höfelmann*, Das Grundrecht auf informationelle Selbstbestimmung, S. 43/44.
[808] So *Schmidt*, JZ 1974, S. 241; Vgl. hierzu auch *Kim*, Das Recht auf informationelle Selbstbestimmung, S. 37f.
[809] BVerfGE 54, 148, 155.

auf informationelle Selbstbestimmung zu bejahen ist.[810] Wegen des neuen Stellenwerts, den ein für sich gesehen „belangloses Datum" durch die Informationstechnologie erhalten habe, sollten diese vermeintlich belanglosen Daten nach Ansicht des BVerfG nicht von dem Schutz ausgeschlossen werden.[811] Neben der Art der Daten sollen auch die Nutzbarkeit und die Verwendungsmöglichkeiten der Daten, die einerseits von dem Zweck der Datenverarbeitung, andererseits von den technischen Verarbeitungs- und Verknüpfungsmöglichkeiten abhängen, von Bedeutung sein.[812]

Diese erste Abkehr von der Sphärentheorie ist zu begrüßen. Zwar ist eine größere Rechtssicherheit durch verstärkte Vorhersehbarkeit der Verhältnismäßigkeitsprüfung erstrebenswert, die Sphärentheorie aber zu diesem Zweck für den Datenschutz ungeeignet. Das Kriterium des Sozialbezugs ermöglicht keine Unterscheidung zwischen schutzwürdigen oder nicht schutzwürdigen personenbezogenen Daten. Denn Sozialbezug ist gerade Voraussetzung für eine rechtliche Erheblichkeit und „Privatheit ist eine mögliche Eigenschaft des Umgangs mit anderen", was somit nicht mit einem reduzierten Datenschutz einhergehen darf.[813] Das BVerfG geht allerdings auch in dem *Volkszählungsurteil* weiterhin davon aus, dass ein überwiegendes Allgemeininteresse „regelmäßig überhaupt nur bei Daten mit Sozialbezug" und „unter Ausschluss unzumutbarer intimer Angaben und von Selbstbezichtigungen" zu bejahen sei.[814] Auch in einer Entscheidung aus dem Jahre 1989 bestätigt das BVerfG, dass Einschränkungen nur dann zu rechtfertigen seien, „wenn der Einzelne als in der Gemeinschaft lebender Bürger in Kommunikation mit anderen tritt, durch sein Verhalten auf andere einwirkt und dadurch die persönliche Sphäre seiner Mitmenschen oder die Belange der Gemeinschaft berührt."[815] Das Kriterium des Sozialbezugs dient somit in der Rechtsprechung des BVerfG weiterhin der Feststellung einer grundsätzlichen Einschränkbarkeit des Rechts auf informationelle Selbstbestimmung.

Das BVerfG hat auch einen „unantastbaren" Kernbereich beibehalten.[816] Das Vorliegen dieses „letzten unantastbaren Bereichs privater Lebensgestaltung" soll aber nach Ansicht des BVerfG nicht mehr alleine von dem Kriterium des Sozialbezugs abhängen. Denn „die Zuordnung eines Sachverhalts zum unan-

---

[810] BVerfGE 65, 1, 45; Vgl. auch *Pieroth/Schlink*, Grundrechte, Rndnr. 377; *Degenhart*, JuS 1992, S. 364, der zwar weiterhin von der Untergliederung in Sphären entsprechend der Sphärentheorie ausgeht, aber trotzdem feststellt, dass das BVerfG zumindest die Annahme der grundsätzlichen Nichtgewährung eines Schutzes auf der dritten Stufe in dem Volkszählungsurteil aufgegeben hat.

[811] BVerfGE 65, 1, 45; Hierzu *Dreier*, in: *Dreier*, Komm. z. GG, Art. 2 I, Rndnr. 52; *Kunig*, in: *v. Münch/Kunig*, GG-Komm., Band 1, Art. 2 Rndnr. 41.

[812] BVerfGE 65, 1, 45.

[813] So *Podlech*, in: *Denninger u.a.*, Komm. z. GG, Band 1, Art. 2 Abs. 1, Rndnr. 38; Vgl. auch *Kunig*, Jura 1993, S. 602.

[814] BVerfGE 65, 1, 46.

[815] BVerfGE 80, 367, 373.

[816] BVerfGE 89, 69, 82f.

tastbaren Bereich privater Lebensgestaltung oder zu jenem Bereich des privaten Lebens, der unter bestimmten Voraussetzungen dem staatlichen Zugriff offen steht, hängt ... nicht davon ab, ob eine soziale Bedeutung oder Beziehung überhaupt besteht, sondern welcher Art und wie intensiv sie ist."[817] Zur Bestimmung des Kernbereichs hat das BVerfG bestimmte Kriterien aufgestellt. Der Kernbereich soll hiernach nicht betroffen sein, wenn der Betroffene eine Geheimhaltung der Daten gar nicht wolle.[818] Neben diesem Willen zur Geheimhaltung sei entscheidend, ob ein Sachverhalt „nach seinem Inhalt höchstpersönlichem Charakters ist und in welcher Art und Intensität er aus sich heraus die Sphäre anderer oder die Belange der Gemeinschaft berührt."[819]

Die Anwendung der vorgenannten Kriterien und die damit verbundene Ausgrenzung eines sogenannten „Kernbereichs" ist abzulehnen. Neben den Kriterien zur Verhältnismäßigkeit werden neue Kriterien für die Bestimmung des Kernbereichs geschaffen, so dass die Rechtsanwendung durch die Gerichte für den Betroffenen noch schwerer vorhersehbar wird. Neue Rechtsunsicherheit für den Betroffenen entsteht auch dadurch, dass für ihn nicht vorhersehbar ist, wann ein Sachverhalt nach seinem Inhalt „höchstpersönlichen Charakters" ist und woran die Art und Intensität, mit der er „aus sich heraus die Sphäre anderer oder die Belange der Gemeinschaft berührt", zu beurteilen ist. Der Begriff des „höchstpersönlichen Charakters" lässt sogar vermuten, dass das BVerfG zurückkehrt zu der Frage der Sensibilität der Daten, die jedoch bereits im *Volkszählungsurteil* keine Rolle mehr spielen sollte. Die Frage, ob der Sachverhalt „aus sich heraus die Sphäre anderer berührt", ist nichts anderes als eine andere Beschreibung für Sozialbezug, so dass auch inhaltlich aus den Kriterien kein Mehrwert gezogen werden kann.

Aus den genannten Gründen muss für das Recht auf informationelle Selbstbestimmung von der uneingeschränkten Anwendung des Verhältnismäßigkeitsgrundsatzes ausgegangen und der gegebenenfalls bestehenden Nähe zu Art. 1 Abs. 1 GG durch höhere Anforderungen an die Verhältnismäßigkeitsprüfung Rechnung getragen werden. Bei der Prüfung müssen sämtliche Umstände des Einzelfalls, d.h. unter anderem die Art der Daten, der Sozialbezug, die Verwendungsmöglichkeiten und der Kreis der Dritten, denen die Daten offenbart werden, berücksichtigt werden. Die Anforderungen an die Verhältnismäßigkeit des Eingriffs müssen bei Verarbeitung von Daten in individualisierter Form strenger sein als in anonymisierter Form, wenn ausreichende Vorkehrungen gegen eine Deanonymisierung der Daten getroffen sind.[820] Die schließt einen Kernbereich im Einzelfall nicht aus, wenn eine Maßnahme unter Berücksichtigung sämtlicher Umstände dieses Einzelfalls als unverhältnismäßig einzustufen ist. Eine

---

[817] BVerfGE 80, 367, 373.
[818] BVerfGE 80, 367, 374.
[819] BVerfGE 80, 367, 374.
[820] So auch BVerfGE 65, 1, 59.

weitergehende Rechtssicherheit durch Eingrenzung des Kernbereichs ist aber mangels Vorhersehbarkeit der Datenverarbeitungsmöglichkeiten und -umstände nicht erreichbar. Auch für den Einsatz der Cookies und Web Bugs bedeutet dies, dass am jeweiligen Einzelfall zu entscheiden ist, ob der Einsatz unter Berücksichtigung sämtlicher Umstände dieses Einzelfalls unter Abwägung der widerstreitenden Interessen verhältnismäßig ist.

bb. Das Zweckbindungsgebot

Das BVerfG erklärt für unzulässig, „Daten auf Vorrat zu unbestimmten oder noch nicht bestimmten Zwecken zu sammeln".[821] Dies bezeichnet das Gebot, Daten grundsätzlich nur zu dem Zweck zu verarbeiten, zu dem sie mit Einwilligung oder gesetzlicher Erlaubnis erhoben worden sind.[822] Unter Beachtung der Art, Umfang, denkbarer Verwendungen der Daten und Gefahren ihres Missbrauchs soll festgestellt werden, ob die Datenverarbeitung im Sinne des Verhältnismäßigkeitsgrundsatzes für den Zweck erforderlich und geeignet und im Hinblick auf die Verknüpfungs- und Verwendungsmöglichkeiten angemessen ist.[823] Die Zweckbindung legt sowohl das Verarbeitungsziel als auch den Verarbeitungsumfang fest, so dass mit dem Zweckbindungsgebot auch ein Gebot der Datenvermeidung einhergeht.[824] Das BVerfG stellt in diesem Zusammenhang ausdrücklich fest, dass sich „alle Stellen, die zur Erfüllung ihrer Aufgaben personenbezogene Daten sammeln, auf das zum Erreichen des angegebenen Zieles erforderliche Minimum beschränken müssen."[825] Dies bedeutet für die Cookies und Web Bugs, dass deren Einsatz nur für den durch Einwilligung oder Gesetz bestimmten Zweck zulässig ist und auf ein Mindestmaß beschränkt sein muss. Auch eine Zweckänderung bedarf einer neuen Einwilligung oder gesetzlichen Erlaubnis für den neuen Zweck.[826]

Mit dem Gebot der Zweckbindung in Zusammenhang steht auch das durch das BVerfG bestätigte Gebot der vorrangig anonymisierten Datenverarbeitung. Soweit für den Zweck möglich, sind die Daten in anonymisierter Form zu verarbeiten und Vorkehrungen gegen eine Deanonymisierung zu treffen.[827] Der Anbieter im WWW, der Cookies und Web Bugs einsetzt, muss somit sicherstellen, dass ein Personenbezug nur dann hergestellt wird, wenn dieser für den zulässigen Zweck der Datenverarbeitungen erforderlich ist.

---

[821] BVerfGE 65, 1, 65.
[822] *Merati-Kashani*, Datenschutz im E-Commerce, S. 80; *Rosenbaum*, Jura 1988, S. 183.
[823] BVerfGE 65, 1, 46.
[824] *Simitis*, NJW 1984, S. 402.
[825] BVerfGE 65, 1, 46.
[826] *Bizer*, Forschungsfreiheit und Informationelle Selbstbestimmung, S. 148.
[827] BVerfGE 65, 1, 49.

h. Konkurrenzfragen

Aus der Tatsache, dass das Recht auf informationelle Selbstbestimmung aus dem Auffanggrundrecht der allgemeinen Handlungsfreiheit aus Art. 2 Abs. 1 GG abgeleitet wird, könnte geschlossen werden, dass auch das Recht auf informationelle Selbstbestimmung hinter den sonstigen Grundrechten als subsidiär zurücktritt. Dem ist jedoch entgegenzuhalten, dass das Recht auf informationelle Selbstbestimmung als Grundrecht mit eigenständigen Konturen erwachsen ist, was für eine Idealkonkurrenz spricht.[828] Insbesondere der Zusammenhang des Rechts auf informationelle Selbstbestimmung mit Art. 1 Abs. 1 GG gibt diesem Grundrecht eine inhaltliche Gestalt, die seine Beschränkung auf eine Auffangfunktion nicht rechtfertigt.[829] Das BVerfG hat dementsprechend das allgemeine Persönlichkeitsrecht auch neben anderen Freiheitsrechten selbständig geprüft.[830] Es hat darüber hinaus feststellt, dass das allgemeine Persönlichkeitsrecht die speziellen Freiheitsrechte „ergänzt“, die, „wie etwa die Gewissensfreiheit oder die Meinungsfreiheit, ebenfalls konstituierende Elemente der Persönlichkeit schützen“.[831] Die Aufgabe des allgemeinen Persönlichkeitsrechts sei es, „im Sinne des obersten Konstitutionsprinzips der "Würde des Menschen" (Art. 1 Abs. 1 GG) die engere persönliche Lebenssphäre und die Erhaltung ihrer Grundbedingungen zu gewährleisten, die sich durch die traditionellen konkreten Freiheitsgarantien nicht abschließend erfassen lassen“.[832] Das Recht auf informationelle Selbstbestimmung wird somit nicht durch Art. 5 Abs. 1 GG verdrängt, da der Schutzbereich der informationellen Selbstbestimmung als zusätzlicher Gesichtspunkt selbständig neben den Schutzbereich des Rechts auf Informationsfreiheit aus Art. 5 Abs. 1 GG tritt.

Der Einsatz von Cookies und Web Bugs ist somit sowohl anhand des Rechts auf Informationsfreiheit als auch anhand des Rechts auf informationelle Selbstbestimmung aus Art. 2 Abs. 1 i. V. m. Art. 1 Abs. 1 GG zu messen, soweit die Rechtmäßigkeit der damit verbundenen Datenverarbeitungen betroffen ist.[833]

6. Die Bedeutung der Grundrechte für den privaten Einsatz von Cookies und Web Bugs

Für die Zulässigkeit des privaten Einsatzes von Cookies und Web Bugs stellt sich die Frage, ob die Grundrechte auch auf den Rechtsbereich zwischen Privaten Anwendung finden. In diesem Zusammenhang kommt zum Einen eine Wirkung der Grundrechte bei der Rechtsanwendung des privaten Websurfers ge-

---

[828] *Di Fabio*, in: *Maunz/Dürig*, GG-Komm., Art. 2 Abs. 1 Rndnr. 25.

[829] Vgl. *Kunig*, Jura 1993, S. 603f.; A.A. *Siekmann/Duttge*, Staatsrecht I: Grundrechte, S. 42 ohne Begründung.

[830] Vgl. BVerfGE 21, 73, 86 (im Hinblick auf das Verhältnis zu Art. 14 Abs. 1 S. 2 GG); 35, 382, 399ff. (im Verh. zu Art. 6 Abs. 1 GG).

[831] BVerfGE 54, 148, 153; Vgl. *Siekmann/Duttge*, Grundrechte, Rndnr. 844.

[832] BVerfGE 54, 148, 153.

[833] *Dreier*, in: *Dreier*, GG-Komm., Band I, Art. 2 I Rndnr. 94; *Kunig*, Jura 1993, S. 603f.

genüber Privaten in Betracht. Zum Anderen ist auch eine staatliche Schutzpflicht von Bedeutung, die sich auf dieses Rechtsverhältnis bezieht.

a. Die Drittwirkung der Grundrechte

Die Grundrechte sind in erster Linie Abwehrrechte des Einzelnen gegen den Staat.[834] Eine Drittwirkung wird jedoch aus der objektiv-rechtlichen Funktion der Grundrechte abgeleitet. Eine unmittelbare Wirkung der Grundrechte auf den Privatbereich, die eine Verletzung der Grundrechte des Websurfers durch den Einsatz von Cookies und Web Bugs durch Privatpersonen begründen könnte, besteht nach überwiegender Ansicht nicht.[835] Gegen eine unmittelbare Drittwirkung spricht auch der Wortlaut des Art. 1 Abs. 1 S. 2, Abs. 3 GG, wonach nur die Gesetzgebung, vollziehende Gewalt und Rechtsprechung an die Grundrechte gebunden sind.[836] Gemäß der von Dürig[837] entwickelten Theorie geht die herrschende Ansicht aber von einer mittelbaren Wirkung der Grundrechte auf den privaten Rechtsverkehr aus, was in der Lüth-Entscheidung (1958) auch durch das BVerfG bestätigt wurde. Den Grundrechten als objektiver Wertordnung komme neben der vorrangig abwehrrechtlichen Funktion eine weitergehende Wirkung für den privaten Rechtsverkehr zu. Diese objektive Wertordnung soll sich insbesondere in „denjenigen Vorschriften des Privatrechts niederschlagen, die zwingendes Recht enthalten und so einen Teil des ordre public - im weiten Sinne - bilden".[838] Zur Realisierung dieses Einflusses bieten sich vor allem Generalklauseln an, die das BVerfG aus diesem Grunde auch als die "Einbruchstellen" der Grundrechte in das bürgerliche Recht bezeichnet.[839] Auch durch die Feststellung des BVerfG in dem Volkszählungsurteil, dass mit dem Recht auf informationelle Selbstbestimmung „eine Gesellschaftsordnung ... nicht vereinbar (sei)[840], in der Bürger nicht mehr wissen können, wer was wann und bei welcher Gelegenheit über sie weiß"[841], ist eine objektive Funktion des Grundrechts bestätigt worden. Noch deutlicher wird das BVerfG in der sogenannten Entmündigungsentscheidung (1991), in der über die Pflicht des potentiellen Mieters zur Offenbarung der Entmündigung des Mieters gegenüber dem Vermieter zu entscheiden war. Das BVerfG stellte fest, dass das Recht auf informationelle Selbstbestimmung als „objektive Norm" seinen Rechtsgehalt auch im

---

[834] *Stemmler*, Grundrechtswirkung und Privatrechtsentfaltung, S. 47f.

[835] BVerfGE 24, 278, 282; 30, 173, 199f; 42, 143, 148; *Jaeckel*, Schutzpflichten, S. 40 *Steinbess-Winkelmann*, Grundrechtliche Freiheit und staatliche Freiheitsordnung, S. 145ff.; *Jarass*, AöR 110 (1985), S. 375; *Langner*, Die Problematik der Geltung der Grundrechte zwischen Privaten, S. 65f.; *Breitfeld*, Berufsfreiheit und Eigentumsordnung als Schranke des Rechtes auf informationelle Selbstbestimmung, S. 112; *Schmidt*, Grundrechte, S. 19; *Wente*, NJW 1984, S. 1446.

[836] *Stern*, Staatsrecht III/1, S. 1553.

[837] *Dürig*, in: *Maunz*, Festschrift für Nawiasky, 1956, S. 176ff.

[838] BVerfGE 7, 198, 205f.

[839] BVerfGE 7, 198, 206.

[840] Einschub der Verfasserin.

[841] BVerfGE 65, 1, 43.

Privatrecht entfalte und „in dieser Eigenschaft auf die Auslegung und Anwendung privatrechtlicher Vorschriften“ ausstrahle. Aus diesem Grunde hatte das Landgericht, welches über den Mieterstreit zu entscheiden hatte, diese Ausstrahlungswirkung des Rechts auf informationelle Selbstbestimmung des Mieters in seiner Streitentscheidung zu berücksichtigen und mit den widerstreitenden Grundrechten des Vermieters in Einklang zu bringen.[842] Diese mittelbare Drittwirkung der Grundrechte bedeutet für das Recht auf Informationsfreiheit und das Recht auf informationelle Selbstbestimmung, dass diese Grundrechte abhängig von dem Einzelfall auch Bedeutung für private Rechtsbeziehungen erlangen.

b. Die grundrechtlichen Schutzpflichten des Staates

Die Rechtsprechung und Literatur haben grundrechtliche Schutzpflichten[843] des Staates anerkannt, die positive Rechte des Einzelnen begründen. In Abgrenzung zur mittelbaren Drittwirkung der Grundrechte führt die grundrechtliche Schutzpflicht zu einem Anspruch des Betroffenen gegen den Staat, der sich auf das Rechtsverhältnis zwischen privaten Dritten auswirkt.[844] Anders als Teilhabe- oder Leistungsrechte führen die grundrechtlichen Schutzpflichten nicht zu einer „Verbesserung der sozialen Stellung des Einzelnen durch faktische Ermöglichung von verfassungsrechtlich garantierten Werten“, sondern vielmehr „zum Erhalt einer bereits erlangten Rechtsposition“ gegenüber Dritten.[845] Es entsteht ein „Rechtsdreieck“, an welchem der Grundrechtsverletzte, der private Grundrechtsverletzer und der Staat als Grundrechtsschützer beteiligt sind.[846] Grundlegend für die Begründung einer grundrechtlichen Schutzpflicht war die Lüth-Entscheidung (1978), in der das BVerfG feststellte, dass über die mittelbare Drittwirkung hinaus auch eine Pflicht der öffentlichen Gewalt zum positiven Tun, eine grundrechtliche Schutzpflicht, bestehe. Die Grundrechte repräsentieren hiernach in ihrer Gesamtheit eine objektive Wertordnung und „dieses Wertsystem... muss als verfassungsrechtliche Grundentscheidung für alle Bereiche des Rechts gelten“.[847] Der Staat sei somit verpflichtet, dieses Wertsystem durch positives Tun zu schützen und sich aktiv „schützend und fördernd“ vor die

---

842 BVerfGE 84, 192, 195.

843 Die grundrechtlichen Schutzpflichten werden auch als „staatliche Schutzpflichten“ bezeichnet; Hierbei handelt es sich um Synonyme; Vgl. *Isensee/Kirchhof*, Handbuch des Staatsrechts, Band V (1992), § 111, Rndnr. 3.

844 *Klein*, NJW 1989, S. 1633; *Stern*, Staatsrecht III/2, S. 1186; *Canaris*, JuS 1989, S. 163.

845 *Langner*, Die Problematik der Geltung der Grundrechte zwischen Privaten, S. 86f. m.w.N.; Grundrechtliche Schutzpflichten des Staates gegen Angriffe von Dritten sind vereinzelt auch im Grundgesetz enthalten (Art. 1 Abs. 1 Satz 2 GG, Art. 6 Abs. 1 GG und Art. 6 Abs. 4 GG) und lösen als solche Schutzpflichten im privaten Bereich aus.

846 *Langner*, Die Problematik der Geltung der Grundrechte zwischen Privaten, S. 103; *Jarass*, AöR 120 (1995), S. 351.

847 BVerfGE 7, 198, 205; Vgl. auch BVerfGE 35, 79, 114; 39, 1, 41f.; 49, 89, 141f.; *Dreier*, Dimensionen der Grundrechte, S. 43.

Grundrechte zu stellen.[848] Meist zusätzlich wird auch auf Art. 1 Abs. 2 GG und die darin enthaltene ausdrückliche Verpflichtung zum Schutz der Menschenwürde verwiesen.[849]

In der Literatur hat man sich mit der Begründung der Schutzpflicht durch das BVerfG nicht zufrieden gegeben. Die Vertreter der sogenannten Zurechnungstheorie sind der Ansicht, dass sich die grundrechtliche Schutzpflicht bereits aus dem Abwehrcharakter der Grundrechte wegen bloßem staatlichen Unterlassen ergibt. Das Nichtschaffen von Verbotsinstrumentarien soll eine dem Privaten staatlich auferlegte Duldungspflicht begründen und den Staat derart an der privaten, nicht staatlich untersagten, Eingriffshandlung beteiligen, dass ihm diese zuzurechnen ist, weswegen im Ergebnis eine staatliche Eingriffshandlung vorliegen soll.[850] Der Staat sei bereits aus der abwehrrechtlichen Grundrechtskonzeption verpflichtet, Gewalt zwischen den Bürgern zu verhindern, woraus die allgemeine Verpflichtung folge, rechtswidrige Angriffe der Bürger zu vermeiden und die Bürger hiervor zu schützen. Die Schutzpflichten seien somit „Gewährleistungspflichten" des Staates.[851] Diese Theorie ist abzulehnen. Wie bereits zu dem U.S.-amerikanischen Verfassungsrecht ausgeführt[852], kann die Schlussfolgerung, dass ein staatliches Unterlassen zwingend ein staatliches Duldungsgebot nach sich ziehe, nicht überzeugen, da durchaus Rechtsräume vorstellbar sind, die zwar nicht verboten sind, aber deshalb nicht automatisch einer Duldungspflicht unterliegen.[853] Des weiteren wird der grundlegende Unterschied zwischen dem Abwehranspruch auf staatliches Unterlassen und dem Schutzanspruch auf aktives Tun gegen nicht-staatliche Gefahren geleugnet und verkannt, dass ein Eingriff nur dann aus dem Nichtstun des Staates abgeleitet werden kann, wenn überhaupt eine Handlungspflicht des Staates besteht.[854] Die angeführte allgemeine „Gewährleistungspflicht" des Staates zum Schutz von Individualgütern[855] kann zur Begründung der Handlungspflicht aber nicht ausrei-

---

[848] *Dörr*, Die deutsche Handelsflotte und das Grundgesetz, S. 174; *v. Münch u.a.*, Zur Drittwirkung der Grundrechte, S. 26; *Dreier*, Dimensionen der Grundrechte, S. 47.
[849] BVerfGE 39, 1, 41; 46, 160, 164.
[850] *Schwabe*, Probleme der Grundrechtsdogmatik, 1977, S. 213; *ders.*, NVwZ 1983, S. 523ff.; *Murswiek*, Die staatliche Verantwortung für die Risiken der Technik, S. 88ff.
[851] So *Murswiek*, Die staatliche Verantwortung für die Risiken der Technik, S. 91ff., 106ff.; *Schwabe*, Probleme der Grundrechtsdogmatik, S. 213ff.; In diese Richtung geht auch die Argumentation von *v. Münch u.a*, Zur Drittwirkung der Grundrechte, S. 26; Zu dieser Ansicht auch *Klein*, NJW 1989, S. 1639, der die Gleichstellung von Schutzrechten und Abwehrrechten ablehnt.
[852] Vgl. Seite 89f. dieser Arbeit.
[853] *Robbers* verweist z. Bsp. auf den Ehebruch, der zwar nicht verboten ist, aber trotzdem nicht dem Staat zurechenbar ist; Vgl. *Robbers*, Sicherheit als Menschenrecht, S. 128.
[854] So auch *Langner*, Die Problematik der Geltung der Grundrechte zwischen Privaten, S. 86.
[855] So *Murswiek*, Die staatliche Verantwortung für die Risiken der Technik, S. 105.

chen.[856] Vielmehr wird die staatliche Schutzpflicht, deren Begründung gerade Ziel des abwehrrechtlichen Ansatzes ist, als Prämisse zugrunde gelegt.[857]

Andere Stimmen aus der Literatur begründen eine Schutzpflicht aus dem Schutz der Menschenwürde aus Art. 1 Abs. 1 GG, die sich wegen der systematischen Stellung des Art. 1 Abs. 1 GG auch auf die übrigen Grundrechte erstrecken soll.[858] Daneben wird auch das Rechtsstaatsprinzip sowie das Sozialstaatsprinzip[859] zur Herleitung einer grundrechtlichen Schutzpflicht herangezogen. Andere ziehen die vom Staat übernommene Friedensgarantie heran. Der Staat habe für sich das Gewaltmonopol reserviert und der damit einhergehende Gewaltverzicht des Einzelnen setze eine Schutzpflicht des Staates voraus.[860] Den Ansichten ist gemeinsam, dass das Bestehen der grundrechtlichen Schutzpflichten als notwendig angesehen wird, um einen effektiven Grundrechtsschutz zu gewährleisten, so dass auf die verschiedenen Begründungswege an dieser Stelle nicht näher einzugehen ist.

Inhaltlich stand in den Entscheidungen des BVerfG zunächst der Schutz des Lebens und der Gesundheit im Vordergrund.[861] So wurde im Fall Schleyer (1977) eine umfassende Schutzpflicht für das menschliche Leben bestätigt. Der Staat sei verpflichtet, sich schützend und fördernd vor das Leben zu stellen und „es auch vor rechtswidrigen Eingriffen von Seiten anderer zu bewahren".[862] Dies wird in der Fluglärmentscheidung (1981)[863] auch für die Pflicht zur Bekämpfung von Gesundheitsgefährdungen bestätigt.[864] In dieser Entscheidung wurde hervorgehoben, dass gerade im Hinblick auf technologische Entwicklungen, die neue, unvorhersehbare Gefahren schaffen, eine Pflicht bestehe, den Fortschritt zu kontrollieren und mit dem Grundrechtsschutz zu begleiten.[865] Eine Schutzpflicht wurde in der Entscheidung Handelsvertreter (1990) auch für den Fall bejaht, dass in privatrechtlichen Konflikten die Machtverhältnisse so ungleich verteilt sind, dass die eine Seite ihre grundrechtlich geschützten Rechte nicht durchsetzen kann. Den Staat trifft danach eine Pflicht zum Schutz des „chancen-

---

[856] *Jarass*, AöR 120 (1995), S. 351; *Hermes*, Schutz von Leben und Gesundheit, S. 97; *Lübbe-Wolff*, Grundrechte als Eingriffsabwehrrechte, S. 174; *Robbers*, Sicherheit als Menschenrecht, S. 128f.; *Starck*, JuS 1981, S. 244; *Langner*, Die Problematik der Geltung der Grundrechte zwischen Privaten, S. 85f.

[857] *Jarass*, AöR 120 (1995), S. 351; *Hermes*, Schutz von Leben und Gesundheit, S. 97.

[858] *Hermes*, Schutz von Leben und Gesundheit, S. 138.

[859] *Häberle*, VVDStRL 30, S. 92ff.

[860] *Klein*, NJW 1989, S. 1635f.

[861] Vgl. BVerfGE 39, 1, 41; BVerfGE 46, 160, 164.

[862] BVerfGE 46, 160, 164 mit Verweis auf BVerfGE 39, 1, 42.

[863] BVerfGE 56, 54ff.

[864] BVerfGE 56, 54, 78.

[865] Siehe BVerfGE 49, 89, 141ff. zu der Schutzpflicht gegenüber der technischen Entwicklung bei atomaren Gefahren.

losen Grundrechts".[866] Eine Schutzpflicht darf nicht auf die „grundlegenden" Werte wie Leben und Gesundheit beschränkt sein, sondern ist entsprechend der neueren Rechtsprechung des BVerfG generell für sämtliche Grundrechte anzuerkennen.[867] Nur so kann eine objektive Wertordnung gewährleistet werden. Der Umfang der Schutzpflicht muss sich an dem Schutzbereich des in Frage stehenden Grundrechts orientieren.[868]

Die Schutzpflicht des Staates für das Grundrecht auf Informationsfreiheit aus Art. 5 Abs. 1 S. 1, 2. Hs. GG bewirkt, dass der Staat freie Informationsmöglichkeiten schaffen und erhalten[869] und den grundrechtlich geschützten Kommunikationsprozess für eine freie Informationsmöglichkeit des Bürgers offen halten muss.[870] Hierfür ist sicherzustellen, dass das Grundrecht auf Informationsfreiheit auch für Privatrechtsbeziehungen berücksichtigt wird.[871] Der Staat ist zur Gewährleistung einer „selbstbestimmten Rezeption"[872] des Websurfers zum Schutze vor Registrierung, Überwachung und Auswertung des Informationsverhaltens durch Cookies und Web Bugs gegenüber Privaten verpflichtet.

Für das Recht auf informationelle Selbstbestimmung erlangen die von dem BVerfG angesprochenen technologischen Entwicklungen zur Begründung einer grundrechtlichen Schutzpflicht des Staates eine besondere Bedeutung. Denn gerade das Recht auf informationelle Selbstbestimmung wird durch die rasende Entwicklung der neuen Medien wie dem WWW und den damit einhergehenden Möglichkeiten der Datenverarbeitung zunehmend bedroht.[873] Die neuen technischen Möglichkeiten bewirken Datenverarbeitungen durch staatliche und private Akteure gleichermaßen. Auch durch private Anbieter von Internetdiensten geht insbesondere durch Datenverarbeitungsvorgänge ohne Kenntnis des Betroffenen eine Bedrohung für dessen Selbstbestimmungsrecht aus. Dies führt dazu, dass das Recht auf informationelle Selbstbestimmung des Websurfers als „chancenloses Grundrecht" immer mehr hinter den korrelierenden Interessen der privaten Anbieter zurücktritt. Als Konsequenz muss eine grundrechtliche Schutzpflicht der öffentlichen Hand besonders auch für das Recht auf informationelle Selbstbestimmung bestehen.[874] Auch das BVerfG geht von einer Teilhabefunktion des Rechts auf informationelle Selbstbestimmung als Ausprägung des Allgemeinen

---

[866] Siehe BVerfGE 81, 242, 255 zu der Schutzpflicht für das chancenlose Grundrecht im Privatrecht (Art. 12 Abs. 1 GG).

[867] *v. Münch u.a.*, Zur Drittwirkung der Grundrechte, S. 26; *Langner*, Die Problematik der Geltung der Grundrechte zwischen Privaten, S. 108.

[868] BVerfGE 46, 160, 164; 39, 1, 47; *Klein*, NJW 1989, S. 1638.

[869] *Schmidt-Bleibtreu/Klein*, GG-Kommentar, Art. 5 Rndnr. 6.

[870] *Schulze-Fielitz*, in: *Dreier*, GG-Komm., Band I, Art. 5 Rndnr. 221.

[871] *Starck*, in: *v. Mangoldt/Klein/Stark*, GG-Kommentar, Band 1, Art. 5 Rndnr. 53; *Schmidt-Bleibtreu/Klein*, GG-Kommentar, Art. 5 Rndnr. 6; *Hoffmann-Riem*, in: *Denninger u.a.*, Komm. z. GG, Band 1, Art. 5 Rndnr. 102.

[872] *Hoffmann-Riem*, in: *Denninger u.a.*, Komm. z. GG, Band 1, Art. 5 Rndnr. 102.

[873] *Di Fabio*, in: *Maunz/Dürig*, GG-Komm, Art. 2 Abs. 1 Rndnr. 190.

[874] Vgl. *Trute*, JZ 1998, S. 825.

Persönlichkeitsrechts aus. Das Recht auf informationelle Selbstbestimmung beinhalte zum einen die Wahrung der Privatsphäre, also die Abschirmfunktion, zum anderen ein Recht zur Teilnahme an und Auseinandersetzung mit der Außenwelt.[875] Hierfür ist nach Ansicht des BVerfG die „Kooperationsbereitschaft" und das „Vertrauen" des Einzelnen in die Datenverarbeitungsvorgänge erforderlich[876], was aber nur dann erreicht werden kann, wenn der Einzelne grundsätzlich selbst bestimmen kann, „wann und innerhalb welcher Grenzen persönliche Lebenssachverhalte offenbart werden".[877] Denn „wer unsicher ist, ob abweichende Verhaltensweisen jederzeit notiert und als Information dauerhaft gespeichert, verwendet oder weitergegeben werden, wird versuchen, nicht durch solche Verhaltensweisen aufzufallen ... und möglicherweise auf die Ausübung seiner Grundrechte .... verzichten".[878] Da diese Gefahr nicht auf das Verhältnis zwischen Bürger und Staat beschränkt ist, muss das Recht auf informationelle Selbstbestimmung auch gegenüber Dritten gelten. Dies ist nur durch eine Schutzverpflichtung des Staates für dieses Verhältnis gewährleistet.[879] Auch die Feststellung des BVerfG, dass die Selbstbestimmung eine „elementare Funktionsbedingung" eines „freiheitlich demokratischen Gemeinwesens" sei[880], schließt den privaten Bereich der Datenverarbeitung mit ein.

Somit ist der Staat auch für den Einsatz von Cookies und Web Bugs durch private Dritte verpflichtet, den Websurfer gegen hieraus resultierende Beeinträchtigungen des Rechts auf informationelle Selbstbestimmung zu schützen. Durch die grundrechtliche Schutzpflicht kommt dem Staat für die Rechtsbeziehungen des Websurfers und des Anbieters eine Vermittlungsrolle zu.[881] Die Schutzpflichterfüllung, d.h. z. Bsp. das Verbot bestimmter Datenverarbeitungen durch den Anbieter von Internetdiensten, stellt meist einen Eingriff in grundrechtliche Positionen dieses Anbieters dar.[882] Der Staat ist deshalb zur Schaffung einer praktischen Konkordanz unter Abwägung und Harmonisierung der kollidierenden Grundrechte verpflichtet.[883] Gelingt ihm das nicht, ist der Eingriff in die grundrechtliche Rechtsposition des Anbieters ungerechtfertigt, was zu dessen Abwehrrecht gegen den Staat führen würde. Aus dieser Eingriffsqualität der

---

[875] *Kau*, Vom Persönlichkeitsrecht zum Funktionsschutz, S. 83.
[876] BVerfGE 65, 1, 50.
[877] BVerfGE 65, 1, 42.
[878] BVerfGE 65, 1, 43; Vgl. auch *Taeger*, Grenzüberschreitender Datenverkehr und Datenschutz in Europa, S. 19.
[879] *Mallmann*, CR 1988, S. 93.
[880] BVerfGE 65, 1, 43.
[881] Vgl. *Klein*, NJW 1989, S. 1637.
[882] *Stern*, Staatsrecht III/1, S. 1553; *Canaris*, JuS 1989, S. 163.
[883] *Hesse*, Grundzüge des Verfassungsrechts der Bundesrepublik Deutschland, Rn. 72, S. 317; *Dirnberger*, DVBl. 1992, S. 882; *Canaris*, JuS 1989, S. 163; *Robbers* spricht von „einer Abwägung, Optimierung und Zuordnung aller relevanten Interessen der Beteiligten in *Robbers*, Sicherheit als Menschenrecht, S. 160f.

Schutzpflichterfüllung resultiert das Erfordernis einer gesetzlichen Grundlage.[884] Hauptadressat der Schutzpflicht ist daher der Gesetzgeber als hierfür allein legitimierte Gewalt[885], dem wie auch der Exekutive und Judikative[886] bei der Umsetzung der Schutzpflicht regelmäßig ein weiter Einschätzungs-, Wertungs- und Gestaltungsspielraum zukommt.[887] Eine Verletzung der grundrechtlichen Schutzpflicht wird deswegen nur dann angenommen, wenn der Gesetzgeber Schutzvorkehrungen überhaupt nicht getroffen hat oder die getroffenen Maßnahmen „gänzlich ungeeignet oder völlig unzulänglich sind, das gebotene Schutzziel zu erreichen oder erheblich dahinter zurückbleiben".[888]

7. Zusammenfassung

Die speziellen Grundrechte der Art. 13, 10 GG und das Recht auf freie Meinungsäußerung aus Art. 5 Abs. 1 GG begründen kein Recht auf Datenschutz für den Websurfer. Aus dem Recht auf Informationsfreiheit des Art. 5 Abs. 1 S. 1, 2. Hs. GG kann der Websurfer das Recht ableiten, Informationen im WWW zu sammeln, ohne durch den staatlichen Einsatz von Cookies und Web Bugs in diesem Recht beeinträchtigt zu werden. Die Rechtfertigung eines Eingriffs kann gemäß Art. 5 Abs. 2 GG durch die „allgemeinen Gesetze" erfolgen, worunter jede Erscheinungsform staatlicher Rechtssetzung verstanden wird.

Das in dem Volkszählungsurteil des BVerfG bestätigte Recht auf informationelle Selbstbestimmung als Ausprägung des Allgemeinen Persönlichkeitsrechts aus Art. 2 Abs. 1 i.V.m. Art. 1 Abs. 1 GG begründet ein umfassendes Grundrecht des Websurfers auf Datenschutz für jede Art von personenbezogenen Daten und jede Verarbeitungsform und -phase. Der Einsatz von Cookies und Web Bugs stellt einen Eingriff in dieses Grundrecht dar, der einer gesetzlichen Grundlage unter Berücksichtigung des Gebots der Normenklarheit bedarf, und unter Abwägung der widerstreitenden Interessen für den konkreten Zweck verhältnismäßig sein muss.

---

[884] *Klein*, NJW 1989, S. 1640.

[885] *Dreier*, Dimensionen der Grundrechte, S. 47f.; *Langner*, Die Problematik der Geltung der Grundrechte zwischen Privaten, S. 130f.; *Di Fabio*, in: *Maunz/Dürig*, GG-Komm, Art. 2 Abs. 1 Rndnr. 135.

[886] BVerfGE 46, 160, 164; BVerfG, Urteil vom 15.12.1999 – 1 BvR 653/96, Ziff. 90.

[887] BVerfGE 46, 160, 164; 77, 170, 214 f.; 77, 381, 405; BVerfG, Urteil vom 28.2.2002, 1 BvR 1676/01, Ziff. 11; BVerfG, Urteil vom 9.02.1998, 1 BvR 2234/97, Ziff. 5; *Isensee*, Das Grundrecht auf Sicherheit, S. 50ff.; Vgl. auch *Roßnagel/Pfitzmann/Garstka*, Modernisierung des Datenschutzrechts, S. 48 m.w.N; *Dirnberger*, DVBl. 1992, S. 880; *Canaris*, JuS 1989, S. 163.

[888] BVerfGE 92, 26, 46; Vgl. auch BVerfGE 56, 54, 81; 77, 170, 215; 79, 174, 202; BVerfG, Urteil vom 9.02.1998, 1 BvR 2234/97, Rndnr. 5 („Das BVerfG kann eine Verletzung staatlicher Schutzpflichten daher nur feststellen, wenn die staatlichen Organe entweder gänzlich untätig geblieben oder die getroffenen Maßnahmen evident unzureichend sind."); Vgl. auch *Dörr*, Die deutsche Handelsflotte und das Grundgesetz, S. 178ff.; *Roßnagel/Pfitzmann/Garstka*, Modernisierung des Datenschutzrechts, S. 48.

Die Informationsfreiheit und das Recht auf informationelle Selbstbestimmung des Websurfers haben aufgrund der Funktion der Grundrechte als objektiver Wertordnung auch für den Einsatz von Cookies und Web Bugs durch Private Bedeutung. So wirken diese Grundrechte zum Einen mittelbar z. Bsp. durch die Ausprägung unbestimmter Rechtsbegriffe zwischen Privaten. Zum Anderen bewirkt die grundrechtliche Schutzpflicht eine Verpflichtung des Staates zur Herstellung eines adäquaten Datenschutzes des Websurfers auch im Verhältnis zu Privaten.

II. Die Landesverfassungen

1. Verhältnis der Landesverfassungen zum Grundgesetz

Gemäß Art. 31 GG bricht Bundesrecht Landesrecht, d.h. Bundesrecht geht Landesrecht im Rang vor. Art. 142 GG besagt, dass Bestimmungen der Landesverfassungen auch insoweit in Kraft bleiben, als sie in Übereinstimmung mit den Artikeln 1 bis 18 des Grundgesetzes Grundrechte gewährleisten. Die Vorschriften des Grundgesetzes und der Landesverfassungen schützen jedoch „je nur ein- und dasselbe Grundrecht“ [889], soweit sie inhaltsgleich sind, d.h. „den gleichen Gegenstand in gleichem Sinne mit gleichem Inhalt und mit gleichem Umfang“ regeln[890]. Die Grundrechte der Landesverfassungen dürfen keine Beschränkungen vorsehen, die über diejenigen des Grundgesetzes hinausgehen.[891] Zulässig ist aber ein Mehr an Grundrechten, wenn die bundesrechtliche Regelung Spielräume für die Berücksichtigung von weitergehendem Landesrecht zulässt, sie also nicht den Normbefehl enthält, einen weitergehenden Schutz zu unterlassen.[892] Ein solcher Normbefehl besteht für das Recht auf informationelle Selbstbestimmung nicht, so dass ein „Mehr“ an Schutz durch die Landesgrundrechte grundsätzlich zulässig ist.

2. Inhalt der Landesgrundrechte

Das Recht auf informationelle Selbstbestimmung findet als Teil der Bundesverfassung auch Anwendung auf die Ausübung öffentlicher Gewalt durch die Länder. Die Landesverfassungen des Freistaates Bayern[893], der Freien Hansestadt Bremen[894], des Landes Hessen[895], Rheinland-Pfalz[896] und des Saarlandes[897] und

---

[889] BVerfGE 22, 267, 271; *v. Münch*, in: *v. Münch/Kunig*, GG-Komm., Band 1, Vorb. Art. 1-19, Rndnr. 38.

[890] BVerfGE 96, 345, 365.

[891] *Gubelt*, in: *v. Münch/Kunig*, GG-Komm., Band 2, Art. 31, Rndnr. 21.

[892] BVerfGE 96, 345, 365; *v. Münch*, in: *v. Münch/Kunig*, GG-Komm., Band 1, Vorb. Art. 1-19, Rndnr. 39; *Gubelt*, in: *v. Münch/Kunig*, GG-Komm., Band 2, Art. 31, Rndnr. 21.

[893] Bayerische Verfassung vom 2.12.1946, in der Fassung der Bekanntmachung v. 15.12.1998, zuletzt geändert am 10.11.2003, GVBl. 816f.

[894] Landesverfassung der Freien Hansestadt Bremen vom 21.10.1947 (BremGBl. S. 251), zuletzt geändert am 8.04.2003 (BremGBl. S. 167).

die Verfassung von Berlin[898], die in ihren Originalfassungen zeitlich vor dem Grundgesetz in Kraft getreten sind, enthalten einen eigenen Grundrechtskatalog, der neben dem Grundgesetz wirksam ist. Dies gilt auch für die Verfassungen der Bundesländer Brandenburg[899], Mecklenburg-Vorpommern[900], Sachsen[901], Sachsen-Anhalt[902], und Thüringen[903]. Die Verfassungen von Hamburg[904] und Schleswig-Holstein[905] haben dagegen keinen eigenen Grundrechtskatalog. Hier findet das Grundgesetz allein Anwendung. Baden-Württemberg[906], die aktuelle Verfassung von Niedersachsen[907] und Nordrhein-Westfalen[908] haben den Grundrechtskatalog des GG „rezipiert", also die Grundrechte und staatsbürgerlichen Rechte des GG zu unmittelbar geltendem Landesverfassungsrecht erklärt.[909] Das Recht auf informationelle Selbstbestimmung ist somit Teil der Landesverfassung. Gleiches gilt für die Bundesländer Bayern[910], Bremen[911], Hessen[912] und Rheinland-Pfalz[913], die in ihrem Grundrechtskatalog eine dem allgemeinen Persönlichkeitsrecht aus Art. 1 i.V.m. Art. 2 I GG entsprechende Regelung enthal-

---

[895] Verfassung des Landes Hessens vom 1.12.1946, GVBl. 1946, S. 229, zuletzt geändert durch Gesetz vom 18. Oktober 2002 (GVBl. I S. 628).
[896] Verfassung für Rheinland-Pfalz vom 18.05.1947 (VOBl. S. 209), zuletzt geändert durch Gesetz vom 8. März 2000 (GVBl. S. 65), BS 100-1.
[897] Verfassung des Saarlandes vom 15.12.1947 (ABl. S. 1077), zuletzt geändert durch Gesetz Nr. 1478 vom 5. September 2001 (ABl. S. 1630).
[898] Verfassung von Berlin vom 23.11.1995 (GVBl. v. 28.11.1995, S. 779), zuletzt geändert mit Wirkung zum 18.11.1999.
[899] Verfassung des Landes Brandenburg vom 20.08.1992 (GVBl. I/92, S. 298), zuletzt geändert durch Gesetz vom 7.04.1999 (GVBl. I/99, S. 98).
[900] Verfassung des Landes Mecklenburg-Vorpommern vom 23.05.1993 (GVBl. v. 23.05.1993, S. 372), zuletzt geändert durch Gesetz vom 4. April 2000 (GVOBl. M-V S. 158).
[901] Verfassung des Landes Sachsen vom 27.05.1992 (GVBl. v. 05.06.1992, S. 243).
[902] Verfassung des Landes Sachsen-Anhalt vom 16.07.1992 (GVBl. v. 17.07.1992, S. 600), zuletzt geändert durch Gesetz vom 27. Januar 2005 (GVBl. LSA S.44).
[903] Verfassung des Freistaates Thüringen vom 25.10.1993 (GVBl. S. 625).
[904] Verfassung der Freien und Hansestadt Hamburg vom 6.06.1952 (HmbGVBl. S. 106), zuletzt geändert durch Gesetz vom 20.6.1996 (GVBl. HH 1996, 133).
[905] Verfassung des Landes Schleswig-Holstein vom 13.06.1990, GVBl. 1990, S. 391, zuletzt geändert durch Gesetz vom 16.05.2003 (GS Schl.-H. II, Gl.-Nr. 100-3).
[906] Art. 2 Abs. 1 der Verfassung des Landes Baden-Württemberg vom 11.11.1953 (GBl. S. 173), zuletzt geändert durch Gesetz vom 23. Mai 2000 (GBL S. 449).
[907] Art. 3 Abs. 2 der Verfassung des Landes Niedersachsen vom 19.05.1993, (Nds. GVBl. S.107), geändert durch das Gesetz zur Änderung der Niedersächsischen Verfassung vom 21. November 1997 (Nds.GVBl. S.480).
[908] Art. 4 Abs. 1 der Verfassung für das Land Nordrhein-Westfalen vom 28.06.1950 (GS NW 100 S. 3), zuletzt geändert durch Gesetz vom 5.03.2002 (GVBl. 1978, S. 632).
[909] Siehe hierzu auch *Höfelmann*, Grundrecht auf informationelle Selbstbestimmung, S. 76; BVerfGE 96, 345, 351 (Landesverfassungsgerichte).
[910] Siehe Art. 101 i.V.m. 100 BV.
[911] Siehe Art. 3 I i.V.m. 1 Brem LV.
[912] Siehe Art. 2 I i.V.m. 3 Hess LV.
[913] Siehe Art. 2 i.V.m. 1 I RP LV.

ten, aber nicht ausdrücklich ein Recht auf Datenschutz gewährleisten. Das durch das BVerfG aus dem allgemeinen Persönlichkeitsrecht abgeleitete Recht auf informationelle Selbstbestimmung gilt für diese Länder ebenfalls als Teil des Landesverfassungsrechts.[914]

Die übrigen Verfassungen von Nordrhein-Westfalen[915], Saarland[916], Berlin[917] und die Verfassungen der Bundesländer Brandenburg[918], Mecklenburg-Vorpommern[919], Sachsen[920], Sachsen-Anhalt[921], und Thüringen[922] gewährleisten ausdrücklich ein Recht auf Datenschutz.

---

[914] Die Geltung der durch das BVerfG getroffenen Kernaussagen zum Recht auf informationelle Selbstbestimmung auf die Auslegung der Landesverfassungen wurde in Entscheidungen für Bayern und Bremen bestätigt, siehe BayVerfGH 38, 74; BayVBl. 1989, S. 367ff.; OVG Bremen, CR 1987, 1987, S. 783.

[915] Art. 4 Abs. 2 der Verfassung für das Land Nordrhein-Westfalen vom 28.06.1950 (GS NW 100 S. 3), geändert durch Gesetz vom 19.12.1978, GVBl., 1978, S. 632 („Jeder hat Anspruch auf Schutz seiner personenbezogenen Daten. Eingriffe sind nur in überwiegendem Interesse der Allgemeinheit auf Grund eines Gesetzes zulässig").

[916] Art. 2 Satz 2 und 3 SVerf („Jeder hat Anspruch auf Schutz seiner personenbezogenen Daten. Eingriffe sind nur in überwiegendem Interesse der Allgemeinheit auf Grund eines Gesetzes zulässig.").

[917] Art. 33 BlnVerf („Das Recht des einzelnen, grundsätzlich selbst über die Preisgabe und Verwendung seiner persönlichen Daten zu bestimmen, wird gewährleistet. Einschränkungen dieses Rechts bedürfen eines Gesetzes. Sie sind nur im überwiegenden Allgemeininteresse zulässig.").

918 Art. 11 BbgVerf („(1) Jeder hat das Recht, über die Preisgabe und Verwendung seiner persönlichen Daten selbst zu bestimmen, auf Auskunft über die Speicherung seiner persönlichen Daten und auf Einsicht in Akten und sonstige amtliche Unterlagen, soweit sie ihn betreffen und Rechte Dritter nicht entgegenstehen. Personenbezogene Daten dürfen nur mit freiwilliger und ausdrücklicher Zustimmung des Berechtigten erhoben, gespeichert, verarbeitet, weitergegeben oder sonst verwendet werden. (2) Einschränkungen sind nur im überwiegenden Allgemeininteresse durch Gesetz oder aufgrund eines Gesetzes im Rahmen der darin festgelegten Zwecke zulässig. Jede Erhebung personenbezogener Daten ist dem Berechtigten zur Kenntnis zu geben, sobald der Zweck der Erhebung dies zulässt.").

[919] Art. 6 Verf M-V („(1) Jeder hat das Recht auf Schutz seiner personenbezogenen Daten. Dieses Recht findet seine Grenzen in den Rechten Dritter und in den überwiegenden Interessen der Allgemeinheit. (2) Jeder hat das Recht auf Auskunft über ihn betreffende Daten, soweit nicht Bundesrecht, rechtlich geschützte Interessen Dritter oder überwiegende Interessen der Allgemeinheit entgegenstehen. ...").

[920] Art. 33 SächsVerf („Jeder Mensch hat das Recht, über die Erhebung, Verwendung und Weitergabe seiner personenbezogenen Daten selbst zu bestimmen. Sie dürfen ohne freiwillige und ausdrückliche Zustimmung der berechtigten Person nicht erhoben, gespeichert, verwendet oder weitergegeben werden. In dieses Recht darf nur durch Gesetz oder auf Grund eines Gesetzes eingegriffen werden.").

[921] Art. 6 VerfLSA („(1) Jeder hat das Recht auf Schutz seiner personenbezogenen Daten. In dieses Recht darf nur durch oder auf Grund eines Gesetzes eingegriffen werden. Dabei sind insbesondere Inhalt, Zweck und Ausmaß der Erhebung, Verarbeitung und Nutzung der personenbezogenen Daten zu bestimmen und das Recht auf Auskunft, Löschung und Berichtigung näher zu regeln. ...").

Eine Betrachtung der einzelnen Landesverfassungsbestimmungen macht deutlich, dass die Mehrzahl der Verfassungen den durch das BVerfG festgelegten Schutzbereich lediglich wiedergibt oder konkretisiert.[923] So greift z. Bsp. das Land Nordrhein-Westfalen, das bereits vor dem Volkszählungsurteil ein Grundrecht auf Datenschutz in seine Verfassung aufgenommen hat[924] und einen Anspruch auf Schutz personenbezogener Daten in Art. 4 Abs. 2 der Landesverfassung gewährt, bezüglich der „personenbezogenen Daten" ebenso wie das BVerfG auf die Legaldefinition des § 3 Abs. 1 BDSG zurück.[925] Wie in dem Volkszählungsurteil für die Bundesverfassung bestätigt wurde, wird ein Datenschutz im Hinblick auf alle Arten von Daten und jede Verwendung dieser Daten gewährleistet. Ein Eingriff in dieses Grundrecht ist nur in überwiegendem Interesse der Allgemeinheit aufgrund eines Gesetzes zulässig. Unter einem Eingriff wird auch jeder behördliche Umgang mit den Daten verstanden.[926] Der Theorie der mittelbaren Drittwirkung entsprechend gelten auch die Landesgrundrechte von Nordrhein-Westfalen nur mittelbar und nicht unmittelbar zwischen Privaten.[927] Auch im Übrigen sind das Grundrecht auf Datenschutz nach Art. 4 Abs. 2 der Landesverfassung NW und das Recht auf informationelle Selbstbestimmung weitgehend inhaltsgleich.[928] Eine unterschiedliche datenschutzrechtliche Behandlung des Einsatzes von Cookies und Web Bugs ist somit nicht zu erwarten.

Das Vorangesagte beschreibt eine Situation, die bei Betrachtung der Reichweite des Rechts auf informationelle Selbstbestimmung nicht überraschend ist. Denn aufgrund der Weite des bundesverfassungsrechtlich bestätigten Schutzbereichs ist ein „Mehr" an Schutz praktisch kaum vorstellbar.

---

922 Art. 6 VerfThür („... (2) Jeder hat Anspruch auf Schutz seiner personenbezogenen Daten. Er ist berechtigt, über die Preisgabe und Verwendung solcher Daten selbst zu bestimmen.
(3) Diese Rechte dürfen nur auf Grund eines Gesetzes eingeschränkt werden. ...
(4) Jeder hat nach Maßgabe der Gesetze ein Recht auf Auskunft darüber, welche Informationen über ihn in Akten und Dateien gespeichert sind und auf Einsicht in ihn betreffende Akten und Dateien.").

923 Siehe beispielsweise Art. 33 SächsVerf; Art. 11 BbgVerf., die eine „freiwillige und ausdrückliche Zustimmung" des Betroffenen fordern, was über den Wortlaut des BVerfG in seinen Entscheidungen zum Recht auf informationelle Selbstbestimmung hinausgeht; Vgl. hierzu *Kunig*, Jura 1993, S. 598; Siehe für einen detaillierten Vergleich der einzelnen Landesverfassungen *Höfelmann*, Grundrecht auf informationelle Selbstbestimmung, S. 73ff.

924 Gesetz vom 19.12.1978, GVBl., 1978, S. 632; Vgl. auch *Kunig*, Jura 1993, S. 597.

925 *Höfelmann*, Grundrecht auf informationelle Selbstbestimmung, S. 80.

926 OVG Münster, NVwZ 1982, S. 135.

927 Vgl. *Höfelmann*, Grundrecht auf informationelle Selbstbestimmung, S. 79ff, die bspw. im Hinblick auf Art. 4 II der Landesverfassung Nordrhein-Westfalen auf die Ausführung des Abgeordneten Brunn verweist: „So wie die anderen Grundrechte nicht nur gegenüber dem Staat, sonder auch gegenüber Dritten wirken, sollte das Grundrecht auf Datenschutz nicht an den Fabriktoren und Drehtüren der Bürogebäude haltmachen", Plenarprotokoll 8/94, 6939 (A).

928 *Höfelmann*, Grundrecht auf informationelle Selbstbestimmung, S. 82 m.w.N.

D. Das einfachgesetzliche Recht

I. Die verschiedenen Datenschutzvorschriften

1. Die relevanten Vorschriften

Der Datenschutz ist neben dem Bundesdatenschutzgesetz und den Landesdatenschutzgesetzen in verschiedenen bereichsspezifischen Vorschriften geregelt. Bereichsspezifisch bedeutet in diesem Zusammenhang, dass für bestimmte Sachgebiete spezielle Vorschriften geschaffen wurden.[929] Eine Gesetzeskompetenz zur umfassenden gesetzlichen Regelung des Datenschutzes gibt es nicht. Aus diesem Grunde wird an die Kompetenzregelung für die relevanten Sachgebiete angeknüpft, die auch die Regelung des Datenschutzes umfasst.[930] Durch die Annäherung der verschiedenen Dienste wegen Verschmelzung der Übertragungsformen und Endgeräte und Verschmelzung der Dienste zu Multimediadiensten ist eine Abgrenzung, die für die Kompetenzbestimmung erforderlich ist, aber mit Schwierigkeiten verbunden.[931] Die hieraus resultierenden Kontroversen haben zunächst zu der gemeinsamen Erklärung von Bund und Ländern vom 18.12.1996 geführt. Hierin wurde von der Zuständigkeit der Länder für die sogenannten Mediendienste als rundfunkähnliche Dienste und der Zuständigkeit des Bundes für die Teledienste ausgegangen und die Schaffung eines einheitlichen Rechtsrahmens für beide Bereiche in Form eines Bundesgesetzes und eines Länderstaatsvertrages beschlossen.[932] Auf dieser Grundlage sind am 1.08.1997

---

[929] *Merati-Kashani*, Datenschutz im E-Commerce, S. 37.

[930] *Bullinger/Mestmäcker*, Multimediadienste, S. 143f.; *v. Münch/Kunig*, GG-Komm., Band 3, Art. 74, Rndnr. 9; *Auernhammer*, Bundesdatenschutzgesetz, Einführung, Rndnr. 30; *Tinnefeld*, Datenschutzrecht, S. 94.

[931] So auch *Königshofen*, DuD 2000, S. 357.

[932] Die Erklärung lautet wie folgt:

„Bund und Länder haben sich am 1.07.1996 verständigt, im Rahmen der Zuständigkeitsverteilung des Grundgesetzes einen in der Sache einheitlichen Rechtsrahmen in Form eines Bundesgesetzes und eines Länderstaatsvertrags zu schaffen. Es bestand Einigkeit darüber, die notwendigen Regelungen nicht an unterschiedlichen Auffassungen in Kompetenzfragen scheitern zu lassen.

Bund und Länder haben in wichtigen Fragenkomplexen einvernehmliche Ergebnisse erzielt. Dies gilt für die zentrale Frage der Zugangsfreiheit, die wortgleich geregelt ist; gleiches gilt für den Datenschutz sowie für die Grundzüge der Verantwortlichkeit der Diensteanbieter.

Bund und Länder stimmen darin überein, dass eine abschließende, alle Dienste umfassende Festlegung der jeweiligen Anwendungsbereiche zur Zeit nicht sinnvoll möglich ist. Durch die Zuordnung von einzelnen, heute bekannten Diensten im Teledienstegesetz und im Mediendienste- Staatsvertrag haben Bund und Länder die Aufteilung nach dem gegenwärtigen Erkenntnisstand vorgenommen.

Bund und Länder werden die Entwicklung Neuer Dienste sowie die Anwendung der beiderseitigen gesetzlichen Regelungen fortlaufend beobachten und hierüber weiterhin im Gespräch bleiben. Sie vereinbaren, die Gespräche mit dem Ziel zu führen, eine Verständigung über notwendige Anpassungen unverzüglich und auf politischer Ebene herbeizuführen.

das Informations- und Kommunikationsdienste-Gesetz (IuKDG) des Bundes, welches in Art. I das Teledienstedatenschutzgesetz (TDDSG) enthält, und der Mediendienste-Staatsvertrag (MDStV) der Länder in Kraft getreten. Die novellierten Fassungen des TDDSG vom 14.12.2001[933] und des MDStV vom 1.04.2003[934] sind inhaltlich nahezu wortgleich, so dass eine Abgrenzung der Vorschriften entbehrlich geworden ist.[935] Eine Abgrenzung des TDDSG und MDStV ist aber weiterhin zu den rundfunk- und telekommunikationsrechtlichen Vorschriften erforderlich, was durch eine Abgrenzung der Tele- und Mediendienste von den Rundfunk- und Telekommunikationsdiensten geschieht. Auch der Anwendungsbereich des BDSG und der Landesdatenschutzgesetze ist von dem Anwendungsbereich der bereichsspezifischen Vorschriften abzugrenzen.

In der Diskussion befindet sich zwar seit einiger Zeit eine weitere Modernisierung des Datenschutzes, die unter anderem mit einer Überführung der Vorschriften in ein einheitliches Bundesgesetz, das Elektronische-Medien-Datenschutzgesetz (EMDSG)[936], einhergehen soll.[937] Dieser Gesetzentwurf wurde aber insbesondere wegen der enthaltenen neuen Datenschutzaufsichtsstruktur massiv kritisiert und befindet sich weiterhin im Stadium der Strukturüberlegungen.[938] Somit bleibt es vorerst bei der beschriebenen gesetzlichen Aufspaltung des Datenschutzrechtes und der erforderlichen Abgrenzung der Sachgebiete, die im Folgenden erfolgt.

Bund und Länder werden beide Regelungswerke mit dem Ziel des gemeinsamen Inkrafttretens zum 1.08.1997 den jeweiligen Parlamenten zuleiten."; zitiert nach *Engel-Flechsig/Maennel/ Tettenborn*, Neue gesetzliche Rahmenbedingungen für Multimedia, S. 9; Hierzu auch *Braml*, Das Teleshopping und die Rundfunkfreiheit, S. 164; *Engel-Flechsig*, ZUM 1997, S. 231.

933 Gesetz über den Datenschutz bei Telediensten (TDDSG) vom 22.07.1997, BGBl. I, 1870f., geändert durch Art. 3 und 4 Abs. 2 Gesetz über rechtliche Rahmenbedingungen für den elektronischen Geschäftsverkehr (EGG) vom 14. Dezember 2001, BGBl. I, 3721f.; Der Gesetzestext ist einsehbar unter http://www.iid.de/iukdg/gesetz/tddschutzgesetz.pdf.

934 Mediendienstestaatsvertrag, zuletzt geändert durch § 25 Abs. 4 des Staatsvertrages über den Schutz der Menschenwürde und den Jugendschutz in Rundfunk und Telemedien (Jugendmedienschutz-Staatsvertrag) vom 10./27.09.2002, GVBl. I, 778, in Kraft getreten am 1.04.2003.

935 *Bäumler*, DuD 1999, S. 259; *Bizer*, DuD 1998, S. 277.

936 Der Entwurf ist einsehbar bei *BMWA*, Elektronischer Mediendatenschutz, Stand 2.04.2003.

937 Siehe zum EMDSG auch *Schaar*, DuD 2003, S. 421ff.; Zu den Modernisierungstendenzen umfassend *Bizer*, DuD 2004, S. 7ff.

938 *Bizer*, DuD 2004, S. 10; Der Entwurf hat Elemente aus dem Presseratsmodells und der freiwilligen Selbstkontrolle des Jugendmedienschutzes entlehnt und wollte die staatliche Aufsicht durch eine Kontrolle durch private Stellen ersetzen, die wiederum durch den BfD als staatliche Stelle kontrolliert und anerkannt werden; Wegen der Kritik wurde die Aufgabe dieses Ansatzes und ein entsprechend überarbeiteter Entwurf angekündigt.

2. Die verschiedenen Sachgebiete

a. Die Rundfunkdienste

Nach § 2 Abs. 1 des Rundfunkstaatsvertrages[939] ist Rundfunk „die für die Allgemeinheit bestimmte Veranstaltung und Verbreitung von Darbietungen aller Art in Wort, Ton und Bild unter Benutzung elektromagnetischer Schwingungen ohne Verbindungsleitung oder längs oder mittels eines Leiters".[940] § 2 ist keine abschließende Regelung, weil nach der Rechtsprechung des BVerfG eine dynamische und keine statische Anwendung vorgeschrieben ist, um den Begriff für neue technische Entwicklungen offen zu halten.[941] Es soll eine Besinnung auf den normativen Funktionszweck des Rundfunkbegriffs entscheidend sein, bei der die publizistische Wirkung des Rundfunks für die öffentliche Meinungsbildung im Vordergrund steht.[942]

Um das Erfordernis, dass das Angebot „für die Allgemeinheit" bestimmt ist, zu erfüllen, soll nicht entscheidend sein, wie viele Menschen die Information tatsächlich in Anspruch nehmen, sondern wie viele die Information in Anspruch nehmen könnten.[943] Das Angebot muss sich an eine beliebige Öffentlichkeit wenden, der Kreis der Adressaten darf sich nicht vor der Ausstrahlung bestimmen lassen.[944] Dies ist auch dann anzunehmen, wenn nur Teile der Bevölkerung angesprochen werden, die aber nicht individuell bestimmt sind.[945] Rundfunk kann somit auch dann vorliegen, wenn ausschließlich zahlende Mitglieder angesprochen werden. Dies steht aber unter der Bedingung, dass es grundsätzlich jedermann offen steht, eine Mitgliedschaft zu erwerben.[946]

Gegen die Annahme, dass auch das WWW im Sinne des Rundfunkbegriffs „für die Allgemeinheit" bestimmt ist, wird eingewendet, dass die angebotenen Informationen nicht von allen Internetnutzern gleichzeitig abgerufen werden.[947] Auf die Gleichzeitigkeit des Empfangs kann es jedoch bei der Frage der „Veranstaltung für die Allgemeinheit" nicht ankommen.[948] Nach dem normativen

---

[939] Rundfunkstaatsvertrag vom 31. August 1991, zuletzt geändert durch Artikel 1 des Siebten Staatsvertrags zur Änderung rundfunkrechtlicher Staatsverträge vom 23. bis 26. September 2003 (GBl. S. 104).

[940] Siehe § 2 Abs. 1 RStV.

[941] BVerfGE 73, 118, 154.

[942] *Dörr*, Multimedia und der Rundfunkbegriff, S. 123 mit Verweis auf *Hesse*, Rundfunkrecht, S. 87; *Jarass*, AfP 02 (1998), S. 139ff.

[943] *Herrmann*, Rundfunkrecht, § 2 Rn. 10.

[944] BVerfGE 74, 297, 352; *Hartstein/Ring/Kreile/Dörr/Stettner*, Rundfunkstaatsvertrag, § 2 Rndnr. 6; *Lerche*, Rundfunkmonopol, S. 29; *Ricker*, NJW 1997, S. 3201.

[945] *Beucher/Leyendecker*, Mediengesetze, S. 28; *Dörr*, Multimedia und der Rundfunkbegriff, S. 125; *Hartstein/Ring/Kreile/Dörr/Stettner*, Rundfunkstaatsvertrag, § 2 Rndnr. 25.

[946] *Braml*, Das Teleshopping und die Rundfunkfreiheit, S. 52f.

[947] So *Beucher/Leyendecker*, Mediengesetze, S. 29.

[948] BVerfGE 74, 297, 351f; Zustimmend *Dörr*, Multimedia und der Rundfunkbegriff, S. 125; ablehnend etwa *Herrmann*, Rundfunkrecht, S. 12.

Zweck der Rundfunkfreiheit muss die Wichtigkeit der Kommunikation für die öffentliche Meinungsbildung durch „Vielfalt der Themen und Meinungen" im Vordergrund stehen.[949] Dies ist unabhängig von dem Zeitpunkt der Wahrnehmung der Information durch den Einzelnen.[950] Auch die für den Rundfunkbegriff erforderliche „Breitenwirkung" der Information setzt keine Gleichzeitigkeit des Empfangs voraus.[951] Denn eine solche „Breitenwirkung" wird auch dann erreicht, wenn die Adressaten die Informationen zu unterschiedlichen Zeiten empfangen. Der tatsächliche Empfang ist nach zutreffender Auffassung gerade nicht erforderlich, sondern nur, dass der Rundfunk hierfür geeignet ist.[952]

Der Begriff der Darbietung setzt aber voraus, dass „Auswahl, Inhalt und Gestaltung des Programms ... Sache des Rundfunks" ist.[953] Der Veranstalter muss also redaktionell gestaltend tätig sein, indem er das Programm moderiert, kommentiert und hierdurch ein nach Plan ablaufendes Gesamtprogramm schafft.[954] Dieser planmäßig vorgegebene Sendeablauf soll die „Breitenwirkung, Aktualität und Suggestivkraft" ausmachen, weshalb eine rundfunkspezifische Gesamtbeeinflussung erfolgt.[955] Das Kriterium der redaktionellen Darbietung schließt grundsätzlich nicht aus, dass auch solche Vollprogramme erfasst werden, die auf die Auswahl von Einzelsendungen zugeschnitten sind.[956] Das Internet unterbreitet Einzelangebote, die aber in der Mehrheit der Fälle ohne redaktionelle Gestaltung eines Gesamtprogramms ablaufen. Es hängt von der Entscheidung des Websurfers ab, welche Seite er aufruft, wie lange er auf dieser Seite verweilt und welche Seite er danach besucht. Er wählt zwischen den von verschiedenen „Veranstaltern" angebotenen Inhalten der verschiedenen Webseiten und es ist ihm möglich, die Angebote eines einzelnen Veranstalters individuell zu gestalten und diese mit den Angeboten eines anderen Veranstalters zu kombinieren. Eine redaktionelle Gestaltung eines fortlaufenden Programmablaufs durch einen Veranstalter ist somit bei dem Websurfen nicht gegeben.[957] Dies wäre nur dann anders, wenn Rundfunksendungen über das Internet in einer Form angeboten werden, die dem Websurfer entgegen dem typischen Charakter des Internets

---

[949] Siehe zu dem normativen Funktionszweck BVerfGE 90, 60, 88.
[950] BVerfGE 74, 297, 351f.
[951] So aber *Schulte-Kellinghaus*, Rundfunkbegriff und Gesetzgebungskompetenzen im digitalen Zeitalter, S. 79f.
[952] So auch *Herrmann*, Rundfunkrecht, S. 16 , der für die sogenannten „Sendungen auf Zugriff" von einer Gleichzeitigkeit ausgeht, hierbei aber auf die Gleichzeitigkeit der Verteilung abstellt; *Jarass*, AfP 02 (1998), S. 136.
[953] BVerfGE 90, 60, 87.
[954] *Dörr*, in: *Dittmann/Fechner*, Der Rundfunkbegriff im Wandel der Medien, S. 125f.; *Beucher/Leyendecker*, Mediengesetze, S. 31; *Jarass*, AfP 02 (1998), S. 135.
[955] BVerfGE 90, 60, 87 ("Unter den Medien kommt dem Rundfunk wegen seiner Breitenwirkung, Aktualität und Suggestivkraft besondere Bedeutung zu").
[956] So beispielsweise das pay per view-TV, siehe *Hesse*, Rundfunkrecht, S. 82; *Braml*, Das Teleshopping und die Rundfunkfreiheit, S. 55.
[957] Vgl. auch *Degenhart*, MMR 1998, S. 138; *Ricker*, NJW 1997, S. 3202.; *Braml*, Das Teleshopping und die Rundfunkfreiheit, S. 58.

keine eigene Variationsvielfalt gibt und die Einflussnahme des Websurfers auf das Ein- und Ausschalten beschränkt.[958] Eine solche Funktionalität hat jedoch für das Websurfen und den damit verbundenen Einsatz von Cookies und Web Bugs keine Bedeutung.

Im Ergebnis scheiden somit die rundfunkrechtlichen Vorschriften für die Fragestellung dieser Arbeit aus.

b. Die Telekommunikationsdienste

Telekommunikation ist gemäss § 3 Nr. 22 des Telekommunikationsgesetzes (TKG)[959] „der technische Vorgang des Aussendens, Übermittelns und Empfangens von Signalen mittels Telekommunikationsanlagen". Der Begriff der Telekommunikation ist also nicht auf eine Sprachkommunikation beschränkt, es werden „Nachrichten jeglicher Art" umfasst.[960] Telekommunikationsanlagen sind gemäss § 3 Nr. 23 TKG „technische Einrichtungen oder Systeme, die als Nachrichten identifizierbare elektromagnetische oder optische Signale senden, übertragen, vermitteln, empfangen, steuern oder kontrollieren können".[961] Aufgrund dieser weitgefassten Definition wird die Ansicht vertreten, dass sämtliche Internetdienste Telekommunikation darstellen.[962] Nach fast einhelliger Ansicht ist bei der Bestimmung der Telekommunikationsdienste jedoch eine funktionale Abgrenzung vorzunehmen. Es ist zu unterscheiden zwischen der technischen Übertragung der Daten (Transportebene) und dem inhaltlichen Angebot dieser Daten (Anwendungsebene).[963] Die technische Übertragungsebene stellt die Ebene der Telekommunikationsdienste dar, auf welche die Datenschutzbestimmungen des Telekommunikationsrechts anwendbar sind. Bei der Anwendungsebene ist zwischen Rundfunk, Medien- und Telediensten zu unterscheiden.[964] Für eine solche funktionsbezogene Abgrenzung spricht zum einen der Wille des Gesetz-

---

[958] Hierauf stellt das BVerfG ab in BVerfGE 74, 297, 352.

[959] Telekommunikationsgesetz vom 22.06.2004, BGBl. I 2004, 1190.

[960] *Hobert*, Datenschutz und Datensicherheit im Internet, S. 105.

[961] Die Bundesregierung hat am 2. Februar 2005 den Entwurf eines Gesetzes zur Änderung telekommunikationsrechtlicher Vorschriften beschlossen (BR-Drs. 92/05); Auf der Grundlage des am 26. Juni 2004 in Kraft getretenen novellierten TKG sollen die bislang in der Telekommunikations-Kundenschutzverordnung (TKV) enthaltenen Regelungen in das Gesetz integriert und zudem der Verbraucherschutz optimiert werden; Vgl. hierzu *Reimann*, DuD 2004, S. 421; Für den für diese Arbeit entscheidenden Telekommunikationsbegriff hat diese Entwicklung jedoch keine Bedeutung.

[962] Siehe *Etling-Ernst*, TKG, § 3, Rn. 22.

[963] *Engel-Flechsig*, in: *Engel-Flechsig/Maennel/Tettenborn*, Beck'scher IuKDG-Kommentar, § 1 TDDSG Rndnr. 53; *Engel-Flechsig/Maennel/Tettenborn*, NJW 1997, S. 2983; *Hobert*, Datenschutz und Datensicherheit, S. 104; *Imhof*, CR 2000, S. 111; *Theis*, Die Multimediagesetze, S. 152; *Engel-Flechsig*, Zusammenarbeit und Abgrenzung von TKG, IuKDG des Bundes und MDStV der Länder, S. 103 f.; *Tettenborn*, MMR 1999, S. 518; *Mühlein/Jaspers* unterscheiden hier bei gleichem Verständnis zwischen Telekommunikations- und Diensteebene, siehe *Mühlein/Jaspers*, Tele-Gesetze, S. 21ff.

[964] *Zimmer/Büchner*, CR 2001, S. 167.

gebers. Das TKG sollte den technischen Vorgang des Datentransports ohne die spezifischen Inhalte erfassen.[965] Durch das IuKDG sollte ein einheitlicher Rechtsrahmen für ein Medium geschaffen werden, auf das die bisher bekannten Schemata wie Rundfunk und Telekommunikation nicht mehr passten.[966] Das TDG und das TKG sollten funktionsbezogen zur Anwendung kommen[967], eine Überschneidung war nicht gewollt.[968] Für eine funktionsbezogene Betrachtung spricht auch der Wortlaut des § 3 Nr. 16 TKG und des § 2 Abs. 1 TDG. Gemäß § 3 Nr. 16 TKG ist Telekommunikation auf den „technischen Vorgang" der Datenübermittlung beschränkt. § 2 Abs. 1 TDG stellt fest, dass Telediensten „eine Übermittlung mittels Telekommunikation zugrunde liegt". Somit wird die Übermittlung durch Telekommunikation als Basis für Teledienste vorausgesetzt. Die alleinige Nutzung der „technischen Einrichtungen oder Systeme" für das Angebot der hierauf aufbauenden Dienste kann somit nicht für die Begründung von Telekommunikation ausreichen. Da der Einsatz von Cookies und Web Bugs ausschließlich die Anwendungs-, nicht aber die Transportebene betrifft[969], scheiden die Telekommunikationsvorschriften zur Beurteilung der Zulässigkeit von Cookies und Web Bugs somit im Ergebnis aus.

c. *Die Tele- und Mediendienste*

Die Zulässigkeit des Einsatzes von Cookies und Web Bugs beurteilt sich nach den bereichspezifischen Vorschriften des TDDSG oder MDStV, wenn die Verwender dieser Mittel eigene oder fremde Tele- bzw. Mediendienste zur Nutzung bereithalten oder den Zugang zur Nutzung vermitteln.[970]

aa. Die öffentlichen und privaten Anbieter

Das TDDSG und der MDStV finden auf die Erhebung, Verarbeitung und Nutzung von personenbezogenen Daten der Nutzer von Tele- oder Mediendiensten durch die „Diensteanbieter" Anwendung.[971] Die Vorschriften unterscheiden der grundrechtlichen Schutzverpflichtung des Staates entsprechend nicht zwischen öffentlichen und nicht-öffentlichen Stellen[972], so dass im Folgenden auch bei der Beurteilung des Einsatz von Cookies und Webbugs nicht zwischen öffentlichen und privaten Stellen unterschieden wird.

---

[965] Gesetzentwurf zum TKG, BT-Drs. 13/3609, S. 37 (zu § 3 TKG).
[966] *Engel-Flechsig/Maennel/Tettenborn*, NJW 1997, S. 2981.
[967] Gesetzentwurf der Bundesregierung, BT-Drs. 13/7385, S. 19.
[968] Begründung zum Referentenentwurf des IuKDG, BR-Drs. 966/96, S. 18ff.
[969] Siehe Seite 58ff. dieser Arbeit.
[970] § 1 Abs. 1 S. 1 TDDSG; § 2 Abs. 1, S. 1 MDStV.
[971] Siehe § 2 Nr. 2 TDDSG; § 3 Nr. 2 MDStV.
[972] § 2 Nr. 1 TDDSG; § 3 Nr. 1 MDSt; *Engel-Flechsig*, in: *Engel-Flechsig*, Beck'scher IuKDG-Kommentar, § 1 TDDSG Rndnr. 64, § 2 MDStV Rndnr. 33; Siehe zu der grundrechtlichen Schutzpflicht Seite 183ff. dieser Arbeit.

bb. Der Einsatz durch Anbieter von Leistungen im WWW

Sowohl Cookies als auch Web Bugs werden regelmäßig durch die Anbieter der jeweiligen Webseiten im WWW zur besseren Ansprache des Besuchers oder zur Nutzung der Daten zu sonstigen Werbungs- und Marketingzwecken eingesetzt. Entscheidend ist in diesem Fall, ob es sich bei diesem Angebot um Tele- bzw. Mediendienste handelt. Teledienste werden in § 2 Abs. 1 TDG als „alle elektronischen Informations- und Kommunikationsdienste, die für eine individuelle Nutzung von kombinierbaren Daten wie Zeichen, Bildern oder Tönen bestimmt sind und denen eine Übermittlung mittels Telekommunikation zugrunde liegt", definiert. Beispielhaft wird u. a. eine Übermittlung von Daten oder Angeboten zur Information oder Kommunikation als Teledienst bezeichnet. § 2 Abs. 1 des MDStV definiert Mediendienste als „das Angebot und die Nutzung von an die Allgemeinheit gerichteten Informations- und Kommunikationsdiensten (Mediendiensten) in Text, Ton oder Bild, die unter der Benutzung elektromagnetischer Schwingungen ohne Verbindungsleitung oder längs oder mittels eines Leiters verbreitet werden." In § 2 Abs. 2 MDStV werden Abrufdienste, bei denen Text- oder Ton- oder Bilddarbietungen auf Anforderung aus elektronischen Speichern zur Nutzung übermittelt werden, beispielhaft als Mediendienste aufgezählt. Voraussetzung für die Mediendienste ist, dass eine redaktionelle Gestaltung zur Meinungsbildung im Vordergrund steht.[973] Soweit die Dienste des WWW also wie in der Mehrzahl der Fälle die individuelle Nutzbarkeit in den Vordergrund stellen, also eine Interaktion zwischen Sender und Empfänger und die Ansprache eines begrenzten Empfängerkreises bezwecken, sind sie nach dem Vorangesagten als Teledienste einzuordnen.[974] Soweit aber die redaktionelle Gestaltung im Vordergrund steht, liegen Mediendienste vor.[975] Somit sind die Verwender der Cookies und Web Bugs je nach Einzelfall des Angebots „Diensteanbieter" von Tele- bzw. Mediendiensten, auf die das TDDSG bzw. MDStV Anwendung findet.

cc. Der „anbieterfremde" Einsatz

Neben der vorangehend beschriebenen Verwendung der Cookies und Web Bugs werden diese auch durch Unternehmen wie Werbeunternehmen eingesetzt, die selbst keine Leistungen über das WWW anbieten und somit Cookies und Web Bugs unabhängig von Angeboten über das WWW einsetzen, um die so erlangten Daten z. Bsp. in Form von Auswertungen aus kommerziellen Gesichtspunk-

---

[973] Siehe § 2 Abs. 4 Nr. 3 TDG, wonach in diesem Falle der MDStV vorrangig Anwendung findet.

[974] *Tettenborn*, in: *Engel-Flechsig/Maennel/Tettenborn*, Beck'scher IuKDG-Kommentar, § 2 TDG Rndnr. 95; *Schaar*, Neues Datenschutzrecht für das Internet, S. 5.

[975] Vgl. zu der Abgrenzung ausführlich *Merati-Kashani*, Datenschutz im E-Commerce, S. 45ff.

ten zu verkaufen. Als Tele- oder Mediendienst im Sinne der Vorschriften kommt in diesem Fall der Einsatz des Cookies und Web Bugs selbst in Frage.

Voraussetzung für einen Mediendienst gemäß § 2 Abs. 1 MDStV ist, dass der Dienst an die Allgemeinheit gerichtet ist. Cookies werden nach konkreter Anfrage bei dem Browser des Computer des Websurfers auf dessen Festplatte installiert, was gegen ein Angebot an die Allgemeinheit im Sinne der Definition spricht. Web Bugs sind dagegen auf der jeweiligen Webseite gelegen, die wiederum der „Öffentlichkeit" zur Verfügung steht, so dass ein Angebot an die „Allgemeinheit" anzunehmen ist. Sowohl für Cookies als auch Web Bugs scheitert das Vorliegen eines Mediendienstes jedoch an dem Merkmal der redaktionellen Gestaltung zur Meinungsbildung.[976]

Ein Teledienst setzt gemäß § 2 Abs. 1 TDG eine gewisse Interaktion zwischen Nutzer und der Stelle voraus, die den Cookie einsetzt.[977] Eine solche Interaktion ist für die Cookies zu bejahen, da durch Anfrage des Web-Servers bei dem Browser des Websurfers Daten versendet werden. Der Websurfer hat hiervon im Regelfall aber keine Kenntnis, was gegen eine Anwendbarkeit des TDDSG sprechen könnte. Allerdings muss der Begriff der Teledienste bereits wegen des umfassenden Schutzauftrags des Rechts auf informationelle Selbstbestimmung weit verstanden werden, so dass auch unbewusste oder sogar dem Betroffenen aufgedrängte Teledienste den Schutz des TDDSG auslösen.[978] Auch die Web Bugs bewirken eine Interaktion zwischen Websurfer und der den Web Bug einsetzenden Stelle, indem Daten direkt von dem Computer des Websurfer an den Web-Server gesendet werden.

Voraussetzung ist weiterhin das Vorliegen von „kombinierbaren Daten". Dieses Merkmal ist für die Cookies unproblematisch zu bejahen, weil sie Daten enthalten, die miteinander kombinierbar sind. Web Bugs dagegen stellen nur einen einzelnen Bildpunkt dar. Aus diesem Grunde kann eine Anwendbarkeit des TDDSG bei abstrakter Betrachtung des Web Bugs nicht bejaht werden. Dies ist jedoch dann anders, wenn die Kombinierbarkeit des Bildpunkts mit anderen Daten berücksichtigt wird. Eine abstrakte Betrachtung würde bereits dem verfassungsrechtlichen Gebot einer bereichsspezifischen Regelung widersprechen, das eine Pflicht des Gesetzgebers zur bereichsspezifischen Regelung auch für den Einsatz von Cookies und Web Bugs begründet.[979] Da Web Bugs sogar größere Gefahren für den Datenschutz des Websurfers bergen als Cookies, würde eine Ausnahme der Web Bugs aus dem Anwendungsbereich der Spezialgesetze und eine Anwendbarkeit des BDSG als allgemeines Datenschutzgesetz eine Verletzung des genannten Gebots bedeuten. Eine rein abstrakte Beurteilung der Web Bugs ist somit schon aus verfassungsrechtlichen Gesichtspunkten abzulehnen.

---

[976] *Schaar*, Datenschutz im Internet, S. 97.
[977] *Merati-Kashani*, Datenschutz im E-Commerce, S. 47.
[978] *Schulz*, in: *Roßnagel*, Recht der Multimedia-Dienste, § 2 TDDSG Rndnr. 20.
[979] Vgl. zu dem Gebot einer bereichsspezifischen Regelung Seite 175ff. dieser Arbeit.

Zu beachten ist auch, dass der Einsatz der Web Bugs zwingend notwendig mit dem Angebot der Anbieter im WWW zusammenhängt, selbst wenn es sich um verschiedene Stellen handelt. Ein Vergleich der Gefährdungslage des Websurfers durch den Besuch der Webseite, auf den das TDDSG Anwendung finden soll, und der Gefährdungslage des Websurfers durch den Einsatz von Web Bugs, macht deutlich, dass eine Ausnahme des Einsatzes von Web Bugs aus dem Anwendungsbereich des TDDSG und Anwendbarkeit des BDSG bereits mangels sachlichem Grund für die Ungleichbehandlung abzulehnen ist. Auch bei einem Vergleich der Gefährdungslage des Websurfers durch den Einsatz von Cookies und der Gefährdungslage durch den Einsatz von Web Bugs ist eine Privilegierung des Einsatzes von Web Bugs durch Anwendung des BDSG mit seinem geringeren Schutzstandard nicht zu rechtfertigen.[980]

Die Ausnahme der Web Bugs aus dem Anwendungsbereich der bereichsspezifischen Vorschriften würde auch dem Schutzzweck des TDDSG widersprechen, welches entwicklungs- und technikoffen konzipiert ist und somit sämtliche mit der Nutzung des jeweiligen Dienstes verbundenen Gefahren für den Betroffenen abdecken sollte.[981] Bei einer Gesamtbetrachtung muss somit das TDDSG auch auf den „anbieterfremden" Einsatz von Cookies und Web Bugs Anwendung finden.[982]

Im Ergebnis ist das TDDSG bzw. der MDStV somit für den Einsatz von Cookies und Web Bugs anwendbar.

3. Die Anwendbarkeit des BDSG und der Landesdatenschutzgesetze

Nach § 1 Abs. 3 BDSG kommt das BDSG nicht zur Anwendung „soweit andere Rechtsvorschriften des Bundes auf personenbezogene Daten einschließlich deren Veröffentlichung anzuwenden sind". Das BDSG ist also ein Auffanggesetz.[983] Die Verwendung des Begriffs „soweit" macht deutlich, dass eine Spezialvorschrift zur Verarbeitung von personenbezogenen Daten die Anwendung

---

[980] So auch *Fröhle*, Web Advertising, S. 255.

[981] *Tettenborn*, in: Beck'scher IuKDG-Komm., Einl. IuKDG Rndnr. 39; Begründung des Gesetzentwurfs der Bundesregierung, Drs. 13/7385 v. 09.04.1997, („Ziel des Gesetzes ist es, im Rahmen der Bundeskompetenzen eine verläßliche Grundlage für die Gestaltung der sich dynamisch entwickelnden Angebote im Bereich der Informations- und Kommunikationsdienste zu bieten und einen Ausgleich zwischen freiem Wettbewerb, berechtigten Nutzerbedürfnissen und öffentlichen Ordnungsinteressen herbeizuführen."); *Tettenborn*, in: Beck'scher IuKDG-Komm., Vor MDStV Rndnr. 18; Begr. z. Staatsvertrag über Mediendienste, S. 14 („Ziel der Datenschutzbestimmungen des Staatsvertrags ist es, eine verläßliche Grundlage für die Gewährleistur des Datenschutzes im Bereich der Mediendienste zu bieten und einen Ausgleich zwischen dem Wunsch nach freiem Wettbewerb, berechtigten Nutzerbedürfnissen und öffentlichen Ordnungsinteressen zu schaffen.").

[982] Siehe auch *Fröhle*, Web Advertising, S. 257, der durch „schutzzweckorientierte abstrakte Beurteilung" zu dem gleichen Ergebnis gelangt.

[983] *Auernhammer*, Bundesdatenschutzgesetz, § 1 Rndnr. 26; *Büchner*, Beck'scher TKG-Kommentar, § 89 Rndnr. 14f.; *Dörr/Schmidt*, Neues Bundesdatenschutzgesetz, § 1 Rndnr. 17.

des BDSG nicht im Ganzen, sondern nur für die geregelten Einzelbereiche ausschließen soll.[984] Dies folgt auch aus § 1 Abs. 2 TDDSG bzw. § 16 Abs. 2 MDStV, wonach „soweit in diesem Gesetz (Staatsvertrag) nichts anderes bestimmt ist, ... die jeweils geltenden Vorschriften für den Schutz personenbezogener Daten anzuwenden" sind. Das TDDSG und der MDStV haben in ihren aktuellen Fassungen auf die Regelung einzelner allgemeiner Grundsätze verzichtet, die jetzt ausschließlich in dem BDSG enthalten sind.[985] Somit werden die Vorschriften des BDSG im Folgenden herangezogen, wenn und soweit keine bereichsspezifische Regelung besteht.

Für die Landesdatenschutzgesetze gilt das zu dem Anwendungsbereich des BDSG Gesagte. Auch diese Vorschriften sind nicht anwendbar, „soweit besondere Rechtsvorschriften über den Datenschutz bei der Verarbeitung personenbezogener Daten vorhanden sind".[986] Somit gelten sie für öffentliche Stellen des Landes nur in Ergänzung des TDDSG/MDStV, wenn und soweit diese Vorschriften keine Regelungen enthalten. Für nicht-öffentliche Stellen im Sinne des § 2 Abs. 4 BDSG finden die Landesdatenschutzgesetze keine Anwendung, so dass für diese das BDSG in Ergänzung der bereichsspezifischen Vorschriften nach dem oben Gesagten gilt.[987] Wegen der weitgehenden Übereinstimmung der LDSG mit dem BDSG beschränken sich die folgenden Erörterungen auf die Vorschriften des BDSG.

4. Die Voraussetzungen des TDDSG/MDStV

a. Die Anwendbarkeit im globalen Medium WWW

aa. Der Einsatz von Cookies und Webbugs durch eine inländische Stelle

Die Umsetzung der Datenschutzrichtlinie 95/46/EG in das nationale deutsche Datenschutzrecht hat einen Wandel des bislang vorherrschenden Territorialprinzips hin zum Sitzlandprinzip bewirkt.[988] Die Anwendbarkeit knüpft somit nicht weiter ausschließlich an den Ort der Datenverarbeitung, sondern den Ort des Sitzes der verantwortlichen Stelle, d.h. jeder „Person oder Stelle, die personenbezogene Daten für sich selbst erhebt, verarbeitet oder nutzt oder dies durch an-

---

[984] So auch schon zu der alten Fassung des BDSG, der im § 1 Abs. 4 Satz 1 die entsprechende Regelung enthielt *Bergmann/Möhrle/Herb*, Datenschutzrecht, § 1 Rndnr. 24; Vgl. auch *Schaar*, Datenschutz im Internet, S. 180,

[985] Nicht mehr geregelt wurde in der neuesten Fassung des TDDSG und MDStV beispielsweise der Grundsatz der Datenvermeidung, der jetzt ausschließlich in dem BDSG enthalten ist.

[986] So im Wortlaut das hessische Landesdatenschutz in der Fassung vom 7. Januar 1999, § 3 Abs. 3; Ebenso auch § 3 Abs. 5 LDSG Baden-Württemberg.

[987] Nicht-öffentliche Stellen sind hiernach natürliche und juristische Personen, Gesellschaften und andere Personenvereinigungen des privaten Rechts", § 2 Abs. 4 BDSG.

[988] Siehe zu der Richtlinie näher Seite 131ff. dieser Arbeit.

dere im Auftrag vornehmen lässt“[989], an.[990] Wenn also ein Anbieter mit Niederlassung in Deutschland Cookies oder Web Bugs einsetzt, findet das deutsche Datenschutzrecht Anwendung, unabhängig davon, ob Datenverarbeitungen im Inland erfolgen.[991] Der Begriff der Niederlassung wird weit verstanden, auf die Rechtsform kommt es nicht an. Ausreichend ist gemäß § 42 Abs. 2 Gewerbeordnung ein zum dauernden Gebrauch eingerichteter, ständig oder in regelmäßiger Wiederkehr genutzter Raum für den Betrieb des Gewerbes.[992]

bb.Der Einsatz von Cookies und Webbugs durch eine in einem „Drittstaat“ belegene Stelle

Ausnahmsweise gilt das Territorialprinzip nach § 1 Abs. 5 S. 2 BDSG aber dann, wenn die verantwortliche Stelle ausschließlich in einem Drittstaat gelegen ist. Unter einem Drittstaat wird jedes Land verstanden, das weder der EU noch den Vertragsstaaten des Abkommens über den Europäischen Wirtschaftsraum (EWR)[993] angehört, auf die die Datenschutzrichtlinie 95/46/EG Anwendung findet.[994] Die Vereinigten Staaten sind ein Drittstaat in diesem Sinne.

Werden von einem Drittstaat aus Daten in Deutschland erhoben, verarbeitet oder genutzt, sind nach § 1 Abs. 5 BDSG die deutschen Vorschriften anwendbar, auch wenn die verantwortliche Stelle keine Niederlassung im Inland hat. Der Einsatz von Cookies und Web Bugs durch Unternehmen, die ausschließlich in einem Drittstaat belegen sind, könnte somit nach dem Wortlaut der Vorschrift zur Anwendbarkeit von deutschem Recht führen, wenn der Einsatz der Cookies und Web Bugs eine Erhebung, Verarbeitung oder Nutzung von personenbezogenen Daten in Deutschland bewirkt.

cc. Die richtlinienkonforme Auslegung des § 1 Abs. 5 BDSG

Nach dem Wortlaut des § 1 Abs. 5 BDSG ist eine Anwendbarkeit der deutschen Vorschriften auf den Einsatz von Cookies und Web Bugs nur zu bejahen, soweit die einzelnen Phasen des Einsatzes eine Erhebung, Verarbeitung und Nutzung von personenbezogenen Daten im Inland bewirken. Erfolgen Teile des Einsatzes , z. Bsp. das Setzen des Cookies oder das Versenden der Daten, in einem Drittstaat, wären die deutschen Vorschriften hierauf nicht anwendbar. Diese Aufgliederung widerspricht dem eindeutigen Wortlaut der Datenschutzrichtlinie, die in Art. 4 Abs. 1c) vorgibt, dass die nationalen Vorschriften anwendbar sein sollen, wenn sich die „Mittel“, die für die Erhebung der Daten genutzt werden, im Inland befinden und durch die in dem Drittland gelegene Stelle gesteuert wer-

---

989 § 3 Abs. 7 BDSG.
990 *Fröhle*, Web Advertising, S. 142.
991 *Merati-Kashani*, Datenschutz im E-Commerce, S. 52.
992 *Schaar*, Datenschutz im Internet, S. 79.
993 BGBl. II 1993, 267-658.
994 *Merati-Kashani*, Datenschutz im E-Commerce, S. 51.

den.[995] Nach der Richtlinie ist es somit nicht von Bedeutung, ob die durch die „Mittel“ ausgelösten Datenverarbeitungsvorgänge im Inland erfolgen. Obwohl die Begründung zu dem novellierten BDSG zwar feststellt, dass die Richtlinie mit § 1 Abs. 5 S. 2 BDSG umgesetzt wurde[996], scheint dies für § 4 Abs. 1c) der Richtlinie nicht der Fall zu sein.[997] § 1 Abs. 5 BDSG ist deswegen richtlinienkonform dahingehend auszulegen, dass die deutschen Vorschriften auch dann anwendbar sind, wenn die „Mittel“ zur Datenverarbeitung unabhängig von den eigentlichen Datenverarbeitungsvorgängen im Inland belegen sind. Der Begriff der „Mittel“ wird zwar nicht definiert. Einheitlich wird verlangt, dass Mittel in diesem Sinne nur dann anzunehmen seien, wenn der Betroffene auf diese Mittel steuernd zugreifen kann.[998] Die konkrete Anwendung hat jedoch zu unterschiedlichen Ansichten geführt. Teilweise wird auf den Sinn und Zweck der Richtlinie abgestellt, so dass ein Mittel im Sinne der Richtlinie z. Bsp. dann vorliegen soll, wenn die Stelle den Sitz in ein Drittstaat verlegt, um die Datenschutzvorschriften zu umgehen.[999] Andere stellen auf die räumliche und sachliche Nähe zum Recht des Mitgliedstaats ab.[1000] Diese Ansichten bieten jedoch keine praxistauglichen Vorgaben für die Anwendbarkeit des nationalen Rechts, weswegen sie aus Gründen der Rechtssicherheit abzulehnen sind. Vorzuziehen ist vielmehr die Forderung, dass ein „Mittel“ im Sinne der Richtlinie eine Einwirkungsmöglichkeit der verantwortlichen Stelle voraussetzt. Die verantwortliche Stelle muss Einfluss auf die Datenverarbeitungsvorgänge haben.[1001] Fraglich ist somit, ob eine in einem Drittstaat belegene Stelle beim Einsatz von Cookies und Web Bugs ein „Mittel“ im Inland einsetzt und auf dieses „Mittel“ in dem vorgenannten Sinne steuernd zugreift.

dd. Anwendung auf den Einsatz von Cookies

Cookies sind Datensätze, die auf dem Computer des Websurfer gespeichert sind und von dort die Versendung der Daten an den Installateur des Cookies bewirken. Eine Ansicht verneint das Vorliegen von „Mitteln“ schon deshalb, weil Da-

---

[995] Art. 4 Abs. 1c) („Jeder Mitgliedstaat wendet die Vorschriften, die er zur Umsetzung dieser Richtlinie erläßt, auf alle Verarbeitungen personenbezogener Daten an, ...; c) die von einem für die Verarbeitung Verantwortlichen ausgeführt werden, der nicht im Gebiet der Gemeinschaft niedergelassen ist und zum Zwecke der Verarbeitung personenbezogener Daten auf automatisierte oder nicht automatisierte Mittel zurückgreift, die im Hoheitsgebiet des betreffenden Mitgliedstaats belegen sind, es sei denn, daß diese Mittel nur zum Zweck der Durchfuhr durch das Gebiet der Europäischen Gemeinschaft verwendet werden.“).

[996] BT-Drs. 14/4329 vom 13.10.2000, S. 29.

[997] *Fröhle*, Web Advertising, S. 148f.

[998] *Merati-Kashani*, Datenschutz im E-Commerce, S. 52f.; *Fröhle*, Web Advertising, S. 153 m.w.N.

[999] So *Carey*, C&L August 2000, S. 23f.

[1000] So *Ellger*, RDV 1991, S. 425.

[1001] So auch *Fröhle*, Web Advertising, S. 153f.; *Merati-Kashani*, Datenschutz im E-Commerce, S. 52f.

ten keine „Mittel" darstellen könnten.[1002] Diese Ansicht kann jedoch nicht überzeugen. Nach dem Schutzzweck der Richtlinie ist für die Einführung des § 1 Abs. 5 BDSG entscheidend, dass sich eine datenverarbeitende Stelle nicht durch einen Umzug ins Ausland den Datenschutzbestimmungen entziehen kann, wenn weiterhin Datenverarbeitungen im Inland erfolgen. Kriterium für das Vorliegen eines Mittels kann somit nicht sein, ob dieses als Datensatz oder als sonstiges körperliches Mittel vorliegt. Denn die Gefährdungssituation ist vergleichbar. Entscheidend kann somit lediglich sein, dass das „Mittel" in jedweder Erscheinungsform in dem Inland belegen ist und von dort Datenverarbeitungen bewirkt. Dies ist durch die Cookies der Fall, wenn sie auf der Festplatte des Computer des Websurfers im Inland installiert werden.

Auch die geforderte Einwirkungsmöglichkeit auf die Cookies ist durch die im Drittstaat belegene Stelle zu bejahen. Zwar ist es dem Websurfer grundsätzlich möglich, die Cookies zu löschen und somit auch die Einwirkungsmöglichkeit der verarbeitenden Stelle zu unterbinden. Diese in der Mehrzahl der Fälle nur theoretische Möglichkeit kann aber nicht dazu führen, dass der Websurfer gegen im Inland bewirkte Datenverarbeitungen nicht geschützt wird.

Aus diesem Grunde findet das deutsche Datenschutzrecht dann Anwendung, wenn Cookies auf einem im deutschen Inland befindlichen Computer durch eine in einem Drittstaat befindliche Stelle installiert werden.[1003]

ee. Anwendung auf den Einsatz von Web Bugs

Für die Web Bugs besteht im Vergleich zu den Cookies die Besonderheit, dass keine Datei oder sonstige Mittel zur Datenerhebung auf dem Computer des Websurfers gespeichert werden. Als automatisiertes Mittel im Sinne der Richtlinie kommt somit nur der Computer des Websurfers selbst in Betracht. Teilweise wird die Einstufung des Computers selbst als automatisiertes „Mittel" im Sinne der Europarichtlinie abgelehnt, weil es an einer bestimmungsgemäßen Zugriffsmöglichkeit der verantwortlichen Stelle fehle.[1004] Dem ist jedoch entgegenzuhalten, dass eine bestimmungsgemäße Zugriffsmöglichkeit nicht Voraussetzung für das Vorliegen eines Mittels im Sinne der Richtlinie sein kann. Denn die Gefährdungslage für den Betroffenen entsteht durch den Einsatz des Mittels zur Datenverarbeitung unabhängig davon, ob dieser Einsatz bestimmungsgemäß erfolgt. Somit ist im Gegenteil davon auszugehen, dass der Computer ein Mittel in diesem Sinne darstellt, sofern die verantwortliche Stelle auf dieses Mittel steuernd zugreifen kann. Durch den Einsatz der Web Bugs bewirkt der Anbieter,

---

[1002] So *Fröhle*, Web Advertising, S. 155.
[1003] So auch *Schaar*, Datenschutz im Internet, S. 81; *Merati-Kashani*, Datenschutz im E-Commerce, S. 54; *Hamburger Datenschutzbeauftragter, Tätigkeitsbericht 2000/2001, S. 68*; *Art. 29-Datenschutzgruppe*, Privatsphäre im Internet, WP 37, S. 25; *dies.*, *Arbeitspapier über die Frage der internationalen Anwenbarkeit des EU-Datenschutzrechts*, WP 56, S. 12.
[1004] So *Fröhle*, Web Advertising, S. 154.

dass der Computer des Websurfers Daten an den Web-Server schickt, was durch den Betroffenen nicht unterbunden werden kann.[1005] Aus diesem Grunde muss ein steuerndes Zugreifen auf den Computer angenommen werden.[1006] Soweit sich der Computer des Websurfers somit im Inland befindet, gilt deutsches Recht auch für den Einsatz von Web Bugs.

b. Personenbezogene Daten

Das TDDSG und der MDStV finden auf personenbezogenene Daten Anwendung. Wie bereits dargelegt, sind die durch Cookies und Web Bugs verarbeiteten Daten personenbezogen im Sinne des § 3 Abs. 1 BDSG als Einzelangaben über persönliche oder sachliche Verhältnisse einer bestimmten oder bestimmbaren natürlichen Person.[1007]

c. Der Einsatz der Cookies und Web Bugs als Datenverarbeitung

Bei der Einordnung des Einsatzes von Cookies und Web Bugs unter die verschiedenen Tatbestände des TDDSG/MDStV ist zwischen dem Setzen der Cookies, d.h. der Installation des Datensatzes auf der Festplatte des Computers, und dem Versenden der Cookie-Daten von dem Computer an den Web-Server zu unterscheiden.

aa. Das Setzen der Cookies

Die Einordnung des Einsatzes von Cookies in die verschiedenen Tatbestände der bereichsspezifischen Vorschriften wird nicht einheitlich beurteilt. Für ein „Erheben" von personenbezogenen Daten im Sinne des TDDSG, d.h. „das Beschaffen von Daten über den Betroffenen"[1008], ist erforderlich, dass die verarbeitende Stelle objektiv und subjektiv Verfügungsgewalt über die Daten erhält.[1009] Das Setzen von Cookies, d.h. die Installation des Datensatzes auf der Festplatte des Computers, erfolgt nur nach Anfrage bei dem Browser des Websurfers.[1010] Es obliegt auch dem Websurfer, das Setzen von Cookies zu unterbinden. Beides spricht gegen eine Verfügungsgewalt des Anbieters. Zwar haben die Mehrzahl der Websurfer in der Praxis keine Kenntnis von der Möglichkeit, Cookies zu untersagen, und die Cookies werden durch die standardmäßig „Cookie-freundliche" Einstellung der Browser akzeptiert. Aus der fehlenden Kenntnis kann jedoch nicht ohne weiteres auf eine Verfügungsgewalt des Anbieters geschlossen werden. Erst wenn die Daten an den Web-Server des Anbieters übersendet werden, erlangt dieser Verfügungsgewalt über sie. Ein Erheben im Sinne

---

[1005] Vgl. Seite 60f. dieser Arbeit.

[1006] So auch *Art. 29-Datenschutzgruppe*, Arbeitspapier über die Frage der internationalen Anwenbarkeit des EU-Datenschutzrechts, WP 56, S. 12.

[1007] Siehe Seite 162ff. dieser Arbeit.

[1008] Vgl. § 3 Abs. 3 BDSG.

[1009] *Dammann*, in: *Simitis u.a.*, Komm. z. BDSG, 4. Auflage, § 3 Rndr. 108.

[1010] Vgl. Seite 58ff. dieser Arbeit.

der datenschutzrechtlichen Vorschriften ist somit in dem Setzen des Cookies auf dem Browser des Websurfers nicht zu sehen.[1011] Hieraus wird der Schluss gezogen, dass eine datenschutzrechtliche Erlaubnis für das Setzen der Cookies nicht erforderlich ist.[1012] Dies ist jedoch verfehlt, da neben dem „Erheben" auch das „Speichern" der Daten in Frage kommt, die als weitere Unterform der „Datenverarbeitung" ebenfalls die Anwendbarkeit der bereichsspezifischen Vorschriften begründet.[1013] „Speichern" ist „das Erfassen, Aufnehmen oder Aufbewahren personenbezogener Daten auf einem Datenträger zum Zwecke ihrer weiteren Verarbeitung oder Nutzung".[1014] Durch den Einsatz von Cookies werden Daten definitionsgemäß auf dem Browser aufbewahrt, um sie später zu „übermitteln". Für ein Speichern soll unerheblich sein, wer das Erfassen der Daten veranlasst und welches Verfahren hierfür angewendet wird.[1015] Gegen ein „Speichern" wird aber vorgebracht, dass im Zeitpunkt des Einsatzes der Cookies noch keine personenbezogenen Daten im Sinne der Vorschrift betroffen seien, ein „Speichern" sich aber auf personenbezogene Daten beziehen müsse. Nach der Vorgabe des Verfassungsrechts ist jedoch auch eine bloße Bestimmbarkeit des Websurfers für das Vorliegen von personenbezogenen Daten ausreichend, da das Recht auf informationelle Selbstbestimmung uneingeschränkt auch das Vorfeld der tatsächlichen Realisierung der Gefahr umfasst. Wie bereits ausgeführt[1016] ist der Websurfer bei dem Einsatz des Cookies zumindest bestimmbar, so dass das Setzen der Cookies ein „Speichern" im datenschutzrechtlichen Sinne darstellt.[1017]

bb. Das Versenden der Cookie-Daten

Die Einstufung des Versendens der Daten durch den Web-Server des Anbieters als „Übermitteln" im Sinne des § 3 Abs. 4 Nr. 3 BDSG setzt voraus, dass die Daten an den Dritten „weitergegeben" oder der Dritte die zum Abruf bereitgehaltenen Daten „abruft". Es wird somit entweder das Übertragungsbewusstsein des Betroffenen oder die Verfügungsgewalt des Dritten zum Abruf vorausgesetzt. Beides ist im Falle der Versendung der Daten regelmäßig nicht gegeben. Denn der Betroffene hat in der Regel keine Kenntnis von der Übertragung und dem Anbieter fehlt es an der Abrufbefugnis, da die Übertragung von der Entscheidung des Websurfers abhängt, die jeweilige Webseite zu besuchen. Somit scheidet eine „Übermitteln" für die Versendung der Cookie-Daten aus.

[1011] So auch *Engel-Flechsig/Maennel/Tettenborn*, NJW 1997, S. 2986; A.A. *Merati-Kashani*, Datenschutz im E-Commerce, S. 193.
[1012] So *Schmitz*, Das TDDSG und das Recht auf informationelle Selbstbestimmung, S. 154.
[1013] Vgl. § 3 Abs. 4 BDSG.
[1014] Vgl. § 3 Abs. 4 Nr. 1 BDSG.
[1015] *Bizer*, DuD 1998, S. 279.
[1016] Siehe Seite 162ff. dieser Arbeit.
[1017] So auch *Bizer*, DuD 1998, S. 279.

Es kommt jedoch auch ein „Erheben“ der Daten in Frage, wenn der Anbieter subjektiv und objektiv Verfügungsgewalt über die Daten erlangt. Das hierfür erforderliche aktive Handeln des Anbieters liegt in dem Setzen der Cookie-Datei auf dem Browser des Betroffenen.[1018] Da im Zeitpunkt des Aufrufens der jeweiligen Webseite nicht der Websurfer durch entsprechende Browsereinstellung entscheiden kann, ob die Daten gesendet werden oder nicht, ist auch die Verfügungsbefugnis des Anbieters zu bejahen. Der Sendevorgang erfolgt völlig automatisch ohne Einflussmöglichkeit des Websurfers. Somit ist für das Versenden der Daten durch den Anbieter ein „Erheben“ der Daten gegeben.[1019]

cc. Der Einsatz von Web Bugs

Web Bugs bewirken keine Installation eines Datensatzes auf dem Browser des Websurfers, so dass sich die Frage nach der entsprechenden bereichsspezifischen Einordnung dieses Vorgangs für den Einsatz der Web Bugs nur insoweit stellt, als der Web Bug das Setzen von Cookies bewirkt. Diesbezüglich kann auf das zu den Cookies Gesagte verwiesen werden.

Da durch die Web Bugs Daten von dem Computer des Websurfers an den Web-Server des Anbieters geschickt werden[1020], ergibt sich auch insoweit kein Unterschied zu den Cookies. Der Anbieter hat alleinige Verfügungsbefugnis über die Versendung der Daten, die für den Websurfer nicht erkennbar ist und von ihm auch nicht unterbunden werden kann. Somit stellt auch die Versendung der Daten durch Web Bugs ein „Erheben“ von Daten im Sinne der Vorschriften dar.

II. Die Datenschutzgrundsätze des TDDSG/MDStV

1. Der Grundsatz des Verbots mit Erlaubnisvorbehalt

a. Voraussetzungen einer wirksamen Einwilligung

Das TDDSG und der MDStV sehen vor, dass Datenverarbeitungen nur dann zulässig sind, wenn der Betroffene eingewilligt hat oder die Verarbeitung nach dem Gesetz bzw. Staatsvertrag zulässig ist.[1021] Jede Datenverarbeitung ohne Einwilligung des Betroffenen bedarf somit einer gesetzlichen Grundlage. Die wirksame Einwilligung des Betroffenen und die gesetzliche Ermächtigung ist nach den verfassungsrechtlichen Vorgaben gleichgestellt.[1022] § 4a BDSG sieht

---

[1018] So *Bizer*, DuD 1998, S. 279.

[1019] *Merati-Kashani*, Datenschutz im E-Commerce, S. 194; *Bizer*, DuD 1998, S. 279; *Schaar*, Datenschutz im Internet, S. 68.

[1020] Vgl. Seite 60f. dieser Arbeit.

[1021] Siehe § 3 Abs. 1 TDDSG; § 17 Abs. 1 MDStV; Im Folgenden wird einheitlich von einer „gesetzlichen“ Grundlage gesprochen und hiermit auch die Vorschriften des MDStV erfasst.

[1022] *Simitis*, in *Simitis u. a.*, Komm. z. BDSG, 5. Auflage, § 4a Rndnr. 1; *Bizer*, in: *Roßnagel*, Recht der Multimediadienste, § 3 TDDSG Rndnr. 84; *ders.*, DuD 1998, S. 279; *Simitis*, DuD vor, dass eine Einwilligung nur dann wirksam ist, wenn sie auf der freien Entscheidung des Betroffenen beruht und somit ohne jeden Zwang erteilt wurde. Hierdurch ist auch die Forderung der Datenschutzrichtlinie 95/46/EG, die Einwilligung müsse „ohne jeden Zweifel" erteilt worden sein, umgesetzt worden.[1023] Die freie Entscheidungsmöglichkeit des Betroffenen erfordert gemäß des verfassungsrechtlichen Transparenzgrundsatzes auch, dass der Betroffene über die durch die Einwilligung betroffenen Datenverarbeitungen umfassend informiert wurde. § 4a BDSG schreibt dementsprechend vor, dass der Betroffene „auf den vorgesehenen Zweck der Erhebung, Verarbeitung oder Nutzung ...hinzuweisen" ist. Der Websurfer muss vor Erteilung seiner Einwilligung auch darüber informiert werden, dass er seine Einwilligung jederzeit mit Wirkung für die Zukunft widerrufen kann.[1024] Eine freiwillige Entscheidung des Websurfers setzt weiter voraus, dass ein Vertragsschluss mit dem Anbieter in Monopolbereichen nicht von der Einwilligung abhängig gemacht wird. Dies wird durch die Koppelungsverbote untersagt, die in den novellierten Fassungen des TDDSG und MDStV inhaltsgleich enthalten sind.[1025] Die Einwilligung ist bei Erteilung zusammen mit anderen Erklärungen auch besonders hervorzuheben.[1026]

b. Die elektronische Einwilligung

§ 4a BDSG sieht weiterhin das Schriftformerfordernis für die Einwilligung vor, soweit nicht wegen besonderer Umstände eine andere Form angemessen ist. Gemäß § 126 Abs. 1 BGB ist die Schriftform gewahrt, wenn der Betroffene „eigenhändig durch Namensunterschrift oder mittels notariell beglaubigten Handzeichen unterzeichnet" hat. Die genannten Anforderungen machen bereits deutlich, dass diese Form der Einwilligung die Internetnutzung erschweren würde und für dieses Medium keine praktikable Lösung darstellt. Neben der schriftlichen Einwilligung lassen TDDSG und MDStV seit 1997 aus diesem Grunde unter bestimmten Voraussetzungen die elektronische Einwilligung zu.[1027] Ein besonderes Verfahren für die elektronische Einwilligung wird in dem TDDSG und MDStV nicht vorgeschrieben. Der Anbieter von Tele- und Mediendiensten muss aber sicherstellen, dass die elektronische Einwilligung auf einer eindeutigen und bewussten Handlung des Nutzers beruht, protokolliert wird und ihr Inhalt jederzeit vom Nutzer abgerufen werden kann.[1028]

Fraglich ist, ob die „elektronische Form", die durch das „Gesetz zur Anpassung der Formvorschriften des Privatrechts und anderer Vorschriften an den moder-

---

2000, S. 720; *Engel-Flechsig*, in: *Engel-Flechsig/Maennel/Tettenborn*, Beck'scher IuKDG-Kommentar, § 3 TDDSG Rndnr. 21.

[1023] Vgl. hierzu *Brühann/Zerdick*, CR 1996, S. 432; Siehe auch zu der Richtlinie Seite 131ff. dieser Arbeit.

[1024] § 4 Abs. 3 TDDSG; § 18 Abs. 3 MDStV.

[1025] § 3 Abs. 4 TDDSG; § 17 Abs. 4 MDStV.

[1026] § 4a Abs. 1 S. 4 BDSG.

[1027] § 3 Abs. 3 TDDSG; § 17 Abs. 3 MDStV.

[1028] Siehe § 4 Abs. 2 TDDSG; § 18 Abs. 2 MDStV.

nen Rechtsgeschäftsverkehr“ vom 13.07.2001[1029] als Alternative zur Schriftform in § 126a BGB geschaffen worden ist, auch für die elektronische Einwilligung des TDDSG und MDStV gilt. Erforderlich ist hierfür eine qualifizierte elektronische Signatur gemäss § 2 Signaturgesetz (SigG), die in ihren Voraussetzungen weit über die sog. einfache Signatur des TDDSG und MDStV hinausgeht und auch ein bestimmtes technisches Verfahren voraussetzt.[1030] Zu beachten ist bei der Beantwortung der Frage, dass der Gesetzgeber auch bei der letzten Novellierung der bereichsspezifischen Vorschriften eine genauere Festlegung der Voraussetzungen der elektronischen Einwilligung bewusst unterlassen hat, obwohl im Zeitpunkt der Novellierung bereits bekannt war, dass die praktische Bedeutung der qualifizierten elektronischen Signatur wegen der hohen Anforderungen im Internet gering ist[1031] und es daher einer ausdrücklichen und eindeutigen Festlegung der gesetzlichen Anforderungen für die praktische Durchsetzung bedurft hätte. Dies lässt darauf schließen, dass ein Klärungsbedarf nicht gesehen wurde. Die bestehenden Regelungen zur elektronischen Einwilligung im TDDSG und MDStV sollten also nach dem Willen des Gesetzgebers abschließend sein und daneben war kein zusätzliches zwingendes Formerfordernis durch die qualifizierte elektronische Signatur gewünscht.[1032] Es bleibt also bei den genannten Erfordernissen der bereichsspezifischen Vorschriften. Auch für den Einsatz von Cookies und Web Bugs ist somit erforderlich, dass eine elektronische Einwilligung des Websurfers auf einer eindeutigen und bewussten Handlung des Nutzers beruht, protokolliert wird und ihr Inhalt jederzeit abrufbar ist.

c. Das Problem der konkludenten Einwilligung

Insbesondere für die Zulässigkeit von Cookies und Web Bugs stellt sich die Frage, ob eine Einwilligung auch konkludent erteilt werden kann. Für eine „eindeutige und bewusste Handlung des Nutzers“ ist aber die meist ohne Kenntnis des Websurfers erfolgende „Zustimmung“ des Browsers des Websurfers zu dem Einsatz des Cookies durch dessen standardmäßig „Cookie freundliche“ Einstellung nicht ausreichend. Auch eine in AGB enthaltene konkludente Einwilligungserklärung des Nutzers genügt nicht den genannten Anforderungen.[1033] Werden die beschriebenen Voraussetzungen nicht eingehalten, hängt die Zulässigkeit des Einsatzes von Cookies und Web Bugs von einer gesetzlichen Ermächtigung ab.[1034]

[1029] BGBl. I, 1524.

[1030] Gesetz über die Rahmenbedingungen elektronischer Signaturen und zur Änderung weiterer Vorschriften v. 16.5.2001, BGBl I, 876.

[1031] *Schaar*, Datenschutz im Internet, S. 183.

[1032] *Hillenbrand-Beck/Greß*, DuD 2001, S. 392; *Merati-Kashani*, Datenschutz im E-Commerce, S. 111.

[1033] *Merati-Kashani*, Datenschutz im E-Commerce, S. 204ff.

[1034] Die zusätzliche Voraussetzung, dass die Einwilligung nicht unerkennbar verändert wird und der Urheber eindeutig erkannt werden kann, ist im Zuge der Novellierungen von TDDSG und MDStV gestrichen worden, siehe *Schaar*, RDV 2002, S. 10.

2. Der Grundsatz der Zweckbindung

Nach dem Grundsatz der Zweckbindung als wesentlichem Element des Rechts auf informationelle Selbstbestimmung und der Datenschutzrichtlinie ist eine strenge Bindung an den bei Erhebung der Daten zulässigen Zweck der Datenverarbeitung vorgeschrieben.[1035] Dieser wird entweder durch die Einwilligung des Betroffenen oder durch ein Gesetz bestimmt.[1036] Eine Datenverarbeitung für einen anderen als den ursprünglichen Zweck ist nur zulässig, wenn wiederum die Einwilligung des Betroffenen oder eine gesetzliche Ermächtigung vorliegt.[1037] Bezweckt ein Anbieter somit den Einsatz von Cookies und Web Bugs, um z. Bsp. Werbesendungen an den Websurfer zu ermöglichen, und willigt der Websurfer hierin ein, ist der Anbieter zur Verarbeitung der Daten nur für diesen Zweck ermächtigt. Die Zulässigkeit der Datenverarbeitung z. Bsp. zu Zwecken der Erstellung von Nutzungsprofilen ist von einer neuen Einwilligung des Betroffenen oder einer gesetzlichen Ermächtigung abhängig.

3. Der Grundsatz der Datenvermeidung und -sparsamkeit

Der Grundsatz der Datenvermeidung und Datensparsamkeit ist durch das Gebot der Zweckbindung der Datenverarbeitung verfassungsrechtlich vorgegeben[1038] und durch § 3a der novellierten Fassung des BDSG gesetzlich verankert. § 3a besagt, dass bei der „Gestaltung und Auswahl von Datenverarbeitungssystemen" sowohl für die Datenverarbeitungen durch nicht-öffentliche als auch durch öffentliche Stellen das Gebot der Datenvermeidung und -sparsamkeit zu beachten ist. Hiermit verbunden ist auch ein Gebot der vorrangig anonymen Datenverarbeitung, das in den bereichsspezifischen Vorschriften ausdrücklich genannt ist.[1039] Dies bedeutet, dass eine Verarbeitung von personenbezogenen Daten nur dann zulässig ist, wenn der Personenbezug für den zulässigen Zweck erforderlich ist. Ist dies nicht der Fall, ist der Anbieter zu einer vollständig anonymen Datenverarbeitung verpflichtet. Zweck der Vorschriften ist es hierbei nicht, den zunächst bestehenden Personenbezug wieder zu entfernen, sondern einen solchen erst gar nicht entstehen zu lassen.[1040] Da die Mehrzahl der durch Cookies und Web Bugs verarbeiteten Daten allenfalls faktisch anonymisierte Daten dar-

---

[1035] Vgl. auch *Brühann/Zerdick*, CR 1996, S. 431; *Hoffmann*, Zweckbindung als Kernpunkt eines prozeduralen Datenschutzansatzes, S. 18 ff.

[1036] *Roßnagel/Pfitzmann/Garstka*, DuD 2001, S. 259f.; *Bizer*, DuD 2001, S. 276f.

[1037] Siehe § 3 Abs. 2 TDDSG; § 17 Abs. 2 MDStV; Siehe zu den Ermächtigungsvorschriften Seite 215ff. dieser Arbeit.

[1038] Der in den früheren Fassungen des TDDSG und MDStV enthaltene Grundsatz, die Gestaltung und Auswahl technischer Einrichtungen für Teledienste habe sich an dem Ziel der Datensparsamkeit und Datenvermeidung auszurichten, wurde durch die einheitliche Regelung des § 3a der novellierten Fassung des BDSG ersetzt, vgl. *Berliner Beauftragte für Datenschutz und Akteneinsicht*, Jahresbericht 2000, Teil 5.2 Tele- und Mediendienste.

[1039] § 4 Abs. 6 TDDSG; § 18 Abs. 6 MDStV.

[1040] *Golembiewski*, DuD 2003, S. 131; *Engel-Flechsig*, ZUM 1997, S. 216.

stellen, deren Personenbezug zwar erschwert, aber nicht unmöglich ist[1041], hat dies zur Konsequenz, dass diese Daten durch den jeweiligen Anbieter weitestmöglich vollständig zu anonymisieren sind, indem jedwede Identifikationsmerkmale gelöscht oder auf andere Weise vernichtet werden, wenn die Bestimmbarkeit des Websurfers für den zulässigen Zweck nicht erforderlich ist.

Aus dem Gebot der Datenvermeidung ergibt sich auch das Gebot des Vorrangs der Datenverarbeitung unter Nutzung eines Pseudonyms vor der personalisierten Datenverarbeitung.[1042] Die IP-Nummer, die das direkte Identifikationsmerkmal ersetzt, stellt ein Pseudonym im Sinne des § 3 Abs. 6a BDSG dar, wenn die sonstigen Daten dem Websurfer ohne Kenntnis dieser Zuordnungsregel nicht zugeordnet werden können.[1043] Konsequenz des Gebots der Datenvermeidung ist für die Nutzung der Cookies und Web Bugs, dass die Herstellung eines Personenbezugs durch Kombination der pseudonymisierten Daten mit sonstigen, den Betroffenen identifizierenden Daten zu vermeiden ist, soweit dies für den zulässigen Zweck der Datenverarbeitung nicht erforderlich ist. Diesem Gebot wird durch § 6 Abs. 3 S. 3 TDDSG / § 19 Abs. 4 S. 3 MDStV Rechnung getragen, der besagt, dass Nutzungsprofile unter Pseudonym nicht mit Daten des Trägers des Pseudonyms zusammengeführt werden dürfen. Der Anbieter ist weiterhin verpflichtet, Zuordnungsmerkmale insgesamt zu vernichten, soweit der zulässige Verarbeitungszweck dem nicht entgegensteht.

4. Das Transparenzgebot

a. Die Unterrichtungspflicht

Wegen des Rechts auf informationelle Selbstbestimmung und der Datenschutzrichtlinie muss die Datenverarbeitung so transparent sein, dass der Betroffene das Ausmaß und die Art der Datenverarbeitung kennt.[1044] So hat der Anbieter von Telediensten oder Mediendiensten den Betroffenen unter anderem über Art, Umfang und Zweck der Erhebung, Verarbeitung und Nutzung personenbezogener Daten zu unterrichten.[1045] Bei automatisierten Verfahren soll der Inhalt der Unterrichtung für den Betroffenen jederzeit abrufbar sein.

Die geltenden Fassungen des TDDSG und MDStV gehen über die zeitliche Vorgabe der Datenschutzrichtlinie 95/46/EG, die eine Unterrichtung bei Beginn der Datenspeicherung („at the time of undertaking the recording") ausreichen lässt,[1046] hinaus und schreiben eine Unterrichtung „zu Beginn des Nutzungsvor-

---

[1041] Vgl. hierzu Seite 162ff. dieser Arbeit.

[1042] § 4 Abs. 6 TDDSG; § 18 Abs. 6 MDStV.

[1043] *Hillenbrand-Beck/Greß*, DuD 2001, S. 391; *Schaar*, Datenschutz im Internet, S. 59; Siehe auch Seite 164f. dieser Arbeit.

[1044] BVerfGE 65, 1, 43.

[1045] § 4 Abs. 1 TDDSG; § 18 Abs. 1 MDStV; Die Pflicht des Anbieters, auch über die Verarbeitung in Staaten außerhalb des Anwendungsbereichs der Datenschutzrichtlinie zu unterrichten, wurde erst in der neuesten Fassung TDDSG und MDStV ergänzt.

[1046] Art. 11 Abs. 1 der Richtlinie.

gangs“, bei der automatisierten Datenverarbeitung „zu Beginn des Verfahrens“, vor.[1047] Die Unterrichtungspflicht bei automatisierten Verfahren trifft solche Verfahren, die eine spätere Identifizierung des Betroffenen ermöglichen und eine Erhebung, Verarbeitung oder Nutzung personenbezogener Daten vorbereiten.[1048] Die Gesetzesbegründung zu § 3 Abs. 5 TDDSG a. F. (1997), der dem § 4 Abs. 1 TDDSG n. F. weitgehend entspricht, nennt als Beispiel für die im Gesetz genannte Fallgestaltung des automatisierten Verfahrens das „Speichern einzelner Nutzungsdaten auf der Festplatte des vom Nutzer genutzten PC“[1049], was auf den Einsatz von Cookies zugeschnitten erscheint.[1050] Der Websurfer ist somit bereits vor dem Setzen des Cookies, also noch vor der Anfrage bei dem Browser des Betroffenen, zu unterrichten.[1051]

Mit der Unterrichtungspflicht für automatisierte Verfahren wollte der Gesetzgeber sicherstellen, dass eine Unterrichtung auch in einem Stadium erfolgt, in dem eine Identifizierung des Betroffenen noch nicht möglich ist bzw. eine Erhebung, Verarbeitung oder Nutzung der Daten z. Bsp. bei bloßer „Ablage der Daten auf Vorrat“ noch nicht vorliegt.[1052] Bei konsequenter Umsetzung der verfassungsrechtlichen Vorgabe der „Bestimmbarkeit“ der Person und der beschriebenen rechtlichen Einstufung des Setzens von Cookies als Datenerhebung im Sinne der Vorschriften[1053] hätte es einer solchen Klarstellung für die Cookies jedoch nicht bedurft. Denn nach den verfassungsrechtlichen Vorgaben ist eine Personenbezogenheit der Daten auch im Vorstadium der tatsächlichen Identifizierung der Person zu bejahen und das Setzen des Cookies stellt bereits ein „Speichern“ im Sinne der Vorschriften dar, so dass nach der hier vertretenen Auffassung das Setzen der Cookies bereits unter die allgemeine Unterrichtungspflicht des § 4 Abs. 1 S. 1 TDDSG / § 18 Abs. 1 S. 1 MDStV fällt, wonach eine Unterrichtung vor Beginn der Verarbeitung erfolgen muss.

Auch für die Web Bugs kann es somit keine Bedeutung haben, dass diese Mittel nicht zu einem „Speichern“ von Daten auf dem Computer des Betroffenen führen. Denn die Web Bugs bewirken nach der hier vertreten Ansicht eine Datenerhebung im Sinne der Vorschriften[1054] und fallen somit ebenfalls unter den allgemeinen Unterrichtungspflicht des § 4 Abs. 1 S. 1 TDDSG / § 18 Abs. 1 S. 1

[1047] § 4 Abs. 1 TDDSG; § 18 Abs. 1 MDStV.
[1048] *Engel-Flechsig*, in: *Engel-Flechsig/Maennel/Tettenborn*, Beck'scher IuKDG-Komm., § 3 TDDSG Rndnr. 47.
[1049] BT-Drs. 13/7385 vom 09.04.1997, S. 22.
[1050] Vgl. hierzu auch *Schmitz*, Das TDDSG und das Recht auf informationelle Selbstbestimmung, S. 105; *Bizer*, DuD 1998, S. 281; *Merati-Kashani*, Datenschutz im E-Commerce, S. 183; *Schaar*, Datenschutz im Internet, S. 114.
[1051] *Schaar*, DuD 2000, S. 276.
[1052] *Engel-Flechsig*, in: *Engel-Flechsig/Maennel/Tettenborn*, Beck'scher IuKDG-Komm., § 3 TDDSG Rndnr. 47.
[1053] Vgl. Seite 206f. dieser Arbeit.
[1054] Siehe Seite 208 dieser Arbeit.

MDStV. Der Websurfer muss also vor der Kommunikation mit dem Browser, d.h. vor dem Starten des CGI-Programms, umfassend unterrichtet werden.

Die Unterrichtung muss Informationen über den Inhalt des Cookies bzw. Web Bugs, das Verfallsdatum dieser Datenverarbeitungsmittel, den Zweck ihres Einsatzes und darüber, wann und an wen die Daten gesendet werden sollen oder gesendet wurden, umfassen.[1055] Die Warneinstellungen der gängigen Web-Browsern, die ein „Wegklicken" der Meldung durch den Websurfer bewirken, genügen diesen Anforderungen an die Unterrichtung des Websurfers nicht, da keine Informationen z. Bsp. über die Art der verarbeiteten Daten und den Zweck der Datenverarbeitungen geliefert werden. Die Warnmeldungen werden auch nur durch Eigeninitiative des Websurfers angezeigt, da er die Standardeinstellungen der Browser entsprechend verändern muss. Auch aus diesem Grunde kann von einer Information des Websurfers durch den Anbieter nicht gesprochen werden.

Auch auf das Widerspruchsrecht bei einer Datenverarbeitung zu Zwecken der Werbung, Marketing oder bedarfsgerechten Gestaltung der Tele-/Mediendienste ist der Websurfer gemäß § 6 Abs. 3 S. 2 TDDSG / § 19 Abs. 4 S. 2 MDStV im Rahmen der Unterrichtung gemäß § 4 Abs. 1 TDDSG / § 18 Abs. 1 MDStV hinzuweisen. Dieser Verweis auf § 4 Abs. 1 TDDSG / § 18 Abs. 1 MDStV macht deutlich, dass die Verarbeitung unter der IP-Nummer als Pseudonym nicht von der Informationspflicht entbindet.[1056]

b. Form der Unterrichtung

Eine Form der Unterrichtung ist gesetzlich nicht vorgeschrieben. Das verfassungsrechtlich vorgegebene datenschutzrechtliche Transparenzgebot gibt jedoch vor, dass die Unterrichtung deutlich sichtbar und verständlich erfolgen muss.[1057] Erforderlich ist somit eine ausreichende Schriftgröße, ggf. eine farbliche Hervorhebung und eine gute Einsehbarkeit auf dem Bildschirm.[1058] Dies kann im WWW durch „Privacy Policies" erfolgen, die auf der Webseite gut sichtbar angeordnet sind. Zu vermeiden sind umfassende rechtliche Hinweise, wenn die datenschutzrechtlichen Passagen nicht deutlich hervorgehoben sind.[1059]

[1055] *Schaar*, Datenschutz im Internet, S. 115.

[1056] *Merati-Kashani*, Datenschutz im E-Commerce, S. 182f.

[1057] *Hillenbrand-Beck/Greß*, DuD 2001, S. 392.

[1058] *Schaar*, DuD 2000, S. 276.

[1059] *Lewinski*, DuD 2002, S. 397f.; *Schaar*, Datenschutz im Internet, S. 114f.

III. Die inhaltlichen Anforderungen des TDDSG/MDStV

Die im Folgenden erörterten gesetzlichen Erlaubnistatbestände des TDDSG sind abschließend und kommen zur Anwendung, wenn der Websurfer nicht wirksam in den Einsatz von Cookies und Web Bugs eingewilligt hat.[1060]

1. Die Zulässigkeit gemäß § 6 Abs. 1 TDDSG / § 19 Abs. 2 MDStV

Die bereichsspezifischen Vorschriften des TDDSG/MDStV unterscheiden für die inhaltlichen Anforderungen an Datenverarbeitungen zwischen den verschiedenen Datenarten. Die durch die Cookies und Web Bugs verarbeiteten Daten sind nicht für das Begründen, das inhaltliche Ausgestalten oder Ändern des Vertrages über die Inanspruchnahme von Tele- oder Mediendiensten unerlässlich und stellen somit keine Bestandsdaten im Sinne von § 5 TDDSG / § 19 Abs. 1 S. 1 MDStV dar.[1061] Sie geben Auskunft über die Inanspruchnahme der Tele- bzw. Mediendienste und sind somit Nutzungsdaten gemäß § 6 Abs. 1 TDDSG / § 19 Abs. 2 MDStV.[1062] Die Erhebung, Verarbeitung und Nutzung von Nutzungsdaten ist zulässig, soweit dies für die Inanspruchnahme der Tele- bzw. Mediendienste erforderlich ist. Hierdurch ist nach dem Grundsatz der Datenvermeidung auch die Grenze der zulässigen Nutzungsdatenverarbeitung beschrieben. Die Verarbeitung durch Cookies und Web Bugs muss dem zulässigen Zweck nicht nur dienlich, sondern zum Erreichen dieses Zwecks notwendig sein. Es sind keine Funktionen der Internetdienste bekannt, die einen Einsatz von Cookies oder Web Bugs erforderlich machen. Diese Mittel mögen zwar das Wiedererkennen des jeweiligen Websurfers erleichtern und über weitere für den Websurfer positive Eigenschaften verfügen.[1063] Allerdings ist die Erbringung der jeweiligen Tele- bzw. Mediendienste hiervon nicht abhängig. Eine Datenverarbeitung zu anderen als den gesetzlich zulässigen Zwecken, wie z. Bsp. zur Erstellung eines Nutzerprofils oder zur Feststellung des jeweiligen Nutzerverhaltens, ist ohne wirksame Einwilligung des Websurfers unzulässig.[1064] Auch eine Übermittlung von Nutzungsdaten an andere Anbieter oder Dritte ist nur dann zulässig, wenn dies gemäß § 6 Abs. 4, 5 TDDSG / § 19 Abs. 5, 6 MDStV zur Ermittlung des Entgelts und zur Abrechnung mit dem Nutzer erforderlich ist. Da der Einsatz der Cookies und Web Bugs jedoch für die Abrechnung der

---

[1060] Siehe BT-Drs. 14/6098, Ziff. 14 („Aus dem Verhältnis der Spezialität zwischen BDSG und TDDSG folgt, dass die Erlaubnistatbestände des TDDSG abschließend sind. ...“).

[1061] *Bizer*, DuD 1998, S. 280; Zu der Definition von Bestandsdaten siehe auch *Engel-Flechsig*, in: *Engel-Flechsig/Maennel/Tettenborn*, Beck'scher IuKDG-Komm., § 5 TDDSG Rndnr. 7, § 14 MDStV Rndnr. 5.

[1062] § 6 Abs. 1 TDDSG; § 19 Abs. 2 MDStV; Vgl. auch *Engel-Flechsig*, in: *Engel-Flechsig/Maennel/Tettenborn*, Beck'scher IuKDG-Komm., § 6 TDDSG Rndnr. 5, § 15 MDStV Rndnr. 1.

[1063] Vgl. hierzu Seite 58ff. dieser Arbeit.

[1064] *Bizer*, DuD 1998, S. 280.

Tele- oder Mediendienste nicht erforderlich ist[1065], ist auch eine mit dem Einsatz verbundene Übermittlung der Nutzungsdaten an Dritte unzulässig.

2. Die Zulässigkeit gemäß § 6 Abs. 3 TDDSG/§ 19 Abs. 4 MDStV

Die Verarbeitung von personenbezogenen Daten zu Zwecken der Werbung und Marktforschung ist in der neuen Fassung des TDDSG und des MDStV nicht mehr ausdrücklich geregelt. Nach § 5 Abs. 2 TDDSG a. F. (1997) bedurfte die Verarbeitung von Bestandsdaten zu diesen Zwecken der ausdrücklichen Einwilligung des Betroffenen.[1066] Die Neuregelung wird damit begründet, dass § 5 Abs. 2 lediglich auf das ohnehin bestehende Erfordernis der Einwilligung hinweisen sollte und durch die Streichung die Unsicherheiten beseitigt werden sollten, die wegen der unterschiedlichen Auslegung der Vorschrift eingetreten waren. In der Begründung wird auch klargestellt, dass wegen der Spezialität der bereichsspezifischen Gesetze durch die Streichung nicht etwa das BDSG für diesen Bereich anwendbar werden soll.[1067] Nach den Vorschriften des TDDSG und MDStV ist eine Datenverarbeitung zu Zwecken der Werbung oder Marktforschung somit weiterhin nur bei Einwilligung des Betroffenen zulässig.

Eine Ausnahme hiervon gilt nach § 6 Abs. 3 S. 1 TDDSG / § 19 Abs. 4 S. 1 MDStV für die Erstellung von Nutzungsprofilen für Zwecke der Werbung, Marktforschung oder zur bedarfsgerechten Gestaltung der Tele- bzw. Mediendienste unter Pseudonym, wenn der Nutzer dem nicht widerspricht. Da der Einsatz von Cookies und Web Bugs eine Datenverarbeitung unter Pseudonym darstellen kann, könnte sich hieraus die Zulässigkeit des Einsatzes der Cookies und Web Bugs ableiten lassen.

Zu prüfen ist jedoch zunächst, ob der Anwendung der Vorschrift verfassungsrechtliche Bedenken entgegenstehen. In diesem Zusammenhang wird vertreten, dass die Vorgängervorschrift des § 6 Abs. 3 TDDSG, § 4 Abs. 4 TDDSG a.F., die vorsieht, dass Nutzungsprofile nur bei Verwendung von Pseudonymen zulässig sind[1068], verfassungswidrig sei.[1069] Der Vertreter dieser Ansicht beruft sich darauf, dass nach der Rechtsprechung des BVerfG das Erstellen von Persönlichkeitsprofilen im Sinne einer umfassenden Registrierung und Katalogisierung der Persönlichkeit eine Verletzung der Menschenwürde darstellt.[1070] Die in § 4 Abs.

[1065] *Bizer*, DuD 1998, S. 280.

[1066] § 5 Abs. 2 TDDSG a. F. („(2) Eine Verarbeitung und Nutzung der Bestandsdaten für Zwecke der Beratung, der Werbung, der Marktforschung oder zur bedarfsgerechten Gestaltung der Teledienste ist nur zulässig, soweit der Nutzer in diese ausdrücklich eingewilligt hat.").

[1067] BT-Drs. 14/6098 v. 17. 05. 2001, S. 29.

[1068] § 4 Abs. 4 TDDSG a. F. („(4) Nutzungsprofile sind nur bei Verwendung von Pseudonymen zulässig. Unter einem Pseudonym erfaßte Nutzungsprofile dürfen nicht mit Daten über den Träger des Pseudonyms zusammengeführt werden.").

[1069] *Schmitz*, Das TDDSG und das Recht auf informationelle Selbstbestimmung, S. 136ff.

[1070] Vgl. BVerfGE 65, 1, 42, 53.

4 TDDSG a.F.[1071] zulässige Erstellung von Nutzungsprofilen seien Persönlichkeitsprofile im vorgenannten Sinne und deshalb verfassungswidrig. Zudem seien die von dem BVerfG vorgeschriebenen Sicherungsvorkehrungen nicht getroffen. Gegen eine Verfassungswidrigkeit der novellierten Fassung des TDDSG spricht zum Einen, dass die in § 6 Abs. 3 TDDSG n.F. angesprochenen „Nutzungsprofile“ keine Persönlichkeitsprofile im Sinne der Rechtsprechung des BVerfG darstellen. Im Gesetz ist der Begriff des Nutzungsprofils zwar nicht definiert. Wegen der Bezeichnung als „Nutzungsprofil“ und des neuen Standorts der Vorschrift im TDDSG und MDStV unter dem Kapitel „Nutzungsdaten“[1072] ist aber davon auszugehen, dass nur solche Profile, die ausschließlich Nutzungsdaten enthalten, von der Vorschrift umfasst sind.[1073] Dies ergibt sich auch aus dem Wortlaut des § 19 Abs. 4 S. 1 MDStV, wonach der Anbieter „aus Nutzungsdaten für Zwecke der Werbung ... Nutzungsprofile bei Verwendung von Pseudonymen erstellen“ darf. Weiterhin ist auch bei einer verfassungsgemäßen Auslegung der Vorschrift davon auszugehen, dass sich die Vorschrift lediglich auf solche Nutzungsprofile bezieht, die von einem einzelnen Anbieter unter Begrenzung auf die ihm zur Verfügung stehenden Nutzungsdaten erstellt werden.[1074] Auch dies spricht gegen das Vorliegen von Persönlichkeitsprofilen im Sinne der Rechtsprechung. Denn ein umfassendes Persönlichkeitsprofil würde voraussetzen, dass zumindest der gesamte Besuch des Websurfers im WWW dokumentiert wird, um hierdurch auf die Persönlichkeit des Betroffenen zu schließen. Die Vorschrift des § 6 Abs. 3 S. 1 TDDSG / § 19 Abs. 4 S. 1 MDStV, die eine Kompromisslösung zwischen unbeobachtetem Konsumentenverhalten und dem wirtschaftlichen Interesse der Anbieter darstellen sollte[1075], wendet sich aber ausdrücklich an den einzelnen Anbieter. Das hiergegen vorgebrachte Argument, anbieterübergreifende Nutzungsprofile seien „aufgrund einer geringeren Gefährdung für die informationelle Selbstbestimmung, wenn die Aufdeckung des Pseudonyms nicht auf einfache Weise möglich ist“, akzeptabel[1076], überzeugt nicht. Denn die der automatisierten Datenverarbeitung innewohnende Gefahr der Identifizierung des Betroffenen besteht wegen der Anhäufung von Daten umso mehr, wenn verschiedene Anbieter von Diensten bei der Nutzung von Profilen über den Betroffenen zusammenwirken. Die Anwendung der Vor-

---

1071 § 4 Abs. 4 TDDSG a.F. („(4) Nutzungsprofile sind nur bei Verwendung von Pseudonymen zulässig. Unter einem Pseudonym erfaßte Nutzungsprofile dürfen nicht mit Daten über den Träger des Pseudonyms zusammengeführt werden.“).

1072 § 4 Abs. 4 TDDSG a. F. war noch in dem allgemeinen Paragraph „Datenschutzrechtliche Pflichten des Diensteanbieters“ angeordnet, was mit der Novellierung geändert wurde.

1073 *Merati-Kashani*, Datenschutz im E-Commerce, S. 102.

1074 Vgl. hierzu *Schaar*, Datenschutz im Internet, S. 222, der eine anbieterspezifische Anwendung bevorzugt; Dagegen *Hillenbrand-Beck/Greß*, DuD 2001, S. 391f., die zwar eine anbieterspezifische Anwendung als Konsequenz einer engen Auslegung der Vorschrift bejahen, aber im Ergebnis davon ausgehen, dass auch eine „anbieterübergreifende Nutzungsprofile gleichwohl akzeptiert werden“ können.

1075 Siehe die Gesetzesbegründung, BT-Drs. 13/7385, S. 24.

1076 *Hillenbrand-Beck/Greß*, DuD 2001, S. 392.

schriften auf anbieterübergreifende Nutzungsprofile widerspricht auch dem Verbot der Übermittlung der Daten an andere Anbieter, die nicht von der Ausnahmebestimmung umfasst ist, und somit einer Einwilligung des Betroffenen bedarf. Denn jeder Anbieter hat im Regelfall nur Zugang zu den Daten, die seine Dienste betreffen. Eine anbieterübergreifende Nutzung der Daten setzt also eine Übermittlung der Daten und damit einen Verstoß gegen das Einwilligungserfordernis voraus. Soweit somit im Ergebnis ausschließlich Nutzungsdaten verarbeitet werden, die den bestimmten Anbieter betreffen, der das Profil erstellt, kann nicht davon gesprochen werden, dass der Betroffene „in seiner ganzen Persönlichkeit" registriert und katalogisiert und damit „wie eine Sache" behandelt wird.[1077] Es ist zumindest für die novellierte Fassung der Vorschriften auch nicht zutreffend, dass keine ausreichende Sicherheitsvorkehrungen getroffen worden sind. Denn hierfür ist sowohl die Erstellung des Nutzungsprofils unter Pseudonym vorgeschrieben als auch dem Betroffenen ein Widerspruchsrecht eingeräumt.[1078] Im Ergebnis scheidet eine Verfassungswidrigkeit der Vorschrift aus.

Wenn Nutzungsprofile aus Nutzungsdaten eines Anbieters durch Cookies und Web Bugs erstellt werden, greift somit § 6 Abs. 3 S. 1 TDDSG / § 19 Abs. 4 S. 1 MDStV als Erlaubnisvorschrift ein. Die Zulässigkeit des Einsatzes der Cookies und Web Bugs nach dieser Vorschrift ist weiter davon abhängig, dass die Nutzungsprofile nur für Zwecke der Werbung, Marktforschung und bedarfsgerechten Gestaltung der Dienste erstellt werden. Neben dieser engen Zweckbindung findet die Ausnahmevorschrift auch nur dann Anwendung, wenn die Nutzungsprofile ausschließlich unter einem Pseudonym erstellt werden. Sobald mehr als ein Datum einer natürlichen Person zugeordnet werden kann, scheidet die Vorschrift aus.[1079] Aus diesem Grunde ist es dem Anbieter untersagt, die unter Pseudonym erstellten Nutzungsprofile mit den Daten über die Identität des Websurfers zusammenzuführen.[1080]

IV. Die Pflicht zum Systemdatenschutz

Der Systemdatenschutz bedeutet keine neue Form des Datenschutzes, sondern die technische Umsetzung der verfassungsrechtlich und europarechtlich vorgegebenen Datenschutzgrundsätze und die Verhinderung von Datenmissbrauch unter Einbeziehung organisatorischer Aspekte der verarbeitenden Stelle.[1081] Zur technischen Umsetzung des Einwilligungserfordernisses dient beispielsweise

---

[1077] Vgl. BVerfG 27, 1, 6; 65, 1, 52ff.
[1078] Vgl. auch *Merati-Kashani*, Datenschutz im E-Commerce, S. 84ff.
[1079] *Bizer*, DuD 1998, S. 279.
[1080] § 6 Abs. 3 S. 3 TDDSG; § 19 Abs. 4 S. 3 MDStV.
[1081] *Engel-Flechsig*, in: *Engel-Flechsig/Maennel/Tettenborn*, Beck'scher IuKDG-Komm., § 3 TDDSG Rndnr. 37; *Roßnagel/Pfitzmann/Garstka*, Modernisierung des Datenschutzrechts, S. 39f.; Häufig wird auch der Begriff des „technischen Datenschutzes" verwendet; Siehe *Jacob*, DuD 2000, S. 10; *Simitis*, DuD 2000, S. 725.

die elektronische Einwilligung[1082], zur technischen Umsetzung des Gebots der Datenvermeidung die Ermöglichung der anonymen oder pseudonymen Datenverarbeitung, wozu der Anbieter von Tele- und Mediendiensten verpflichtet ist, soweit dies technisch möglich und zumutbar ist.[1083]

Der Systemdatenschutz soll die Entwicklung datenschutzfreundlicher Technologien unterstützen. Es wird der verantwortlichen Stelle aber keine bestimmte technische Lösung vorgeschrieben, sondern ein Umsetzungsfreiraum im Hinblick auf den verfolgten Zweck eingeräumt.[1084] Anbieter von Tele- und Mediendiensten sind verpflichtet, technische und organisatorische Vorkehrungen zu treffen, die die Umsetzung der Datenschutzregelungen auch im Hinblick auf die Cookies und Web Bugs gewährleisten. So ist z. B. sicherzustellen, dass die Verarbeitung der Cookie-Daten gemäß § 6 Abs. 3 TDDSG bei Widerspruch des Nutzers unmittelbar unterbleibt und die Daten gelöscht werden.[1085]

V. Die Rechte des Websurfers

1. Das Widerspruchsrecht des Websurfers

Da das Recht zum Widerspruch des Betroffenen dem Verfügungsrecht der Einwilligung nicht gleichsteht, bleibt es bei dem Erfordernis der gesetzlichen Ermächtigung auch dann, wenn dem Betroffenen ein Widerspruchsrecht eingeräumt wird.[1086] Eine solche gesetzliche Ermächtigung zur Datenverarbeitung unter Vorbehalt des Widerspruchs des Betroffenen besteht für das Erstellen von Nutzungsprofilen für Zwecke der Werbung, der Marktforschung oder zur bedarfsgerechten Gestaltung der Tele- bzw. Mediendienste unter Nutzung eines Pseudonyms.[1087] Der Widerspruch wirkt nur für die Zukunft, so dass eine bereits erfolgte Datenverarbeitung nicht nachträglich unzulässig wird.[1088] Soll ein unter einem Pseudonym erstelltes Profil personalisiert, d.h. das Pseudonym durch ein Identifikationsmerkmal ersetzt werden, ist dazu nach den verfassungsrechtlichen Vorgaben die vorherige Einwilligung des Websurfers erforderlich.[1089] Gleiches gilt dann, wenn die Cookie-Daten dem jeweiligen Websurfer durch andere Identifizierungsmöglichkeiten zugeordnet werden können.

2. Die Auskunftsrechte des Websurfers

In Ergänzung der Unterrichtungspflicht der verantwortlichen Stelle bewirkt das

---

[1082] § 3 Abs. 3 i. V. m. 4 Abs. 2 TDDSG; § 17 Abs. 3 i. V. m. 18 Abs. 2 MDStV; Vgl. Seite 209ff. dieser Arbeit

[1083] § 4 Abs. 6 TDDSG; § 18 Abs. 6 MDStV; Vgl. Seite 211ff. dieser Arbeit.

[1084] *Schaar*, Datenschutz im Internet, S. 890f.

[1085] § 4 Abs. 4, Nr. 1 und 2 TDDSG; § 18 Abs. 4, Nr. 1 und 2 MDStV.

[1086] Siehe Seite 167f. dieser Arbeit.

[1087] § 6 Abs. 3 S. 1 TDDSG; § 19 Abs. 4 S. 1 MDStV.

[1088] *Merati-Kashani*, Datenschutz im E-Commerce, S. 101.

[1089] *Hillenbrand-Beck/Greß*, DuD 2001, S. 392.

verfassungsrechtliche Transparenzgebot auch das Recht des Betroffenen auf Auskunft über die Datenverarbeitungen. So ist der Anbieter von Tele- oder Mediendiensten verpflichtet, dem Nutzer auf Verlangen unentgeltlich und unverzüglich Auskunft über die zu seiner Person gespeicherten Daten zu erteilen.[1090] Dies betrifft alle im Zeitpunkt des Auskunftsbegehrens gespeicherten Daten unabhängig davon, ob die Daten auf dem Computer des Anbieters oder des Betroffenen erhoben wurden und auf welche Weise dies geschah. Somit sind auch die durch Cookies oder Web Bugs verarbeiteten Daten uneingeschränkt von dem Auskunftsrecht erfasst. Der Anbieter muss Auskunft über den Inhalt der Daten, den Zweck des Einsatzes der Cookies und Web Bugs und die Art und Weise der Datenverarbeitung erteilen.[1091] Der Websurfer kann Auskunft auch über die zu seinem Pseudonym gespeicherten Daten verlangen.[1092] Soweit also der Einsatz der Cookies und Web Bugs unter Pseudonym erfolgt, steht dies dem Auskunftsanspruch des Websurfers nicht entgegen. Die Auskunftserteilung kann auch elektronisch erfolgen.[1093]

3. Die Rechte auf Berichtigung, Löschung und Sperrung

Der Websurfer hat ein Recht gegenüber der verantwortliche Stelle auf Berichtigung unrichtiger Daten.[1094] Personenbezogene Daten müssen gemäß §§ 20 Abs. 2, 35 Abs. 2 BDSG gelöscht, d.h. unkenntlich gemacht werden[1095], wenn ihre Speicherung z. Bsp. unzulässig war oder sie für die Erfüllung des Zwecks, für den sie gespeichert wurden, nicht mehr erforderlich sind.[1096] Da sich diese Löschungspflicht bereits zwingend aus dem Zweckbindungs- und Erforderlichkeitsgrundsatzes ergibt, ist hierfür kein ausdrücklicher Antrag des Betroffenen erforderlich. Sobald die Datenverarbeitung für den zulässigen Zweck nicht mehr erforderlich ist, ist sie auch nicht mehr zulässig, was zu der Löschungspflicht führen muss.[1097] Dies bedeutet für den Einsatz von Cookies und Web Bugs, dass eine Löschung z. Bsp. dann erfolgen muss, wenn der zulässige Einsatzzweck überschritten wird. Hat der Websurfer z. Bsp. seine Einwilligung für den Einsatz von Cookies zur direkten Ansprache des Websurfers für den Zeitraum eines Vertragsverhältnisses bei dem Besuch der Webseite erteilt, ist der Anbieter sofort mit Wirksamkeit der Kündigung des Vertragsverhältnisses zur Löschung der betroffenen Daten verpflichtet, auch wenn der Websurfer dies nicht ausdrücklich beantragt hat.

[1090] § 4 Abs. 7 TDDSG; § 20 Abs. 1 MDStV.
[1091] *Schaar*, Datenschutz im Internet, S. 165.
[1092] § 4 Abs. 7 TDDSG; § 20 Abs. 1 MDStV.
[1093] *Schaar*, Datenschutz im Internet, S. 166.
[1094] §§ 20 Abs. 1, 35 Abs. 1 BDSG.
[1095] Siehe zu der Definition § 3 Abs. 4 Nr. 5 BDSG.
[1096] §§ 20 Abs. 2, 35 Abs. 2 BDSG.
[1097] Vgl. *Schaar*, Datenschutz im Internet, S. 171 der darauf verweist, dass die Löschungsregelungen die Bestimmungen zur Zulässigkeit der Datenverarbeitung ergänzen.

Anstelle der Löschung kann der Websurfer auch die Sperrung der personenbezogenen Daten, d.h. das „Kennzeichnen gespeicherter personenbezogener Daten, um ihre weitere Verarbeitung oder Nutzung einzuschränken“[1098], verlangen, wenn einer Löschung gesetzliche, satzungsmäßige oder vertragliche Aufbewahrungsfristen entgegenstehen oder Grund zu der Annahme besteht, dass durch die Löschung schutzwürdige Interessen des Betroffenen beeinträchtigt würden.[1099] Eine Sperrung ist auch dann zulässig, wenn eine Löschung wegen der besonderen Art der Speicherung nicht oder nur mit unverhältnismäßig hohem Aufwand möglich ist.[1100]

4. Das Recht auf Schadensersatz

§ 7 BDSG schreibt vor, dass ein Betroffener von der verantwortlichen Stelle Ersatz für einen Schaden verlangen kann, der durch eine unzulässige oder unrichtige Erhebung, Verarbeitung oder Nutzung entstanden ist. Dies gilt erstmalig für den öffentlichen und den nicht-öffentlichen Bereich der Datenverarbeitung.[1101] Die Schadensersatzpflicht gilt für „nach diesem Gesetz oder nach anderen Vorschriften über den Datenschutz unzulässige oder unrichtige Erhebung, Verarbeitung oder Nutzung“ von personenbezogenen Daten, was auch den Verstoß gegen Vorschriften des TDDSG oder des MDStV umfasst.[1102] Somit kann der Websurfer Schadensersatz verlangen, wenn Daten z. Bsp. in individualisierter Form durch Cookies oder Web Bugs ohne seine Einwilligung verarbeitet werden.

Die verantwortliche Stelle kann sich jedoch exkulpieren, wenn sie „die nach den Umständen des Falles gebotene Sorgfalt“ beachtet hat.[1103] Bei automatisierten Datenverarbeitungen durch öffentliche Stellen besteht nach § 8 Abs. 1 BDSG eine verschuldensunabhängige Haftung der verantwortlichen Stelle. Es ist auch der Ersatz eines immateriellen Schadens des Betroffenen bei schweren Verletzungen des Persönlichkeitsrechtes vorgesehen, was bei Datenverarbeitungen durch nicht-öffentliche Stellen nicht der Fall ist.[1104] Die Ansprüche gegen eine öffentliche Stelle sind insgesamt auf den Betrag von EUR 130.000,- begrenzt.[1105]

Neben den Schadensersatzregelungen des BDSG finden auch die allgemeinen Vorschriften des Schadensersatzes bei Vertragsverletzungen und des Deliktsrechts Anwendung. Datenschutznormen sind Schutzgesetze im Sinne des § 823

[1098] § 3 Abs. 4 Nr. 4 BDSG.
[1099] *Bergmann u.a.*, BDSG-Komm, § 35 Rndnr. 122f.
[1100] §§ 20 Abs. 3, 35 Abs. 3 BDSG.
[1101] Vgl. auch Begründung des Regierungsentwurfs, BT-Drs. 14/4329, S. 45.
[1102] §§ 7, 8 Abs. 1 BDSG.
[1103] § 7 S. 2 BDSG.
[1104] § 8 Abs. 2 BDSG.
[1105] § 8 Abs. 3 BDSG.

Abs. 2 BGB.[1106] Die datenschutzrechtlichen Schadensersatzansprüche der §§ 7, 8 BDSG ergänzen somit die sonstigen zivil- und öffentlich-rechtlichen Schadensersatzansprüche des Websurfers.[1107]

5. Das Recht auf Anrufung des Bundesdatenschutzbeauftragten

Bei der Datenverarbeitung durch öffentliche Stellen des Bundes kann der Betroffene den Bundesbeauftragten für den Datenschutz anrufen, wenn er der Ansicht ist, durch die Datenverarbeitung in seinen Rechten verletzt worden zu sein.[1108] Die für die Kontrolle der Datenverarbeitungen der nicht-öffentlichen Stellen zuständige Aufsichtsbehörde kann dagegen bei der Datenverarbeitung durch nicht-öffentliche Stellen nicht angerufen werden, wenn der Betroffene sich durch die Datenverarbeitung in seinen Rechten verletzt fühlt.

6. Sanktionen

Ein Verstoß gegen die Datenschutzvorschriften stellt auch eine Ordnungswidrigkeit bzw. unter bestimmten Voraussetzungen eine Straftat dar. Gemäß § 43 Abs. 2 Nr. 1 BDSG stellt z. Bsp. die vorsätzliche oder fahrlässige unbefugte Erhebung oder Verarbeitung von personenbezogenen Daten, die nicht der Allgemeinheit zugänglich sind, eine Ordnungswidrigkeit dar. Ordnungswidrig ist auch, wenn die datenverarbeitende Stelle unbefugt personenbezogene Daten, die nicht allgemein verfügbar sind, zum Abruf mittels automatisierten Verfahrens bereithält[1109], was das Setzen von Cookies beschreibt. Erfolgen die Verstöße vorsätzlich gegen Entgelt oder mit der Absicht, sich oder einen anderen zu bereichern oder einen anderen zu schädigen, liegt eine Straftat vor, die mit Freiheitsstrafe bis zu 2 Jahren oder mit Geldstrafe bestraft werden kann.[1110] Wenn also Cookies und Web Bugs in Verletzung der Datenschutzvorschriften eingesetzt werden, um z. Bsp. die hierdurch erstellten Profile in individualisierter Form zu verkaufen, kann der Websurfer, da es sich um ein Antragsdelikt handelt und er als Betroffener antragsberechtigt ist, Antrag auf Strafverfolgung erheben.[1111]

VI. Zusammenfassung

Auf den Einsatz von Cookies und Web Bugs im WWW sind die inhaltsgleichen Vorschriften des TDDSG oder MDStV und, wenn und soweit diese keine spezielle Regelungen enthalten, in Ergänzung das BDSG anwendbar. Der Einsatz von Cookies oder Web Bugs ist hiernach nur zulässig, soweit der Websurfer in

---

[1106] Vgl. hierzu *Merati-Kashani*, Datenschutz im E-Commerce, S. 132ff.
[1107] Vgl. z. Bsp. *OLG Hamm*, Urteil v. 4.4.1995, 9-U42/95, NJW 1996, S. 131.
[1108] § 21 BDSG.
[1109] § 43 Abs. 2 Nr. 2 BDSG.
[1110] § 44 Abs. 1 BDSG.
[1111] § 44 Abs. 2 BDSG.

Kenntnis des Zwecks der Datenverarbeitung zu diesem Zweck wirksam eingewilligt hat oder eine gesetzliche Regelung den Einsatz zulässt. Die Vorschriften des TDDSG und MDStV enthalten eine gesetzliche Ermächtigung zum Einsatz von Cookies und Web Bugs nur für den Fall, dass der Einsatz zur Erstellung von anbieterspezifischen Nutzungsprofilen unter Pseudonym nach entsprechender Unterrichtung des Websurfers für Zwecke der Werbung, Marktforschung und bedarfsgerechten Gestaltung der Tele-/Mediendienste erfolgt, wenn der Websurfer dem nicht widerspricht. Liegen diese Voraussetzungen nicht vor, ist die Einwilligung des Websurfers für den zulässigen Einsatz der Cookies und Web Bugs erforderlich.

Die Zulässigkeit ist an den ursprünglichen Zweck der Datenverarbeitung im Zeitpunkt der Datenerhebung gebunden, jede Zweckänderung bedarf einer neuen Rechtfertigung durch Einwilligung oder gesetzliche Ermächtigung. Die Datenverarbeitung ist auch auf das für den zulässigen Zweck erforderliche Maß beschränkt. Der Websurfer ist vor dem Einsatz des Cookies und Web Bugs über Art, Umfang und Zweck des Einsatzes zu unterrichten.

Der Websurfer hat ein Recht auf Auskunft über die über ihn gespeicherten Daten sowie über die zu seinem Pseudonym gespeicherten Daten und kann die Berichtigung unrichtiger und Löschung bzw. Sperrung unzulässig verarbeiteter Daten verlangen. Der Websurfer hat ein Recht auf Ersatz eines Schadens, der durch unzulässige Datenverarbeitungen durch öffentliche oder nicht-öffentliche Stellen entstanden ist, soweit die verantwortliche Stelle nicht geltend machen kann, die gebotene Sorgfalt beachtet zu haben. Weiterhin ist der Websurfer berechtigt, im Falle von Datenverarbeitungen durch öffentliche Stellen den Bundesbeauftragten für den Datenschutz anzurufen und ist im Hinblick auf die Straftatbestände des § 44 BDSG, die auch unzulässige Datenverarbeitungen durch Cookies und Web Bugs umfassen, antragsbefugt.

VII. Stellungnahme

Die Ausführungen zum nationalen einfachgesetzlichen Datenschutzrecht der Bundesrepublik haben einen umfassenden Datenschutz aufgezeigt, der den Websurfer der verfassungsrechtlichen Vorgabe entsprechend gegen den Einsatz von Cookies und Web Bugs durch private und öffentliche Stellen schützt. Dieser Ansatz ist positiv zu bewerten. Allerdings fällt bei den vorangehenden Ausführungen auch auf, dass die rechtliche Umsetzung dieses positiven Ansatzes des Verbots mit Erlaubnisvorbehalts Rechtsunsicherheiten schafft, die zu beseitigen sind. So ist die Anwendbarkeit der bereichsspezifischen Vorschriften auf Mittel wie Cookies und Web Bugs nicht eindeutig. Im Rahmen der geplanten Gesamtüberarbeitung des Datenschutzes ist somit eine eindeutige Klarstellung des Anwendungsbereichs geboten. Erforderlich ist hierbei zum Einen eine genauere Definition von „personenbezogenen Daten“. Die Definition des BDSG macht nicht deutlich, was eine Bestimmbarkeit der betreffenden Person ausmacht, so dass für die Beurteilung verfassungsrechtliche Vorgaben bemüht werden müssen. Klarzustellen ist, dass personenbezogen auch solche Daten sind, die es ermöglichen, den Betroffenen in der Zukunft durch Kombination der Daten mit anderen Daten zu identifizieren. Insbesondere da eine Identifizierung bei Betrachtung der Möglichkeiten des WWW wahrscheinlich ist, bleibt auch klarzustellen, dass ein Personenbezug dann vorliegt, wenn die Daten auf eine feste Bezugsgröße wie IP-Nummern bezogen werden können.

Eine Klarstellung ist zum Anderen auch bei der Definition des „Anbieters" im Sinne der bereichsspezifischen Vorschriften erforderlich. Eindeutig geregelt sein muss deswegen, dass der Begriff des Anbieters auch solche Anbieter umfasst, die im Zusammenhang mit der Erbringung von Tele- und Mediendiensten personenbezogene Daten verarbeiten. Auf diesem Wege bedürfte es keiner verfassungskonformen Auslegung, um eine ungerechte Privilegierung der „anbieterfremden" Nutzer von Mitteln wie Cookies und Web Bugs zu vermeiden.

Positiv zu bewerten ist zwar die Anwendbarkeit der bereichsspezifischen Vorschriften auf öffentliche und private Anbieter gleichermaßen. Allerdings ist diese Anpassung im Bereich der Rechte des Websurfers nicht konsequent umgesetzt worden, was nachzuholen ist. Wegen der gleichen Gefährdungslage in einem Medium wie dem WWW ist die verschuldensunabhängige Haftung und die Möglichkeit eines immateriellen Schadensersatzes auch für private Anbieter einzuführen. Weiterhin ist die Exkulpationsmöglichkeit der verantwortlichen Stelle abzuschaffen, da die „Einhaltung der gebotenen Sorgfalt" im Bereich der neuen Medien besonderen Raum für Rechtsunsicherheit schafft. Denn insbesondere bei unbegrenzten Datenverarbeitungsmöglichkeiten ist nicht abzusehen, wo die gebotene Sorgfalt beginnt und wo sie aufhört.

4. Teil: Die Selbstregulierung

A. Allgemeines

Bereits in der bürgerlichen Staatslehre des 19. Jahrhunderts bestand die Vorstellung von der Trennung von Staat und Gesellschaft, welche zu der liberalen These von der „Selbstregulierung" der freien Gesellschaft führte. In die gleiche Richtung geht die Markttheorie des Liberalismus, die ebenfalls von einer grundsätzlichen Trennung von Staat und Gesellschaft ausgeht. Der Wettbewerb selbst genüge als Regulativ, um Gerechtigkeit zu schaffen, und zentrale Antriebsfeder sei die Selbststeuerung des Marktes und der Gesellschaft.[1112] Das liberale Wirtschaftsrecht erstrebt somit eine größtmögliche Zurückhaltung der staatlichen Regulierung, was der Selbstregulierung des Marktes entspricht. Der Begriff „Selbstregulierung" macht bereits die wesentliche Zielsetzung der Maßnahmen deutlich. Die datenverarbeitende Stelle reguliert sich selbst, um ein bestimmtes Ziel zu erreichen. Selbstregulierungsmechanismen werden meist mit Begriffen wie „Ehrenkodex", „Empfehlungen" oder „freiwillige Selbstkontrolle" bezeichnet, die deren Unverbindlichkeit vermuten lassen.[1113] Dies ist aber nur bedingt richtig, weil aus Selbstregulierungsmaßnahmen auch Verpflichtungen der datenverarbeitenden Stelle erwachsen können.[1114] Die häufigste Form der Selbstregulierungsmechanismen im Bereich des Datenschutzes ist die Selbstauferlegung von bestimmten Verhaltensregeln, wodurch sich die Unternehmen selbst zur Einhaltung bestimmter Datenschutzpraktiken verpflichten.[1115] Die übernommenen Verhaltensregeln können in der Form von Privacy Policies im WWW veröffentlicht werden.[1116] Vertragspartner oder Kunden sollen auf diesem Wege erfahren, welchen Datenschutz das Unternehmen gewährleistet.[1117] Unternehmen können sich auch gegenseitig zur Einhaltung bestimmter Verhaltensregeln verpflichten, z. Bsp. durch sogenannte Gentlemen's Agreements, die rechtlich unverbindlich sind, oder in verbindlicher Form durch Verträge. Selbstregulierungsmaßnahmen werden auch auf Verbandsebene in der Form von Empfehlungen, Verbandsbeschlüssen oder Richtlinien für die Mitgliedsunternehmen praktiziert. Die Empfehlungen sind grundsätzlich nicht verbindlich, Verstöße gegen Richtlinien und Verbandsbeschlüsse dagegen können zumindest verbandsintern sanktioniert werden.[1118] Auch durch Industrieorganisationen, de-

---

[1112] *Langhart*, Rahmengesetz und Selbstregulierung, S. 85f.
[1113] So *Dammann/Simitis*, EG-Datenschutzrichlinie, Art. 27, Nr. 1.
[1114] Siehe *Abel*, RDV 2003, S. 11f.
[1115] *Dammann/Simitis*, EG-Datenschutzrichtlinie, Art. 27, Nr. 1; *Lu*, Colum. J. Transnat'l L. 38 (2000), S. 611; *Hendrickx*, Data Protection and codes of conduct: self-regulation versus legislative intervention, S. 253.
[1116] *Büllesbach/Höss-Löw*, DuD 2001, S. 138.
[1117] Siehe z. Bsp. das Privacy Statement von DaimlerChrysler unter www.daimlerchrysler.com/index_e.htm.
[1118] *Hoeren*, Selbstregulierung im Banken- und Versicherungsrecht, S. 16ff.

nen bestimmte Unternehmen eines Industriesektors oder einer Branche angehören, werden Datenschutzverhaltensregeln vorgegeben, die von den Mitgliedsunternehmen umzusetzen sind. Bei Verstößen ist regelmäßig nur der Ausschluss aus der Organisation als Sanktion möglich.

Selbstregulierungsmaßnahmen werden in Bereichen vorgenommen, in denen staatliche Regulierungen nicht bestehen, aber Regelungsbedürfnis vorhanden ist.[1119] Selbstregulierung kann aber auch dazu dienen, einen gesetzlich vorgegebenen Rahmen branchen- oder bereichsspezifisch auszufüllen.[1120] Hier wird von regulierter oder gesteuerter Selbstregulierung gesprochen.[1121] Die gesetzlichen Vorgaben können verschieden stark sein. So kann das Selbstregulierungsmittel in seiner Ausprägung und Anwendung genau festgelegt oder aber nur der zu erreichende Schutzstandard vorgegeben werden.[1122]

In den Vereinigten Staaten und der Bundesrepublik Deutschland kommt den Selbstregulierungsmaßnahmen eine grundsätzlich unterschiedliche Stellung und Rolle zu. Dies wird im Folgenden für den Einsatz von Cookies und Web Bugs unter Heranziehung von beispielhaft selektierten Selbstregulierungsmaßnahmen untersucht.

B. Die Selbstregulierung in den Vereinigten Staaten

I. Die Selbstregulierung als vorherrschendes Regulativ

Die Vereinigten Staaten gehen traditionell davon aus, dass das Internet durch die Wirtschaft selbst reguliert werden soll. Die Rolle der Regierung wird nur in der Unterstützung von Selbstregulierungsinitiativen gesehen. Regierungen sollen eine nichtregulierende, marktorientierte Stellung einnehmen, welche die Entwicklung eines transparenten und vorhersehbaren rechtlichen Umfelds schafft. Das von der FTC im Jahre 2000 geforderte Rahmengesetz zur Selbstregulierung[1123] wurde von der U.S.-Regierung nicht weiter vorangetrieben, so dass davon auszugehen ist, dass auch eine regulierte Selbstregulierung nicht gewünscht wird. Die Wirtschaftskräfte der Vereinigten Staaten haben sich ebenfalls fast einstimmig für die Selbstregulierung als den besten Weg zur Bewältigung der Sicherheitsprobleme im Internet ausgesprochen.[1124]

[1119] Vgl. hierzu *Langhart*, Rahmengesetz und Selbstregulierung, S. 95 m.w.N.
[1120] *Roßnagel/Pfitzmann/Garstka*, Modernisierung des Datenschutzrechts, S. 155.
[1121] *Langhart*, Rahmengesetz und Selbstregulierung, S. 107ff.
[1122] *Roßnagel/Pfitzmann/Garstka*, Modernisierung des Datenschutzrechts, S. 153.
[1123] *FTC*, "Fair Information Practices in the Electronic Marketplace: A Report to Congress", Seite iii.
[1124] Siehe hierzu z. Bsp. *ITI*, News Release, 3. Februar 2000, "ITI to Congress: Industry unified in Belief that Self Regulation Best Approach to Online Privacy", einsehbar unter http://www.itic.org/2000prs/000203.htm.

II. Das Safe Harbor-Abkommen

Wie bereits dargelegt, wurde das sektorale und mosaikartige Datenschutzrecht der Vereinigten Staaten von der Europäischen Kommission nicht als „angemessen" im Sinne der Datenschutzrichtlinie anerkannt[1125], was somit grundsätzlich eine Unzulässigkeit der transatlantischen Datentransfers nach sich zieht. Das auf Selbstregulierung zugeschnittene Safe Harbor-Abkommen besteht im Kern aus den sieben „Safe Harbor Principles" und den fünfzehn „Frequently Asked Questions" (FAQ's). Das Abkommen soll eine Störung der Handelsverbindungen zwischen Europa und den Vereinigten Staaten vermeiden und begründet eine Angemessenheit der Datenschutzvorkehrungen von U.S.-Unternehmen, wenn diese sich auf die festgelegten Datenschutzgrundsätze und -vorkehrungen verpflichten.[1126] Zum 7.12.2004 hatten sich 628 Unternehmen zu den Safe Harbor-Grundsätzen verpflichtet.[1127] Die Kritik der Bush-Regierung, Safe Harbor sei schädlich für den internationalen Handel, hat bislang zwar keine Abkehr von dem Kompromiss bewirkt, jedoch sicherlich auch keinen regen Zuspruch zu dem Abkommen unterstützt.

Nach den Prinzipien des Safe Harbor-Abkommens müssen dem Betroffenen bestimmte Informationsrechte und Wahlmöglichkeiten eingeräumt werden. Die Wahlmöglichkeiten beschränken sich im Regelfall auf das sogenannte Opt-Out-Prinzip, wonach der Betroffene einer Datenverarbeitung widersprechen kann, wenn die Datenverarbeitung für einen anderen als den ursprünglich verfolgten bzw. einen anderen als den dem Betroffenen mitgeteilten Zweck geschieht und der neue mit dem ursprünglichen Zweck unvereinbar ist.[1128] Der Betroffene muss über den Zweck der Datensammlung und -verwendung, über Personen und Unternehmen, an die die Daten weitergegeben werden, über Mittel und Wege, um die Verwendung und Weitergabe der Daten einzuschränken, und darüber, wie Nachfragen und Beschwerden an die Organisation gerichtet werden können, informiert werden. Dies muss allerdings erst spätestens vor einer zweckent-

---

[1125] Siehe *Entscheidung der Kommission vom 26. Juli 2000*, 2000/520/EG, ABl. EG Nr. L 215 v. 25.8.2000, S. 7, einsehbar unter http://europa.eu.int/eur-lex/de/lif/reg/de_register _1620.html; Diese Entscheidung macht deutlich, dass eine „Angemessenheit" nur dann anerkannt wird, wenn die besonderen Voraussetzungen des sogenannten Safe Harbor Abkommens (siehe hierzu Seite 66 dieser Arbeit) eingehalten werden; Im Umkehrschluss ist das Datenschutzniveau ohne weitere Vorkehrungen nicht „angemessen" im Sinne der Richtlinie; Vgl. auch *Wuermeling*, Handelshemmnis Datenschutz, S. 202; *Cody*, 48 Cath. U. L. Rev 1230f.; *Boese*, Rechtliche Betrachtung des internationalen Datenschutz, S. 20.

[1126] Es wird regelmässig von einer sogenannten Selbstzertifizierung gesprochen; Vgl. auch *Klug*, RDV 2000, S. 213; *Dammann*, Safe Harbor – neue Elemente im internationalen Datenschutz, S. 26.

[1127] Status 7.12.2004, siehe die jeweils aktuelle Mitgliederliste unter http://web.ita.doc.gov/ safeharbor/shlist.nsf/webPages/safe+harbor+list.

[1128] *U.S. Department of Commerce*, Safe Harbor Privacy Principles vom 21. Juli 2000, Prinzip „Choice".

fremdeten Verwendung der Daten oder der ersten Weitergabe an einen Dritten erfolgen.[1129] Da die Unternehmen den Zweck der Verarbeitung selbst festlegen, ist es ihnen möglich, diesen bereits so weit zu fassen, dass eine Zweckänderung nicht erforderlich ist. Dies macht eine Unterrichtung entbehrlich, soweit keine Weitergabe an Dritte erfolgt.

Für die „sensiblen Daten" wird zwar eine Einwilligung des Betroffenen verlangt (Opt-In), aber dies nur für den Fall der Weitergabe an Dritte oder der Verarbeitung für andere als die ursprünglichen Zwecke. Die eigentliche, ursprüngliche Datenverarbeitung läuft somit auch in diesem Fall unkontrolliert ab. Die Weitergabe der Daten an Dritte soll zudem dann nicht unter das Einwilligungserfordernis fallen, wenn es sich bei dem Dritten um einen „Agent" handelt, der für den Anbieter tätig wird, wodurch die Wahlmöglichkeit des Websurfers umgangen werden kann.[1130]

Das Safe Harbor-Abkommen verlangt die Veröffentlichung von Privacy Policies, die zumindest darüber informieren sollen, dass die Vorgaben des Safe Harbor eingehalten werden.[1131] Der Betroffene hat ein Recht auf Zugang zu den über ihn gespeicherten Daten. Die Durchsetzung („Enforcement") der Prinzipien muss gewährleistet werden.[1132] Die Frage, wie die Grundsätze durchzusetzen sind, hat den Grossteil der Beratungen in Anspruch genommen.[1133] Als Ergebnis sollen nicht-staatliche, aber sanktionsbefugte Schiedsstellen Beschwerdefälle entgegennehmen und verfolgen.[1134] Beschwerden sollen auch der FTC gemeldet werden, die entsprechende Unterlassungsanordnungen oder Geldsanktionen treffen oder Gerichtsverfügungen erwirken kann.[1135] Der FTC ist die zur Überprüfung der Einhaltung der Prinzipien durch selbstzertifizierte Unternehmen im Rahmen des FTC-Acts zuständige Stelle.[1136]

[1129] *U.S. Department of Commerce*, Safe Harbor Privacy Principles vom 21. Juli 2000, Prinzip "Notice".

[1130] *U.S. Department of Commerce*, Safe Harbor Privacy Principles vom 21. Juli 2000, Prinzip "Choice", Fn. 1 ("1. It is not necessary to provide notice or choice when disclosure is made to a third party that is acting as an agent to perform task(s) on behalf of and under the instructions of the organization.").

[1131] FAQ no. 6 ("All organizations that self-certify for the Safe Harbour must (...) state in their relevant published privacy policy statements that they adhere to the Safe Harbourt Principles").

[1132] *U.S. Department of Commerce*, Safe Harbor Privacy Principles vom 21. Juli 2000, Prinzip „Enforcement".

[1133] *Jacob/Heil*, Datenschutz im Spannungfeld von staatlicher Kontrolle und Selbstregulierung, S. 214.

[1134] *Dammann*, Safe Harbor – neue Elemente im internationalen Datenschutz, S. 26.

[1135] Vgl. hierzu auch *Klug*, RDV 2000, S. 216.

[1136] Der FTC findet keine Anwendung auf Institutionen des Finanzwesens, der Telekommunikation und des Transports („common carriers"und „air carriers"), siehe 15 U.S.C. § 45(a)(1); *FTC*, Safe Harbor Enforcement Overview.

Allerdings ist es auch solchen Unternehmen, die nicht unter den FTC-Act fallen, möglich, Mitglied des Safe Harbor-Abkommens zu werden, ohne sich eindeutig gegenüber dem FTC zu zertifizieren, was zu Kritik von europäischer Seite geführt hat.[1137] Kritisiert wird auch der im Vergleich zu dem europäischen Standard schwache Datenschutz des Safe Harbor-Abkommens.[1138] Diese Kritik ist berechtigt. Am Beispiel des Einsatzes von Cookies und Web Bugs wird deutlich, dass das Safe Harbor-Abkommen einen wirksamen Schutz in Form der selbst deklarierten „Wahlmöglichkeit" des Betroffenen nicht zu gewähren vermag. Denn sobald der Anbieter den Verarbeitungszweck so weit fasst, dass der Einsatz von Cookies und Web Bugs davon umfasst ist, besteht ein Widerspruchsrecht des Betroffenen nur dann, wenn die Daten an „Dritte" weitergegeben werden, die nicht für den Anbieter tätig werden. Es ist auch zweifelhaft, ob eine Privacy Policy ausreichende Grundlage für die erstrebte Wahlmöglichkeit des Betroffenen ist.[1139] Dies wird davon abhängen, wie deutlich die Privacy Policy auf der Webseite hervorgehoben ist und wie eindeutig und verständlich deren Inhalt ist. Vorgaben hierfür werden durch das Abkommen jedoch nicht gemacht. Das Hauptgewicht liegt somit nicht auf der Wahlmöglichkeit des Websurfers, sondern auf der Transparenz der Datenverarbeitungspraxis des Anbieters. Kritik von der europäischen Seite erfolgt auch, weil die bereits geringen Anforderungen des Abkommens an den Datenschutz nicht wirksam umgesetzt werden. So wurde in einer Studie festgestellt, dass ein nicht unerheblicher Teil der betrachteten Webseiten von Mitgliedsunternehmen entgegen der Vorgabe des Abkommens keine Privacy Policies enthalten. Weiterhin hat die Mehrzahl der Unternehmen die Prinzipien des Safe Harbor in ihren Policies nicht vollständig umgesetzt.[1140] Dies zeigt bereits, dass die staatlichen Mittel zur Umsetzung der Richtlinien nicht ausreichen.[1141] Die praktische Bedeutung des Safe Harbor-Abkommens für den Datenschutz des Websurfers und damit einhergehend für die Zulässigkeit des Einsatzes von Cookies und Web Bugs ist auch aus diesem Grunde gering.

III. Die OECD-Datenschutzrichtlinien

Die OECD-Richtlinien[1142], die unverbindliche Leitlinien darstellen[1143], sehen vor, dass jede Datenverarbeitung mit „fairen Mitteln" und -„wenn angemessen"-

---

1137 *Art. 29-Datenschutzgruppe*, Stellungnahme 4/2000, WP 32.

1138 Vgl. *Heil*, DuD 2000, S. 444f.

1139 So auch *Dammann*, Safe Harbor – neue Elemente im internationalen Datenschutz, S. 26

1140 Siehe *Dhont u.a.*, Safe Harbour Decision Implementation Study; Vgl. auch *Commission of the European Communities*, 20.10.2004, Commission Staff Working Document, SEC (2004) 1323, S. 6ff.

1141 Vgl. zur Umsetzung der Selbstregulierung auch Seite 236f. dieser Arbeit.

1142 *OECD*, "Guidelines on the Protection of Privacy and Transborder Flows of Personal Data" vom 23.09.1980.

1143 Vgl. hierzu Seite 65 dieser Arbeit.

mit Kenntnis oder Zustimmung des Betroffenen erfolgen soll. Der Betroffene soll der Datenverarbeitung widersprechen können.[1144] Auch eine Transparenz der Datenschutzpraxis, die mit einer Einsicht in die Art der gespeicherten persönlichen Daten und einer Information über deren Verarbeitungszweck sowie die Identität und den Standort der verarbeitenden Stelle einhergehen soll, ist vorgeschrieben („Openness Principle“).[1145] Die persönlichen Daten sollen für die spätere Nutzung erforderlich und akkurat, vollständig und auf dem neuesten Stand sein.

Der Zweck soll spätestens im Zeitpunkt der Datenerhebung bestimmt werden und der folgende Gebrauch auf diesen oder einen hiermit zu vereinbarenden Zweck beschränkt sein. Die Daten sollen nur für die bestimmten Zwecke weitergegeben werden, es sei denn, der Betroffene hat eingewilligt oder ein Gesetz erlaubt die Weitergabe. Bestimmt der Anbieter aber einen weiten Verarbeitungszweck, kann der vorgenannte Grundsatz auch nach den OECD-Richtlinien keine Reduktion der anfallenden Datenverarbeitungsvorgänge bewirken.

Die persönlichen Daten sollen durch vernünftige Schutzvorrichtungen gegen Risiken wie den Verlust, den unerlaubten Zugang, die Vernichtung, den Gebrauch, die Veränderung oder Offenbarung der Daten geschützt werden. Dem Betroffenen sollen die Daten zu einem angemessenen Entgeld auf vernünftige und in einer für den Betroffenen verständlichen Art und Weise zugänglich gemacht werden. Der Einzelne soll ein Recht auf Auskunft über die erhobenen Daten haben und verlangen dürfen, dass diese gelöscht, korrigiert oder vervollständigt werden.

IV. Die „Fair Information Practices“ des FTC

Die FTC hat Studien zum Thema Datenschutz im privaten Sektor veröffentlicht, die in Form eines Berichts an den Kongress geleitet wurden. Der Bericht aus dem Jahre 1998 stellt bestimmte Datenschutzprinzipien („Fair Information Practices“) auf, die von der FTC unter anderem auf der Grundlage der OECD-Empfehlungen entwickelt wurden und als Grundlage von Selbstregulierungsmaßnahmen dienen sollten.[1146] Die fünf Grundprinzipien sind „Notice/Awareness“, „Choice/Consent“, „Access/Participation“, „Integrity/Security“ und „Enforcement/Redress“.

Das Prinzip „Notice/Awareness“, welches an den Transparenzgrundsatz der OECD-Empfehlungen erinnert, wird als das wesentlichste Prinzip bezeichnet. Der Betroffene soll vor der ersten Datenerhebung von der Datenschutzpraxis

---

[1144] OECD-Richtlinien, “Individual Participation Principle”.

[1145] OECD-Richtlinien, „Openness Principle“; Vgl. auch *Schaar*, Datenschutz im Internet, S. 30.

[1146] *FTC*, Privacy Online: A Report to Conress, June 1998, „III. Fair Information Practice Principles”.

des Unternehmens informiert werden. Die hierzu dienende Privacy Policy soll Angaben über die datenverarbeitende Stelle, den Datenverarbeitungszweck, mögliche Empfänger und Natur der Daten, die Art der Datenverarbeitung, weiterhin eine Information darüber enthalten, ob die Preisgabe der Daten freiwillig oder obligatorisch erfolgt, und welche Maßnahmen zur Datensicherheit vorgesehen sind.

Das zweite Prinzip „choice/consent" bezweckt eine Wahlmöglichkeit des Websurfers darüber, ob und wie die auf ihn bezogenen Daten genutzt werden. Hierfür soll eine Einwilligung eingeholt (Opt-In) oder eine Widerspruchsmöglichkeit (Opt-Out) eingeräumt werden. Beschränkt wird dieses Grundprinzip jedoch, wie auch bereits zu dem Safe-Harbor-Abkommen und den OECD-Richtlinien ausgeführt, auf den sogenannten „secondary use", d.h. die Nutzung der Daten für einen anderen als den im Zeitpunkt der Erhebung verfolgten Zweck. Das Teilnahmeprinzip („Access/Participation") besagt, dass dem Betroffenen Zugang zu seinen Daten und das Recht zur Korrektur eingeräumt werden soll. Das Prinzip „Integrity/Security" beschreibt einen Systemdatenschutz und verlangt Maßnahmen gegen den Verlust oder den unerlaubten Zugang zu den Daten, die Zerstörung, Nutzung oder Weitergabe der Daten. Die Datenverarbeitung soll auch erforderlich sein, der für den Zweck „unzeitgemäße" Gebrauch ist untersagt und ein Vorzug der anonymen Verarbeitung der Daten vorgeschrieben.[1147]

Zusammenfassend kann auch für die FTC „Fair Information Practices" festgestellt werden, dass das Prinzip der Transparenz der Datenverarbeitung im Vordergrund steht, dem durch die sogenannten Privacy Policies genügt ist, und nur nachrangig ein Recht auf Selbstbestimmung gewährt wird, soweit der „secondary use" der Daten betroffen ist. Der Einsatz von Cookies und Web Bugs wäre somit nach den Prinzipien zulässig, soweit dieser in der jeweiligen Privacy Policy genannt ist und die übrigen Vorkehrungen zur Umsetzung der Prinzipien getroffen werden. Ein Widerspruchsrecht muss dem Betroffenen auch gegen den Einsatz von Cookies und Web Bugs nicht eingeräumt werden, wenn der Zweck der Datenverarbeitung in der Privacy Policy bereits so weit gefasst ist, dass kein „secondary use" vorliegt.

V. Beispiele für Selbstregulierungsmaßnahmen

1. Die Initiativen der Online Privacy Alliance (OPA)

Die Online Privacy Alliance (OPA) ist im Frühjahr 1998 als Zusammenschluss von weltweit operierenden U.S.-amerikanischen Unternehmen gegründet worden[1148] und umfasst heute ca. 80 Unternehmen[1149]. Erklärtes Ziel von OPA ist

[1147] Siehe *FTC*, Privacy Online: A Report to Conress, June 1998, „III. Fair Information Practice Principles", Klausel A. 4. ("...destroying untimely data or converting it to anonymous form").
[1148] Siehe http://www.privacyalliance.org/facts/.

der Schutz der Internetnutzer durch selbstregulierende Initiativen.[1150] Die Mitgliedsunternehmen verpflichten sich zur Einhaltung der von der OPA aufgestellten Richtlinien und der Übernahme und Umsetzung dieser Prinzipien in einer Privacy Policy.[1151] Die Privacy Policy soll in verständlicher Form veröffentlicht werden und vor oder im Zeitpunkt der Datenerhebung leicht zugänglich sein. Sie muss Informationen darüber enthalten, welche personenbezogenen Daten gesammelt, wie sie verwendet und an wen sie weitergegeben werden. Darüber hinaus müssen auch Informationen über die Wahlmöglichkeiten des Betroffenen im Hinblick auf die Erhebung, Nutzung und Weitergabe der Daten sowie über die Datensicherheitsmaßnahmen enthalten sein. Dem Betroffenen soll eine Widerspruchsmöglichkeit (Opt-Out) eingeräumt werden, wenn personenbezogene Daten zu einem Zweck verwendet oder an Dritte weitergegeben werden, der nicht dem ursprünglichen Erhebungszweck entspricht, womit wiederum der sog. „secondary use" angesprochen ist.[1152] In diesem Punkt entsprechen die Richtlinien den Safe Harbor-Prinzipien und den Fair Information Practices des FTC. Umfasst der Zweck bereits bei Erhebung der Daten die Verarbeitung durch den Einsatz von Cookies und Web Bugs, steht dem Websurfer auch nach den OPA-Richtlinien kein Widerspruchsrecht gegen den Einsatz dieser Mittel zu. So hat z. Bsp. das Unternehmen Apple als Mitglied von OPA unter Einhaltung der Richtlinien den Zweck der Datenverarbeitung in seiner Privacy Policy so weit gefasst, dass er den Einsatz von Cookies und sogar die Kombination der hierdurch erhobenen Daten mit dem Namen des Betroffenen zu Werbungs- und Statistikgründen als Verarbeitungszweck einschließt. Somit besteht auch kein Widerspruchsrecht des Betroffenen gegen den Einsatz von Cookies und Web Bugs, auf das Apple konsequent auch nicht hinweist.[1153]

Die Mitgliedsunternehmen sollen Sicherheitsmassnahmen ergreifen, die einen Verlust, Missbrauch oder eine Veränderung der Daten verhindern und auch Drittunternehmen, die die Daten erlangen, dazu verpflichten, angemessene („reasonable") Vorkehrungen zu treffen. Weiterhin soll die Richtigkeit und Vollständigkeit der Daten und die zeitliche Erforderlichkeit für den Verwen-

---

[1149] Die Liste der Mitgliedsunternehmen ist einsehbar unter http://www.privacyalliance.org /members/.

[1150] Siehe hierzu http://www.privacyalliance.org/facts/.

[1151] Die Richtlinien der OPA ist einsehbar unter http://www.privacyalliance.org/resources/pp guidelines.shtml.

[1152] Siehe OPA-Richtlinien, Nr. 3. "Choice/Consent" ("Individuals must be given the opportunity to exercise choice regarding how individually identifiable information collected from them online may be used when such use is unrelated to the purpose for which the information was collected. At a minimum, individuals should be given the opportunity to opt out of such use."); Vgl. auch *Schaar*, Datenschutz im Internet, S. 295.

[1153] Siehe „Apple Customer Privacy Policy", Stand Dez. 2004, einsehbar unter http://www. apple.com/legal/privacy/.

dungszweck („... and timely for the purposes for which they are to be used.") gewährleistet sein.[1154].

Im Ergebnis ist der Websurfer nach den OPA-Richtlinien darauf beschränkt, Kenntnis von der Datenschutzpraxis des Unternehmens, die ggf. den Einsatz von Cookies und Web Bugs einschließt, durch Aufsuchen einer Privacy Policy zu erlangen. Er hat aber keine Möglichkeit, diese durch Widerspruch wirksam zu unterbinden.

2. Die Network Advertising Initiative (NAI) Privacy Principles

Auch auf Anregung der FTC hat die Network Advertising Initiative (NAI)[1155], ein Zusammenschluss aus Vertretern der Werbewirtschaft, Prinzipien zum Datenschutz vorgeschlagen, an die sich die Werbewirtschaft halten soll. Die Mitglieder verpflichten sich zum Einen zur Einhaltung der vorgenannten OPA-Richtlinien.[1156] Zum Anderen werden für das sogenannte „Online Preference Marketing" (OPM) zusätzliche Prinzipien zum Datenschutz vorgeschrieben. Unter dem OPM versteht die NAI das Erstellen der sogenannten Nutzungsprofile, die Auskunft über das Besuchsverhalten des Websurfers im WWW geben[1157] und häufig mithilfe der Cookies und Web Bugs erstellt werden.[1158] Für Informationen, die für das OPM nicht auf den jeweiligen Websurfer direkt bezogen sind (sogenannte Non-Personally Identifiable OPM), ist eine eindeutige und verständliche Unterrichtung auf der Webseite der Werbegesellschaft mit der Möglichkeit des Widerspruchs (Opt-Out) erforderlich („Notice"). Die Unterrichtung muss auch Informationen über die Nutzung von Cookies und die Wirkung der Löschung oder des Opt-Out beinhalten. Werden Informationen genutzt, die dem Websurfer direkt zugeordnet werden können, ist eine sogenannte „robuste" Information erforderlich, die nicht näher erklärt wird. Die nachträgliche Verknüpfung der zunächst erhobenen nicht personenbezogenen Daten mit personenbezogenen Daten bedarf der Einwilligung des Betroffenen (Opt-In). Die Verknüpfung von personenbezogenen Daten mit in der Folge („on a going forward basis") erhobenen nicht personenbezogenen Daten dagegen erfordert lediglich das Opt-Out, dem Websurfer muss eine Widerspruchsmöglichkeit eingeräumt werden.[1159] Weiterhin soll der Betroffene Zugang zu den auf ihn bezogenen Daten haben und die Umsetzung der Kriterien soll durch eine unabhängige Stelle gewährleistet sein. Beschränkungen des Verkaufs der Informationen an dritte Stel-

---

[1154] Siehe OPA-Richtlinien, Nr. 5 „Data Quality and Access", einsehbar unter http://www.privacyalliance.org/resources/ppguidelines.shtml.

[1155] Siehe nähere Informationen zur NAI unter http://www.networkadvertising.org/.

[1156] Siehe NAI, "self-regulatory principles for online preference marketing by network advertisers", Klausel III., einsehbar unter http://www.networkadvertising.org/images/NAI_Principles.pdf.

[1157] Siehe NAI, "self-regulatory principles for online preference marketing by network advertisers", Klausel IV.

[1158] *Schaar*, DuD 2001, S. 387.

[1159] *Schaar*, DuD 2001, S. 388.

len bestehen nur insoweit, als diese sich auf die OPA-Prinzipien verpflichten müssen.

Die Übernahme der NAI-Prinzipien sind von dem FTC gelobt[1160], von Seiten der Datenschutzorganisationen jedoch kritisiert worden.[1161] Diese Kritik ist aus verschiedenen Gründen berechtigt. Die sogenannte „robuste" Unterrichtung des Betroffenen ist nicht definiert und es werden keine inhaltlichen Vorgaben für die Unterrichtung gemacht. Des weiteren ist nicht einsehbar, warum die zeitliche Reihenfolge der Datenerhebungen, d. h. die Erhebung von zunächst personenbezogenen Daten oder von zunächst nicht personenbezogenen Daten, entscheidend für die Wahl zwischen dem Opt-In- oder Opt-Out-Modell sein soll. Diese Lücken der Prinzipien haben auch die Werbeunternehmen für sich erkannt und ausgenutzt. So hat beispielsweise das Werbeunternehmen Double Click als Mitgliedsunternehmen der NAI[1162] in seiner Privacy Policy auf den Einsatz von Cookies und Web Bugs hingewiesen und eine Opt-Out-Möglichkeit eingeräumt. Es wird zwar festgestellt, dass der Name oder sonstige Identifikationsmittel nicht für das Angebot von Online-Anzeigen genutzt werden. Allerdings wird nicht angesprochen, ob der Name oder ein Identifikationsmerkmal z. Bsp. für die Erstellung von Nutzungsprofilen verwendet werden. Der Websurfer wird also über wesentliche Datenverarbeitungsvorgänge nicht informiert und ein Datenschutz ist insoweit nicht gewährleistet.[1163]

Das Vorangesagte macht deutlich, dass eine informationelle Selbstbestimmung des Websurfers durch die NAI-Prinzipien nicht ermöglicht wird. Eine solche würde eine konsequente Opt-In-Lösung zur Erstellung von Profilen erforderlich machen. Auch die Erlaubnis, Profile an Dritte weiterzugeben, wenn diese sich auf die OPA-Kriterien verpflichten, höhlt das Prinzip der Wahlmöglichkeit des Betroffenen aus.[1164] Denn die OPA-Kriterien sehen lediglich eine Verpflichtung zur Einwilligung bei zweckentfremdeter Datenverarbeitung vor. Die Weitergabe der Daten an Dritte erfolgt jedoch regelmäßig für den Zweck der nachfolgenden gewerblichen Nutzung der Daten, so dass mangels Zweckentfremdung eine Einwilligung des Betroffenen entbehrlich ist.

3. Die Initiativen der Interactive Digital Software Association (IDSA)

Die Interactive Digital Software Association (IDSA)[1165] besteht aus Unternehmen, die Unterhaltungssoftware wie Video- oder Computerspiele entwickeln

---

[1160] *FTC*, Online Profiling: A Report to Congress, Part 2, Recommendations.
[1161] Vgl. z. Bsp. *EPIC*, Network Advertising Initiative: Principles not Privacy.
[1162] Siehe zu den übrigen Mitgliedsunternehmen http://www.networkadvertising.org/aboutnai_members.asp.
[1163] Vgl. die Privacy Policy von Double Click, Stand 20.08.2004, unter http://www.doubleclick.com/us/about_doubleclick/privacy/.
[1164] So auch *EPIC*, Network Advertising Initiative: Principles not Privacy.
[1165] Für nähere Informationen zur IDSA siehe http://www.idsa.com/programs.html.

und vertreiben.[1166] In den „IDSA Principles and Guidelines For Fair Information Practices“[1167] werden die Mitglieder der IDSA zur Einhaltung von Datenschutzprinzipien aufgefordert. Jedes Mitglied soll auf der ersten Seite der eigenen Webseite einen Link zu einer Privacy Policy vorsehen, die den Websurfer über die Datenschutzpraktiken des Unternehmens, die Art der Daten und deren Verarbeitung, die Dritten, an welche die Daten weitergegeben werden sowie Zugangs- und Beschwerdemöglichkeiten des Betroffenen informiert. Dem Betroffenen soll die Möglichkeit eingeräumt werden, die Erhebung und Verarbeitung von personenbezogenen Daten zu kontrollieren. Hierzu werden sowohl Opt-In, Opt-Out oder „ähnlich effektive“ Mittel anheim gestellt, aber nicht verbindlich vorgegeben. Das „Ob“ und „Wie“ des Bestimmungsrechts des Websurfers über den Einsatz von Cookies und Web Bugs bleibt somit den Unternehmen überlassen. So ist es z. Bsp. dem Unternehmen Capcom USA als Mitglied der IDSA möglich, in seiner Privacy Policy zu bekunden, dass Cookies eingesetzt werden und dies damit zu erklären, dass auch andere größere Internetunternehmen dies standardmäßig tun („The use of cookies is standard on the Internet and many major websites use them“).[1168]

Die IDSA-Mitglieder sollen die Datenverarbeitung auf solche Daten reduzieren, die aus Geschäftsgründen (“valid business reasons”) erforderlich sind und die Daten vor Missbrauch und Verlust schützen. Geschäftsgründe sind nicht näher spezifiziert und können somit auch die Nutzung personenbezogener Daten mithilfe von Cookies und Web Bugs zu Werbe- oder Marketingzwecken oder zum Weiterverkauf an Dritte zur Finanzierung des Webauftritts des Unternehmens umfassen. Der Websurfer wird so auch z. Bsp. in der Online Privacy Policy von Capcom nur darüber informiert, dass Datenverarbeitungen für „valid business reasons“ erfolgen, was ebenfalls nicht näher spezifiziert wird. Ein Widerspruchsrecht gegen den Einsatz von Cookies oder Web Bugs wird nicht eingeräumt. Der Betroffene ist auf die Kenntnis von der Datenpraxis und das Recht auf Zugang zu den Daten sowie die Möglichkeit zur Korrektur der Daten beschränkt.

4. Die Richtlinien der „Information Technology Industry“ (ITI)

Der Rat der Information Technologie Industrie (ITI) umfasst die führenden Anbieter von Informationstechnologieprodukten und -diensten.[1169] ITI hat im November 1997 Prinzipien für den Datenschutz entwickelt, die ihren Mitgliedern als Grundlage für die Entwicklung ihrer eigenen Privacy Policies dienen sol-

---

[1166] Für eine Liste der Mitglieder der IDSA siehe http://www.idsa.com/members.html.

[1167] *IDSA*, “The IDSA Principles and Guidelines for Fair Information Policies”. Die Richtlinien sind einsehbar unter http://www.idsa.com/privacy.html.

[1168] Siehe die Capcom USA „Online Privacy Policy“, Stand 14.02.2005, unterhttp://www.capcom.com/legal.xpml.

[1169] Siehe weitere Informationen zur *Information Technology Industry (ITI)* unter http://www.itic.org/.

len.[1170] Der Betroffene soll durch transparente Datenverarbeitung die Möglichkeit zur informierten Wahl ("informed choice") haben und der Schutz soll sich nach der Sensibilität der Daten richten. Es soll ein über die Gliedstaaten hinausgehender einheitlicher Schutzstandard aufgebaut werden, der sich an den „nationalen" Standards orientiert und einheitlich für „Offline"- und „Online"-Aktivitäten gewährleistet ist. Die Prinzipien enthalten keine bestimmten Wege zur Erreichung des durch Generalklauseln bezeichneten Datenschutzstandards, um eine Flexibilität für neue Lösungen zu gewährleisten. Entsprechend vielfältig sind auch die Datenschutzpraktiken der Mitgliedsunternehmen.

Das Unternehmen Dell USA informiert z. Bsp. darüber, dass Cookies zur Datenerhebung eingesetzt werden und eine Datenverarbeitung grundsätzlich auch die Weiterleitung von personenbezogenen Daten zu Marketing- und Werbungszwecken umfassen kann („Dell may enhance or merge your information collected at its site with data from third parties for purposes of marketing products or services to you."). Ein Widerspruchsrecht wird nur gegen das Führen des Betroffenen in sog. Marketinglisten eingeräumt, nicht jedoch gegen die Datenverarbeitung z. Bsp. durch den Einsatz von Cookies und Web Bugs.[1171]

5. Die Siegelprogramme

Die sogenannten Siegelprogramme, die von Organisationen wie dem Entertainment Software Rating Board (ESRB) oder dem Unternehmen TrustE angeboten werden, sollen gewährleisten, dass die Mitgliedsunternehmen bestimmte Datenschutzprinzipien einhalten. Für die Selbstverpflichtung auf diese Prinzipien wird im Gegenzug ein Gütesiegel, eine sogenannte „trustmark" verliehen. Die von dem ESRB aufgestellten Prinzipien entsprechen den von der IDSA aufgestellten Datenschutzgrundsätzen und begründen somit kein Bestimmungsrecht des Betroffenen über seine Daten. Auch die von TrustE zur Verleihung des Siegels geforderte Selbstverpflichtung der Online-Unternehmen beschränkt sich auf ein Widerspruchsrecht des Betroffenen nur gegen eine zweckfremde Verarbeitung der Daten oder die Weitergabe der Daten an Dritte, soweit dies nicht für den ursprünglichen Zweck der Datenverarbeitung erforderlich ist.[1172]

6. Die Umsetzung der Selbstregulierung

Nach § 5 FTC-Act können unlautere oder irreführende Handelspraktiken („unfair or deceptive acts or practices in or effecting commerce")[1173] von der FTC

[1170] Siehe *ITI*, „Protection of Personal Data in Electronic Commerce" unter http://www.itic.org/policy/pp_privprin.html.

[1171] Siehe Dell USA, Privacy Policy, unter http://www1.us.dell.com/content/topics/global.aspx/policy/en/policy?c=us&l=en&s=gen&~ck=lf&~section=000.

[1172] *Hofer*, datenschutz@internet, S. 135.

[1173] Siehe FTC Act, § 5(a), 15 U.S.C. § 45(a) (1994).

untersagt werden.[1174] „Unlauter" sind solche Praktiken, die einen erheblichen Schaden der Verbraucher verursachen können, den diese nicht selbst vernünftigerweise vermeiden könnten, und der nicht durch überwiegende Vorteile für die Verbraucher oder den Wettbewerb ausgeglichen wird.[1175] In der Mehrzahl der von der FTC verfolgten Fälle ist die Voraussetzung des erheblichen Schadens („substantial injury") des Betroffenen schwer nachzuweisen.[1176] Deshalb stützt sich auch die Mehrzahl der FTC- Ermittlungen auf die zweite Alternative, die Ahndung von „irreführenden Praktiken".[1177] Eine „irreführende Praxis" wird durch die FTC dann angenommen, wenn ein Unternehmen eigene Datenschutzpraktiken aufstellt und diese Darstellungen geeignet sind, den „vernünftigen" Verbraucher irre zu führen und eine Irreführung in grundlegender Hinsicht besteht.[1178] Der Verbraucher muss also über die Datenschutzpraktiken des Unternehmens in Kenntnis gesetzt worden sein und die dargestellte Praxis darf mit der tatsächlichen Praxis des Unternehmens nicht übereinstimmen.[1179] Für die Irreführung „in grundlegender Hinsicht" ist erforderlich, dass Informationen betroffen sind, die für den Verbraucher wichtig und deswegen auch geeignet sind, seine Wahl eines Produktes oder sein Verhalten gegenüber dem Anbieter zu beeinflussen.[1180] Allerdings bedeutet das Merkmal der Irreführung in der praktischen Anwendung, dass nur solchen Fällen nachgegangen werden kann, in denen Versprechungen hinsichtlich bestimmter Datenschutzvorkehrungen gegenüber dem Verbraucher gemacht wurden. Nur im Falle des Bruchs solcher Versprechungen ist eine „deceptive practice" zu begründen.[1181] Die Unternehmen können aber nicht zur Übernahme bestimmter Datenschutzpraktiken durch die

---

[1174] Vgl. zu der Entwicklung auch *Reich*, Staatliche Regulierung zwischen Marktversagen und Politikversagen, S. 40ff.; Siehe 15 U.S.C. Section 45(a)(1).

[1175] Siehe 15 U.S.C. Section 45 (n); Hierzu auch *Starek/Rozell*, 15 J. of Comp. & Inf. Law (1997), S. 680.

[1176] Eine Ausnahme hierzu stellt das Verfahren gegen das Unternehmen „Double Click" dar. Diesem war vorgeworfen worden, es verfolge durch die geplante Zusammenlegung von Offline und Online gesammelten Daten "unfaire Praktiken", die einen erheblichen Schaden der Betroffenen verursachen könnte; Allerdings war ein Beweis dieses erheblichen Schaden wegen eines Vergleichs der Parteien nicht erforderlich; Siehe hierzu *Official Court Notice of Pendency and Proposed Settlement of Class Action*, In re Doubleclick Inc. Privacy Litigation, einsehbar unter http://www.epic.org/privacy/cookies/dblclkproposedsettlement.pdf

[1177] Siehe hierzu die Liste der von der FTC verfolgten Fälle unter http://www.ftc.gov/privacy/index.html.

[1178] Vgl. *Cliffdale Ass., Inc.*, 103 F.T.C. 110 (1984), S. 183; Die in dieser Entscheidung festgehaltenen Kriterien sind durch den FTC allgemein als Prüfungskriterium für das Element der irreführenden Praxis anerkannt worden; Siehe hierzu *Lu*, Col. J. of Transn'l L. 38 (2000), S. 618, Fn. 68; *Starek/Rozell*, 15 J. of Comp. & Inf. Law (1997), S. 680.

[1179] *Richard*, 20 Colum. J. Transn'l L. 20 (1990), S. 35; *Lu*, 38 Colum. J. Transn'l L. (2000), S. 622.

[1180] *Cliffdale Ass., Inc.*, 103 F.T.C. 110 (1984), S. 165.

[1181] *FTC*, Privacy Online: Fair Information Practices in the Electronic Marketplace - A Report to Congress, S. 41.

FTC verpflichtet werden.[1182] Äußern sich die Unternehmen deswegen nicht oder liegt eine weite Zweckbestimmung für die Datenverarbeitungen vor, ist ihnen auch keine „deceptive practice" vorzuwerfen. Die FTC ist auch weder verpflichtet noch befugt, jeder Beschwerde von Betroffenen nachzugehen oder sogar selbst Überprüfungen anzustellen. Vielmehr ist erforderlich, dass die Verfolgung im öffentlichen Interesse liegt[1183], was nur dann angenommen wird, wenn ein Präzedenzfall vorliegt.[1184] Als Konsequenz sind nur wenige Fälle vorhanden, in denen Datenschutzverstöße von der FTC geahndet wurden.[1185]

7. Zusammenfassung

Die Betrachtung der beispielhaft dargestellten Selbstregulierungsinitiativen zeigt ein Bild auf, das zwar von ähnlichen Ansätzen, aber einer unterschiedlichen Umsetzung dieser Ansätze geprägt ist. Eine Einheitlichkeit fehlt bereits bei den Vorgaben wie z. Bsp. der durch Safe Harbor vorgegebenen Prinzipien, der „Fair Information Principles" der FTC oder der Empfehlungen der OECD. Selbst innerhalb verschiedener Sektoren ist eine Einheitlichkeit nicht vorzufinden. So vertritt auch NAI als selbst ernannte Vertreterin der Werbewirtschaft nicht sämtliche Werbeunternehmen.[1186] Inhaltliche Vorgaben für die Datenverarbeitungen werden bei keiner Maßnahme gemacht. Auch für die Einsehbarkeit, Klarheit und Verständlichkeit der Privacy Policies werden keine Kriterien vorgegeben, so dass in der Praxis jede Einheitlichkeit vermisst wird.[1187]

Gemein ist sämtlichen Initiativen und Maßnahmen, dass ihr Hauptgewicht auf der Transparenz der Datenschutzpraktiken durch Privacy Policies liegt. Dies gilt auch für die Nutzung von Daten zur Erstellung von Nutzungsprofilen nach den NAI-Prinzipien, da hiernach das Opt-Out-Modell der Regelfall ist. Anbieter, die nur ein geringes Datenschutzniveau anbieten, ihre Datenpraktiken aber offen bekunden, sind somit einer Verleihung eines „trustmarks" zugänglich, was auf „good notices of bad practices" hinausläuft.[1188] Ein Selbstbestimmungsrecht des

---

[1182] *Schwartz*, 52 Vand. L. Rev., S. 1637f.; *FTC*, Privacy Online: Fair Information Practices in the Electronic Marketplace - A Report to Congress, Seite 34.

[1183] Siehe 15 U.S.C. § 45(b); *FTC v. Standard Oil Co. of California*, 449 U.S. 232 (U.S. Supreme Court, 1980), S. 241; Vgl. *Schwartz*, 52 Vand. L. Rev., S. 1637f.; *FTC*, A Brief Overview of the Federal Trade Commission's Investigative And Law Enforcement Authority, April 1998.

[1184] Siehe hierzu *Hoofnagle*, Panel on Consumer Privacy in the Ecommerce Marketplace, S. 7.

[1185] Siehe hierzu die Liste der verfolgten Fälle unter http://www.ftc.gov/privacy/privacyinitiatives/promises_enf.html; Siehe auch *FTC*, Privacy Online: Fair Information Practices in the Electronic Marketplace – A Report to Congress, Seite 33, Fn. 196, 20.

[1186] *EPIC*, Network Advertising Initiative: Principles not Privacy.

[1187] *Reidenberg*, 38 Hous. L. Rev. 717 (2001), S. 727; *Class Action Reporter*, Vol. 3, No. 90, "Privacy Invasion, Notices are Called Too Common and Too Confusing"; *Roßnagel*, MMR 2002, S. 69 m.w.N.

[1188] Vgl. auch *Roßnagel*, Regulierung und Selbstregulierung im Datenschutz, S. 4.

Betroffenen wird nur in Form eines Widerspruchsrechts gewährt, das jedoch im Regelfall entgegen der Empfehlung der OECD nur für die zweckentfremdete Datenverarbeitung eingeräumt wird, was - wie gezeigt worden ist - zu Umgehungen des Widerspruchsrechts einlädt.

C. Die Selbstregulierung in Deutschland

I. Allgemeines

Selbstregulierungsmaßnahmen spielen in Deutschland wegen der bestehenden gesetzlichen Regelungen eine untergeordnete Rolle.[1189] Allerdings werden auch in Deutschland verstärkt Lösungen gesucht, die dem globalen Charakter und der ständigen Veränderung des Mediums Internet Rechnung tragen sollen. Hierbei werden die Bedeutung einer Kooperation von Staat und Wirtschaft sowie die hierfür notwendigen Selbstregulierungsmechanismen der Wirtschaft hervorgehoben. Die Bundesregierung hatte in ihrem Aktionsprogramm *„Innovation und Arbeitsplätze in der Informationsgesellschaft des 21. Jahrhunderts"* Wege zur Umwandlung der deutschen Gesellschaft in eine Informationsgesellschaft vorgestellt. Unter der Überschrift „Datenschutz" wird die Schaffung eines modernen Rechtsrahmens gefordert, der mit einer Vereinfachung und Verschlankung sowie einer hiermit einhergehenden größeren Transparenz der einzelnen Regelwerke einhergehen soll. Vorschläge zur Selbstregulierung der Industrie beschränkten sich auf die Einführung eines Datenschutzaudits.[1190] In dem Seminar „Die Selbstkontrolle im Medienbereich auf europäischer Ebene", das die Bundesregierung gemeinsam mit dem Saarland und der EU-Kommission im April 1999 im Rahmen der deutschen EU- Ratspräsidentschaft ausgerichtet hat, wurde ein Dialog zwischen Politik, Wissenschaft und betroffenen Berufskreisen über die Möglichkeiten einer verstärkten Nutzung des Regelungsinstruments der freiwilligen Selbstkontrolle gesucht. Die „Schlussfolgerungen von Saarbrücken" fordern eine verbesserte Sensibilität der Öffentlichkeit für Selbstkontrollmechanismen, eine Unterstützung der nationalen Selbstkontrollinitiativen und die Schaffung der rechtlichen Rahmenbedingungen für die Umsetzung von Selbstregulierungsmechanismen. Innerhalb der Mitgliedstaaten sei die Industrie in Form von Verbänden und Unternehmen neben dem staatlichen Gesetzgeber, nicht aber dieser allein in der Pflicht. Aus den Kreisen des Beauftragten der Bundesregierung für Angelegenheiten der Kultur und der Medien wurde die Öffentlichkeit in diesem Zusammenhang zum „Vertrauen in die Selbstorganisati-

---

[1189] *Hoeren*, Selbstregulierung im Banken- und Versicherungsrecht, S. 2.

[1190] *Bundesregierung Deutschland*, Innovation und Arbeitsplätze in der Informationsgesellschaft des 21. Jahrhunderts, Aktionsprogramm der Bundesregierung, Nr. 3.4, S. 41.

onsfähigkeit gesellschaftlicher Kräfte" aufgerufen.[1191] In diese Richtung gehen auch die novellierte Gemeinsame Geschäftsordnung der Bundesministerien (GGO), die vorgibt, dass Gesetzesentwürfe künftig Möglichkeiten der Selbstregulierung zu berücksichtigen haben.[1192] Dies macht eine grundlegende Öffnung in Richtung Selbstregulierung deutlich. Auch Art. 27 der Datenschutzrichtlinie sieht vor, dass die Erarbeitung von Verhaltensregeln von den Mitgliedstaaten und der Kommission gefördert werden soll, und ist bei der Novellierung des BDSG im Jahre 2001 in nationales deutsches Recht umgesetzt worden.[1193] So sieht die novellierte Fassung des BDSG in § 38 BDSG eine Schaffung von Verhaltensregeln „zur Förderung der Durchführung von datenschutzrechtlichen Regelungen" vor.

II. Die regulierte Selbstregulierung

Wegen der verbindlichen Vorgaben zur Umsetzung bestimmter Datenschutzgrundsätze in das nationale Recht können Selbstregulierungsmaßnahmen in der Bundesrepublik nur in Ergänzung gesetzlicher Vorschriften, also in Form von regulierter Selbstregulierung bestehen. So sollen auch die von der EG-Richtlinie empfohlenen Verhaltensregeln nach Maßgabe jeweils bestehender bereichsspezifischer Besonderheiten zur Durchführung der einzelstaatlichen Datenschutzvorschriften beitragen.[1194] Berufsverbände und andere Vereinigungen sollen somit die Möglichkeit haben, einer von den Mitgliedstaaten zu schaffenden Stelle Entwürfe für Verhaltensregeln zu unterbreiten, die die Vorschläge auf ihre Vereinbarkeit mit den gemeinschaftsrechtlichen Vorgaben prüfen soll.[1195] Dies soll aber nicht die Pflicht zur gesetzlichen Umsetzung der europarechtlichen Vorgaben in Frage stellen. Eine Beschränkung auf Selbstregulierungsmaßnahmen wäre auch verfassungswidrig.[1196] Denn das Recht auf informationelle

---

[1191] *Arbeitsgemeinschaft Freiwillige Selbstkontrollen Multimedia (AGSM)*, Pressemitteilung vom 21. April 1999, „Presseerklärung zum Saarbrücker Seminar ‚Die Selbstkontrolle im Medienbereich auf europäischer Ebene'.

[1192] Siehe § 43 Abs. 1 Nr. 3 i. V. m. Anlage 7; Siehe hierzu auch *Heil*, DuD 2001, S. 132.

[1193] Siehe Art. 27 Abs. 1 der Richtlinie; *Büllesbach/Höss-Löw*, DuD 2001, S. 137; *Abel*, RDV 2003, S. 11.

[1194] Siehe Erwägungsgrund 23 zu Art. 5 der Richtlinie; *Dammann/Simitis*, EG- Datenschutzrichtlinie, Art. 5 Nr. 2, Art. 25, Nr. 28. *Roßnagel/Pfitzmann/Garstka*, Modernisierung des Datenschutzrechts, S. 154; *Dammann*, Safe Harbor – neue Elemente im internationalen Datenschutz, S. 25; *Heil*, DuD 2001, S. 131.

[1195] Art. 27 Abs. 2 der Richtlinie; Hierzu auch *Dammann/Simitis*, EG-Datenschutzrichtlinie, Art. 27, Nr. 3; *Hendrickx*, Data Protection and Codes of conduct: self-regulation versus legislative intervention, S. 262; Daneben werden auch Verhaltensregeln auf EU-Ebene vorgesehen Art. 27 Abs. 3 der Richtlinie.

[1196] *Roßnagel/Pfitzmann/Garstka*, Modernisierung des Datenschutzrechts, S. 154.

Selbstbestimmung bindet den Gesetzgeber und bewirkt eine Pflicht des Staates, das Grundrecht in verbindliches nationales Recht umzusetzen.[1197]

Aus den genannten Gründen werden Selbstregulierungsmaßnahmen in Deutschland als Mittel zur Umsetzung der nationalen und internationalen Vorgaben durch gesetzliche Vorschriften eingesetzt, was auch als „regulierte Selbstregulierung" bezeichnet wird.[1198] So wiederholen gemäß § 38 BDSG erstellte Verhaltensregeln für den Bereich des Datenschutzes in der Praxis häufig nur die gesetzlichen Vorschriften, Verhaltensregeln mit „gesetzesausfüllender Funktion" sind selten.[1199]

Zur Umsetzung der gesetzlichen Anforderungen werden auch in Deutschland Siegelprogramme eingesetzt, die die öffentlich-rechtliche oder private Stelle bei entsprechender Datenschutzpraxis mit der Verleihung des Siegels belohnen.[1200]

Zur Unterstützung dieser Programme haben auch Initiativen wie die Initiative D21[1201] allgemeine Qualitätskriterien für Verhaltensregeln geschaffen.[1202] Die gesetzesumsetzende Funktion ist hierbei insbesondere die Umsetzung des Transparenzgrundsatzes durch eine gut einsehbare Privacy Policy auf der jeweiligen Webseite, die den gesetzlichen Vorgaben entspricht, verständliche Erläuterungen und die Umsetzung sparsamer Datenverarbeitung.[1203] Insbesondere für die Zulässigkeit von Cookies und Web Bugs ist eine gesetzesausfüllende Funktion der Verhaltensregelns nur beschränkt möglich, da der Einsatz ohne Einwilligung des Betroffenen im Regelfall unzulässig ist.[1204] In Kenntnis der gesetzlichen Situation genutzte Privacy Policy sind somit mangels gesetzlichem Umsetzungsspielraum in diesem Zusammenhang auf die Mitteilung beschränkt, dass ein Personenbezug trotz Einsatzes der Cookies oder Web Bugs nicht hergestellt wird oder die Cookies und Web Bugs grundsätzlich nicht bzw. nur für die Dauer des Besuchs der Webseite ohne Verarbeitung personenbezogener Daten eingesetzt werden.[1205]

1197 Siehe zu der Schutzpflicht für den Rechtsverkehr zwischen Privaten Seite 183ff. dieser Arbeit.

1198 *Roßnagel/Pfitzmann/Garstka*, Modernisierung des Datenschutzrechts, S. 158.

1199 Vgl. auch *Roßnagel/Pfitzmann/Garstka*, Modernisierung des Datenschutzrechts, S. 165.

1200 Vgl. z. Bsp. das Siegelprogramm ips – internet privacy standards der Datenschutz Nord GmbH unter http://www.datenschutz-nord.de/produkte/ips/.

1201 Die Initiatvie D21 e.V. ist nach eigenen Angaben Deutschlands größte Partnerschaft zwischen Politik und Wirtschaft; Selbsterklärtes Ziel ist es, die Rahmenbedingungen für einen schnellen und erfolgreichen Wandel zur Informations- und Wissensgesellschaft zu verbessern und Deutschland international wettbewerbs- und zukunftsfähiger machen; Vgl. hierzu http://www.initiatived21.de/ueber/.

1202 Siehe *Initiative D21*, D21- Qualitätskriterien für Internetangebote vom 09.07.2002, einsehbar unter http://www.internet-guetesiegel.de/docs/qualitaetskriterien.pdf.

1203 Vgl. Erläuterungen zur ips auf http://www.datenschutz-nord.de:8080/bremen/.

1204 Siehe hierzu Seite 215ff. dieser Arbeit.

1205 Siehe hierzu z. Bsp. die Privacy Policy der R&V, Stand 8.04.2002, unter http://www.ruv.de/de/datenschutz/datenschutz.jsp#faq0_4.

5. Teil: Die Datenschutzpraxis

Bei einem Rechtsvergleich steht grundsätzlich nicht die Umsetzung des dargestellten Rechts im Vordergrund. Allerdings kann bei der Betrachtung von Datenschutzrecht im WWW insbesondere wegen der praktischen Bedeutung dieses Informationsmediums ein Blick auf die Realität der Datenschutzpraktiken nicht fehlen.

A. Die Praxis der U.S.-Unternehmen

U.S.-amerikanische Unternehmen bieten häufig Privacy Policies auf ihrer Webseite an, die Informationen über den Umgang mit „personal information" enthalten. Auffällig ist hierbei, dass im Unterschied zu den deutschen Anbietern teilweise auch Informationen über den Einsatz von Web Bugs enthalten sind. Eine Untersuchung vom Frühling 2004 hat allerdings am Beispiel von Cookies bestätigt, dass von den untersuchten Unternehmen, die Cookies einsetzten, nur 20% im Detail darüber aufklärten, wie ein Cookie ausgeschaltet werden kann. 44% der Unternehmen wiesen ohne weitere Erklärung darauf hin, dass Cookies ausgeschaltet werden können und 14% erwähnten Cookies überhaupt nicht.[1206] Eine andere Studie kam zu dem Ergebnis, dass nur 55% der durch Siegel verifizierten Unternehmen den Kriterien „notice", „choice" und „security" nachkamen.[1207] Die bestehenden Hinweise beschränken sich somit regelmäßig auf eine bloße Information, dass Mittel wie Cookies und Web Bugs eingesetzt werden. Was gegebenenfalls durch Zusatzwissen und weitere Kombination mit anderweitig erhobenen Daten mit den Daten geschieht, wird nicht erwähnt.[1208] Dies ist aber – wie bereits ausgeführt – in der Mehrzahl der Fälle mangels verbindlicher Vorgaben auch nicht rechtlich erforderlich.

B. Die Praxis der deutschen Unternehmen

Bei einer Betrachtung der deutschen Datenschutzpraxis der Internetanbieter, die durch ihre im WWW einsehbaren Privacy Policies überprüfbar sind, wird deutlich, dass die Anforderungen des TDDSG und MDStV von der Mehrzahl der Unternehmen nicht eingehalten werden.[1209] Die für den Einsatz regelmäßig er-

---

[1206] *DMA*, Artikel vom 6. April 2004, „High-Tech Companies deliver mixed results".
[1207] *O'Harrow Jr.*, Survey of Web Finds Gains on Privacy Issues.
[1208] Siehe z. Bsp. die Privacy Policy von IBM USA, Stand 5.08.2002, unter http://www.ibm.com/privacy/details/us/#section_22; Privacy Policy von General Motors USA, die auf „cookies and other tracking devices" hinweist, Stand 10.01.2005, einsehbar unter http://www.gm.com/privacy/#cookies;
[1209] Vgl. *Schaar*, DuD 2003, S. 422 m.w.N.

forderliche Einwilligung wird nicht eingeholt.[1210] Die Möglichkeit des Einsatzes von Cookies und Web Bugs mit Einwilligung des Betroffenen scheitert auch bereits mangels ausreichender Unterrichtung des Websurfers.[1211] Denn Cookies werden häufig eingesetzt, ohne dass der Websurfer Kenntnis hiervon hat. Auch die Privacy Policies im WWW enthalten meist keine ausreichende Information des Betroffenen über den Zweck des Einsatzes der Cookies und der mit dem Einsatz verbundenen Datenverarbeitungen. Es fehlt auch an einer Protokollierung und jederzeitigen Abrufbarkeit der Einwilligungserklärung.[1212] Weiterhin scheitert eine wirksame Einwilligung auch daran, dass die Mehrzahl der Privacy Policies keine Information über die Widerrufbarkeit der Einwilligung enthalten.[1213]

Auch die Möglichkeit, Cookies nach der Ausnahmevorschrift des § 6 Abs. 3 TDDSG/§ 19 Abs. 2 MDStV unter Pseudonym zum Zwecke der Werbung, des Marketing oder der bedarfsgerechten Ausgestaltung der Dienste einzusetzen, scheitert mangels Gewährleistung der auch hierfür gebotenen Transparenz der Datenpraktiken. So fehlt in den Privacy Policies im Regelfall eine Erklärung darüber, dass Cookies zu diesem Zwecke eingesetzt werden. Auch ein Hinweis über die Widerspruchsmöglichkeit ist meist nicht enthalten.

Zweifelhaft ist auch die Rechtmäßigkeit der Form der Datenschutzhinweise. Diese sind häufig versteckt auf dem unteren Rand einer Webseite enthalten, so dass der verfassungsrechtlich vorgegebene Transparenzgrundsatz nicht beachtet ist. Auch das in der Praxis übliche Einfügen datenschutzrechtlicher Hinweise in umfassenden „rechtlichen Hinweisen“ kann dem Transparenzgrundsatz nicht genügen. Der Websurfer wird weder wissen, dass die „rechtlichen Hinweise“ Informationen über den Datenschutz beinhalten, noch ist ihm eine zeitaufwendige Suche nach Datenschutzinformationen zuzumuten.

Der Einsatz von Web Bugs wird häufig nicht in den Datenschutzhinweisen von deutschen Unternehmen erwähnt. Da bereits eine Vielzahl von Unternehmen diese Mittel einsetzen, ist also davon auszugehen, dass die datenschutzrechtlichen Vorschriften zumindest im Hinblick auf die Unterrichtungspflichten des deutschen Datenschutzrechts verletzt werden.

[1210] Vgl. auch *Schulzki-Haddouti*, Klick ins Ungewisse, S. 144f.; *Golembiewski*, DuD 2003, S. 112; *Goltzsch*, Wer hilft bei der Wahrung der Anonymität?, S. 146f.; *Merati-Kashani*, Datenschutz im E-Commerce, S. 187; *Ruloff*, Datenschutz, S. 18.

[1211] *Merati-Kashani*, Datenschutz im E-Commerce, S. 187; *Rost*, DuD 2003, S. 70.

[1212] *Merati-Kashani*, Datenschutz im E-Commerce, S. 206.

[1213] *Rost*, DuD 2003, S. 70.

6. Teil: Der Vergleich der nationalen Regelungen

Der Vergleich der nationalen Datenschutzregelungen zeigt ein Bild auf, das den historisch begründeten Unterschieden zwischen den beiden Rechtsordnungen entspricht. Das U.S.-amerikanische Common Law lässt eine Rechtsentwicklung nur in Abhängigkeit von konkreten Problemen und im Rahmen von einzelnen Rechtsstreitigkeiten ohne weitergehende Systematisierung des Rechts zu, was zutreffend auch als „Bottom-up-Ansicht“ bezeichnet wird.[1214] Der Schwerpunkt des Rechts liegt in dem Richterrecht, daneben sind gesetzliche Vorschriften nur in problem- und bereichsspezifischer Form vorhanden. Auch ein Gesetzesvorbehalt für staatliches Handeln entsprechend dem deutschen Beispiel gibt es nicht. Dem steht das deutsche Rechtssystem gegenüber, das seinem Ursprung aus dem römischen Recht entsprechend von systematisch strukturierten allgemeinen Rechtssätzen geprägt ist. Das Grundgesetz verpflichtet im Gegensatz zu dem U.S.-amerikanischen Recht zur Schaffung von gesetzlichen Regelungen nicht nur für staatliches Handeln, sondern wegen des Verständnisses der Grundrechte als objektiver Wertordnung auch für den privaten Rechtsbereich. Diesem „Top-down“-Ansatz entspricht auch die supranationale Einbindung des deutschen Systems, die dem U.S.-amerikanischen System fremd ist. Im Folgenden werden die wesentlichen Unterschiede für die Zulässigkeit der Cookies und Web Bugs näher herausgearbeitet.

A. Supranationaler Einfluss auf das jeweilige nationale Recht

Ein grundlegender Unterschied zwischen dem Recht der Vereinigten Staaten und dem der Bundesrepublik Deutschland ist für die Zulässigkeit der Cookies und Web Bugs die Einbindung des deutschen Rechts in das Rechtsgefüge Europas, das die Umsetzung bestimmter Datenschutzprinzipien verbindlich vorgibt. Auch das durch den EGMR begründete Recht auf Datenschutz aus der EMRK hat insbesondere durch die Völkerrechtsfreundlichkeit des Grundgesetzes unmittelbaren Einfluss auf das nationale Datenschutzrecht der BRD. Dagegen besteht für das die Zulässigkeit von Cookies und Web Bugs betreffende nationale Recht der Vereinigten Staaten auf supranationaler Ebene keine verbindliche Vorgabe. Dies bedeutet für das U.S.-amerikanische Recht, dass es sich an keinem von anderen Rechtsgemeinschaften vorgegebenen Mindeststandard für den Datenschutz orientieren muss.

B. Datenschutz als Grundrecht des Websurfers

In beiden Rechtssystemen wird ein Recht auf Datenschutz als Bestandteil eines Rechts auf Privatsphäre anerkannt, das aber sowohl nach U.S.-amerikanischem als auch nach deutschem Recht in seinem Anwendungsbereich thematisch und

---

[1214] *Miedbrodt*, Unterschiede im Regulierungsverständnis, S. 276f.

räumlich beschränkt ist und deswegen auf die Zulässigkeit von Cookies und Web Bugs keine Anwendung findet. Der U.S. Supreme Court hat einen weitergehenden Datenschutz durch informationelle Selbstbestimmung, der unabhängig von dem Betroffensein bestimmter Bereiche der Privatsphäre besteht, nicht anerkannt. Das BVerfG dagegen ist im Volkszählungsurteil einen wesentlichen Schritt weitergegangen und hat als Fallgruppe des Allgemeinen Persönlichkeitsrechts ein Recht auf informationelle Selbstbestimmung bestätigt. Dieses begründet ein Grundrecht auf Datenschutz, das den gesamten Datenverarbeitungsprozess von der Erhebung bis zur Löschung begleitet und nicht auf bestimmte Bereiche, Problemstellungen oder Arten von Daten beschränkt ist, so dass auch ein Schutz des Websurfers gegen die Verarbeitung von personenbezogenen Daten durch den Einsatz von Cookies und Web Bugs im WWW begründet wird. Diesen Schritt hat das U.S.-amerikanische Recht nicht vollzogen.

Beiden Rechtssystemen ist gemeinsam, dass das Grundrecht auf Meinungsäußerungsfreiheit bzw. auf freie Rede ein Recht zur freien Aufnahme von Information enthält. Das U.S.-amerikanischen Recht gewährt ein Recht auf Anonymität, das deutsche ein Recht, sich aus den „allgemein zugänglichen Quellen" ungehindert zu unterrichten. Die einzelfallabhängige richterliche Ausprägung der Grundrechte im U.S.-amerikanischen Verfassungsrecht lässt zwar mangels höchstrichterlicher Entscheidung nur vermuten, dass auch das Websurfen in den Schutzbereich des Rechts auf Anonymität fällt. Unter dieser Prämisse stellt ein staatlicher Einsatz von Cookies und Web Bugs in beiden Rechtssystemen einen Eingriff in das Recht auf Anonymität bzw. die Informationsfreiheit des Betroffenen dar.

Zur Rechtfertigung des Eingriffs ist nach deutschem Recht eine Abwägung der widerstreitenden Interessen erforderlich und der Eingriff muss auf Grundlage eines „allgemeinen Gesetzes" erfolgt sein. Nach U.S.-amerikanischem Recht ist dagegen erforderlich, dass die Maßnahme bei Abwägung der widerstreitenden Interessen zumindest erforderlich und von einem „zentralen staatlichen Interesse" getragen ist, was für den Einsatz der Cookies und Webbugs im Einzelfall zu begründen ist.

Das Recht auf Anonymität des 1. Zusatzartikels der U.S.-Bundesverfassung begründet wegen seiner rein negatorischen Funktion keine Pflichten für einen bestimmten Umgang des Anbieters mit personenbezogenen Daten. Eine Begründung eines Rechts auf informationelle Selbstbestimmung aus dem Recht auf Informationsfreiheit des Art. 5 GG ist nicht erforderlich, da eine solche als Ausprägung des allgemeinen Persönlichkeitsrechts gewährt wird. In dem U.S.-amerikanischen Recht dagegen bedeutet dieser negatorische Charakter des Rechts auf Anonymität für den Websurfer, dass dieser im WWW gegen den Einsatz von Cookies und Web Bugs durch staatliche Stellen keinen wirksamen grundrechtlichen Schutz genießt.

Aufgrund des föderalistischen Systems der Vereinigten Staaten und Deutschlands stellt die U.S.-amerikanische Bundesverfassung wie auch das Grundgesetz für das Recht auf Datenschutz einen Mindeststandard dar, der durch das Landesrecht nicht unterschritten werden darf. In beiden Rechtssystemen wird für die Zulässigkeit von Cookies und Web Bugs kein „Mehr" an Datenschutz für den Websurfer durch die Landesgrundrechte geschaffen. Somit bleibt es für das U.S.-amerikanische System auch für die Zulässigkeit der Cookies und Web Bugs bei dem für das Bundesverfassungsrecht gefundenen Ergebnis des mangelnden Datenschutzes. In Deutschland dagegen ist ein Überschreiten des Schutzniveaus des Rechts auf informationelle Selbstbestimmung kaum möglich, so dass der Websurfer auch ohne landesverfassungsrechtliches „Mehr" umfassend geschützt ist.

Für den Einsatz der Cookies und Web Bugs ist nach dem deutschen Verfassungsrecht eine gesetzliche Grundlage Voraussetzung. Ein solcher Gesetzesvorbehalt, der einen direkten Einfluss des Verfassungsrechts auf das einfache Recht begründet, besteht nach dem U.S.-amerikanischen Recht nicht.

C. Grundrechtliche Schutzpflichten des Staates

Das U.S.-amerikanische Verfassungsrecht beschränkt die Grundrechte auf eine negatorische Funktion, sie stellen reine Abwehrrechte des Einzelnen gegen den Staat dar. Dem deutschen Recht liegt dagegen ein Verständnis der Grundrechte als objektiver Wertordnung zugrunde, weswegen die Grundrechte auch Auswirkungen auf das einfache Recht und das Verhältnis zwischen privaten Dritten haben müssen. In Umsetzung des negatorischen Ansatzes lehnt das U.S.-amerikanische Recht eine Drittwirkung ebenso wie eine grundrechtliche Schutzpflicht für das Recht auf Anonymität ab. Auch das deutsche Recht erkennt zwar eine unmittelbare Drittwirkung der Grundrechte und somit einen direkten Anspruch des Betroffenen gegen einen Privaten wegen Grundrechtsverletzung nicht an. Allerdings besteht nach der herrschenden Ansicht eine mittelbare Drittwirkung, die einen Einfluss des Grundrechts auf Datenschutz auf die Auslegung und Anwendung einfacher Rechtsvorschriften im Rechtsverhältnis zwischen Privaten begründet. Weiterhin besteht nach dem deutschen Verfassungsrecht im Gegensatz zum U.S.-amerikanischen Recht eine grundrechtliche Pflicht des Staates auch zum Schutz des Rechts auf informationelle Selbstbestimmung im Verhältnis zwischen Dritten, z. Bsp. durch Erlass von Schutzgesetzen, die das „ob" und „wie" des Einsatzes von Cookies und Web Bugs regeln. Nach U.S.-amerikanischem Verfassungsrecht dagegen wird klar zwischen dem Rechtsverhältnis zwischen Staat und Privaten und dem Rechtsverhältnis zwischen Privaten getrennt. Eine Wirkung der Grundrechte auf letzteres wird mit wenigen Ausnahmen abgelehnt. Somit bewirkt das Recht auf Anonymität für den Websurfer auch für das Verhältnis des Websurfers zu privaten Anbietern ebenfalls keinen effizienten Datenschutz.

D. Das einfache nationale Datenschutzrecht

Als Konsequenz fehlender verfassungsrechtlicher Vorgaben fällt der gesetzliche Datenschutzstandard nach U.S.-amerikanischem Recht weit hinter dem in Europa vorgeschriebenen umfassenden Datenschutz zurück. Ein Datenschutz wird nur in besonders schützenswerten Bereichen als Nebenergebnis mitgewährt. Diesem mosaikartigen Ansatz, der von einer Problemorientierung bestehender Vorschriften geprägt ist, steht der umfassende gesetzliche Datenschutz in Deutschland gegenüber. Der deutsche Gesetzgeber begreift den Datenschutz der verfassungsrechtlichen und europarechtlichen Vorgabe entsprechend als Selbstzweck, weshalb der gesetzliche Datenschutz jedes personenbezogene Datum ohne Beschränkung auf bestimmte Spezialbereiche umfasst. Datenverarbeitungen sind grundsätzlich unzulässig, wenn sie nicht ausdrücklich gesetzlich oder durch Einwilligung des Betroffenen für zulässig erklärt worden sind. Im Unterschied zu dem U.S.-amerikanischen Recht, das einen Grundsatz der Erlaubnis mit Verbotsvorbehalt vorsieht, herrscht somit der Grundsatz des Verbots mit Erlaubnisvorbehalt.

Das deutsche Datenschutzrecht beinhaltet wie das U.S.-amerikanische Recht auch bereichsspezifische Vorschriften. Im Unterschied zu den U.S.-amerikanischen Vorschriften steht jedoch der Datenschutz für das jeweilige Sachgebiet im Vordergrund und wird nicht lediglich als Nebenzweck mitgeschützt. Die bereichsspezifischen Vorschriften sind im Gegensatz zu den genannten U.S.-amerikanischen Spezialgesetzen technik- und entwicklungsoffen und somit nicht auf eine konkrete Problemlösung beschränkt, sondern im Regelfall für das gesamte Sachgebiet anwendbar. So unterfällt z. Bsp. der Einsatz von Cookies und Web Bugs dem TDDSG bzw. MDStV, die einheitlich für Teledienste und Mediendienste gelten. Nach U.S.-amerikanischen Recht dagegen muss der Einsatz von Cookies und Web Bugs unter die engen Voraussetzungen der problemorientierten Spezialvorschriften subsumiert werden, was - wie gezeigt worden ist - im Regelfall nicht gelingt. Dies macht deutlich, dass Datenschutz nach deutschem Recht im Unterschied zu dem U.S.-amerikanischen Recht auch auf gesetzlicher Ebene Selbstzweck ist, der ungeachtet bestimmter besonders gefährdeter Bereiche gilt. Datenschutz im U.S.-amerikanischen Verständnis ist dagegen nur ein Beiprodukt von Spezialproblemen, wird aber nicht als eigenständiges Problem, das Vorschriften erforderlich machte, anerkannt.

Ein wesentlicher Unterschied ist, dass U.S.-amerikanische Spezialvorschriften dem problemorientierten Ansatz entsprechend in einem sonst nicht kodifizierten System bestehen. Die Spezialgesetze im deutschen Rechtssystem bestehen dagegen immer vor dem Auffanggesetz des BDSG, das ergänzend gilt, wenn nicht die spezielleren Vorschriften eingreifen. Ein dem BDSG vergleichbares allgemeines Datenschutzgesetz als Auffanggesetz besteht nach U.S.-amerikanischem Recht nicht. Vielmehr wird hier auf das gliedstaatliche Recht und damit vorrangig auf das Richterrecht des Common Law vertraut. Somit ist auch der Einsatz von Cookies und Web Bugs, da er den bestehenden Spezialvorschriften bis auf wenige Ausnahmen nicht unterfällt, gesetzlich ungeregelt. In Deutschland dagegen ist der Einsatz dieser Mittel zunächst durch die Vorschriften des TDDSG/MDStV und in Ergänzung durch das BDSG geregelt.

Auch inhaltlich sind bei Betrachtung der bestehenden Vorschriften in beiden Systemen wesentliche Unterschiede festzustellen. In Umsetzung der verbindlichen Vorgaben werden durch das TDDSG/MDStV inhaltliche Anforderungen an den Datenschutz wie z. Bsp. das Einwilligungserfordernis, die Pflichten zur Transparenz und Zweckgebundenheit der Datenverarbeitungsvorgänge etabliert, die das „wie“ des Einsatzes von Cookies und Web Bugs betreffen. So ist der Einsatz auch im Regelfall nur zulässig, wenn der Betroffene eingewilligt hat und die übrigen Pflichten an die Transparenz der Verarbeitung und Zweckbindung eingehalten wurden. Vergleichbare Forderungen werden in dem U.S.-amerikanischen Recht nur ausnahmsweise für die Daten der Minderjährigen gestellt. Im Übrigen wird in dem CFAA nur das „ob“ geregelt, indem der Einsatz der Cookies und Web Bugs unzulässig ist, wenn der Betroffene einen Schaden von $5000,- pro Jahr geltend machen kann.

Im Unterschied zu dem gliedstaatlichen einfachen Recht der Vereinigten Staaten, das für öffentliche Stellen des Landes und private Stellen gilt, finden die Landesdatenschutzgesetze der Bundesländer der Bundesrepublik Deutschland ausschließlich auf öffentliche Stellen der Länder Anwendung. Wegen der Geltung des TDDSG/MDStV ist ihre Bedeutung für die Zulässigkeit von Cookies und Web Bugs gering. Auch die gliedstaatlichen gesetzlichen Regelungen nach dem U.S.-amerikanischem Recht gelten für den Einsatz von Cookies und Web Bugs in ihrer aktuellen richterlichen Ausprägung nicht. Sie werden im Unterschied zum deutschen Recht aber durch das Richterrecht des Common Law ergänzt. Da die Richter jedoch weiterhin an den überkommenen Rechtsauffassungen aus Zeiten vor dem Internet festhalten, bewirkt auch dieses Richterrecht keinen wirksamen und einheitlichen Schutz des Websurfers gegen den Einsatz von Cookies und Web Bugs, so dass auch hierdurch die im Vergleich zum deutschen Datenschutzrecht bestehende Schutzlücke nicht geschlossen wird.

E. Die Selbstregulierung

Gemeinsam ist den Selbstregulierungsmaßnahmen der deutschen und U.S.-amerikanischen Unternehmen, dass ihr Schwerpunkt auf der Transparenz der jeweiligen Datenverarbeitungspraxis liegt. Der Betroffene soll Kenntnis über den von dem Unternehmen gewährleisteten Datenschutz und über den Umgang mit den auf ihn bezogenen Daten haben. Die Selbstregulierungsmaßnahmen der U.S.-Unternehmen erfolgen ohne verbindliche inhaltliche Vorgaben. Dem steht das deutsche Rechtssystem gegenüber, das inhaltliche Vorgaben für Selbstregulierungsmaßnahmen sowohl auf Ebene des supranationalen Rechts, durch die Grundrechte und einfachgesetzlich etabliert hat und somit Selbstregulierung nur als „regulierte Selbstregulierung“ zulässt. Zumindest das „wie“ der Selbstregulierungsmaßnahmen steht somit nicht im Ermessen der Unternehmen, weswegen auch eine „good notice of bad practices“ entgegen dem U.S.-amerikanischen Rechtssystem nicht zulässig ist.

Die bestehenden Maßnahmen zur Selbstregulierung der U.S.-amerikanischen Unternehmen machen deutlich, dass ein informationelles Selbstbestimmungsrecht des Websurfers auch auf der Ebene der Selbstregulierung nicht begründet wird. Der Websurfer ist darauf beschränkt, die Datenschutzpraxis inklusive des Einsatzes von Cookies und Web Bugs zur Kenntnis zu nehmen, ein Widerspruchsrecht gegen den Einsatz dieser Mittel ist die Ausnahme.

Ein wesentlicher Unterschied besteht auch in der Umsetzung der bestehenden Selbstregulierungsmaßnahmen. Nach dem deutschen Recht betrifft die Umsetzung von Selbstregulierungsmaßnahmen immer die Umsetzung der gesetzlichen Datenschutzvorschriften. Hierfür stehen dem Websurfers unterschiedliche Rechte zur Verfügung, wenn auf ihn bezogene Daten nicht rechtmäßig verarbeitet werden. Der FTC verdrängt dagegen als Vollstreckungsbehörde in seinem Anwendungsbereich den Websurfer als Verfolger eigener Rechte. Auch der FTC kann aber nur eingreifen, wenn Selbstverpflichtungen tatsächlich bestehen und diese der tatsächlichen Praxis widersprechen.

Den beiden Rechtssystemen ist gemein, dass eine Pflicht zur Umsetzung von Selbstregulierungsmaßnahmen nicht besteht. Die Konsequenz hieraus ist jedoch im Grundsatz unterschiedlich. So bedeutet das Unterlassen von Selbstregulierung wegen der Reguliertheit der Selbstregulierung nach deutschem Recht nicht die Entbindung von der Verpflichtung zur Umsetzung der Datenschutzprinzipien. Nach U.S.-amerikanischem Recht besteht jedoch mangels verbindlicher und gesetzlich bestimmter Vorgaben zur Umsetzung eines bestimmten Datenschutzniveaus keine Pflicht zur Gewährleistung eines bestimmten Datenschutzniveaus, was dem deutschen Datenschutzverständnis im Grundsatz widerspricht.

F. Die Datenschutzpraxis

Trotz der im Grundsatz unterschiedlichen Datenschutzansätze fällt auf, dass sich die Praxis der Unternehmen im Hinblick auf den Einsatz von Cookies und Web Bugs, soweit diese durch ihre Privacy Policies ersichtlich wird, in beiden Ländern nicht wesentlich unterscheidet. Die deutschen Anbieter setzten die strengen einfachgesetzlichen Vorgaben nicht wirksam um. Personenbezogene Daten werden meist ohne wirksame Einwilligung des Betroffenen und ohne Berücksichtigung des datenschutzrechtlichen Transparenzgebots verarbeitet. Die U.S.-Unternehmen verfügen häufig über Privacy Policies, die aber auch bei Mitgliedschaft der Unternehmen in Industrieorganisationen oder Zertifizierung durch ein Siegelprogramm den vorgegebenen Datenschutzprinzipien nicht gerecht werden.

7. Teil: Zusammenfassung in Thesen

1. Ein grundlegender Unterschied zwischen dem U.S.-amerikanischen Datenschutzrecht und dem Datenschutzrecht der Bundesrepublik Deutschland ist die Einbindung des deutschen Rechtssystems in das Gefüge des Europarechts im weiteren Sinne. Das nationale Datenschutzrecht der Bundesrepublik Deutschland ist an die Vorgaben des Gemeinschaftsrechts gebunden. Auch das Übereinkommen des Europarats und die Ausprägung des Art. 8 Abs. 1 und 10 Abs. 1 EMRK durch den EGMR, die jeweils ein Recht auf Datenschutz des Websurfers vorsehen, sind verbindlich für das nationale deutsche Recht. Das U.S.-amerikanische Rechtsystem dagegen kennt keine vergleichbare verbindliche supra- bzw. internationale Vorgabe.
2. Das BVerfG hat im Gegensatz zu dem U.S.-amerikanischen Recht aus dem allgemeinen Persönlichkeitsrecht neben dem Recht auf Privatsphäre ein umfassendes Grundrecht auf Datenschutz als Recht auf informationelle Selbstbestimmung bestätigt, das sämtliche Datenverarbeitungen und Datenarten umfasst. Ein staatlicher Einsatz von Cookies und Web Bugs ist somit nur mit bereichsspezifischer gesetzlicher Grundlage unter Berücksichtigung des Verhältnismäßigkeitsgrundsatzes zulässig.
3. Das U.S.-amerikanische Recht erkennt ein Recht auf Datenschutz nur als Ausprägung des Rechts auf Anonymität an. Eine informationelle Selbstbestimmung des Websurfers, die über die reine Vermeidung der Herstellung eines Personenbezugs hinausgeht, ist hiermit nicht verbunden.
4. Im U.S.-amerikanischen Recht sind die Grundrechte auf eine rein negatorische Funktion als Abwehrrecht gegen den Staat beschränkt. Das Recht auf Anonymität mit seinem beschränkten Schutzgehalt für den Websurfer ist somit ausschließlich für den staatlichen Einsatz von Cookies und Web Bugs anwendbar. Im deutschen Recht besteht dagegen eine mittelbare Drittwirkung der Grundrechte für die Anwendung des einfachen Rechts zwischen Privaten und eine Schutzpflicht des Staates auch für das Verhältnis zwischen Privaten, so dass die Grundrechte die wesentlichen Grundsätze für die legislative Ausformung des „ob“ und „wie“ des privaten Einsatzes von Cookies und Web Bugs vorgeben.
5. Die Einzelstaaten begründen weder in Deutschland noch in den Vereinigten Staaten einen über den Bundesstandard hinausgehenden grundrechtlichen Datenschutz, der für die rechtliche Beurteilung des Einsatzes von Cookies und Web Bugs Bedeutung hätte.
6. Dem Grundsatz der Erlaubnis mit Verbotsvorbehalt des U.S.-amerikanischen Rechts steht der europa- und verfassungsrechtlichen Vorgabe entsprechend der Grundsatz des Verbots mit Erlaubnisvorbehalt des deutschen Rechts gegenüber. Als Folge ist der Einsatz von Cookies und

Web Bugs nach dem U.S.-amerikanischen Recht zulässig. Nach dem TDDSG/MDStV wird der Einsatz der Cookies und Web Bugs dagegen nur nach wirksamer Einwilligung des Websurfers, soweit der Einsatz nicht ausschließlich unter Pseudonym zur Erstellung von anbieterbezogenen Nutzungsprofilen zum Zwecke der Werbung, Marktforschung oder bedarfsgerechten Ausgestaltung der Dienste erfolgt oder der Websurfer der Datenverarbeitung widerspricht, zugelassen.

7. Im Gegensatz zum U.S.-amerikanischen Recht, das keine inhaltlichen Anforderungen an die Zulässigkeit der Cookies und Web Bugs stellt, begründet das deutsche Datenschutzrecht für jeden Einsatz inhaltliche Vorgaben für die zulässige Datenverarbeitung, Pflichten des Anbieters als datenverarbeitender Stelle und umfassende Rechte des Websurfers, die diesem eine Bestimmung über das „ob" und „wie" des Einsatzes von Cookies und Web Bugs ermöglichen.

8. Im Unterschied zum deutschen Recht, das Landesdatenschutzgesetze lediglich in Ergänzung der vorrangig geltenden TDDSG/MDStV für öffentliche Behörden vorsieht, bestehen nach U.S.-amerikanischen Recht auf Gliedstaatenebene Spezialvorschriften und das Common Law-Richterrecht. Allerdings wird auch auf der Ebene des Gliedstaatenrechts weder durch die gesetzlichen Vorschriften noch durch das Richterrecht ein Recht des Websurfers gegen den Einsatz von Cookies oder Webbugs begründet.

9. Die Selbstregulierungsmaßnahmen sowohl der U.S.-amerikanischen Firmen als auch der deutschen Firmen beschränken sich auf die Umsetzung einer weitgehend transparenten Datenschutzpraxis, inhaltliche Vorgaben werden nicht gemacht. Die Selbstregulierung stellt in dem U.S.-amerikanischen Datenschutzsystem regelmäßig die einzige Form der Regulierung dar, nach dem deutschen Recht ist Selbstregulierung dagegen auf eine regulierte Selbstregulierung in Auskleidung der europarechtlichen, verfassungsrechtlichen und einfachrechtlichen Vorgaben beschränkt. Somit greifen im deutschen Recht im Gegensatz zum U.S.-amerikanischen Recht neben der Selbstregulierung die Vorschriften des einfachen Rechts ein, die den Einsatz von Cookies und Web Bugs grundsätzlich von der Einwilligung des Websurfers abhängig machen.

10. Mangels verbindlichen einheitlichen Vorgaben ist die U.S.-amerikanische Datenschutzpraxis uneinheitlich. Die Selbstregulierungsmaßnahmen entsprechen auch bei Mitgliedschaft in einer Organisation zur Industrie- oder Interessenvertretung häufig nicht den vorgegebenen Datenschutzprinzipien. Im Unterschied hierzu sind die verbindlichen Vorgaben der deutschen Datenschutzgesetze bislang nicht konsequent in der Praxis umgesetzt worden, so dass in Deutschland auch für den Einsatz von Cookies und Web Bugs im WWW eine Lücke besteht zwischen Datenschutzrecht und Datenschutzpraxis .

8. Teil: Schlussfolgerungen

Die aus dem vorangegangenen Vergleich bei der rechtlichen Beurteilung des Einsatzes von Cookies und Web Bugs im WWW herausgearbeiteten Unterschiede sollen im Folgenden darauf untersucht werden, ob eine Änderung der deutschen oder U.S.-amerikanischen Rechtslage geboten erscheint.

A. Supranationale und internationale Einbindung versus supranationale und internationale Unabhängigkeit

Für die Einbindung in ein supranationales bzw. internationales Rechtssystem spricht die damit einhergehende internationale Vereinheitlichung des Rechts. Dies erscheint insbesondere für das Internet als globalem Medium und den damit verbundenen Zulässigkeitsfragen innerhalb des Datenschutzes erforderlich. Denn die fortgeschrittene Technologie ermöglicht den Zugriff auf Daten über nationale Grenzen hinweg. Auch für die Rechtssicherheit des Websurfers ist insbesondere bei Betrachtung der Datenverarbeitungsmethoden durch Cookies und Web Bugs eine Vorhersehbarkeit der Rechtslage innerhalb nationaler Grenzen nicht ausreichend.

Gegen eine supranationale Anpassung der Vereinigten Staaten kann auch nicht sprechen, dass dies mit einer Schmälerung des nationalen Datenschutzstandards einherginge. Denn bei Betrachtung der U.S.-amerikanischen Rechtslage, wonach ein informationelles Selbstbestimmungsrecht des Websurfers nicht begründet wird, ist eine Reduktion des Schutzniveaus durch Anpassung nicht zu befürchten, sondern im Gegenteil eine Verbesserung des Datenschutzniveaus zu erwarten. Auch bestehen keine nationalen Besonderheiten, die einen im Vergleich zu anderen Rechtssystemen unterschiedlichen Datenschutzansatz erforderlich machten. Somit ist für einen effizienten Datenschutz die Verpflichtung der Vereinigten Staaten auf supranationaler Ebene auf ein dem internationalen Vergleich standhaltendes Datenschutzniveau geboten.

B. Recht auf Anonymität versus Recht auf informationelle Selbstbestimmung

Fraglich ist, ob ein Recht auf Anonymität als Grundrecht auf Datenschutz, auf das der grundrechtliche Datenschutz im U.S.-amerikanischen Verfassungsrecht reduziert ist, ausreicht oder ein umfassendes Recht auf informationelle Selbstbestimmung nach dem deutschen Vorbild zu fordern ist. Anonymität bedeutet für den Websurfer das Unterbleiben der Identifizierung seiner Person. Das Recht auf Anonymität führt somit zu einem Recht darauf, dass bestimmte Daten nicht auf die Person des Websurfers bezogen werden. Eine Anhäufung von zum Teil auch personenbezogenen Daten, beispielsweise durch Cookies und Web Bugs, ist jedoch bei dem Besuch des WWW die Realität.[1215] Denn personenbezogene Daten werden standardmäßig für die Nutzung dieses Mediums und der Internetdienste verarbeitet. Ein Recht auf Anonymität geht aus diesem Grunde an der Realität vorbei.

Weiterhin ist es für das „offene" Medium Internet entscheidend, dass der Websurfer über den Umgang mit den ihn betreffenden Daten bestimmen kann. Ein Recht auf Anonymität, das bereits im Vorfeld der personenbezogenen Datenverarbeitungen seine Grenzen findet, ist hierfür ungeeignet. Zwar ist eine wirksame Selbstbestimmung des Betroffenen nur bei einer Reduktion der personenbezogenen Daten auf ein Minimum durch vorrangig anonyme Datenverarbeitung möglich.[1216] Ein solches Gebot ist aber auch in dem Recht auf informationelle Selbstbestimmung nach dem deutschen Vorbild enthalten. Für einen wirksamen Datenschutz des Betroffenen sind neben dieser vorrangig anonymen Datenverarbeitung weitere Ge- und Verbote für die Verarbeitung der restlichen personenbezogenen Daten erforderlich. Aus diesem Grunde ist zum Schutz des Betroffenen ein über das Recht auf Anonymität hinausgehendes Recht auf informationelle Selbstbestimmung auch für das U.S.-amerikanische Recht geboten.

C. Objektive Wertordnung versus negatorische Funktion der Grundrechte

Für die Rechtssicherheit des Websurfers ist neben der angesprochenen Vereinheitlichung auf supranationaler Ebene auch eine Vereinheitlichung des nationalen Datenschutzrechts erforderlich. Dies ist jedoch nur durch verfassungsrechtliche Vorgaben für das einfache nationale Datenschutzrecht möglich. Aus diesem Grunde ist für die Vereinigten Staaten neben einem allgemeinen Recht auf informationelle Selbstbestimmung nach dem deutschen Vorbild auch eine mit diesem Grundrecht einhergehende Schutzpflicht des Staates geboten. Das rein negatorische Grundrechtsverständnis der Vereinigten Staaten führt zu einer Trennung des Rechtsverkehrs zwischen Staat und Privatem und des Rechtsverkehrs unter Privaten. Der private Rechtsverkehr soll hiernach für den Datenschutz grundsätzlich von staatlichem Einfluss befreit sein. Eine Unterscheidung der privaten und öffentlichen Bedrohung ist aber gerade im Bereich der neuen Medien, der mit vergleichbaren Datenverarbeitungsmöglichkeiten einhergeht, häufig nicht möglich und wegen der resultierenden vergleichbaren Gefahrenlage für den Betroffenen auch nicht gerechtfertigt. Aus diesem Grunde ist eine Pflicht zur Umsetzung eines allgemeinen Datenschutzes im Sinne einer informationellen Selbstbestimmung auch für den privaten Rechtsverkehr erforderlich und das

---

[1215] Vgl. auch *Roßnagel*, MMR 2002, S. 68.
[1216] *Golembiewski*, DuD 2003, S. 116.

deutsche Verständnis der Grundrechte als objektiver Wertordnung dem U.S.-amerikanischen Verständnis vorzuziehen.

D. Sektoraler, problemorientierter versus umfassender Datenschutz

Der grundlegende Unterschied zwischen sektoralem, problemorientiertem Datenschutz im U.S.-amerikanischen und umfassendem Datenschutzverständnis im deutschen Recht bringt die Frage nach dem vorzugswürdigen Ansatz auf. Die problemorientierte Betrachtung des Datenschutzes ermöglicht es, die konkret zur Entscheidung stehende Problematik zu berücksichtigen. Folglich bleiben solche Bereiche unreguliert, die nicht als Problem identifiziert wurden und eine „Überregulierung" scheint nicht zu befürchten. Allerdings können die sehr detaillierten, an einem Einzelbereich oder konkreten Problem orientierten Regelungen dem Medium Internet und damit verbundenen Datenschutzproblematiken nicht gerecht werden. Denn mit der Natur dieses Mediums geht durch ständig neue technische Veränderungen auch eine ständige Veränderung der konkreten Gefährdungssituation einher, so dass die gestern getroffene Regelung vielleicht schon heute auf die aktuelle Gefährdung keine Anwendung mehr findet. Gleiche Risiken entstehen also durch technische Veränderungen in geänderter Form, der der Anwendungsbereich der problemorientierten Regelungen nicht gerecht werden kann.[1217] So fällt z. Bsp. auch der Einsatz von Cookies und Web Bugs aus dem Anwendungsbereich der Mehrzahl der U.S-Vorschriften heraus. Um die konkreten Probleme zu regeln, sind folglich stetig neue problemorientierte Vorschriften erforderlich. Eine Überregulierung und Unübersichtlichkeit der Rechtslage wird somit durch den problemorientierten Ansatz überhaupt erst verursacht.

Dem steht der deutsche Ansatz gegenüber, der Datenschutz als Grundsatz unabhängig von konkreten Gefährdungslagen entwicklungs- und technikoffen akzeptiert. Dieser ist vorzugswürdig, weil nur durch diese Konzeption des Datenschutzes eine Entwicklung mit den technischen Veränderungen der Datenverarbeitungsformen möglich ist. Zwar hat die unsichere Abgrenzung der „Offline"- und „Online"-Welt bei den Ausführungen zu der Anwendbarkeit der Vorschriften des TDDSG/MDStV, z. Bsp. auf den „anbieterfremden" Einsatz von Cookies und Web Bugs,[1218] gezeigt, dass eine Überarbeitung der gesetzlichen Lage auch durch die Bundesrepublik erforderlich ist. Dies ändert jedoch nichts an der Beurteilung des deutschen Datenschutzansatzes, der dem U.S.-amerikanischem Ansatz aus den genannten Gründen vorzuziehen ist.

[1217] *DeVries*, 18 Berkeley Tech. L. J. 283 (2003), S. 306.

[1218] Siehe 199ff. dieser Arbeit.

Ob der Common Law-Ansatz des Richterrechts eine andere Einschätzung begründet, wie dies vereinzelt argumentiert wird[1219], ist zweifelhaft. Gerade die Ausführungen dieser Arbeit haben deutlich gemacht, dass die Richter nicht die Flexibilität besitzen, die für die Abwehr der „modernen" Gefahren für den Datenschutz erforderlich ist. Die Defizite des U.S.-amerikanischen Richterrechts sind teilweise durch die „doctrine of precedence" zu begründen. Geboten und auch möglich erscheint aber auch nach dieser Doktrin eine Rechtsprechung, die neuen Gefährdungen für den Datenschutz in den neuen Medien Rechnung trägt, indem sie „moderne" Sachverhalte von Sachverhalten in vergangenen Entscheidungen unterscheidet, und somit die Möglichkeit schafft, den neuen Gefährdungen für den Datenschutz im WWW gerecht zu werden. Zu berücksichtigen ist aber selbst bei entsprechender Änderung der Rechtsprechung, dass das Common Law Case Law auf der Ebene des Gliedstaatenrechts angesiedelt ist. Trotz der verschiedenen Bestrebungen zur Vereinheitlichung gewährleistet es somit nicht die Einheitlichkeit der Rechtslage, die für den Datenschutz im WWW erforderlich ist. Auch aus diesem Grunde erscheint somit die Kodifikation eines umfassenden Datenschutzes auf Bundesebene auch für die Vereinigten Staaten für einen wirksamen Datenschutz des Websurfers erforderlich.[1220] Dies könnte dann die Basis schaffen für ein einheitliches Richterrecht, das auf Basis der Kodifikation(en) den Einzelfall unter Berücksichtigung seiner Besonderheiten entscheidet.

E. Selbstregulierung versus regulierte Selbstregulierung

Der U.S.-amerikanische Ansatz der unregulierten Selbstregulierung, bei dem es den Unternehmen frei steht, ob Selbstregulierungsmaßnahmen ergriffen werden oder nicht, ist grundsätzlich positiv zu bewerten, weil er eine freie Entwicklung der Marktkräfte ermöglicht. Erfordern die Kunden die Übernahme von Selbstregulierungsmaßnahmen als Prämisse eines Geschäftsverhältnisses mit dem Unternehmen, ist das Unternehmen aus diesem Grunde geneigt, die vom Kunden gewünschten Maßnahmen zu ergreifen. Die unregulierte Selbstregulierung ermöglicht somit eine Nähe zum Kunden, die durch regulierte Selbstregulierung nach dem Beispiel Deutschlands nicht ohne weiteres möglich wird. Allerdings setzt der Datenschutz als Mittel des Wettbewerbs voraus, dass der Betroffene über die genaue Datenpraxis des Unternehmens umfassend informiert ist.[1221] Diese Transparenz ist jedoch wiederum nur dann gewährleistet, wenn das Unternehmen selbstregulierende Maßnahmen wie z. Bsp. das Nutzen von Privacy

---

[1219] *Siebecker,* 76 S. Cal. L. Rev. 839 (2003), S. 952.

[1220] Dem steht auch nicht die Gesetzgebungskompetenz entgegen; Der Bund verfügt zwar nicht über eine originäre Zuständigkeit für den Datenschutz, die bestehenden Bundesgesetze beruhen aber auf der „Interstate Commerce Clause" gemäß Art. 1 Abs. 8 der U.S.-Verfassung, die Angelegenheiten mit grenzüberschreitendem Charakter umfasst; Vgl. auch *Wilske,* CR 1993, S. 299.

[1221] *Roßnagel,* Marktwirtschaftlicher Datenschutz – eine Regulierungsperspektive, S. 145.

Policies ergreift. Hierdurch wird deutlich, dass ein effizienter Datenschutz durch Selbstregulierung gesetzliche Vorgaben voraussetzt.[1222]

Auch die erforderliche Einheitlichkeit der Selbstregulierungsmaßnahmen ist abhängig von verbindlichen Vorgaben. Nur durch einheitliche Mindestvorgaben ist auch eine Reduktion des Schutzstandards durch Gewöhnung des Betroffenen an einen geringen Datenschutz ausgeschlossen. Gegen eine regulierte Selbstregulierung könnte jedoch sprechen, dass auch der in rechtlicher Hinsicht vorbildliche Ansatz des deutschen Datenschutzrechts bislang theoretischer Natur geblieben ist, da eine praktische Umsetzung nur unzureichend stattgefunden hat. Die Tatsache, dass die im WWW bestehende Datenschutzpraxis hinter den gesetzlichen Vorgaben zurückbleibt, macht deutlich, dass bestimmte verbindliche Ge- und Verbote noch keinen Datenschutz in der Praxis gewährleisten. Aus der Tatsache, dass das WWW trotzdem ungebremst genutzt wird, könnte gefolgert werden, dass das Recht für das Medium WWW die Schutzbedürfnisse des Betroffenen überholt hat, d.h. ein Verlust der Selbstbestimmung von dem Websurfer in Kauf genommen wird. Dieser Schluss wäre jedoch nicht gerechtfertigt. Denn der Websurfer hat häufig keine Kenntnis davon, dass auf ihn bezogene Daten verarbeitet werden und für welchen Zweck dies im Einzelnen geschieht. Die Mehrzahl der Websurfer geht im Gegenteil weiterhin davon aus, dass das Websurfen anonym erfolgt. Aus diesem Grunde wird auch eine Diskussion über den Verlust der Selbstbestimmung vorrangig von Fachleuten geführt.[1223] Somit kann die Nutzungshäufigkeit des Mediums nicht als Beurteilungskriterium herangezogen werden.

Insbesondere für das WWW, über das in absehbarerer Zeit die Mehrzahl der Kommunikationsabläufe abgewickelt werden[1224], wird eine Selbstbestimmung des Websurfers ebenso wesentlich sein wie in der „Offline-Welt" außerhalb des Internets. Denn das Recht auf informationelle Selbstbestimmung, das in der „Offline-Welt" als Grundwert unserer Gesellschaft nicht in Frage gestellt wird, muss auch in der „Online-Welt" uneingeschränkt gewährleistet sein. Nur so wird eine Aushöhlung des Rechts auf informationelle Selbstbestimmung als Grundrecht und damit Teil der objektiven Wertordnung der deutschen Gesellschaft vermieden. Es wird darauf ankommen, die bereits gesetzlich vorgeschriebene umfassende Transparenz des Datenschutzes auch in der Praxis umfassend zu gewährleisten, um dem Betroffenen die grundrechtlich vorgeschriebene informationelle Selbstbestimmung wirksam einzuräumen. Hierfür wird auch ein verstärkter Einsatz der Aufsichtsbehörden erforderlich sein.[1225]

[1222] So auch *Roßnagel*, MMR 2002, S. 69; *Christiansen*, MMR 2000, S. 129.

[1223] *Goltzsch*, Wer hilft bei der Wahrung der Anonymität?, S. 146ff.

[1224] *Rost*, DuD 2003, S. 72.

[1225] *Schaar*, DuD 2003, S. 422, der auf die Tatsache verweist, dass selbst die „Zahlen der sicher überdurchschnittlich aktiven Hamburger Datenschutzaufsichtsbehörde" zeigen, dass maximal jedes 1000. Unternehmen mit einer Überprüfung rechnen muss.

Somit bleibt festzuhalten, dass der Mangel an praktischem Datenschutz nicht dazu verleiten darf, eine unabhängige Selbstregulierung nach U.S.-amerikanischem Vorbild der regulierten Selbstregulierung vorzuziehen. Vielmehr ist geboten, dem Betroffenen durch umfassende Information und Aufklärung die Möglichkeit zur Ausübung seiner Rechte zu schaffen.[1226] Erst dann wird sich auch der Datenschutz in Deutschland als Wettbewerbsfaktor etablieren und die marktwirtschaftlichen Kräfte die staatliche Umsetzung der Datenschutzprinzipien unterstützen können. Erst dann werden auch technisch-organisatorische Maßnahmen die nötige Attraktivität haben, um die Selbstbestimmung des Websurfers effizient zu unterstützen.[1227] Wird aber die derzeitige Situation von umfassendem rechtlichem, aber unzureichendem praktischem Datenschutz aufrechterhalten, ist wegen des globalen Charakters des Internets eine weitere Angleichung des praktischen Datenschutzniveaus an das U.S.-amerikanische Niveau und eine damit einhergehende Aushöhlung der bestehenden Datenschutzvorschriften zu befürchten. Ergebnis wäre eine Situation, die mit der Aussage „You have zero privacy anyway. Get over it"[1228] beschrieben ist.

Es muss also im Ergebnis bei der Forderung nach regulierter Selbstregulierung bleiben, die in dem Rechtssystem der Vereinigten Staaten einheitliche verbindliche Vorgaben für den privaten und staatlichen Bereich der Datenverarbeitung und für Deutschland eine konsequente praktische Umsetzung der rechtlichen Vorgaben erforderlich macht. Im Ergebnis kann nur die regulierte Selbstregulierung der Gefährdungslage für den Datenschutz im WWW gerecht werden. Dies unterstützt die bereits vorangehend begründete Forderung an die U.S.-amerikanische Legislative zur Kodifikation eines umfassenden Datenschutzes, der konkrete Vorgaben auch für den Bereich der Selbstregulierung schafft.

[1226] Vgl. hierzu Seite 219 dieser Arbeit; Vgl. zu dem sogenannten Selbstdatenschutz *Merati-Kashani*, Datenschutz im E-Commerce, S. 212.

[1227] *Roßnagel*, MMR 2002, S. 69f.

[1228] Aussage von Scott McNealy, Chef von Sun Microsystems, einer bekannten Sofware-Firma, Wired News, Sun on Privacy: 'Get over It', Artikel vom 26. Januar 1999, einsehbar unter http://www.wired.com/news/politics/0,1283,17538,00.html.

9. Teil: Ausblick

Ein Ausblick in die Zukunft des Datenschutzes des Websurfers ist nicht mit der Erwartung verbunden, dass sich die aktuelle, anhand des Vergleichs von U.S.-amerikanischem und deutschem Recht dargestellte Situation in ihren Grundsätzen ändern wird. Da ein Gleichgewicht zwischen Datenschutzbedürfnis der Betroffenen und den Interessen der Wirtschaft nach Vermarktung der personenbezogenen Daten nicht besteht[1229], ist es der Lobby der Werbewirtschaft in den Vereinigten Staaten auch weiterhin möglich, die Erfolgsaussichten vorgeschlagener Datenschutzgesetze wesentlich zu bestimmen, was die Entwicklung um die Verabschiedung des Spy Acts bildhaft gezeigt hat. Eine Veränderung dieses ungleichen Kräfteverhältnisses wäre zum Einen durch staatliche Maßnahmen möglich. Der Trend geht jedoch weg von neuen Datenschutzgesetzen.[1230] So setzt nun auch das U.S.-amerikanische Handelsministerium FTC, das noch unter Präsident Clinton Datenschutzgesetze befürwortet hatte, ausschließlich auf Selbstregulierung der Wirtschaft und Umsetzung der bestehenden Vorschriften[1231], die aber – wie gezeigt worden ist – zum Schutz des Websurfers nicht ausreichen. Zum Anderen wäre eine Änderung der Situation möglich, wenn der Datenschutz als Wettbewerbsfaktor etabliert würde. Dies setzt aber eine umfassende Kenntnis des Betroffenen von den Datenschutzgefahren voraus, die mangels verbindlicher Vorgaben an die Transparenz der Datenpraktiken nicht zu erwarten ist. Folglich ist auch ein Datenschutz durch Verbrauchernachfrage als Äquivalent zu staatlichen Maßnahmen nicht realistisch.

In Deutschland hat der Datenschutz für die neuen Medien in seinem rechtlichen Schutzgehalt ein hohes Niveau erreicht, das durch verfassungsrechtliche und europarechtliche Vorgaben festgelegt ist, so dass wesentliche Änderungen der materiellen Rechtslage nicht zu erwarten sind. Zwar sind weitere Vereinheitlichungsmaßnahmen angekündigt, wenn diese auch erwartungsgemäß nicht zu der Verabschiedung des vorgeschlagenen Gesetzes über den Datenschutz bei der Nutzung elektronischer Medien (EMDSG) führen werden.[1232] Der Datenschutzansatz des Verbots mit Erlaubnisvorbehalts für den Websurfer wird hierdurch aber, abgesehen von ggf. neuen Zuständigkeiten, nicht wesentlich verändert werden.

Auf der Ebene der Selbstregulierung sind Veränderungen bei der Umsetzung der rechtlichen Vorgaben zu erwarten. Initiativen wie die der D21 werden dazu beitragen, den Betroffenen für seinen Datenschutz zu sensibilisieren und Unternehmen von ihren datenschutzrechtlichen Verpflichtungen in Kenntnis zu set-

---

[1229] Vgl. *Roßnagel*, MMR 2002, S. 69; *Christiansen*, MMR 2000, S. 125.

[1230] Vgl. *Mosquera*, Artikel vom 16.10.2000, „Bush, Gore Differ On Consumer Privacy Protection"; *Mc Cullagh/Sager*, Privacy Laws: Not Gonna Happen, Artikel vom 2.03.2001.

[1231] Vgl. *Muris*, FTC Chairman, Protecting Consumers' Privacy: 2002 and Beyond.

[1232] Vgl. *Ermert*, Artikel vom 15.05.2004, "Medienordnung auf dem Bierdeckel".

zen. Im Unterschied zu den Vereinigten Staaten ist durch die gesetzliche Vorgabe auch eine gewisse Einheitlichkeit des „versiegelten" Datenschutzniveaus gewährleistet, auf der nun bereichsspezifische Kriterien aufbauen werden.[1233] Durch diese gesetzliche Grundvorgabe ist der Boden dafür bereitet, dass der Websurfer durch einheitliche Information in die Lage versetzt wird, in Kenntnis seiner Marktmacht und rechtlichen Mitteln zur Umsetzung der bestehenden Vorschriften beizutragen.

In der Konsequenz ist zu erwarten, dass der bereits rechtlich bestehende grundlegende Unterschied zwischen den Datenschutzansätzen der Vereinigten Staaten und Deutschlands auch in der Unternehmenspraxis verschärft wird. Aufgrund des globalen Charakters des WWW wird es hierbei aber nicht bleiben. Denn ein auf Deutschland oder Europa begrenzter Datenschutz wird für das Internet als globalem Medium eine Anpassung erforderlich machen. Forderungen von Datenschützern in Deutschland nach einem abgeschwächten Datenschutz[1234] weisen in Richtung einer Absenkung des deutschen Schutzstandard, die aber wegen der verfassungsrechtlichen und europarechtlichen Vorgaben unwahrscheinlich ist. Wie die zähen Verhandlungen zum Safe-Harbor-Abkommen gezeigt haben, ist auch eine Anpassung des U.S.-amerikanischen Standards an das europäische Niveau nicht zu erwarten.

Somit wird eine Angleichung nur im Bereich des grenzüberschreitenden Datentransfers in den rechtlich möglichen Grenzen erfolgen. Da aber der grenzüberschreitende Datentransfer nicht klar abgrenzbar ist und jede Handlung im globalen Medium WWW grenzüberschreitenden Charakter haben kann, ist der Bedarf nach einer globalen Datenschutzregelung groß.[1235] Das Safe Harbor-Abkommen war hierzu ein erster Schritt, der auch für die erforderliche globale Entwicklung gezeigt hat, dass die zu erwartende Anpassung nicht mit der Verdrängung des einen oder anderen Systems einhergehen muss. Weitergehende Schritte setzen aber einen globalen Konsens über die Regelungsbedürftigkeit voraus, der in naher Zukunft nicht zu erwarten ist.

[1233] Vgl. zu der Forderung nach branchenspezifische oder geschäftsmodellspezifischen Kriterien, die von den Aufsichtsbehörden gebilligt werden, *Schaar*, DuD 2003, S. 426.
[1234] Siehe hierzu *Merati-Kashani*, Datenschutz im E-Commerce, S. 207 m.w.N.
[1235] *Roßnagel*, MMR 2002, S. 70.

SACHVERZEICHNIS

Dieses Sachverzeichnis soll lediglich dazu dienen, das Auffinden von Textstellen zu erleichtern, zu denen nicht schon das Inhaltsverzeichnis hinführt.

G

H

I

K

L

M

N

O

P

R

Studien zum deutschen und europäischen Medienrecht

Herausgegeben von Dieter Dörr und Udo Fink
mit Unterstützung der Dr. Feldbausch Stiftung

Band 1 Peter Charissé: Die Rundfunkveranstaltungsfreiheit und das Zulassungsregime der Rundfunk- und Mediengesetze. Eine verfassungs- und europarechtliche Untersuchung der subjektiv-rechtlichen Stellung privater Rundfunkveranstalter. 1999.

Band 2 Dieter Dörr: Umfang und Grenzen der Rechtsaufsicht über die Deutsche Welle. 2000.

Band 3 Claudia Braml: Das Teleshopping und die Rundfunkfreiheit. Eine verfassungs- und europarechtliche Untersuchung im Hinblick auf den Rundfunkstaatsvertrag, den Mediendienste-Staatsvertrag, das Teledienstegesetz und die EG-Fernsehrichtlinie. 2000.

Band 4 Dieter Dörr, unter Mitarbeit von Mark D. Cole: *Big Brother* und die Menschenwürde. Die Menschenwürde und die Programmfreiheit am Beispiel eines neuen Sendeformats. 2000.

Band 5 Martin Stock: Medienfreiheit in der EU-Grundrechtscharta: Art. 10 EMRK ergänzen und modernisieren! 2000.

Band 6 Wolfgang Lent: Rundfunk-, Medien-, Teledienste. Eine verfassungsrechtliche Untersuchung des Rundfunkbegriffs und der Gewährleistungsbereiche öffentlich-rechtlicher Rundfunkanstalten unter Berücksichtigung einfachrechtlicher Abgrenzungsfragen zwischen Rundfunkstaatsvertrag, Mediendienstestaatsvertrag und Teledienstegesetz. 2001.

Band 7 Torsten Schreier: Das Selbstverwaltungsrecht der öffentlich-rechtlichen Rundfunkanstalten. 2001.

Band 8 Dieter Dörr: Sport im Fernsehen. Die Funktionen des öffentlich-rechtlichen Rundfunks bei der Sportberichterstattung. 2000.

Band 9 Dieter Dörr (Hrsg.): www.otello.de. Klassik nur noch im Internet oder per pay? Symposium aus Anlass des 85. Geburtstages von Professor Dr. Heinz Hübner. 2000.

Band 10 Markus Nauheim: Die Rechtmäßigkeit des Must-Carry-Prinzips im Bereich des digitalisierten Kabelfernsehens in der Bundesrepublik Deutschland. Illustriert anhand des Vierten Rundfunkänderungsstaatsvertrages. 2001.

Band 11 Stefan Sporn: Die Ländermedienanstalt. Zur Zukunft der Aufsicht über den privaten Rundfunk in Deutschland und Europa. 2001.

Band 12 Christian Ebsen: Fensterprogramme im Privatrundfunk als Mittel zur Sicherung von Meinungsvielfalt. 2003.

Band 13 Dieter Dörr / Stephanie Schiedermair: Rundfunk und Datenschutz. Die Stellung des Datenschutzbeauftragten des Norddeutschen Rundfunks. Eine Untersuchung unter besonderer Berücksichtigung der verfassungsrechtlichen und europarechtlichen Vorgaben. 2002.

Band 14 Dieter Dörr (Hrsg.): Rundfunk über Gebühr. Die Finanzierung des öffentlich-rechtlichen Rundfunks im Zeitalter der technischen Konvergenz. 3. Mainzer Mediengespräch. 2003.

Band 15 Dieter Dörr / Stephanie Schiedermair: Die Deutsche Welle. Die Funktion, der Auftrag, die Aufgaben und die Finanzierung heute. 2003.

Band 16 Frauke Blechschmidt: Das Instrumentarium audiovisueller Politik der Europäischen Gemeinschaft aus kompetenzrechtlicher Sicht. 2003.

Band 17 Christine Jury: Die Maßgeblichkeit von Art. 49 EG für nationale rundfunkpolitische Ordnungsentscheidungen unter besonderer Berücksichtigung von Art. 151 EG. Eine Untersuchung am Beispiel öffentlich-rechtlicher Spartenkanäle. 2005.

Band 18 Sabine Groh: Die Bonusregelungen des § 26 Abs. 2 S. 3 des Rundfunkstaatsvertrages. 2005.

Band 19 Sylke Wagner: Das *Websurfen* und der Datenschutz. Ein Rechtsvergleich unter besonderer Berücksichtigung der Zulässigkeit sogenannter *Cookies* und *Web Bugs* am Beispiel des deutschen und U.S.-amerikanischen Rechts. 2006.

Band 20 Stephanie Reese: Der Funktionsauftrag des öffentlich-rechtlichen Rundfunks vor dem Hintergrund der Digitalisierung. Zur Konkretisierung des Funktionsauftrages in § 11 Rundfunkstaatsvertrag. 2006.

www.peterlang.de

Kolibri 360 GmbH
Ferdinand-Jühlke-Straße 7
99095 Erfurt, Deutschland
produktsicherheit@kolibri360.de

Druck:
CPI Druckdienstleistungen GmbH
im Auftrag der
Kolibri 360 GmbH
Ferdinand-Jühlke-Str. 7
99095 Erfurt